DICTIONNAIRE AMOUREUX DE LA GRECE

JACQUES LACARRIERE

DICTIONNAIRE AMOUREUX DE LA GRECE

Plon

Les citations et les traductions de ce livre, qu'elles soient du grec ancien, du grec byzantin ou du grec moderne, sont toutes de l'auteur, à l'exception de celles mentionnées à la fin du volume, dans les notes et références bibliographiques.

ISBN : 2-259-19076-6

Pour Angéliki Mitrou,
gardienne des portes d'Arcadie,

et pour Sylvia,
toujours.

Je m'étais bien juré de ne plus jamais écrire sur la Grèce et ce, devant tous les dieux olympiens rassemblés et quelques saints orthodoxes réunis en concile ! Et voilà que j'ai succombé une fois de plus à la voix des sirènes avec cette intrusion — nouvelle pour moi — dans le monde océanique des dictionnaires. Mais le titre est clair : *Dictionnaire amoureux*. Oui, c'est bien l'amour — l'amour des mots, des lieux, des objets, des idées, des images, des chants, des auteurs, des amis, des amies — mortelles, nymphes ou déesses — qui a dicté la sélection des entrées et leur contenu.

Au terme de ce périple, je me suis aperçu qu'il recouvrait un champ beaucoup plus étendu que je n'osais l'imaginer, un champ qui — dans le seul domaine de la poésie — allait d'Homère à Séféris et d'Orphée à Tsitsanis ! Et ce, en rencontrant les hymnes byzantins, les chants populaires de la guerre d'Indépendance, les poèmes surréalistes contemporains et les airs de rébétika. Un grand écart donc, mais qui s'opéra sans effort et aussi sans douleur, en suivant le cours ininterrompu de trente siècles de langue grecque.

Le principe même d'un dictionnaire d'amour est d'être sélectif : je n'ai pu aimer tous les mots, pas plus que toutes les femmes de la Grèce. Tendresse, passion, regrets aussi — d'avoir peut-être oublié quelque amour — ont habité ces pages, butiné çà et là le nectar et l'ambroisie de toute mémoire amoureuse. La seule contrainte que j'ai scrupuleusement respectée fut d'éviter les reprises ou répétitions des thèmes et choix de mes livres antérieurs, notamment ceux de *L'Eté grec*. Beaucoup d'entrées sont donc ici nouvelles, sinon originales, comme l'hymne acathiste qui ouvre ce dictionnaire, la moniale byzantine Cassiani, les épopées de la Grèce médiévale avec le preux Digénis, les chants des kleftes, ces partisans libérateurs du temps de l'Indépendance, le capétan Makriyannis et nombre d'auteurs contemporains, certains inédits en France, que j'eus la chance de rencontrer, de connaître, d'apprécier, d'aimer et de traduire. Je pense aussi à ceux dont vous découvrirez l'œuvre comme Alexandrou, Cheimonas, Christodoulou, Embirikos, Frangias, Pétropoulos, Yannopoulos ou Valaoritis. Vous y trouverez aussi des entrées très particulières concernant des objets, coutumes, recettes de cuisine, arbres et créatures légendaires. Ainsi, d'Acathiste à Zeus, et d'Amorgos à Spetsaï — et non Zante, comme on eût pu s'y attendre — s'est déclinée, ou conjuguée, cette anamnèse, comme eût dit Platon, cette remémoration de mes amours antérieures. Tous lieux, rumeurs, parfums, chants et visages qui ont repris vie dans le corps d'émanation de ce livre, expliqueraient mes amis bouddhistes.

En ce voyage à travers le temps, les paysages et les créations de la Grèce d'antan, d'hier et d'aujourd'hui, j'ai pu une fois de plus constater l'étonnante pérennité de la langue grecque. Des Grecs anciens aux poètes contemporains, des philosophes antiques aux mystiques byzantins, j'eus sans cesse le sentiment — et même la certitude — de suivre le courant d'un fleuve unique et ininterrompu. Oui, de naviguer sur une eau nourricière où la présence de la source est sensible jusque dans l'estuaire, comme en témoignent certains passages des œuvres d'Elytis, Séféris ou Sikélianos, où l'on découvre avec surprise et ravissement des pépites de grec ancien insérées dans les poèmes d'aujourd'hui. La langue grecque, toujours, fut une langue aurifère.

Et j'ai senti, ou ressenti, aussi la présence de ceux que j'ai traduits et qui ne sont plus de ce monde, ceux qui, un court instant, ont déserté leur prairie d'asphodèles, demeure des ombres grecques, pour venir me tenir compagnie dans ces pages. Pages, on le comprendra, que j'ai voulues tout le contraire d'un inventaire, tout le contraire d'un reliquaire !

En écrivant ce dernier mot, je m'aperçois qu'il en manque un : Phénix, l'oiseau qui renaît de ses cendres et donna son nom à la Phénicie. Qu'à son image, les entrées choisies dans ce dictionnaire soient autant de seuils sur la terre, la langue, l'histoire et la légende toujours renaissantes de la Grèce !

J.L.

a

Acathiste (hymne)

Les mots ont un parfum. Du moins certains d'entre eux. Lorsque j'entends le mot « hymne acathiste », je sens refluer au cœur de ma mémoire un monde d'icônes rutilantes, de chants nocturnes et surtout de parfums d'encens orientaux. Un monde purement byzantin, incarné par cet hymne et ce mot « acathiste ». Inutile de le chercher dans un dictionnaire, vous ne le trouverez pas. C'est un terme purement grec — *acathistos* — signifiant « non assis ». On remarquera d'ailleurs que les deux syllabes principales — *cathis* — sont celles qui ont aussi donné « cathédrale », monument où l'évêque a son siège. Pourquoi « non assis » ? Parce que cet hymne entièrement consacré à la Vierge s'interprétait toujours debout, par déférence et dévotion. Cela n'aurait rien de particulier si l'exécution intégrale de cet hymne — qui est évidemment chanté — ne durait environ huit heures ! Le terme « non assis » prend alors tout son sens.

Le seul mot français qui lui ressemble et qui vient évidemment du grec est le terme médical *acathésie* ou *akathésie*, névrose caractérisée par l'incapacité de s'asseoir ou de rester assis. On voit qu'il s'agit toujours de rester debout, mais pour des raisons tout à fait différentes !

Attribué au patriarche Serge qui vécut à Constantinople au VIIe siècle, cet hymne aurait été composé en l'an 626 quand la ville sans défense, assiégée par les Avars, ne dut son salut qu'à une tempête inespérée qui mit en fuite la flotte des assaillants. D'innombrables actions de grâce furent alors écrites en l'honneur de la Vierge à qui les habitants attribuèrent ce miracle.

Telle est du moins la légende entourant la naissance de ce poème prodigieux, car c'est bien d'un poème qu'il s'agit, un poème de ferveur mystique. Il est constitué d'une courte introduction — nommée *kontaki* — et de vingt-quatre strophes, ou *oikoi*, commençant chacune par une lettre dans l'ordre de l'alphabet.

L'essentiel, cependant, n'est pas dans la structure métrique ni la stylistique de cet hymne. Il est dans la splendeur lyrique — sans aucune emphase — de l'ensemble, la densité du contenu, l'intensité de l'émotion, la luxuriance des images. Ce poème étant avant tout un hymne de gloire et de reconnaissance à la Vierge Marie, on pourrait s'attendre à y trouver des formules pieuses et consacrées, exprimées dans une langue relativement simple. Or, il n'en est rien. Pour traduire la ferveur et l'intensité de sa foi, l'auteur recourt à la poésie la plus pure, la plus élaborée qu'on puisse imaginer. Au point que, s'il fallait trouver quelque comparaison avec les poètes d'aujourd'hui, je ne vois guère que Mallarmé, Claudel ou Saint-John Perse ! Cet hymne n'est pas pour autant hermétique. Il se contente d'utiliser les ressources inimaginables d'une langue dont on sait qu'elle fut aussi à cette époque celle des théologiens, après avoir été celle des philosophes. Cette langue — ou plutôt l'auteur de ce poème — opère très souvent sur un registre homophonique et allitératif de premier ordre dont les équivalences en français sont évidemment très difficiles ou hasardeuses à obtenir. Si l'on arrive quelquefois au miracle — comme dans le couple homophonique *exaltation/exultation*, de telles chances ne se renouvellent pas à chaque strophe !

Ajouterai-je que je connais cet hymne depuis très longtemps mais que je ne m'étais jamais risqué à le traduire jusqu'à ce jour ? Si je m'y suis enfin décidé, c'est à la suite d'un voyage récent en Epire, dans le nord de la Grèce où, dans l'église d'un petit monastère trônait une icône de la Panaghia Odigistria — la Vierge Conductrice— dont la seule vue me rappela soudain les images et les splendeurs de cet hymne.

TROPAIRE

Mère de Dieu,
La cité que tu protégeas du malheur
Célèbre aujourd'hui ta victoire.
Que ta force invincible éloigne de moi tout péril
Pour que je puisse t'invoquer : Salut, épouse
[inépousée

STROPHES

Ange du premier ordre, du ciel on t'envoya saluer la Mère de Dieu. Te voyant, Seigneur, dans un corps, il fut saisi et s'extasia et alors t'adressa ces mots :

Salut, brasier de toute bénédiction
Salut, bûcher de toute malédiction
Salut, relève d'Adam déchu
Salut, rachat des larmes d'Eve
Salut, Hauteur inabordable à la pensée des hommes
Salut, Profondeur insondable au regard des anges
Salut, Trône du Tout-Puissant,
Salut, porteuse de Celui qui porte l'univers
Salut, astre qui nous apporte le soleil
Salut, gastre qui contient Dieu
Salut, toi qui recrées la création
Salut, toi qui enfantes le créateur
Salut, épouse inépousée.

Bienheureuse en son innocence, la Sainte se confia et dit à Gabriel : A mon âme il est difficile de comprendre tes mots étranges. Que veux-tu dire par une conception sans semence ? Elle dit, et entonna :

Alléluia !

Cherchant à connaître l'inconnaissable, la Vierge demanda au serviteur de Dieu : Comment est-il possible que mon ventre intouché ait pu concevoir un Fils, dis-le-moi ? Et l'autre, dans la crainte, à Elle répondit :

Salut, orée du Vouloir ineffable
Salut, oraison de la secrète foi
Salut, portique des miracles du Christ
Salut, assise de Son enseignement
Salut, échelle élue par Dieu pour Sa Descente
Salut, pont qui relie la terre au ciel
Salut, miracle et merveille des anges
Salut, déroute et défaite des démons
Salut, foyer d'indicible lumière
Salut, gardienne des célestes mystères

Salut, toi qui des sages surpasses la sagesse
Salut, toi qui des fidèles fortifies la foi
Salut, épouse inépousée.

Du Très-Haut la puissance recouvrit alors de Son ombre Celle que nul époux jamais ne côtoya et révéla le fruit de son ventre fertile à tous ceux qui voulaient recueillir le salut en entonnant :

Alléluia !

Et la Vierge, en Elle portant Dieu, s'en alla voir Elisabeth, et l'enfant de celle-ci, devinant la Visitation, sauta et chanta dans Son ventre en disant à la Mère de Dieu :

Salut, verger du fruit total
Salut, nourrice de Celui qui nous comble d'amour
Salut, planteuse de Celui qui planta notre vie
Salut, terre fertile des compassions
Salut, table fleurie des rémissions
Salut, horticultrice des délices
Salut, réparatrice des supplices
Salut, encens des dignitaires
Salut, sérénité de l'univers
Salut, élan de Dieu vers les mortels
Salut, élan des mortels envers Dieu
Salut, épouse inépousée.

Frappé au fond de lui par l'orage du doute, le sage Joseph était troublé. Vers toi, l'Inapprochée, vers toi, l'Irréprochable, il jetait son regard, soupçonnant quelque union secrète. Mais apprenant ta conception par l'Esprit-Saint, il s'écria :

Alléluia !

Gloria ! chantèrent alors les anges pour célébrer l'Avènement du Christ dans la chair. Les Bergers en les entendant se rendirent vers le Pasteur. Ils le virent, Agneau blanc paissant sur le sein de Marie, et le célébrèrent en disant :

Salut, mère du Pasteur et de l'Agneau
Salut, refuge des humaines brebis
Salut, effroi des démons invisibles

Salut, parvis du paradis
Salut, exaltation du ciel et de la terre
Salut, exultation de la terre et du ciel
Salut, bouche inlassable des apôtres
Salut, ferveur inépuisable des martyrs
Salut, colonne immuable de la foi
Salut, savoir lumineux de la grâce
Salut, toi qui dévêts l'enfer et nous revêts de gloire
Salut, épouse inépousée.

Haut dans le ciel, voyant l'Etoile désignant la route de Dieu, les Mages suivirent sa lumière jusqu'à l'Intouchée, ils se réjouirent et entonnèrent :

Alléluia !

Ils virent sur le sein de la Vierge Celui dont la main avait façonné l'homme. Comprenant qu'il était le Seigneur bien qu'Il eût pris la forme de l'esclave, ils L'honorèrent de leurs dons et dirent à Sa Mère bénie :

Salut, mère de l'astre vivant
Salut, aube du jour mystique
Salut, toi qui éteins le brasier des mensonges
Salut, toi qui éclaires les néophytes du Mystère
Saut, toi qui retires au tyran son empire
Saut, toi qui offres le dieu d'amour aux hommes
Salut, toi qui nous délivras des idoles
Salut, toi qui nous purifies de la boue de nos actes
Salut, toi qui arrêtes l'adoration du feu
Salut, toi qui apaises la flamme des passions
Saut, chemin de la sagesse des fidèles
Salut, joie de toutes les générations
Salut, épouse inépousée.

Joyeux, les Mages s'en retournèrent, habités du divin message, et s'en vinrent en Babylonie pour y accomplir Ton oracle et enseigner le Christ à tous. Et ils délaissèrent Hérode, ce roi vantard qui ne savait chanter :

Alléluia !

La Lumière de Ta vérité se leva sur toute l'Egypte et chassa la nuit du mensonge. Et ses idoles, mon Sauveur, s'écroulèrent devant Ta puissance, et ceux qui furent ainsi sauvés dirent à la Mère de Dieu :

Salut, redressement des hommes
Salut, affaissement des démons
Salut, toi qui écrases l'erreur et le mensonge
Salut, toi qui éventes les ruses du Malin
Salut, mer qui noyas le puissant Pharaon
Salut, fonts qui abreuves les assoiffés de vie
Salut, colonne de feu guidant les égarés
Salut, voûte du monde plus vaste que le ciel
Salut, toi qui recueilles la moelle de la manne
Salut, toi qui répands les saints nectars
Salut, Terre promise
Salut, source de miel
Salut, épouse inépousée.

Mensonge de ce siècle, du cœur de Syméon le Seigneur t'extirpa pour se donner à lui. Mais Syméon, reconnaissant en Toi le dieu parfait, admira Ton infinie sagesse et s'écria :

Alléluia !

Nous qui sommes nés de Toi, Tu nous as révélé Ta neuve création, Tu as ensemencé le ventre sans semence et Tu le maintins vierge afin qu'à la seule vue du miracle nous Te célébrions en disant :

Salut, fleur d'incorruption
Salut, bouquet de tempérance
Salut, toi qui éclairas la Figure de résurrection
Salut, toi qui révélas la vie des anges
Salut, arbre aux fruits succulents, nectar des fidèles
Salut, tronc dont l'ombre fraîche est le zéphyr des [foules
Salut, toi qui portas le Guide des égarés
Salut, toi qui enfantas le Sauveur des captifs
Salut, toi qui fléchis le juste Juge
Salut, toi qui pardonnes aux pénitents
Salut, toi qui habilles ceux qui sont nus
Salut, douceur dominant tout désir
Salut, épouse inépousée.

De cette traduction, je n'ai proposé ici que les sept premières strophes, mais je pense qu'elles suffisent à donner une idée de la beauté, de la force et de l'originalité des métaphores. On remarquera que chacune d'entre elles illustre et exalte une fonction ou un aspect précis de la Vierge : une intervention, un miracle, un pouvoir de guérison ou de consolation. Certaines de ces images font sûrement référence à des symboles mystiques, voire gnostiques, le tout sur un registre poétique qui ne cesse d'opposer la raison humaine à l'apparente déraison divine, le monde de la logique à celui des miracles, et le visible à l'invisible. L'exemple le plus clair de ces oppositions révélatrices n'est-il pas le dernier vers de chaque strophe, saluant la Vierge d'« *épouse inépousée* » ?

Acheiropoïitos

Encore un mot grec apparemment imprononçable, mais comme on ne l'emploie qu'occasionnellement ce n'est pas là un grave inconvénient. On ne l'utilise en effet qu'à propos de certaines icônes miraculeuses dites *acheiropoïitoi*, littéralement « non faites avec la main », sous-entendu la main humaine. Ce qui est une façon de dire sans le dire : peintes par les anges. Cela concerne surtout les icônes du Christ et de la Vierge, et comme elles sont nombreuses et qu'elles correspondent à différentes périodes de l'art byzantin, il faut supposer que ceux qui les ont peintes — j'entends les anges ou autres esprits célestes — ont suivi attentivement l'évolution des styles ! Il n'empêche : le mot est beau et fait rêver. On imagine volontiers une main invisible tenant un pinceau lui-même invisible et des feuilles d'or venues directement du Paradis, se plaquant toutes seules sur la sainte icône ! Après quoi, l'ange ou l'être céleste dépose délicatement son œuvre dans la mer où elle rejoint en flottant son lieu prédestiné. On dit aussi qu'une fois l'icône terminée, les anges soufflaient sur la peinture pour en activer le séchage. Voilà qui expliquerait ces stries ou embruns d'or visibles sur quelques-unes d'entre elles.

Adyton

Il y a des mots qu'on aime pour eux-mêmes, pour leur musique ou leur sonorité, indépendamment de leur sens. C'est le cas pour moi du mot *adyton*, mot grec ancien signifiant « inapprochable, impénétrable, inaccessible ». Dans l'Antiquité, il servait à désigner la partie secrète des sanctuaires où le dieu était censé séjourner quand il venait visiter ses demeures, partie où seul le grand prêtre — ou la grande prêtresse — avait le droit de pénétrer. Lieu interdit donc, la présence du dieu, même invisible, chargeant l'espace d'effluves et d'émanations dangereux. Pénétrer dans un adyton n'aurait pas seulement signifié violer un interdit mais s'exposer au danger du rayonnement divin. Ce disant, on ne peut s'empêcher de rapprocher cet interdit de celui qui frappe tout visiteur d'une centrale nucléaire : seuls les grands prêtres — autrement dit les ingénieurs et spécialistes — peuvent approcher le cœur du réacteur, adyton des modernes sanctuaires de l'Atome.

Akrites et akritiques (chants)

Encore un mot grec et parfumé, d'un parfum tout autre que celui de l'hymne acathiste. Ici, nous ne sommes plus dans l'ombre ou la pénombre des églises et des chapelles mais dans la vastitude des steppes et des déserts du Proche-Orient. Inutile de chercher le mot « akrite » en quelque dictionnaire, vous ne le trouverez pas plus que le mot « acathiste ». D'ailleurs, lui-même n'est plus guère employé en Grèce aujourd'hui que dans son sens ancien et médiéval de « guetteur de frontière » ou de « veilleur des confins ». Il désignait les paysans-soldats gardant les *akroi*, les extrémités orientales de l'Empire byzantin. Ou, si l'on préfère, ce qu'on nomme en latin le *limes*. Ces soldats vivaient en des forteresses isolées et occupaient, de la Cappadoce jusqu'à l'Euphrate, tout un réseau de châteaux forts où ils subsistaient en totale autarcie et dont ils sortaient parfois pour opérer des razzias sur les populations locales.

Tout cela commença vers le IXe siècle et se maintint jusqu'à l'invasion seldjoukide au XIIIe siècle. Très vite, la rumeur et l'imagination populaires s'emparèrent des hauts faits des akrites qui devinrent autant de héros invincibles, combattant l'ennemi à un contre mille, défiant les fauves en leur repaire et affrontant même dragons, monstres et crabes géants. Certains d'entre eux, comme Digénis* [1], n'hésitait pas non plus à l'occasion à délivrer les vierges et les princesses prisonnières des Sarrasins ou des dragons, comme dans la légende de saint Georges. L'image épique et symbolique de l'akrite présente donc un mélange de générosité et de témérité, d'orgueil et de clémence, de force physique et d'exigence morale. Aussi voit-on dès le xe siècle fleurir un grand nombre de chants vantant leurs différents exploits. Certains noms reviennent en ces chants comme Constandis, Andronic, Nicéphore, repris très certainement à des combattants et des personnages historiques. Ces chants étaient interprétés par un aède ou récitant s'accompagnant au kémençé, vielle à trois cordes et à archet, ou au luth oriental appelé lagouto, instruments toujours en usage aujourd'hui. Voici quelques-uns de ces chants qui ont longtemps bercé l'imaginaire de la Grèce médiévale.

LE CHÂTEAU DE LA BELLE

De tous les châteaux que j'ai vus,
De tous ceux que j'ai parcourus
Nul jamais n'en vit de pareil
Au merveilleux château de la Belle.

En la terre fermement implanté
Il s'élève, solide et altier
Il a quarante orgyes de haut
Un toit de plomb, des murs en marbre
Portes d'acier et clefs d'argent
Et pour seuil un grand porche d'or.

Douze ans de suite le Turc l'assiégea
Mais jamais il ne put le prendre.

1. Les astérisques en cours de texte renvoient aux entrées du livre.

Jusqu'au jour où un chien de Turc,
Enfant bâtard d'une chrétienne,
S'en vint trouver l'Emir.
— Emir, mon seigneur, émir, mon sultan,
Si je prends le château, que me donneras-tu ?
— Mille florins par jour, un cheval très vaillant
Et deux épées d'argent pour aller à la guerre.
— Je ne veux pas de tes épées
Mais je veux la princesse
Qui réside en ses murs.
— Si tu prends le château, tu auras aussi la
[princesse.

Il met des habits verts, revêt une soutane,
Se présente au château et il frappe à la porte,
Il frappe et il implore :
— Ouvrez-moi, ouvrez-moi la porte de la Belle !
— Va-t-en d'ici, le Turc,
Va-t-en, chien d'Infidèle !
— Par la Croix, par la Vierge,
Je ne suis pas un Turc,
Je ne suis pas derviche
Je suis moine et ermite
Douze ans j'ai fait retraite
Brouté l'herbe comme brebis
Je veux seulement de l'huile
De l'huile pour mon église.
— On va jeter des chaînes et tu te hisseras.
— Ma bure est élimée, elle va se déchirer.
— Attrape alors ce filet dans lequel tu monteras.
— Je suis trop faible et j'aurai le vertige.

Alors la grande porte s'ouvre
Et mille Turcs s'y engouffrent
Mille Turcs emplissent la cour.
Voilà la forteresse prise !
Et chacun se rue sur l'argent
Chacun se rue sur les trésors
Le Turc, lui, recherche la princesse.

Mais la Belle, du haut de la Tour, se jette

En faisant son signe de croix.
Elle ne tombe pas sur les buissons.
Elle tombe dans les bras du Turc

La Belle et le Sarrazin

Pour y expirer aussitôt.
Une guerre a éclaté entre l'Orient et l'Occident
Une Belle vaillante l'apprend et part combattre.
Elle prend des habits d'homme, elle prend ses
[armes,
Habille de serpents l'échine de son cheval,
Le ferre de vipères et pose des aspics en place
[d'étriers.

Sa monture l'enlève, parcourt quarante milles,
Encore quarante milles et parvient au combat.
Dans le corps de ses ennemis elle se taille un
[chemin
Taille et retaille et virevolte jusqu'au moment
Où sa ceinture se rompt et ses seins apparaissent,
Ses seins d'or, si bien dissimulés.
Un Sarrasin la voit du haut de son rocher :
— N'ayez pas peur, amis, ne craignez rien...
C'est une femme qui nous combat, une belle qui
[nous défie.
La Belle, en l'entendant, vers saint Georges
[s'empresse.
— Mon saint Georges, protège-moi,
Et je ferai d'or ton entrée, et d'argent ta sortie
Et brillantes comme perles les tuiles de ton toit !
Les marbres se fendirent, la Belle s'y glissa.
A son tour, le Sarrasin arrive jusqu'à saint
[Georges :
— Saint Georges, mon bon chrétien, rends-moi la
[Belle
Et je me ferai baptiser, moi et mon fils,
Je me nommerai Constandis, lui aura nom Yannis.
Et les marbres s'ouvrirent et la Belle réapparut.

Constantin et le crabe

En bas, tout au bout du rivage, dans la profonde
[roselière
Un Crabe sème la terreur et dévore les braves.
Il dévore Phoucas le noir, dévore Nicéphore,
Il dévore Pétrotrachilos, fait trembler la terre et le
[monde
La nouvelle en arrive jusqu'au quartier de
[Constantin.
— Bonjour à toi, sieur Constantin, le roi te
[réclame.
— J'étais hier chez le roi et aujourd'hui, il me
[réclame ?
Si c'est pour boire et pour manger, je prends mes
[amusettes
Si c'est pour guerroyer, je prends mes armes.
— Prends-les, sieur Constantin, prends tes armes
[avec toi
— Bonjour à toi, mon roi, dis-moi, que me veux-
[tu ?
— Un Crabe sème la terreur dans la profonde
[roselière,
Il dévore Phoucas le noir, dévore Nicéphore
Il dévore Pétrotrachilos, fait trembler la terre et le
[monde
Pas à pas, Constantin a pris le sentier du rivage
Et le sentier le mène au repaire du Crabe.
Le Crabe en le voyant en conçut grand plaisir :
— Ce matin, j'ai déjeuné, à midi, j'ai pris mon
[repas
Et voici mon dîner qui vient à pied jusque chez
[moi !
Constantin frappe un coup contre la carapace
Mais son arme l'érafle à peine,
Comme si de pierre, comme si de marbre.
Le Crabe étend ses pinces, enserre Constantin
Lui, il étend les bras, lui donne un nouveau coup.

Là où il a frappé les os ont tressailli,

Où le Crabe a serré, le sang a rejailli.
Le Crabe est sur le point de le manger
Alors Constantin crie, il appelle saint Georges :
— Saint Georges, mon meneur, toujours sur ton [cheval,
La vie que tu me donnes, le Crabe me la prend !
Alors une voix d'ange courroucée, lui répond :
— Lâche, espèce de lâche, une bête te fait [trembler ?
Prends ton couteau d'argent dans ton fourreau [d'argent
Et frappes-en la bête au-dessous du nombril.
En entendant ces mots, le Crabe dit à Constantin :
— Attends, attends, mon Constantin, j'ai deux [mots à te dire.
Ote le haut de ta cuirasse et appelle tes [compagnons.
Ote le bas de ta cuirasse et dresse ici ta tente
Et fais venir le roi et qu'il amène son vizir.

Le fils d'Andronicos

Yannis, le fils d'Andronicos
Sur la pierre blanche, près de l'eau froide
Gît blessé, il gît mutilé.
Son sang a inondé la terre
Sa blessure ne pourra guérir.

Les Turcs le gardent
Les Grecs le pleurent
Et les femmes du lieu
Chantent sur lui leurs thrènes :
— Yannis, n'as-tu pas de mère,
Yannis, n'as-tu pas de sœur
Yannis, n'as-tu pas de femme
Pour venir te pleurer ?

— Une mère j'avais, une mère et une sœur
Et ma femme, la voici venir
Deux pierres noires sur les seins.
— Yannis, ne t'avais-je pas dit

De ne pas te battre à un contre mille ?
— Tais-toi, tu te couvres de honte
Je suis Yannis le preux, Yannis le vaillant
Je suis le fils d'Andronicos
Qui fit trembler le monde entier
Qui fit trembler toute la terre.

Mes ennemis n'étaient ni cinq ni dix
Sept mille étaient mes ennemis
Et seul je les ai affrontés !
Et un seul a pu s'échapper
Il avait la ruse du lièvre, la force du dragon
Sur les nuages il est monté,
Les nuages il a chevauchés
Dans le ciel il s'est envolé
Dans les étoiles a disparu.
Ses flèches ont traversé mon cœur
Et ma vaillance m'a quitté.

Yannis et le dragon

Ce soir, il s'est mis à bruiner et Yannis s'est mis à [chanter
Et sa voix, par le vent portée, est parvenue chez le [Dragon.
— Pourquoi viens-tu, à pareille heure, tonitruer à [haute voix ?
Tu réveilles les hirondelles, tu réveilles les oiseaux [des bois
Tu me réveilles, moi le Dragon et tu réveilles ma [Dragonne !
— Laisse-moi passer, ô Dragon, laisse-moi aller [mon chemin
Le roi va marier son fils et la fête commence [demain
Et il m'a mandé de venir pour chanter et faire [bombance.
— Qui sera ton garant pour que je puisse te faire [confiance ?
— Qui veux-tu donc comme garant ?

— Prends le soleil pour témoin, prends la lune
[comme garante
Et prends l'Etoile du matin pour qu'elle soit ta
[répondante.
Et Yannis selle son cheval et s'en va vite dans la
[nuit
Et le lendemain s'en retourne, une belle fille avec
[lui.
Et le Dragon en le voyant, le Dragon lui dit
[aussitôt :
— Bienvenue à toi, ô Yannis, bienvenue à mon
[déjeuner
A la belle fille qui te suit et qui deviendra mon
[dîner.
Et Yannis pour toute réponse, Yannis lui rétorque
[aussitôt :
— J'ai une épée pour déjeuner, une lance pour le
[dîner
J'ai la foudre pour mère et pour père le tonnerre
Et moi je suis l'Eclair qui pourfend les Dragons.
— Eh bien, mon bon Yannis, tout ira pour le
[mieux.
Dépose donc tes armes, qu'on festoie tous les deux.

Agapé

Agapé : c'est l'Amour, mais l'amour offrande, le don de soi et aussi l'amour qui accueille et reçoit. Chez les premiers chrétiens, ce mot désignait aussi bien l'amour des humains pour Dieu que l'amour de Dieu pour les hommes. Agapé va au-delà de l'attirance et du désir sexuels ; il s'étend à l'amitié, à la fraternité, voire à la parenté mystique et créatrice. Platon en fera la face cachée de l'Eros, celle qui tend à la purification des passions, qui devient émoi pur, approche de l'Essence. Et c'est lui qu'on retrouvera, cet agapé devenu au pluriel agapes, pour désigner chez les chrétiens les repas pris en commun par les fidèles. Agapes : le plaisir d'être ensemble, le plaisir de l'échange et du don mutuels, du partage des cœurs. C'est alors, en ces repas ou ces banquets d'amour, que la passion devient promesse, que l'union devient communion.

Alcibiade

Dans ce dialogue de Platon, Socrate apprend que le bel Alcibiade — personnage marquant et turbulent de l'Athènes de son temps — aspire à parler au peuple. Socrate cherche alors à l'en dissuader par une série d'arguments convaincants. C'est dans ce dialogue que figure un très beau passage sur la seule façon pour un homme de connaître son âme, passage qui inspira à Georges Séféris* son poème sur les Argonautes*. On peut voir dans ce court dialogue un modèle de raisonnement socratique poussé ici à sa perfection.

Le miroir de l'âme

Socrate. — Demandons-nous donc quelle est la chose qui permettrait le mieux non seulement de nous connaître nous-mêmes comme le dit l'inscription delphique mais de nous voir nous-mêmes.

Alcibiade. — De toute évidence, il faudrait porter notre regard sur un miroir.

Socrate. — Tu as raison. Mais l'œil ne contient-il pas lui-même une sorte de miroir ?

Alcibiade. — C'est vrai.

Socrate. — Tu as sûrement remarqué que lorsqu'on regarde quelqu'un dans les yeux, on voit son propre visage se refléter dans l'œil de celui qui nous fait face, comme s'il s'agissait d'un miroir et que l'image de celui qui regarde se reflète au cœur de la pupille ?

Alcibiade. — Bien sûr.

Socrate. — Donc, s'il veut se voir lui-même, l'œil doit se contempler dans un autre œil et dans ce qu'il y a de meilleur en lui, la pupille... S'il veut se voir lui-même, c'est dans un œil qu'il doit se regarder.

Alcibiade. — C'est bien cela.

Socrate. — Alors, cher Alcibiade, si une âme veut se connaître elle-même, n'est-ce pas dans une autre âme qu'elle doit se regarder, et plus précisément vers ce lieu de l'âme où siège ce qui lui est le plus précieux, à savoir la sagesse ?

Alcibiade. — Mais oui.

Socrate. — Mais avons-nous le droit de dire qu'il y a dans l'âme quelque chose de plus divin que le fait de connaître et l'acte de penser ?

Alcibiade. — Non. Nous ne le pouvons pas.

Socrate. — C'est donc là une fonction propre à la divinité, si bien que regarder vers le divin est la meilleure façon de se connaître.

Alcibiade. — Bien sûr.

Socrate. — Mais de même qu'un miroir est toujours plus clair, plus pur et plus brillant que l'image reflétée, le Divin est aussi une réalité plus claire, plus pure et plus brillante que ce qu'il y a de meilleur dans l'âme.

Alcibiade. — Je le pense, aussi, Socrate.

Socrate. — Donc, en regardant vers le Divin, l'âme se contemple dans le plus beau miroir qui soit. Et c'est seulement de cette manière que nous pourrons le mieux voir et nous connaître.

Alexandre le Grand

Avouerai-je que je n'ai jamais nourri d'admiration particulière pour les conquérants, si ingénieux ou prodigieux qu'ils aient pu être ? Je sais très bien que l'histoire du monde n'a pas été faite par des anges mais par des êtres humains et que, parmi ceux qui un jour conquirent, dominèrent ou régentèrent les peuples, tous ne furent pas des monstres, des crapules ou des assassins. Alexandre le Grand, justement, fait partie de ces exceptions ou du moins de ces conquérants qui, après leur victoire, surent se muer en constructeurs, ou reconstructeurs. Car le problème des conquérants, une fois la victoire acquise, est de savoir gérer leur conquête. Alexandre le Grand fut sur ce plan un cas unique, son but ayant été manifestement de réconcilier vainqueurs et vaincus et non d'anéantir les peuples conquis.

Mais il ne s'agit pas ici de retracer la vie d'Alexandre. Alors que je viens de publier récemment une traduction de la version grecque de sa légende médiévale, un certain nombre de réflexions me sont venues sur celui que je présente dans cet ouvrage comme un véritable conquérant de l'absolu. Plusieurs questions se posent en effet à son propos, à commencer par les décisions surprenantes et tout à fait inhabituelles qu'il prit après ses victoires sur Darius et les Perses : non seulement il respecte la famille du roi vaincu — épouse, harem et filles —, mais il contraint son entourage à adopter les coutumes perses et même à épouser des femmes perses ! Si conquête il y a — et conquête il y eut —, elle sera donc à double sens. Alexandre n'entend nullement, comme ce sera plus tard le cas de Gengis Khan ou d'Attila, faire table rase des pays vaincus, mais établir au contraire entre les ennemis d'hier une paix qu'il veut définitive. Il ira encore plus loin puisqu'il adoptera lui-même en partie les usages perses et fondera un peu partout, au cours de son avance vers l'Orient, des villes qu'il baptisera Alexandrie et qui devaient à ses yeux être les foyers d'une civilisation nouvelle. Alexandre édifia presque autant de villes qu'il en détruisit et se fit l'ardent défenseur, voire l'ardent propagateur, des cultures un moment soumises.

Deuxième sujet de réflexion et de mystère : son attitude quant à la nature de sa propre naissance. Tous les rois ou tyrans de ce temps — et pas seulement les Grecs — se disaient toujours d'origine divine mais seulement à la énième génération. Aucun d'entre eux ne prétendit jamais avoir Zeus, Apollon ou Arès pour ancêtre direct ! Concernant Alexandre, de nombreuses rumeurs attribuaient sa naissance à quelque dieu — Zeus de préférence ou le dieu solaire égyptien Ammon — comme en témoigne l'étrange épisode, après sa conquête de l'Egypte, de sa visite au sanctuaire de ce dieu, dans l'oasis de Siwah. C'est là qu'il aurait eu confirmation de son origine divine, bien que Plutarque propose à ce sujet une interprétation bien différente : le prêtre du temple d'Ammon ne parlant qu'un grec approximatif et voulant saluer Alexandre, encore tout jeune, en l'appelant « mon enfant » — autrement dit *paidiou* — se serait trompé et lui aurait dit *pâi dios*, ce qui veut dire « fils de Zeus » ! Qui croire et comment savoir ?

Enfin, il y a la fameuse affaire de la proskynèse, de la prosternation exigée par Alexandre de tous ses visiteurs, y compris son entourage macédonien. Cette proskynèse consistait à s'allonger entièrement sur le sol, en signe de soumission mais aussi de dévotion. Cette pratique, courante à la cour des rois achéménides, impliquait l'idée que le Grand Roi — c'était son titre — était lui-même un dieu. Soumission, dévotion et adoration, c'est tout cela qu'impliquait la pratique de la proskynèse et l'on comprend que les premiers compagnons d'Alexandre n'aient guère apprécié sa mégalomanie. Quoi qu'il en soit, on pourrait définir Alexandre non seulement comme un conquérant averti, mais comme un roi philosophe — n'oublions pas qu'adolescent il eut Aristote pour précepteur — et même un visionnaire que sa mort prématurée, à l'âge de trente-trois ans, transformera d'emblée en héros légendaire.

Quant à sa légende proprement dite, beaucoup moins connue que son histoire réelle, elle est née très tôt, sans doute au lendemain de sa mort, dans le cercle de ses compagnons et de ses épigones. C'est à Alexandrie, en effet, que parut au début de l'ère chrétienne une *Histoire d'Alexandre le Grand*, œuvre d'un inconnu qui signait Callisthène et qu'on nomme depuis le pseudo-

Callisthène — Callisthène, un des compagnons préférés d'Alexandre, et par ailleurs historiographe, étant mort au cours d'une des campagnes, tué par son maître après une beuverie, sans qu'aucun de ses éventuels récits nous soit parvenu. Cette *Histoire d'Alexandre le Grand* — qui se donne pour authentique — se présente comme un véritable roman d'aventures où le fabuleux et le miraculeux sont monnaie courante. C'est d'elle que furent tirés tous les récits sur Alexandre traduits en syriaque, en arabe, en persan et par la suite en français, au Moyen Age, sous le titre *Le Roman d'Alexandre*. Comme l'original était en vers, le traducteur Alexandre de Bernay inventa un vers français nouveau, de douze syllabes, qu'on appela donc un alexandrin. En Grèce, la version grecque du *Roman* eut elle-même grand succès et fut remaniée, disons plutôt enrichie et embellie, à plusieurs reprises. Il en parut même à Venise, à la fin du Moyen Age, une version populaire en prose avec pour titre *I Phyllada tou Megalou Alexandrou*, soit *Les Feuillets d'Alexandre le Grand*, car elle fut imprimée sur de grandes feuilles, à la façon de nos images d'Epinal. C'est cette édition que je traduisis et publiai pour la première fois en 1962, pour la compléter et la reprendre par la suite. On y voit maints épisodes fabuleux, les uns propres à l'histoire d'Alexandre, les autres empruntés à différents thèmes orientaux et archétypaux, comme le mythe de la Fontaine d'Immortalité par exemple. Alexandre, dans ces récits, apparaît davantage faiseur de prodiges que conquérant proprement dit. Car ceux qu'il affronte alors sont moins les armées adverses — perses ou indiennes — que les forces du Mal et du monde invisible.

De ces exploits qui vont bien au-delà des conquêtes habituelles, puisque Alexandre s'aventure jusqu'au pays des Bienheureux, aux portes même du Paradis, dans les Enfers ou aux limites extrêmes de la terre, je donnerai ici trois exemples tirés des *Phyllada*, qui portaient d'ailleurs eux-mêmes en sous-titre : *Vie, guerres, exploits et mort dudit*, en parlant, bien sûr, d'Alexandre le Grand.

RENCONTRE AVEC DES PEUPLES ETRANGES

Après quoi, avec son armée, Alexandre partit vers le levant et il parvint chez des hommes sauvages comme des bêtes à forme humaine. Puis il marcha quinze jours dans une contrée déserte. Il y avait là des femmes sauvages de trois orgyes de haut, avec des épaules aussi larges que celles des buffles, et des cheveux qui luisaient comme des astres. Elles s'approchèrent des soldats et ils en tuèrent beaucoup. De là, ils marchèrent pendant cinquante jours et arrivèrent dans une contrée où se trouvaient de grandes grottes. Dans ces grottes vivaient des fourmis qui s'emparèrent d'un des chevaux et l'entraînèrent dans les ténèbres de la grotte. Alexandre fit alors allumer une grosse corde dans la grotte et beaucoup de fourmis furent brûlées. De là, ils marchèrent huit jours et arrivèrent au bord d'un fleuve si large qu'il fallait une demi-journée pour le passer. Alexandre se mit à réfléchir pour savoir comment le traverser. Il fit construire beaucoup de petits bateaux avec lesquels, au bout d'un mois, tous les soldats passèrent. Après avoir traversé le fleuve, ils trouvèrent des hommes hauts comme une pique, qu'on appelle Pithèques, lesquels vinrent se prosterner devant Alexandre en lui apportant quantité de miel et de dattes.

Alexandre fit construire là une ville. Les Pithèques le choisirent pour roi. Il leur expliqua comment vivre à la manière des hommes et croire au Dieu du Ciel et de la Terre. Puis il partit de là, où il était resté cent jours, et il emporta tant de miel et de dattes du pays des Pithèques que l'armée put en vivre pendant un an.

Ils quittèrent donc le pays des sauvages et se dirigèrent vers une autre contrée, très belle, avec des quantités de fruits de toute sorte. Ils trouvèrent là aussi deux colonnes tout en or avec des ornements. La première portait l'image d'Héraclès, la seconde, celle de la reine Sébire. Quand Alexandre vit ces portraits, il se mit à pleurer avec beaucoup de larmes et il dit : « O roi Héraclès et reine Sébire, qui êtes si fameux dans l'univers, pourquoi êtes-vous venus mourir sur cette terre étrangère ? » Il trouva beaucoup d'or et d'argent sur les Colonnes d'Héraclès, qu'il partagea entre ses hommes et ils restèrent là six jours, tant ils étaient heureux.

De là, ils s'en allèrent, marchèrent pendant dix jours et rencontrèrent des hommes étranges, qui avaient six mains et un seul pied. Ils vinrent livrer bataille à Alexandre et il en tua des quantités. On en prit aussi beaucoup de vivants, car Alexandre voulait les montrer aux gens de l'univers pour les émerveiller, mais on ne put trouver ce qu'ils mangeaient et ils moururent tous de faim. De là, en dix jours, ils parvinrent dans une contrée habitée par les Têtes-de-Chien. Leur corps était un corps d'homme, leur tête une tête de chien, ils parlaient comme des hommes, mais ils marchaient comme des chiens. Alexandre en tua aussi en grande quantité et, au bout de dix jours, ils quittèrent ce pays et allèrent dans un autre endroit, près de la mer, où tous se couchèrent pour dormir. Là, un des chevaux de l'armée étant mort, on le tira hors du camp, au bord de la mer, et, pendant la nuit, un homard sortit de l'eau et le mangea. Les autres homards l'apprirent et tous, pendant la nuit, sortirent de la mer et enlevèrent des hommes et des chevaux en quantité. Aussi, Alexandre partit de là et se rendit dans un autre endroit, près de la mer lui aussi, où ils trouvèrent des fruits de toutes sortes et où ils restèrent quelque temps pour se reposer.

Entre monstres et merveilles

Au bout de dix jours, ils arrivèrent dans une grande plaine. Au milieu s'ouvrait une crevasse large et profonde qui traversait la plaine d'un bout à l'autre, si bien qu'ils ne pouvaient plus avancer. Alexandre fit faire un pont très long et ainsi il passa avec son armée. Et au milieu du pont, il grava l'inscription suivante : « Par ordre du roi Alexandre, on a construit le présent pont et il l'a traversé avec ses armées en revenant de la terre des Bienheureux. » Au bout de quatre jours, ils arrivèrent dans une contrée de ténèbres. Là, Alexandre ordonna d'amener des juments qui venaient d'avoir leurs poulains. Ils laissèrent les poulains dans la plaine, au-dehors, et, entrant dans le gouffre obscur, ils chevauchèrent pendant vingt-quatre heures. Au bout de ce temps-là, Alexandre fit dire aux soldats de descendre de leurs chevaux et de prendre de la terre à cet endroit. Et tous ceux qui en prirent s'aperçurent, une fois revenus à la lumière, que cette terre était de l'or pur et ils furent très affligés de ne pas en avoir rapporté davantage. De cet endroit, ils marchèrent pendant quatre jours et Alexandre rencontra deux oiseaux à face humaine, lesquels étaient d'une grande beauté. Ils lui parlèrent comme des hommes et ils lui dirent : « Alexandre, pourquoi provoquer Dieu au risque de le mettre en colère et de te perdre avec toute ton armée dans ce pays désert ? Suis nos conseils, retourne en arrière, sors de ces lieux et reprends tes guerres habituelles, car le roi de l'Inde t'attend pour te combattre. » Alexandre, alors, retourna en arrière, et il marcha pendant huit jours. Il arriva près d'un étang où ses soldats dressèrent le camp pour se reposer, et les cuisiniers préparèrent le dîner. Ils prirent quantité de poissons séchés et les plongèrent dans l'étang pour les laisser tremper, mais aussitôt les poissons reprirent vie et s'enfuirent à la nage. Apprenant cela, Alexandre en fut émerveillé et donna ordre à tous ses soldats de se plonger dans cet étang avec leurs chevaux pour prendre ainsi beaucoup de forces. Après cela, ils marchèrent deux jours et ils arrivèrent près d'un autre étang dont l'eau était aussi douce que le miel. Alexandre y entra pour nager, mais un poisson énorme arriva sur lui. Alexandre nagea très vite pour sortir de l'eau, mais le poisson le poursuivit et il sortit de l'eau, lui aussi. Alors Alexandre monta dessus, le tua et ordonna de le vider. Il trouva dans son ventre une pierre précieuse aussi grosse qu'un œuf d'oie et aussi brillante que le soleil. Alexandre la fit mettre sur sa bannière où elle brilla comme un flambeau. De là, ils arrivèrent à un troisième étang où ils se reposèrent. Lorsque la nuit tomba, des femmes sortirent de l'étang et chantèrent des chants si merveilleux que les soldats en perdirent l'esprit. Ce devaient être, à coup sûr, ces Sirènes restées fameuses dans l'Histoire. De là, six jours encore, ils chevauchèrent et ils parvinrent en un lieu où se trouvait une immense forêt d'où sortirent, en très grand nombre, des hommes qui se jetèrent sur l'armée. Ces hommes, à partir de la taille et jusqu'en bas, étaient comme des chevaux. Ils avaient tous des arcs, et la pointe de leurs flèches était en diamant. Ils couraient si vite qu'ils semblaient voler. Quand Alexandre les vit, il dit aux Macédoniens : « Trouvons un moyen d'en capturer quelques-uns pour les ramener en Macédoine et les montrer aux gens pour les émerveiller. » Il ordonna de creuser des fosses et de les recouvrir de roseaux et il envoya des soldats pour les provoquer au combat. Eux, ne soupçonnant pas le piège, tombèrent dans les fosses. Les Macédoniens en tuèrent douze mille et en laissèrent six mille en vie pour les apprivoiser. Ils voulaient les ramener avec eux dans le monde, car ils étaient si rapides qu'aucune arme ne pouvait les atteindre, et si adroits qu'ils ne manquaient jamais leur but ! Alexandre leur donna des armes et les y exerça, pour qu'ils puissent leur venir en aide dans les batailles futures. Mais, par la suite, lorsque Alexandre retourna dans le monde, il souffla un jour un vent si glacial que tous en trépassèrent. L'armée marcha soixante jours et parvint à un temple où Alexandre trouva une inscription au sujet de sa mort et en eut grande douleur. De là, ils repartirent et marchèrent dix jours. Ils rencontrèrent des hommes à une seule jambe avec une queue de mouton. Les soldats en capturèrent un grand nombre et les amenèrent devant Alexandre. Il leur demanda : « Qui êtes-vous ? » Ils répondirent : « Roi Alexandre, prends-nous en compassion et rends-nous la liberté. Nous sommes venus ici à cause de notre faiblesse et nous y demeurons cachés. » Alexandre, alors, les laissa repartir. Ils bondirent de pierre en pierre et le raillèrent en criant : « Alexandre s'est emparé du monde entier par sa sagesse, mais nous, nous l'avons su tromper et il nous a laissés repartir. Notre chair est la meilleure de toutes les chairs qui marchent et qui volent, notre crâne est plein de pierres précieuses et de perles, et aucun fer ne peut transpercer notre peau. » Alexandre, en les entendant, dit en riant : « L'homme perd toujours sa tête à cause de sa langue. » Il ordonna aussitôt à deux cent mille cavaliers de s'équiper avec des lévriers, des léopards et des chiens de chasse. Ils encerclèrent toute la montagne, lâchèrent les chiens, les léopards et les lévriers, et ainsi, ils les reprirent tous et les ramenèrent à Alexandre. Il ordonna de les égorger, de les dépouiller, de faire sécher leurs peaux et ils trouvèrent dans leurs crânes un nombre prodigieux de pierres précieuses. Et ils mangèrent leur chair et elle était la plus succulente de toutes les chairs qui marchent ou qui volent.

Au cœur de l'abîme

Tandis qu'ils cheminaient sur le retour, ils arrivèrent sur un grand rivage et Alexandre voulut descendre dans la mer pour voir ce qu'il y avait au fond. Il ordonna aussi à Antiochos de se rendre dans la ville toute proche, pour y faire construire une caisse en cristal. Antiochos y alla, rapporta la caisse, et Alexandre monta dans un bateau avec quelques princes et ils s'en allèrent au large. Là, Alexandre se mit dans la caisse, il ordonna de le descendre au fond de l'eau avec des cordes et il dit : « Quand je tirerai sur la corde, remontez-moi dehors. » Alors, ils le descendirent dans la mer et il arriva jusqu'au fond. Là, il vit un poisson si énorme qu'il nagea une journée entière devant la caisse sans qu'on aperçoive encore le bout de sa queue et Alexandre en fut émerveillé. Il vit aussi les poissons se faire la guerre entre eux, il regarda comment ils se frappaient avec leurs queues et il dit : « Voilà qu'ils se battent entre eux, comme les hommes ! » A cet instant, surgit un poisson aussi gros qu'un gros buffle, lequel frappa la caisse et fit remuer la corde.

Ceux qui étaient dans le bateau, en voyant la corde bouger, la tirèrent aussitôt et sortirent Alexandre de la mer. Alexandre entra dans une grande colère parce qu'on ne l'avait pas laissé assister plus longtemps à la guerre des poissons. Et il les injuria et il ordonna de mettre les voiles pour retourner au camp. Et quand il fut au camp, il raconta tout ce qu'il avait vu dans la mer.

Alexandrie

Une ville à fleur de l'eau où affleure aussi le désert. Une ville à fleur de fleuve, à fleur de mer, sans pour autant être lacustre comme Venise ou prise par les glaces comme Saint-Pétersbourg, ses rivales en prouesse et en célébrité. Une ville qui, lorsqu'on s'en approche par la mer, se confond avec le désert et le ciel au point qu'on croirait surprendre un vaste campement de marbres et de pierres. *Alexandrie, pourquoi ?* s'interrogeait Youssef Chahine, réalisateur égyptien et alexandrin, dans un film à la gloire de sa ville. Oui, la question semble bien s'être posée dès l'origine : pourquoi avoir choisi ce lieu, cet emplacement a priori si peu propice ? Quand Alexandre le Grand, à peine arrivé en Egypte, décida d'y bâtir une ville qui porterait son nom, il choisit un désert entre la mer et les eaux insalubres des marécages, et pour tracer les limites de la ville fit répandre de la farine sur le sol. Que se passa-t-il alors ? Ecoutons Plutarque :

Il ne fut pas plus tôt levé le matin qu'il s'en alla voir cette île de Pharos, laquelle était pour lors un peu au-dessus de la bouche du Nil, que l'on appelle Canopique, mais maintenant est jointe à la terre ferme par une levée que l'on y a faite à la main, et lui sembla que c'était l'assiette du monde la plus propre pour ce qu'il avait en pensée de faire : car c'est comme une langue ou une encoulure de terre assez raisonnablement large, qui sépare un grand lac d'un côté et la mer de l'autre, laquelle se va là aboutissant en un grand port ; si dit alors qu'Homère était admirable en toutes choses, mais qu'entre autres, il était très savant architecte, et commanda que promptement on lui traçât et désignât la forme de la ville selon l'assiette du lieu. Or ne trouvèrent-ils point là sur l'heure de craie ou de terre blanche pour marquer, à raison de quoi ils prirent de la farine, dont ils tracèrent dessus la terre, qui était noire, une grande enceinte, courbée en figure circulaire, le rond de laquelle se terminait par le dedans en deux bases droites de grandeur égale, qui venaient à clore toute la grandeur de ce pourpris en forme de manteau macédonique. Alexandre en trouva le portrait beau et y prit grand plaisir ; mais soudainement une multitude infinie de grands oiseaux de toutes espèces se leva du lac et de la rivière en si grand nombre qu'ils obscurcissaient l'air comme eût fait une grosse nuée, et, venant à se poser en ce pourpris-là, mangèrent toute la farine sans qu'il y en demeurât chose quelconque.

Alexandre se troubla de ce présage ; mais les devins lui dirent qu'il ne fallait point qu'il s'en fâchât, parce que c'était signe qu'il bâtirait là une ville si plantureuse de tous biens qu'elle suffirait à nourrir toutes sortes de gens ; par quoi il commanda donc à ceux à qui il en avait baillé la charge qu'ils se missent après, et lui cependant prit son chemin pour aller au temple de Jupiter Hammon.

Quel symbole ! Des remparts de farine qui partent vers le ciel ! Les augures eurent raison d'y voir le signe qu'Alexandre bâtirait là une ville plantureuse ! En fait, cette ville eut une destinée si forte et si brillante qu'il faudrait écrire « les Alexandries » plutôt qu'Alexandrie, tant elle a connu d'occupants successifs et de cultures différentes. Occupants — ou habitants — et cultures où toujours ont dominé les Grecs et la langue grecque. On a parlé grec à Alexandrie — comme langue longtemps dominante puis comme langue minoritaire — de la fondation de la ville jusqu'au lendemain de la Deuxième Guerre mondiale, disons symboliquement jusqu'en 1957, date où Nasser expulsa d'Egypte les différentes communautés étrangères. Qui dit langue dit aussi culture, et c'est pourquoi le mot Alexandrie figure dans un dictionnaire de la Grèce, la ville ayant été l'un des joyaux de la diaspora grecque au Proche-Orient, du IVe siècle av. J.-C. jusqu'à notre époque.

⋆

Trois de mes livres ont pour cadre l'Alexandrie antique : *Les Hommes ivres de Dieu*, essai sur les moines et ascètes des déserts d'Egypte, *Les Gnostiques* et *Marie d'Egypte*, roman sur la vie de sainte Marie l'Egyptienne. Chacun de ces livres se situe dans la ville des premiers siècles de l'ère chrétienne, où le grec demeure la langue à la fois courante et officielle des différentes communautés, avec le copte, langue égyptienne démotique qui deviendra la langue liturgique des chrétiens d'Egypte. Je ne crois pas avoir été victime de ce qu'on appelle quelquefois le syndrome d'Alexandrie, propre aux voyageurs et écrivains occidentaux qui n'auraient vu dans cette ville qu'un creuset cosmopolite d'artistes, de poètes, d'armateurs et de mythomanes, au point d'inventer une ville qui n'aurait jamais existé ! La Grande Bibliothèque qui contenait, dit-on, plus de cinq cent mille manuscrits, le Mouseion où des dizaines de chercheurs, poètes et savants travaillaient et logeaient aux frais des souverains, la Bible des Septante, première traduction en grec des Ecritures, toutes les recherches, études, découvertes des savants de ce temps, d'Hipparque à Erastothène et de Théon à Hypatie, furent des réalités incontestables.

Cette Alexandrie-là fut la ville des savants, des artistes et aussi de la tolérance, voire du syncrétisme religieux. Les différents dieux voisinaient sans dommage et parfois même s'apparentaient. Ce qui, hélas, ne sera plus le cas avec l'arrivée et la montée du christianisme où la haine, la terreur et le fanatisme remplaceront l'esprit d'ouverture, la communion des corps et des cœurs. Non, cette Alexandrie sensuelle, savante, tolérante et industrieuse ne survivra pas à la haine et l'acharnement des chrétiens qui finiront par détruire ses temples, incendier ses palais et même assassiner ses derniers habitants païens. C'est cette cité antique jetant, comme on dit, ses feux ultimes dans l'histoire que j'ai voulu décrire dans un passage de mon roman *Marie d'Egypte*, quand Marie vient s'asseoir au crépuscule sur le bord de la mer pour contempler la ville en sa splendeur et son jour déclinants :

Le soleil va se coucher sur Alexandrie. Il illumine encore les façades des palais impériaux, occupés aujourd'hui par le Gouvernorat et le Patriarcat. Là même où autrefois l'Egypte et Rome se rencontrèrent pour la première fois, où César puis Antoine aimèrent Cléopâtre. Là même, ici, devant la mer, en un crépuscule aussi lourd, tourmenté que celui de ce soir, où Antoine, la veille de son combat, pressentant sa défaite, s'approcha de la terrasse pour regarder la ville et entendit passer dans le ciel la musique d'une troupe invisible, une musique envoûtante et fatale lui annonçant que son dieu préféré — Dionysos — le quittait à jamais. Lui annonçant aussi que demain il aurait cessé d'être empereur et qu'il lui resterait à vivre comme un homme, s'il le pouvait encore[1].

Et ce soir, c'est le même soleil qui insiste sur les façades lézardées des anciens palais impériaux, attarde sur les vagues ses rutilances épuisées, un soleil que Marie ne peut s'empêcher de fixer, inquiète de cette lenteur inhabituelle du couchant, de ce silence écarlate du Temps. Elle est assise sur la jetée. Un vent fort, levé depuis des heures, projette les vagues contre le môle, éclabousse Marie d'embruns. Elle frissonne de froid, mais ne peut détacher ses yeux de ce soleil qui éclaire à présent l'extrême pointe de Pharos ni de cette nuit qui monte et éteint sur la mer, un à un, les reflets tenaces du ciel. Comme un être invisible, issu de très vieux contes ou des grottes enfouies dans les rives d'une autre vie, qui volerait au ras des flots pour voiler leur lumière rebelle. Avant quelque importante et grave liturgie.

Maintenant, le noir recouvre tout. Plus un pêcheur sur le port, plus un seul passant dans les rues. Alexandrie est une ville morte, une ville rendue au néant. Elle a succombé à l'excès de ses mutations, à la violence de ses

1. Voir le poème *Le dieu déserte Antoine*, à l'article « Cavafy ».

métamorphoses. Elle s'est vidée d'un coup de son histoire comme il arrive que le sang déserte soudain un visage soumis à trop de drames ou trop d'inattendu.

Il faudra maintenant plusieurs siècles pour qu'Alexandrie retrouve sa grandeur et son animation, qu'elle redevienne un des foyers du Proche-Orient. Avec, toujours, la présence grecque, faite cette fois de banquiers, d'armateurs, de fonctionnaires et d'administrateurs, mais aussi d'artistes et de poètes. La *patrikia* alexandrine, comme on nommait alors la communauté grecque, joua un rôle essentiel dans l'ouverture de la ville aux cultures étrangères, notamment à la culture et à la langue françaises. Cette Alexandrie-là, on la retrouvera ici même dans certains des poèmes de Cavafy* et dans les œuvres de l'écrivain Stratis Tsirkas*.

Aujourd'hui, la ville est essentiellement égyptienne et n'abrite plus que quelques ultimes témoins de ses heures d'antan. Si l'on veut la découvrir telle qu'elle est de nos jours, il faut lire le très beau livre d'Edouard al-Kharrât, écrivain égyptien d'Alexandrie, né en 1926, qui a consacré à sa ville un ouvrage intitulé *Alexandrie, terre de safran*. Je citerai de lui l'extrait d'un texte paru pour la première fois en français en 1989, dont les images et le lyrisme conviennent à merveille pour dire les beautés secrètes et la magie qui n'ont cessé d'être le vivant blason d'Alexandrie :

Les élans de ma passion dans ma ville d'Alexandrie la grande ont palissé le havre d'or, le port à l'abri, vision du Prince aux deux cornes et chef-d'œuvre du grand bâtisseur Sostrates. La perle de Cléopâtre immortelle beauté, la ville étincelante, ville d'un marbre si blanc que ses nuits se passent de lumière. L'académie d'Archimède, du philosophe Eratosthène et des poètes Apollonios et Callimaque ; demeure de toutes les muses ; métropole de la sainteté et du libertinage ; terre de saint Marc, de saint Ananie et des pères boucaliens de l'Eglise, d'Origène, de l'évêque Denys et du prophétique Amba Athanase, dressé seul avec sa vérité contre le monde entier. La ville des Patriarches, piliers de l'orthodoxie, l'authentique religion et la couronne des soixante-dix mille martyrs qui ressusciteront auprès du Christ, aux cantiques des Séraphins, visages blancheur de lait, qui les béniront et rendront gloire à Dieu. Phare, tête jetant sa lumière d'Eleusis-al-Hadara à Canope-Abû-kîr, du Gymnase et du Temple de Poséidon à l'Emporium, au Stade, à l'Hippodrome, jusqu'au Sérapion, et de Tell-Ratoutes-Kôm-esh-shugâfa à Selsela-pointe-Luqyas, et de la colline de Pan-Kôm-ed-Dekka, de Camp César à Pétraï-Hagar-an-Nawâtiya. C'est un port immense que seul égale Calcutta des Indes, de son cœur surgit l'obélisque lourd sans pareil pour l'ordonnance et la fermeté : il est indéfectiblement trempé, ses attaches sont coulées dans le plomb, colonne de Pompée as-Sawâri taillée dans le marbre rouge d'Ibrîm et ceinte du chapiteau encore inégalé de la plus belle ouvrage et du plus pur agencement. Ville des prés, des tours de guet, des écoles et des théâtres ; ville des folies, ville des colonnes et des quatre mille bains, des quatre mille lieux de plaisir à la mesure des rois, et des quatre mille marchands de verdure — sans parler des milliers d'autres. Sirène des mers déferlantes de Qalzam-la-Caspienne au Zoqâq détroit de Gibraltar. Rassemblement de pèlerinages de Sidî Morsi Abû al-Abbâs, Sîdi-abû d-Derdâr, Sîdî-sh-Shatbî, Sîdî-Gâber et Sîdî-Kurayyem que Dieu les ait tous en Sa sainte grâce. Ville de vastes avenues et de voûtes cintrées, ville de glorieux renom, de fabuleuses richesses, de hauteur altière. Alexandrie, toi, soleil rétif d'enfance, soifs d'adolescent et passions de ma jeunesse. »

Alexandrou Aris (1922-1978)

Ecrivain et poète dont l'œuvre amère, désabusée, reste pourtant irremplaçable, Aris Alexandrou se situe en marge de tout courant littéraire comme de toute idéologie partisane. En lui consacrant ici ces quelques lignes qui ne sont pas seulement à mes yeux un hommage mais aussi un message d'amitié posthume — Alexandrou est mort en 1978, à Paris, deux jours avant la parution en français de son roman *La Caisse*—, j'ai conscience de réparer une injustice et de combler un manque.

La littérature grecque contemporaine a connu, dans les années d'après guerre et jusqu'à la dernière décennie, trop d'écrivains serviles ou complaisants, trop de thuriféraires des différentes formes de dictature, qu'elles soient de gauche ou de droite, pour qu'on ne signale pas dans ce dictionnaire ceux qui surent s'en préserver. Né en 1922 en URSS, Aris Alexandrou vint en Grèce très jeune, il y grandit et y participa à tous les combats politiques, notamment ceux de la guerre civile, ce qui lui valut d'être emprisonné et même déporté pendant près de dix ans. Le coup d'Etat des colonels d'avril 1967 le contraint à quitter la Grèce et il décide de s'installer à Paris où il demeurera jusqu'à sa mort. Alexandrou fut un militant au sens généreux de ce mot, militant de la liberté réelle et intérieure de l'homme, du refus de la soumission aveugle aux diktats, de quelque parti qu'ils viennent. *La Caisse* est à ce titre un parfait chef-d'œuvre, qui fut d'ailleurs accueilli en Grèce comme tel. Du moins auprès des lecteurs à l'esprit libre, car il lui valut évidemment les foudres de la gauche stalinienne. Je ne saurais ici résumer le contenu de ce livre prémonitoire, qui, dès les années 1970, dénonçait à sa façon, par de puissants et clairs symboles, la dictature inhumaine, absurde et suicidaire du Parti. La meilleure façon de le présenter est de reproduire ici — le livre étant épuisé depuis des années et devenu pratiquement introuvable — le résumé qu'en avait fait la traductrice, Colette Lust.

Nous sommes vers la fin de la guerre civile grecque qui, s'enchaînant à l'occupation allemande et à la résistance, ravagea le pays jusqu'en septembre 1949.

L'unique survivant d'un commando-suicide communiste, emprisonné par les siens, entreprend de rédiger à l'intention du « Camarade juge d'instruction » le récit de la mission qu'il a menée à bien. Le récit est sans cesse interrompu, car un gardien vient chaque jour retirer les feuillets écrits la veille. Ce qui entraîne le narrateur, de « rapport » en « rapport » à revenir sur ce qu'il a déjà dit pour le préciser, compléter, modifier, rectifier...

Les volontaires du commando ont à convoyer entre deux villes, toutes deux sous contrôle communiste, une caisse dont ils ignorent le contenu. Ils savent seulement que l'issue de la guerre elle-même en dépend. Aucun retard, aucun risque n'est permis. Tout blessé, tout malade devra « se cyanurer » sous les yeux de ses camarades. Ils ignorent également leur destination : l'état-major se borne à leur indiquer chaque jour l'étape du lendemain. La marche, hallucinante hécatombe, durera deux mois. Le narrateur, resté seul, parvient à destination, livre la caisse aux responsables, qui l'ouvrent. Elle est vide.

Le symbole peut sembler clair. Non pas aux yeux du militant emprisonné cependant, qui en vient à soupçonner la direction du Parti de l'avoir délibérément sacrifié avec ses camarades. Aussi, dans ses derniers rapports, le narrateur quitte-t-il le ton neutre de la déposition qui fut le sien jusque-là, et mêle-t-il au récit ses souvenirs d'enfance, d'amitié, de pensée même — bref, il devient *écrivain* en même temps qu'il redevient humain et cesse de s'intéresser au résultat que peut avoir sa « déposition ».

Livre important à plus d'un titre, *La Caisse* n'est pas seulement un roman de la guerre civile grecque, si mal connue. Il est surtout une démystification sans pitié du rôle de l'organisation sur les combattants qui se réclament des partis communistes. Si les bourreaux, geôliers, policiers, bureaucrates de l'univers stalinien sont depuis longtemps dénoncés, les combattants, héros et martyrs de ces luttes armées, restent « impensés ». Ce qu'Aris Alexandrou décrit avec une sorte de froide fureur poétique, c'est la totale déshumanisation dont sont susceptibles les hommes, dès lors qu'ils se soumettent à la discipline de fer qui les rend indifférents à leur propre mort autant qu'à celle des autres, le culte du parti entraînant non seulement la perte de la camaraderie, mais même l'oubli de la cause. L'organisation militante, la « libre » discipline n'est pas moins abominable, pour finir, que le système de répression engendré par le dogmatisme stalinien.

Ce résumé ne peut évidemment donner une idée de l'écriture, ni des différentes scènes, atroces ou grotesques, sinistres ou courtelinesques, se succédant au cours de ce récit. Bien sûr l'époque dont il parle est aujourd'hui révolue en Grèce et l'on ne saurait revenir indéfiniment sur cette période, si cruciale qu'elle ait pu être dans l'histoire grecque contemporaine. Mais je tenais à en parler car il fut pour moi — et pas seulement pour moi — un des livres clés qui parurent en Grèce ces années-là, et surtout le seul à livrer de l'intérieur le fonctionnement et la paranoïa du Parti communiste grec.

Aris Alexandrou fut aussi un grand connaisseur des lettres russes et soviétiques et traduisit en grec de nombreux auteurs et poètes, dont Maïakovski, sur lequel il écrivit plusieurs essais.

Et puis il fut aussi poète. De façon plus discrète, ou plus secrète que pour sa prose, mais tout aussi incisive, décapante aussi. Certains poèmes sont habités d'un humour noir, obstiné, opiniâtre, dirais-je, qui en rend la lecture presque divertissante. En fait, et on le voit surtout en ses poèmes, on devine une tendresse sous-jacente, une générosité constante derrière l'amertume, l'âpreté même de certains textes.

J'en ai traduit quelques-uns, il y a une quinzaine d'années, que j'ai publiés dans une revue aujourd'hui disparue, au titre alléchant de *Jungle*. Avec, sur la couverture, en sous-titre : *Sur les pas fauves de vivre* !

En voici huit pour que l'on se souvienne un peu d'Aris Alexandrou, que l'on sache à quel point sa vie fut à la fois un combat éprouvant et un chemin sans tache intellectuelle aucune.

Ces premiers poèmes sont tirés d'un recueil paru en Grèce en 1958, intitulé *La Droiture des rues*.

Les nuages

Les nuages passent bas
si bas qu'à travers un seul barreau brisé
on pourrait tendre la main et toucher
leur féminité
                    fugitive

Aie soin

Aie soin que tes vers soient agencés
Articulés en mots fermes et rigoureux.
Veille à ce qu'ils prolongent le réel
Comme chacun de tes doigts prolonge ta main
[droite.
Ainsi seulement pourront-ils
Comme la paume du médecin
Ranimer à coup de gifles
Ceux qui s'évanouirent
devant leur face vide

Parmi les pierres

Finalement, je ne me suis pas suicidé.
Avez-vous jamais vu un pin se rendre de lui-même
[à la scierie ?
Notre place est ici en cette forêt
Aux branches mutilées aux troncs calcinés
Aux racines enfoncées parmi les pierres.

Exercice

Va, continue bien tes exercices
En regardant là où la mer remue sans cesse
Algues et ciel
Comme pour trouver sa vraie couleur.

Le couteau

Il faut du temps pour devenir couteau tranchant.
Il faut du temps aux mots pour s'aiguiser en Verbe.
Tout en travaillant sur la meule
Surtout garde ton calme
Ne te laisse pas prendre
Au jeu brillant des étincelles.
Ton but, ton seul but, le couteau.

Le livre

Ils avaient oublié de quel livre il pouvait bien s'agir.
Ils se rappelaient seulement qu'il était en train de
[le lire
Quand ils entrèrent dans la maison avec leur liste.
Il était en train de le lire quand les bottes des
[gardiens
Résonnèrent dans la cour comme des mottes de
[terre
Tombant sur un cercueil.
Il était en train de le lire quand ils parcoururent le
[dortoir
Criant des adjectifs, des prénoms et pour finir
Des noms
le coup de grâce.
En quelle maison en quel arbre avait-il pu laisser
[ce livre
Sur quel rocher était-il donc assis pieds nus
Dans l'écume de la mer
Personne n'aurait su le lui dire.
Si ce n'est que lorsqu'ils interrompirent sa lecture
Il le ferma avec regret en se disant
Quel dommage, je n'ai pas eu le temps de le finir.

J'essaierai de le retrouver, ce livre.
Et je l'ouvrirai à la page qui est déchirée
Et si j'en suis capable
je le lirai jusqu'à la fin.

Flavios Markos a lui-meme

Evidemment, tu peux traduire des vers d'Homère.
C'est là une tâche légitime et parfois même
[lucrative
Qui de toute façon t'aidera à passer aux yeux
De quelques-uns pour un lettré, un connaisseur en
[poésie
Voire un poète.

Traduis donc avec zèle, sinon avec application.
Mais prends bien soin d'éviter une chose :
Qu'il t'arrive d'avoir à traduire dans ta vie
Des attitudes et des souffrances de héros
Même si tu crois qu'elles te concernent
Même si toi aussi tu es sûr
Que tu aurais pu tomber en combattant sous les
[murs de Troie.
Souviens-toi que tu sais fort bien
Et que tu t'es fermement convaincu
Qu'en fin de compte en entrant dans la ville
C'est toi-même que tu aurais rencontré
cendres et fumées.

PERTURBATION

Les astronomes reçoivent souvent des groupes
[d'étudiants
Auxquels ils montrent, expliquent leurs
[installations.
Ils leur laissent même voir la planète Neptune.
Impossible d'échapper à ce genre de visites.
De gré ou de force
Il te faudra venir ici bâiller derrière ta paume
Ou faire semblant de t'extasier devant quelque
[appareil.
Inutile de t'en indigner ou de jouer l'enthousiaste.
Reconduis-les avec une politesse sidérale
Et replonge-toi vite dans tes notes de la veille.
Seul un vrai compagnon serait capable de calculer
L'orbite la masse et la vitesse
Des pensées qui tournent sous ton crâne
Et des poèmes qui y tracent des ellipses anormales
Car toujours partout quelque part
invisible
énorme
mais réelle
Tourne anonymement la souffrance des hommes.

En ce choix très limité, on remarquera certaines influences ou certaines références discrètes mais décelables. Je pense particulièrement à *Aie soin* et à *Flavios Markos à lui-même* où se devine l'ombre complice et amicale de Constantin Cavafy.

A la suite du coup d'Etat des colonels, Aris Alexandrou, je l'ai dit, viendra s'établir à Paris. D'emblée, il s'éblouira des sonorités de la langue française. Alexandrou connaissait parfaitement le russe mais dut peu à peu se perfectionner en français. Il trouvait cette langue mélodieuse et ne tarissait pas d'éloge sur ce qu'il appelait « le chant des boulangères », découvrant que les boulangères — en tout cas celles de son quartier — accueillaient et servaient les clients d'une voix particulièrement chantante, si bien qu'à cette époque — quand il m'arrivait de le rencontrer à l'occasion de la traduction de son livre — je me prenais à écouter, voire réécouter avec attention, le concert des voix boulangères du quartier ! Merci, cher Aris, de m'avoir ainsi permis de découvrir ma propre langue comme put le faire un Grec en exil à Paris.

Aris Alexandrou perfectionnera son français au point qu'entre 1972 et 1974, il décidera d'écrire quelques poèmes dans cette langue. Très exactement neuf poèmes. Les voici :

Lucidite

Autant la mer avait été troublée hier
autant elle est luisante et calme ce matin.
Et moi, nageant dans la lumière
je vois soudain au fond une amphore
bercée doucement par les courants légers sous-
[marins

une amphore ocre, aux dessins noirs presque
[effacés.
Je vois, perçant les eaux d'azur
l'amphore noire, aux dessins ocre, qui me rappelle
quelque chose de déjà vu, l'amphore très
[transparente
aux dessins d'azur, fond ocre rouge, oui je la
[connais
c'est la tête d'une statue
c'est bien ma tête de Grec guillotiné.

L'INEXPLICABLE

Les barbelés, comprenez-vous, le camp
se rétrécissait chaque jour, les fils de fer
s'avançaient vers nous de tous les côtés, les étoiles
chaque jour plus bas, les fils rouillés plus près
le camp plus étroit, lumière rouillée
les étoiles de fer descendaient chaque jour
comprenez-vous ?
Non, ils ne comprenaient pas. Il se tut.
Même lui, ne pourrait pas expliquer comment
les étoiles sont devenues une couronne d'épines
comme si de rien n'était
comment on a pu porter une couronne de barbelés
comme un chapeau.

LES VOYELLES

Le premier jour de son émigration
étranger parmi les étrangers, muet
(il ne parlait pas leur langue sonore
chantante) le premier jour, il prêtait l'oreille
il boulevardait, il notait les voyelles
les *o* ouverts, les *e* fermés dans son cahier de
[musique
il modulait les airs en les sifflant, il écrivait les
[phrases
et le soir du premier jour il est entré dans un café.

Uie aa e io vocalisa-t-il.
On lui a servi *Une bière à la pression.*
La bière était bien fraîche, désaltérante
il la buvait à petites gorgées
en se disant qu'il pouvait rester ici, dans ce pays
lui, un musicien parmi les musiciens.

Esthete

La vie a un visage, n'est-ce pas ?
Dans la prison, comment dirais-je... le temps
l'efface comme... Mettez une pièce d'un franc
sur le rail. Quand le train passera
la monnaie sera vide, sans face sans pile
c'est ça que je veux dire... les roues dans la prison
cela m'insupportait.
Non, j'ai commis une faute. Excusez-moi
je parle très mal le français.
Il fallait dire
cela m'était insupportable.

Memoire

Parmi les thyms, parmi les pierres
(ne parle pas, mieux vaut se taire)
Sous le ciel bleu, ciel du printemps
(il faut oublier, ça fait trente ans)
Sur les épines, les thyms fleuris
(ils étaient jeunes mes trois amis)
Un jour d'avril, un jour ensoleillé
tous trois gisaient parmi les fusillés.

Ameublement

Pour garnir sa chambre vide, sans fenêtre
il acheta trois reproductions d'un peintre du pays
(une table, deux chaises, une tête en plâtre
un violon, une cruche). Le soir
couché sur le plancher non balayé
comme oreiller son sac de voyage

les yeux fermés, il écoutait le bruit léger
des vagues lointaines, il sentait l'odeur d'algue
d'une île d'Egée. La brise
entrait par les trois tableaux accrochés aux murs
par les trois reproductions cubistes grandes
[ouvertes.

Ce qu'il fallait prouver

Le prisonnier, quand on le force
à rester debout dans sa cellule, un jour
deux jours, une semaine, commence à voir
autour de lui d'*immenses toiles d'araignée*[1]
il essaie de se défendre *contre des tarentules velues*
mais un grillage blanc s'interpose
entre lui et les bêtes.

Le poète voit *les serpents géants dévorés des punaises*
il sait que *la muraille en face du veilleur*
est une succession d'accidences géologiques.

Donc, le poète
est un prisonnier
toujours debout
devant le papier blanc.

Le pouls de la pluie

Tombe la pluie par terre
ses gouttes remontent au ciel
elle va, elle vient la douce pluie
ses chutes, ses ascensions sont régulières et
[mesurables
stables comme le pouls de l'univers
le pouls qui fait tomber mon sang-pluie
qui fait monter ma pluie-sang.
Alors, vous vous trompez, ma chère Madame
j'ai encore des pluies dans mon petit corps
vous êtes venue trop tôt, Madame la Mort.

1. Les phrases en italique sont des citations de Rimbaud.

ACCEPTATION

A part le ciel sans oiseaux
les noms mouillés des rues
les îles d'antan toutes submergées
comme une leçon oubliée de géographie
à part ma langue perdue à jamais
mes mots traduits à l'aide d'un dictionnaire
sans histoire sans terre sans eau
à part la presque douleur
de mon troisième exil
ça va.

Paris 1969

Amorgos

Amorgos est le nom d'une île des Cyclades célèbre dans l'Antiquité pour les vêtements qu'elle produisait et bien plus tard, entre les deux guerres, pour les nombreuses idoles cycladiques en marbre qu'on y découvrit. L'étymologie de ce nom est restée longtemps inconnue mais il semble que ce terme *amorgos* provienne de celui des tuniques qu'on tissait dans cette île et qu'on appelait *amorgis*. C'était aussi le nom de la plante

— une variété de mauve — dont provenaient les fibres. Il y aurait eu ainsi métonymie entre trois termes, celui de la plante, ceux du tissu et de l'île, comme c'est d'ailleurs le cas en français pour le mot *jersey* qui désigne à la fois un tissu et l'île dont il provient. Mais foin de l'étymologie quand elle est trop savante ! Je rêvais d'aller à Amorgos en raison de l'étrange sonorité de ce nom, rêve que je ne pus réaliser qu'à l'automne 1958. Voyage d'autant plus idyllique qu'une charmante étudiante grecque aux Beaux-Arts, rencontrée quelques jours auparavant, put se joindre à moi. Nous connûmes alors dans cette île, sur ses plages entièrement désertes, nos plus belles nuits d'amour, à proximité d'une grotte habitée par des phoques qui visiblement, ou plutôt très audiblement, semblaient s'adonner aux mêmes ébats nocturnes.

Quand Ariane et moi — oui, elle s'appelait Ariane — débarquâmes dans la baie d'Aigiali, du bateau de ligne — le *Despoina* — desservant Amorgos une fois par semaine, nous crûmes être arrivés sur une île déserte. Une seule maison en vue et pas un être humain ! Il fallut franchir à pied la moitié de l'île pour parvenir à La Chora, la capitale. Je m'y installai chez le boulanger tandis qu'Ariane allait chez la femme du pope, pour écarter d'éventuels soupçons. Et là, chaque soir, à la taverne de la place, avec l'instituteur, le pope, le tavernier et les convives occasionnels, nous discutions de mille sujets et particulièrement de la poésie byzantine dont le boulanger était un grand lecteur. Il vouait un véritable culte à l'*Alexiade*, cette œuvre du XIIe siècle de la princesse Anne Comnène relatant la vie de son père, l'empereur

Alexis Comnène. « *Et dire*, s'exclamait-il sans cesse, *qu'il a fallu que je rencontre un étranger pour pouvoir parler de tout cela !* » Et de faire honte à quelques témoins présents, maçons et puisatiers travaillant alors à la réfection de la route menant au port de Katapola. Je m'empressais de prendre leur défense en expliquant à Loukas (c'était le nom du boulanger) qu'il en était de même en France : maçons et puisatiers ne passaient pas leur temps à lire *La Chanson de Roland* !

De retour à Paris, longtemps après ces jours amorgiens, je me précipitai à la Bibliothèque nationale pour relire l'*Alexiade* — dont je n'avais en fait qu'un souvenir confus — et remarquai seulement alors l'étrangeté du titre : *Istorikon ponéma péri tou Alexiou Comnènou*, qu'on pourrait presque traduire par *Oblation historique en l'honneur d'Alexis Comnène*. Cette chronique du règne de l'empereur fut écrite alors que sa fille, ayant dû renoncer au trône, s'était retirée dans un couvent pour y finir ses jours. Le titre dit bien l'épreuve que fut pour elle ce renoncement et ce retrait hors du monde, mais aussi le culte et l'admiration qu'elle portait à son père. Pourtant, tout en parcourant ce texte dans la grande salle de la Bibliothèque, je ne pouvais m'empêcher de penser aux lèvres d'Ariane, aux rauquements des phoques, aux plages lunaires et nocturnes d'Amorgos. Notre mémoire est ainsi faite, comme un mille-feuille aux tranches et aux épaisseurs disparates, tour à tour savantes, sensuelles ou savoureuses et où, en l'occurrence, *Alexiade* rimait avec Ariane et idoles cycladiques avec phoques amoureux !

L'un des lieux les plus pittoresques d'Amorgos est, sur la côte sud, la falaise où s'est édifié jadis le monastère de la Vierge Chozoviotissa, fiché contre la montagne à la façon d'un gigantesque colombier. Je le visitai à plusieurs reprises et je me souviens que les moines — très peu nombreux d'ailleurs — m'offrirent à chaque visite une liqueur de fleurs de citronnier de leur fabrication, qui était une pure merveille. A part ce détail, je relus aussi par la suite les pages que le botaniste Tournefort, visitant la Grèce au début du XVIIIe siècle, consacre à Amorgos et à ce monastère où il trouve les « *moines malpropres. Leur maison sent le vieux corps de garde et ce couvent a plus l'air d'une retraite de brigands que d'un lieu de sainteté* ». Dont acte.

Court extrait du journal que je tins alors à Amorgos :

7 septembre 1958. Aujourd'hui, longue excursion avec Loukas Synodinou (le boulanger) et Ariane vers le site antique d'Arkésini, à la pointe ouest de l'île. Il ne reste guère que les remparts mais quand on débouche en haut sur l'acropole, la vue sur la mer et les îles voisines est saisissante. En repartant, et juste en contrebas de l'acropole, je remarque sur un rocher d'étranges dessins gravés représentant apparemment un âne et, à côté de lui, un être humain ou angélique en suspens dans les airs, avec une tête et des yeux énormes. Dessins récents faits par un berger désœuvré ou gravures rupestres ? Mystère.

Bien des années plus tard, en regardant le film de Steven Spielberg intitulé *E.T.*, je me rappellerai brusquement ces dessins de l'acropole d'Arkésini, car l'homme gravé sur le rocher avait exactement la tête et l'apparence de l'extraterrestre du film ! Ajoutons donc une troisième hypothèse à l'origine de ces gravures : dessins laissés par un extraterrestre de passage à Amorgos !

★

Le mot d'Amorgos m'évoque aussi un souvenir tout à fait différent, celui d'un recueil de poèmes publié juste après la guerre sous ce titre, œuvre de Nikos Gatsos. Il s'agit d'un long poème d'inspiration surréaliste, composé selon les principes de l'écriture automatique et qui eut en son temps un grand retentissement. Ce fut l'un des premiers poèmes que je pus lire et comprendre, après mon temps d'apprentissage du grec moderne, et j'eus l'impression d'accéder enfin à la chambre au trésor. Par un curieux retour des choses, on ne me proposa de le traduire que tout récemment, alors que je rédigeais cette notice sur l'île d'Amorgos, et c'est ainsi qu'une fois de plus ce mot et ce nom resurgirent dans ma mémoire et dans ma vie, ajoutant à l'image d'un vêtement, d'une plante et d'une île, celle d'un poème surréaliste à l'écriture baroque et hauturière ! Voici le tout début de ce poème intitulé simplement *Amorgos*, datant de l'occupation et publié à Athènes juste après la guerre :

Leur patrie aux voiles nouée
Leurs rames suspendues dans le vent
Les naufragés dormirent paisiblement
Comme cadavres de fauves dans un linceul d'éponges
Mais les yeux des algues vers la mer sont tournés
Au cas où le notos les ramènerait en ses voiles neuves

Un éléphant désemparé vaut toujours mieux que deux seins de femme frémissants
Que seulement le toit des chapelles se prenne à scintiller dans les montagnes en attendant l'Etoile du soir
Que seulement déferlent les oiseaux aux mâts des citronniers
Dans le vent soutenu d'une neuve démarche
Alors, tendres, immobiles, surviendront dans les airs des corps de cygnes immaculés
Les compresseurs des magasins, les cyclones des potagers
Quand les yeux embraisés des femmes brisèrent le cœur des châtaigniers
Quand finit la moisson et qu'enfin s'éleva l'espoir des grillons.

Amygdalota

S'il fallait trouver pour des mots croisés grecs une définition d'*amygdalota*, on pourrait proposer : « N'a absolument rien à voir avec une enflure de la gorge. » Amygdale, ne l'oublions pas, vient en effet du mot grec *amygdalos*, qui signifie amande et les *amygdalota* sont des confiseries à base de pâte d'amande. Mais quelle pâte ! Légère, affinée, raffinée et surtout délicatement parfumée à la fleur d'oranger. Ces douceurs sont depuis toujours la spécialité des îles du golfe Saronique, notamment d'Egine, d'Hydra et de Spetsai, et c'est là qu'il fait bon, le soir, à la fraîche, les déguster sur le port en regardant passer et repasser le bruissant cortège des beautés insulaires. Alors, à la douceur onctueuse des *amygdalota*, s'ajoute, comme fragrance des temps heureux et arcadiens, le parfum des rivages de Cythère !

Anaphi

Sœur jumelle de Santorin* et ultime vestige, elle aussi, de l'explosion dévastatrice qui créa la grande caldera, l'île d'Anaphi porte un nom plutôt poétique puisqu'il veut dire en grec l'« Apparue ».

D'après la légende, c'est Apollon qui aurait fait surgir cette île des flots en pleine nuit pour guider les Argonautes* égarés. Il est intéressant de voir que cette tradition illustre ou confirme un phénomène tout à fait possible, et même probable, géologiquement parlant. Notons aussi que ce nom d'Anaphi, même si la ressemblance n'apparaît pas d'emblée, a la même racine qu'épiphanie et théophanie, désignant en grec l'apparition d'un dieu ou d'un phénomène céleste.

Un voyageur ancien, Louis Lacroix, rapporte à son propos une curieuse anecdote : un habitant de l'île voisine d'Astypaléa serait venu un jour à Anaphi avec un couple de perdrix et les oiseaux s'y seraient multipliés au point de dévaster toutes les moissons et d'affamer les habitants. Jusqu'au jour où l'un d'eux eut l'idée de casser les œufs aussitôt pondus. Tradition qui s'est maintenue depuis lors, sans empêcher toutefois les perdrix de continuer à proliférer.

En raison de son isolement, l'île servit souvent de lieu d'exil et de déportation pour les prisonniers politiques, et ce depuis l'Antiquité jusqu'à la fin du régime des colonels. C'est pourquoi en Grèce Anaphi est loin d'évoquer aux oreilles de tous perdrix et apparition divine !

Anaxagore (Ve siècle av. J.-C.)

Philosophe et physicien, ami de Périclès, il enseigna longuement à Athènes et Euripide compta même parmi ses élèves. En tous domaines, il fut sinon un précurseur, en tout cas un prophète. Ne déclara-t-il pas un jour que le soleil, loin d'être un dieu vivant, n'était qu'une boule enflammée ? Même dans l'Athènes de Périclès, ce genre de déclaration n'était pas anodine et Anaxagore n'eut que le temps de fuir avant d'être condamné à mort par un tribunal ! Il avait surtout la manie de se poser à lui-même et de poser au monde des questions insolubles pour les hommes de son temps.

Un exemple ? Anaxagore avait un voisin qui élevait des lapins en les nourrissant de carottes. Jusque-là, rien qui soit anormal. Mais Anaxagore, à force d'observer ces lapins, se demanda un jour pourquoi, en ne mangeant que des carottes, ils ne devenaient pas à leur tour des carottes ! Mais oui ! C'est là — plutôt c'était là — une question des plus pertinente, malheureusement, nul alors ne pouvait y répondre, du moins scientifiquement. Aujourd'hui, la réponse serait immédiate et j'ai d'ailleurs interrogé, lors d'un entretien radiophonique, le généticien Albert Jacquard, en modifiant légèrement l'énoncé : « Pourquoi, si nous ne mangeons que du mouton, ne devenons-nous pas des moutons ? » Et voici ce qu'il m'expliqua :

« Une fois dans notre bouche, ce n'est déjà plus du mouton, mais des morceaux de mouton. Après passage dans notre estomac, ces morceaux deviennent des éléments faits des mêmes atomes que ceux que l'on trouve dans une carotte ou dans notre corps.

« En une première phase, ces morceaux sont décomposés en protéines qui, pour la plupart, ne sont pas spécifiques au mouton. Puis ces mêmes protéines sont décomposées en acides aminés, réutilisés par l'organisme pour fabriquer de nouvelles protéines. L'erreur d'Anaxagore est de ne pas se situer au bon niveau d'analyse des éléments. Quand un lapin mange une carotte, il absorbe des acides aminés qui lui permettent de fabriquer des protéines de lapin. La carotte n'est que l'enveloppe apparente d'un ensemble d'éléments qui lui sont utiles. »

Dont acte. Comme je regrette qu'Anaxagore n'ait pu connaître Albert Jacquard ! Leur rencontre n'aura eu lieu, hélas, que dans ce livre. Nous savons donc maintenant pourquoi nous ne devenons pas des moutons lorsque nous en mangeons ni pourquoi les lapins ne deviennent pas des carottes. J'en suis moi-même très heureux, mais, il faut bien l'avouer, depuis lors, je ne peux plus, absolument plus — et c'est peut-être là le châtiment de l'helléniste — voir des lapins ou des carottes — et a fortiori en manger — sans penser à Anaxagore !

Antigone

Il y eut l'Antigone antique, celle de Sophocle et celle d'Euripide, figures avant tout dramatiques d'un monde à jamais disparu. Et il y a les Antigone de notre temps, qui habitent nos scènes nationales et internationales, après trente siècles de silence. Pour les Grecs qui la découvrirent à Athènes en 442 av. J.-C., Antigone dut apparaître comme une figure marquée par le destin familial et prédestinée à une mort tragique.

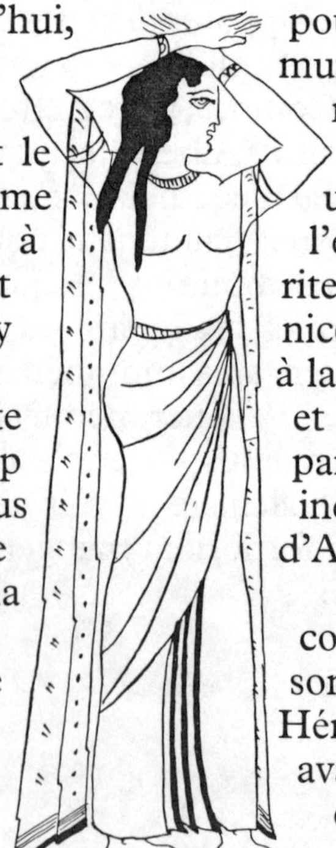

Mais aujourd'hui, pour nous, que nous dit, nous murmure ou nous crie le personnage d'Antigone ? Elle est le plus souvent présentée comme une révoltée refusant d'obéir à l'édit de Créon interdisant tout rite funèbre sur le cadavre de Polynice, une véritable pasionaria face à la dictature d'un pouvoir injuste et criminel. En réalité, ce qui apparaît le plus clairement, le plus indiscutablement dans l'histoire d'Antigone, c'est que rien ne la prédisposait à s'élever ainsi contre le pouvoir et l'autorité de son oncle Créon. Fiancée à Hémon, le fils de Créon, elle avait pour destin de se marier et de pouponner sa progéniture. Mais la guerre, les hommes et peut-être les dieux en décidèrent autrement. Les deux frères d'Antigone s'entre-tuent et meurent devant les murailles de la ville. La machine infernale est alors enclenchée : ordre sacrilège de Créon à l'égard du cadavre de Polynice et refus d'Antigone d'y céder, fût-ce au prix de sa propre vie. Car elle dit « non » spontanément, fermement, calmement mais résolument. Avec une assurance qui ne saurait faiblir. En prononçant ce « non », elle sait ce qu'elle va perdre : tout son avenir de femme, de mère et d'épouse. Mais rien ne pourra l'arrêter car seul compte alors le combat contre l'injustice. J'insiste sur ce fait : Antigone n'est pas une insoumise, une révoltée de naissance, encore moins une militante des droits de l'homme. Simplement elle dit « non » car se soumettre serait se démettre de ce qu'elle doit à l'ombre de son frère, mais aussi à tous les autres morts risquant le même sort. De son « non », elle ne fait nullement un principe, mais un cri, un cri pour rester fidèle à elle-même et à sa conscience. Oui, sa conscience. Le mot ne figure pas dans l'œuvre de Sophocle, mais il est présent à tout instant dans le dialogue crucial qu'elle tient avec Créon. En quoi elle est la parfaite, prémonitoire illustration de cette phrase d'Albert Einstein qu'étudiant j'ai gardée longtemps épinglée contre un mur de ma chambre : « *Ne fais jamais rien contre ta conscience, même si l'Etat te le demande.* »

C'est pour cela, je pense, qu'au cours des siècles d'autres Antigone ont surgi. Son cri est devenu un cri universel qui n'appartient plus à un clan, une famille, une ville ni une patrie précis. Le cri de tous ceux, de toutes celles qui ne peuvent se résigner devant l'arbitraire, la violence, la cécité des hommes et du pouvoir. Voilà pourquoi, il y a quelque temps, à l'occasion d'une récente mise en scène de l'*Antigone* de Bertolt Brecht où le chœur était interprété — avec paroles et chants — par un groupe musical argentin, le Cuarteto Cedrón, je pus présenter cette rencontre entre la Grèce, l'Allemagne et l'Argentine, comme étant — et l'on verra pourquoi — dans la parfaite et pure ligne du message plus que jamais vivant d'Antigone.

Ici, Antigone chante. Elle vient jusqu'à nous avec ses plaintes, ses cris ses larmes psalmodiées, allant bien au-delà du verbe et de la tragédie pour accéder à la grâce et à la gravité du chant. Les chœurs des tragédies anciennes étaient interprétés à l'unisson ou à l'octave, car la musique chorale antique ignorait la polyphonie. Ici, les chœurs d'*Antigone* sont aussi chantés, mais, grande et belle innovation, les citoyens de Thèbes qui les composent, ces Thébains jetés au cœur de drames qui les dépassent, chantent sur des mélodies polyphoniques conçues par le Cuarteto Cedrón, venu d'outre-Atlantique. C'est bien la première fois que deux continents et deux siècles aussi éloignés l'un de l'autre — la Grèce de Sophocle et l'Argentine de Juan Cedrón — se retrouvent et s'allient pour former le chœur d'Antigone. Alliance inattendue mais bénéfique car aux plaintes, aux colères, aux regrets d'Antigone, à ces cris, ces chants du monde ancien, elle insuffle les bouffées d'air du nouveau monde. On se rend compte alors que cette œuvre *Antigone*, tout en étant de source purement grecque, peut avoir des estuaires infinis et se mêler sans heurt et sans inconvenance aux apports d'une culture moderne. Le chant de victoire ouvrant la tragédie, l'hymne à l'homme qui la continue, l'hymne à l'amour qui le suit, les poignantes lamentations d'Antigone condamnée à mourir sans avoir rien connu ni de la vie ni de l'amour et le sombre inventaire des victimes de la folie et de la tyrannie des rois, cette ferme, lucide, impitoyable dénonciation de la violence et de la guerre se retrouvent ici, fortement, intensément portés par les voix solidaires du Cuarteto Cedrón.

Chants d'Antigone, donc, et non chansons. Ne confondons pas ce qui vient du cœur et ce qui vient des lèvres. Ce qu'on entend clairement ici, c'est la voix d'une femme, ou plutôt d'une adolescente qui, la première, eut le courage de dire « non » au sacrilège et à la tyrannie et celles d'interprètes contemporains venus d'un pays où, il n'y a pas si longtemps, d'autres sœurs qu'on nommait les « folles de Mai » réclamaient elles aussi le corps de leur frère disparu. Etrange et féconde coïncidence de l'Histoire ? En tout cas, de cette rencontre chargée de sens, sont nées ces noces somptueuses et musicales entre deux continents et entre deux époques.

Aphrodite

C'est à elle, Aphrodite, la déesse de l'amour, qu'il eût fallu dédier ce livre ! Quand je repense à mes émois d'adolescent devant les premiers mythes grecs découverts au lycée, les amours forcenées de Zeus et la vie des dieux olympiens, c'est le corps d'Aphrodite jaillissant de la mer qui revient d'emblée en ma mémoire. Des différentes déesses qui habitaient l'Olympe, j'avais également remarqué Artémis avec sa minijupe et son sein découvert, mais son carquois, ses flèches, sa farouche virginité ne m'attiraient guère ! Quant à Héra, créature revêche, jalouse et pimbêche, je l'écartai d'autant plus volontiers que sur l'image que j'en avais elle ressemblait à s'y méprendre à l'une de mes tantes honnies ! Restait donc

Aphrodite, la déesse nue surgie des flots, avec ses longs cheveux tombant jusqu'aux chevilles, le galbe affolant de ses fesses et cette main, oui, cette main qui ne cessait de montrer son sexe sous prétexte de le cacher. Bien sûr, elle était un peu trop plantureuse à mon goût et même parfois franchement débordante, mais un adolescent transi d'amour et d'hellénisme n'y regardait pas de si près ! Et puis je pressentais en elle bien plus qu'une séductrice ou une simple enjôleuse, je pressentais ce qu'elle fut réellement dans l'univers antique : une force, une énergie, un élan, un appel incitant tous les êtres vivants — pas seulement les humains — à se désirer, s'unir, s'étreindre et enfanter. Elle était la figure radieuse, naturelle et même innocente du Désir, la preuve vivante que le corps humain, loin d'être le tombeau de l'âme, était le berceau de la vie et l'écrin de la chair !

Si j'ajoute qu'à cette époque — disons vers mes douze ans — j'étais enfant de chœur, avec pour tout viatique en ce domaine les interdits d'un aumônier rigide et névrosé, on comprendra, j'espère, mon émoi — que dis-je, mon exultation ! — quand, sur un livre d'art interdit aux enfants — y compris les enfants de chœur — je vis, éclatants, opulents, provocants, oui, je découvris les seins nus d'Aphrodite !

Apollon (saint)

Il ne s'agit pas ici du dieu olympien Apollon mais d'un saint byzantin bien postérieur. Les noms antiques ont survécu à la fin du paganisme et on continua de les utiliser, même pour les saints, les martyrs, les Pères de l'Eglise. Oreste, Artémis — devenu masculin — Dionysos sont des prénoms fréquents dans l'histoire et l'hagiographie byzantines.

Je mentionne ici saint Apollon parce que c'était le nom d'un petit ermitage de l'île de Patmos — où j'ai vécu trois ans de 1963 à 1966 — qu'un ami de l'époque, Français converti à l'orthodoxie, occupa quelque temps. J'allais souvent lui rendre visite en ce lieu magique, situé sur un surplomb dominant la mer, qui comprenait une chapelle, une cellule et une petite terrasse. Oui, lieu magique, un de ceux où en s'éveillant chaque matin l'ascète avait sous les yeux l'orée du paradis. L'ascète ou le poète. Le paradis n'est pas réservé aux seuls ascètes mais à ceux qui, dès ce monde, savent ou peuvent l'entrevoir et le dire.

Arcadie

Terre enchanteresse, pays où règnent harmonie, abondance et longévité, où l'on ignore l'argent, la violence et la haine, voilà ce qu'évoque d'emblée le mot Arcadie. Mais il s'agit là d'une vision occidentale tardive, née au lendemain de la Renaissance et dont on trouvera l'illustration la plus probante dans la toile de Poussin intitulée *Les Bergers d'Arcadie*. Dans l'Antiquité, l'Arcadie était une des provinces les plus sauvages de la Grèce, isolée par des montagnes et des forêts impénétrables, et dont les habitants conservèrent très longtemps des mœurs rudes, voire barbares, comme ces sacrifices d'enfants qui avaient encore lieu en plein Ve siècle av. J.-C., sur le mont Lycée (le mont au Loup), dans le sanctuaire de Zeus Lykaios (Zeus au Loup). Certaines traditions, rapportées par Pausanias dans ses *Récits arcadiens*, font cependant de cette contrée, en des temps très lointains, alors qu'elle se nommait encore la Pélasgie, une terre de l'Age d'or. « Car les hommes de ce temps-là, nous dit Pausanias, vivaient en amitié avec les dieux, mangeant même à leur table tant ils étaient justes et pieux, si bien que l'estime, comme la colère des uns et des autres, se manifestaient de façon nette et immédiate selon que leurs actes étaient justes ou injustes. A cette époque, les dieux provenaient d'hommes auxquels on rend toujours hommage comme Aristée, Héraclès, Amphiaraos, Castor et Pollux... mais à notre époque, la méchanceté sévit tellement sur la terre qu'aucun homme n'est plus apte à devenir un dieu — sauf en paroles — et que les châtiments divins ne peuvent plus s'exercer sur l'heure. Il faut attendre la mort des iniques pour que leur iniquité soit punie. » Conclusion prophétique ou prémonitoire, s'il en est !

Je crois tout à fait Pausanias sur parole — ou plutôt sur écrit : aucun homme aujourd'hui, en effet, ne me semble plus apte à devenir un dieu !

A ceux qui désireraient néanmoins, sans pour autant vouloir devenir dieux, se rendre en Arcadie, je m'empresse de dire que le voyage en vaut toujours la peine car cette province est particulièrement verdoyante et accueillante à l'étranger. Oui, une terre gorgée de sources, couverte de denses et belles forêts et qui offre un excellent dosage de traditions et de modernité. A tout voyageur ou pèlerin de quelque âge d'or, je conseillerai simplement et plus modestement trois lieux arcadiens encore habités de magie : le mont Cyllène nimbé de mille légendes, les sources du Styx au pied du mont Helmos — à quelques heures de marche du village de Péristéra — et le lac Stymphale, jadis célèbre par les oiseaux gavés de chair humaine qu'y chassa et qu'y tua Héraclès. Mais inutile de rechercher sur le mont Cyllène les merles blancs dont parle Pausanias, pas plus que dans le fleuve Ladon les poissons chanteurs qui, dit-on, y nageaient. Pausanias lui-même avoue avoir fait le guet des heures durant sans entendre, venue des eaux, la moindre mélodie !

Au cours de mon dernier voyage, entrepris précisément sur les traces de Pausanias, je n'ai rencontré l'Arcadie des peintres et des poètes qu'en un seul endroit, le lac Stymphale. Situé au cœur de cette région, entouré de montagnes très boisées, il est souvent, particulièrement en automne quand je le visitai, couvert de brumes ou de brouillards, évoquant irrésistiblement les... Highlands d'Ecosse ! La première chose qu'on aperçoit en arrivant sur le site, c'est une immense forêt de roseaux recouvrant la presque totalité du lac. Et si l'on monte sur l'acropole, où ne subsistent que quelques ruines à fleur de terre, on est saisi par le silence et la solitude de ce lieu :

Pas un bruit, pas un cri d'oiseau. J'interroge le berger qui m'ayant aperçu est venu à ma rencontre : n'y a-t-il donc jamais d'oiseaux à Stymphale ? Non, il n'y a guère d'oiseaux, sauf à l'époque des migrations, au printemps et en automne. Mais aujourd'hui, en ce mois de septembre, Stymphale est nu, désert, silencieux. Je n'entendrai qu'un ou deux cris d'oiseau, dans les roseaux, au centre du lac. Un pêcheur, un peu plus loin, jette un filet. Des moutons paissent sur la rive, une rive couverte de mousse et d'herbe humide, aussi souple qu'une éponge. Des chevreaux courent en liberté sur cette pelouse sans fin.

Sur l'acropole, il ne reste que des fondations parmi lesquelles il est difficile d'identifier le temple d'Artémis. En descendant vers le rivage, les vestiges se font plus nets et plus nombreux. La ville ancienne était bâtie ici, au pied de l'acropole, et ses fondations disparaissent en partie sous les roseaux. Mais on voit encore nettement l'emplacement de différents édifices, la rampe d'accès à l'acropole avec ses blocs bien équarris. Des fûts de colonne émaillent l'herbe de leurs cannelures. Une fontaine coule toujours au pied de la muraille. Le bassin qui recueille l'eau est certainement le même qu'aux temps anciens. L'eau y est d'une limpidité prodigieuse, malgré sa profondeur. C'est là, très probablement, la source dont parle Pausanias. Deux bergers viennent s'asseoir sur les marches et le rebord du bassin. Nous bavardons longuement. C'est la seule image vraiment « arcadienne » que je conserverai de cette région : ces bergers assis au milieu des colonnes, exactement semblables aux personnages des gravures anciennes, promenant leurs troupeaux parmi les ruines presque effacées. Le soleil descend lentement et le lac est déjà, en partie, submergé par l'ombre. Silence. Silence plus intense encore à cette heure. Silence que jamais je n'ai perçu si nettement que dans l'air limpide, sans un souffle et sans un frisson, de Stymphale.

Et in Arcadia ego, aurais-je pu dire, pastichant l'épitaphe que s'efforcent de déchiffrer les bergers d'Arcadie dans la peinture de Poussin. Oui, je fus moi aussi en Arcadie et je l'ai parcourue jusque sur ses plus humbles sentiers. J'ai arpenté le mont Cyllène sans y voir les merles blancs dont parle Pausanias, mais je me suis dispensé, je l'avoue, de tenter de surprendre le chant des poissons du Ladon. J'ai gravi le Helmos jusqu'aux sources du Styx dont j'ai bu l'eau glacée, celle qui, dit-on, n'oublie jamais les paroles dites en sa présence. Et j'ai dansé dans les fêtes champêtres du plateau de Phénée. De tout cela, demeurent les impressions publiées par la suite dans *Promenades dans la Grèce antique* — d'où est tiré le passage sur Stymphale — et quelques poèmes inédits dont celui-ci :

Heure après heure, la neige recouvre les légendes
Et crissent sous mes pas leurs mots cristallisés.

Arcadie, Sur le mont Cyllène

Argonautes

Au sens propre, le mot « Argonautes » signifie marins de la nef *Argo*, cette œuvre d'Athéna, dont la proue pouvait prophétiser. Nef qui, sous la conduite de Jason, emmena ses cinquante rameurs jusqu'aux rivages de Colchide, au nord de la mer Noire, pour y quérir et ramener la Toison d'or.

Mais le mot « argonaute », sans majuscule celui-là, prit par la suite un sens beaucoup plus large, le sens d'explorateur et découvreur de terres vierges, de navigateur au long cours prêt à toutes les épreuves. Car derrière le mot et la légende, transparaît l'idée d'effort et d'initiation. Telle qu'elle est rapportée, en ses différentes variantes, par les poètes antiques, l'expédition des Argonautes regorge en effet d'épreuves en tous genres

— combats contre les monstres de la mer et de la terre, sacrifices, labours sacrés, rituels magiques dont le sens initiatique est évident. D'ailleurs, Héraclès, Orphée et le devin Idmon n'étaient-ils pas eux aussi du voyage ? Etre argonaute, c'est être quêteur, sur les mers et au-delà des mers, du trésor symbolique assurant à l'homme le pouvoir sur les choses et lui-même. Si, comme dans les jeux surréalistes de jadis, on me demandait d'énumérer spontanément, sans réfléchir et sans repentir, ce qu'évoque pour moi le mot « argonaute », je dirais :

Grottes à l'orée du monde, oiseaux marins géants, roches qui parlent, plages de sable doré par l'aube des légendes, dauphins rieurs, magiciennes élancées, échevelées, sur les rochers bleus du rivage, béliers nageant au cœur des vagues dans un sillage de lumière, échos de rires des Nymphes assises autour des sources, rame solitaire implantée dans le sable infini d'un rivage...

Le poète Georges Séféris* est revenu à plusieurs reprises dans son œuvre sur ce thème des Argonautes pour en faire des marins dociles, appliqués, obstinés à ramer jour et nuit, des navigateurs perpétuels, prisonniers d'un voyage qui ne finit jamais. J'aime l'ultime image de ce poème intitulé *Les Argonautes*, écrit dans les années 30, ces rames fichées, figées en terre et qui deviennent ici l'ultime croix des quêteurs d'épreuves et de prodiges.

> « Une âme
> Si elle veut se connaître
> C'est dans une âme
> Qu'elle doit se regarder [1] » :

1. Voir « Alcibiade ».

L'ennemi et l'étranger,
Nous l'avons vu dans le miroir.

C'étaient de braves garçons, les compagnons, ils
[ne se plaignaient
Ni de la soif ni de la fatigue ni du gel,
Ils faisaient comme les arbres et les vagues
Qui admettent le vent et la pluie,
Admettent le soleil et la nuit,
Et, au cœur du changement, demeurent sans
[changer.
C'étaient de braves garçons. Jour après jour,
Suant sur leurs rames, les yeux baissés,
Respirant en cadence,
Et leur sang colorait une chair docile.
Un jour, ils chantèrent, les yeux baissés,
Comme nous dépassions l'îlot désert aux figuiers
[de Barbarie
Vers le couchant, après le cap des chiens qui
[aboient.
Si elle veut se connaître, disaient-ils,
C'est dans une âme qu'elle doit se regarder,
[disaient-ils,
Et les rames brassaient l'or de la mer au cœur du
[crépuscule.

Nous avons doublé beaucoup de caps, beaucoup
[d'îles, la mer
Qui donne dans l'autre mer, des mouettes et des
[phoques.
Des femmes éplorées se lamentaient parfois
Et pleuraient leurs enfants perdus,
D'autres, en fureur, réclamaient Alexandre
Et les gloires ensevelies dans les profondeurs de
[l'Asie.
Nous avons abordé des rivages pleins d'arômes
[nocturnes,
De chants d'oiseaux, de sources qui laissaient sur
[les mains
Le souvenir d'une grande félicité.

Mais ils n'avaient plus de fin, ces voyages.
L'âme des compagnons s'est confondue avec les
[rames et les tolets,
Avec l'austère figure de proue,
Le sillage du gouvernail,
L'eau dispersant leurs visages.
L'un après l'autre, les compagnons sont morts,
Les yeux baissés. Leurs rames
Marquent sur la grève le lieu où ils reposent.

Nul ne s'en souvient. Justice.

Asiné

Parmi les lieux peu connus de Grèce figure la petite acropole d'Asiné, dans le Péloponnèse, à quelques kilomètres au sud de Nauplie. Elle n'a plus aujourd'hui le charme romantique qu'elle avait encore quand je la visitai, car une grande plage aménagée, très fréquentée l'été, s'étend maintenant juste à ses pieds. Mais l'acropole demeure et l'ombre de son roi, dont je découvris l'existence dans un poème de Séféris*, *Le roi d'Asiné*, que je traduisis dans les années 60. Je me rendis à Asiné quelques années plus tard, en 1966, alors que je parcourais le Péloponnèse à pied, sur les traces de Pausanias, et j'ai retrouvé les notes prises à cette époque, le journal de cette brève rencontre avec un lieu, un fantôme, et les mots d'un poème :

Il existe dans toute la Grèce des dizaines de sites aussi perdus et aussi méconnus qu'Asiné, où Séféris eût pu, sans aucun doute, éprouver les mêmes émotions. Mais ce qui vibre à Asiné, plus encore qu'à Trézène* ou Rhamnonte*, est un symbole : celui d'une présence visible, de l'empreinte palpable du temps, d'une vie secrètement préservée derrière le vide apparent de la mort et de la destruction. Est-ce la petitesse du lieu qui crée cette impression ? Peut-être l'imagination est-elle plus à l'aise dans cet univers antique en miniature pour retrouver les traces du passé, les empreintes de la vieille cité et du roi d'Asiné ? Si la méditation du poète est en définitive pessimiste, si ces vestiges, à peine identifiables, suggèrent à ses yeux l'image perdue d'une parole dans le désert de l'histoire ou de ces masques tragiques à la bouche grande ouverte et à jamais muette, rien de triste pourtant, ni de désespéré n'émane des ruines d'Asiné.

La petite coupole surplombe la mer et la baie de Tolon. Elle est couverte d'herbes. A terre, les restes de l'enceinte antique, gros blocs encore agencés par endroits, disparus partout ailleurs. Il n'y a rien d'autre à Asiné que la pierre et que l'herbe, rien d'autre, dit le poète,

... qu'un grand rivage déployé
Et la lumière limant ses pierreries sur les hautes murailles.
Pas un être vivant, tous les ramiers partis.
Et le roi d'Asiné, que nous cherchions depuis deux ans,
Inconnu, oublié de tous, même d'Homère
*— Un seul mot dans l'*Iliade *et encore, incertain —*
Jeté là comme un masque d'or funéraire...

Que vient-on voir à Asiné ? Que vient-on y chercher ? Nul livre ne vous en parlera, nul guide ne pourra cette fois broder, en vous accompagnant, d'interminables anecdotes. Asiné, c'est le silence de la terre et de l'histoire, et derrière ces ruines réduites à quelques pierres, le fantôme de celui qui vécut, gouverna, mourut ici, forme sans âge, sans identité, sans visage, le fantôme du roi d'Asiné.

Le roi d'Asiné, un vide sous le masque.
Qui ne nous quitte plus, qui ne nous quitte plus,

Derrière un nom : « Et Asiné... Et Asiné... »
Et ses enfants, statues ...
Et ses désirs, envols d'oiseaux, et le vent
Dans les béances de ses pensées, et ses navires
Mouillés dans un port disparu,
Un vide, sous le masque.

Il n'y a rien à Asiné et, par là même, il y a tout. La nudité du lieu n'impose aucune entrave à l'imagination. Nul, apparemment, ne vécut plus ici depuis les temps immémoriaux de ce roi d'Asiné. Aucune bourgade romaine, byzantine, franque ou turque, rien que la transparence sans fin de l'histoire et du temps, la page vierge de la mort, aussi blanche, aussi étincelante que la mer étale et sans bateaux, entre ces temps lointains et nous-mêmes.

Le soleil porteur de bouclier montait en guerroyant
Et du fond de la grotte une chauve-souris effrayée
Se heurta à la lumière comme la flèche au bouclier :
« Et Asiné... Et Asiné... » Etait-ce elle, le roi d'Asiné
Que sur cette acropole nous avons tant cherché
En effleurant de nos doigts les pierres que lui-même a
[touchées ?

Asphodèle

Le mot lui-même est beau comme un chant, mais un chant funèbre. L'asphodèle était pour les Grecs la fleur la plus répandue aux Enfers, celle qui peuplait « *les prairies d'asphodèles* » chères à Homère et aussi celle que l'on mettait sur les tombes. Elle est très courante en Grèce et ce pour une raison précise : sa sève contient des cristaux pointus qui découragent les chèvres et les moutons, si bien qu'elle prolifère un peu partout. Ses fleurs en grappes, d'un blanc légèrement teinté de mauve, frissonnent au moindre souffle, évoquant le vol fragile et frémissant des âmes venues butiner sur la terre. Plante poétique donc, mais en même temps funéraire, elle incarne bien cette propension des hommes à vouloir donner sens et sève à leurs rêves comme à leurs angoisses. Si je devais penser ou rêver à la façon d'un Grec du temps d'Homère, j'imaginerais l'au-delà comme un immense champ d'asphodèles où les ombres des morts, elles aussi, frissonneraient sous les souffles glacés de l'Hadès.

Athéna

Elle se tient debout, vêtue d'une simple tunique, devant ce qui est très probablement une stèle. Sa main droite est posée sur la hanche, la gauche tient une lance contre son front. Un casque à cimier couvre sa tête. Un de ses pieds, apparemment le droit, repose entièrement sur le sol, mais l'autre, au talon redressé, s'appuie sur l'extrémité des phalanges. Elle semble lire quelque chose qui serait inscrit sur la stèle ou réfléchir et méditer. Si l'on ne savait pas qu'il s'agit d'Athéna — mais son casque et sa lance ne laissent aucun doute — on pourrait y voir une femme athénienne se recueillant devant la tombe d'un parent. On ne sait trop, tant sa posture est naturelle, si le sentiment dominant est celui de la mélancolie ou de la lassitude. Elle paraît comme absorbée dans ses pensées et, à l'inverse de ses autres représentations, vierge guerrière ou Olympienne souveraine, elle apparaît ici étonnamment humaine. C'est ainsi que je la découvris pour la première fois dans un livre de classe et que depuis je l'ai toujours aimée. J'ai grandi sous son ombre céleste pendant mes années lycéennes et elle m'a murmuré bien des secrets quant à l'art difficile de séduire les humains par la lumière de la sagesse et non par l'attrait de son corps...

Il y a toujours quelque chose d'émouvant à surprendre les dieux en leurs heures de faiblesse ou leurs instants de doute. Je sais bien que j'introduis par ces mots des idées qui n'ont sûrement jamais effleuré l'auteur du bas-relief ici décrit. Il est bien évident qu'il n'a pensé qu'à ses contemporains, à son propre désir d'imager la déesse. Mais la main sur la hanche, le talon relevé, l'index sur le front, attestent une vision inhabituelle d'Athéna, silhouette fragile et familière.

Pensons-y : la déesse est descendue du ciel jusqu'à nous en prenant l'apparence d'une simple mortelle. Est-ce sur cela qu'elle médite ou qu'elle s'interroge : sur la mort, cet état, cette fin totalement ignorés des dieux ? Oui, est-ce cela qui l'étonne et peut-être l'inquiète : ce mystère que jamais les dieux ne connaîtront et qui est, pourrais-je dire, l'apanage des humains ?

Athos (mont)

Ce haut lieu du christianisme grec orthodoxe n'est pas, comme on le croit souvent, une montagne isolée mais une grande presqu'île de cinquante kilomètres de long et d'une dizaine de kilomètres de large, située en Chalcidique, dans le nord de la Grèce. Vingt monastères — et autant de skites, ou dépendances — s'y échelonnent sur la côte orientale et la côte occidentale. Il existe quelques ouvrages tout à fait recommandables sur cet Aghion Oros, cette Sainte Montagne, comme l'appellent les Grecs, ce qui me dispensera d'en résumer l'histoire.

Je me contenterai d'indiquer que les tout premiers habitants, c'est-à-dire les tout premiers ermites, qui investirent le lieu au xe siècle, y vécurent longtemps inconnus dans les forêts avant qu'un certain Athanase — devenu par la suite saint Athanase l'Athonite — n'y fonde la première laure un siècle plus tard. Les laures étaient alors des lieux où les ermites des environs venaient se réunir une fois la semaine pour célébrer ensemble la liturgie. Elles ne comprenaient donc à l'origine qu'une église — ou *catholicon* — et une annexe servant de réfectoire. Mais l'afflux des candidats à l'érémitisme contraignit très vite à agrandir les laures qui devinrent par la suite autant de monastères. Celle que fonda saint Athanase a gardé son nom primitif et existe toujours à Athos, dans le sud de la presqu'île, sous le nom de Mégali Lavra, ou Grande Laure.

Le mont Athos fut le sujet de mon premier livre, un album de textes et de photos prises par moi-même au cours des trois séjours que j'y fis en 1950, 1952 et 1953. J'ai raconté en détail ces trois séjours dans *L'Eté grec* et je n'y reviendrai pas ici. Je préciserai simplement que je n'entrepris pas ce voyage — alors hasardeux — par simple curiosité mais pour rencontrer, et si possible connaître en profondeur, la vie religieuse et monastique orthodoxe. Séjours qui furent pour moi révélateurs à plus d'un titre. Aller alors au mont Athos n'était pas seulement un déplacement dans l'espace, mais une véritable plongée dans le temps. Je ne sais si cela est toujours valable de nos jours, car beaucoup de choses ont changé et les monastères — certains d'entre eux en tout cas — se sont ouverts depuis au monde profane et moderne, mais à l'époque cela était encore vrai et constitua pour moi une source perpétuelle d'étonnements et de découvertes. Y séjourner comme je le fis pendant plusieurs semaines de suite impliquait de s'intégrer le plus possible à la vie athonite, de partager en tous domaines l'existence des moines. Et tout frappe, étonne, saisit au cours des premiers jours : à commencer par les odeurs — encens, cuisines, latrines — d'ordinaire jamais associées, la cuisine réduite à des ingrédients plutôt rudimentaires — viande, œufs, lait et fromage y étant proscrits — et aussi le rythme même des jours et des nuits, les principaux offices étant nocturnes. Le système horaire lui-même variait selon qu'on se trouvait sur la côte est ou la côte ouest, mais le plus important était ce sentiment de vivre dans une véritable enclave byzantine ! Il venait moins des particularités des offices, des chants ou de la vie communautaire — on peut découvrir tout cela dans les monastères occidentaux — que du climat et des mentalités propres à Athos, cette présence constante du monde invisible avec son cortège de miracles et de superstitions.

Je me souviens qu'au terme du troisième voyage, arrivant dans un monastère après un long séjour au pays des ermites, le père hôtelier — ou *archontaris* — me demanda si je préférais une cellule donnant sur la mer ou sur la montagne. Et je m'entendis lui répondre le plus naturellement du monde : « Peu importe que ce soit la mer ou la montagne, ce que je voudrais, c'est une cellule sans démons ! » Un grand sourire de compréhension illumina alors son visage et il me dit : « Rassurez-vous, je vais vous donner la plus tranquille et angélique de nos cellules. » Et, de fait, j'y passai une nuit parfaite. Seuls me réveillèrent à l'aube le chant des oiseaux et les rumeurs de la mer toute proche. C'est que pour certains moines les démons sont constamment présents, surtout dans les lieux saints et monastiques, au point qu'à plusieurs reprises j'entendis, en effet, la nuit les hurlements de moines possédés.

Athos, c'était cela, ce mélange de beautés naturelles — au cœur d'un paysage pratiquement intouché depuis des siècles — et de superstitions, la coexistence en un même lieu et un même moment de la sérénité spirituelle et des tourmentes démoniaques. Mais le plus passionnant, le plus enrichissant d'un séjour à Athos demeure les rencontres, j'entends les rencontres avec les moines, ces « *figures de fresques vivantes* », comme le dit le journal de l'un d'entre eux, incarnations ou réincarnations de celles qui couvrent les murs des monastères. C'est cela, surtout, qui m'avait tant donné alors le sentiment d'un temps immuable et comme suspendu en ce lieu, cette ressemblance, pour ne pas dire cette parenté, et cette identité entre les personnages hiératiques des fresques — évêques, saints, ermites des siècles passés — et ceux que l'on côtoyait chaque jour ou plutôt chaque nuit, quand leurs ombres, leurs silhouettes fantomatiques erraient dans les couloirs.

Tout cela est-il encore vrai ? Les démons hantent-ils toujours certains moines et certaines cellules ? La Sainte Montagne, je l'ai dit, s'ouvre peu à peu au monde moderne. Son déclin était évident, il y a une trentaine d'années — elle ne contenait plus que trois mille moines environ lors de mon dernier séjour, alors qu'il y en avait plus de vingt mille au siècle précédent —, mais le recrutement reprit après la guerre en certains monastères et l'effondrement de l'empire communiste permit à nouveau l'arrivée de moines venus des autres pays orthodoxes, Russie, Serbie et Bulgarie. Seuls, les ermites semblent avoir à jamais déserté les grottes du sud. Oui, Athos — tout en demeurant un écrin de vie byzantine — s'ouvre à d'autres mondes et d'autres influences. Les moines n'ont plus peur de l'électricité, de l'ordinateur, ni même du téléphone portable ! Un exemple frappant en est donné par la skite de Saint-André, de fondation russe mais qui fut tôt abandonnée et tomba même en ruine. Aujourd'hui réinvestie par quelques moines entreprenants, elle est en train de devenir un centre européen de restauration d'icônes, doté de moyens modernes. Bref, Athos continue, entre prière et Internet, entre psaumes et téléphones portables. Dans un essai paru, il y a quelques années, sur le monde moderne, intitulé *Ce bel et nouvel aujourd'hui*, je me posais, à propos de ces téléphones, une question valable plus que jamais au mont Athos : permettent-ils de bavarder aussi avec les anges ?

Atlantide

Il n'est pas de mot plus magique ni de mythe plus évocateur que ceux de l'Atlantide, mentionnés et décrits par Platon dans ses dialogues du *Timée* et du *Critias*.

Continent gigantesque « *plus grand que l'Asie et que la Libye réunies* », il se situait au cœur de l'Atlantique, au-delà du détroit de Gibraltar, appelé alors les Colonnes d'Hercule. Poséidon, le dieu des mers, l'avait reçu lors du partage de la terre entre les dieux et s'y était aussitôt installé avec la nymphe Clito qui lui donna dix fils, lesquels devinrent les dix rois de l'île. Tant que ces rois restèrent fidèles à leur origine et au pacte qui les liait fraternellement entre eux, tout alla bien. L'île, en effet, regorgeait de richesses en tout genre et ses habitants, les Atlantes, vécurent longtemps dans la paix, l'harmonie et la prospérité. Mais, à mesure que les descendants des premiers rois s'unirent à des femmes mortelles, la part de sang divin diminua dans leurs veines et ils perdirent leurs qualités et leur droiture originelles. L'égoïsme, le goût du pouvoir, l'amour des richesses avec son cortège de rivalités et de cupidité, la jalousie, la haine et la violence s'emparèrent peu à peu des princes et des habitants. Voyant que les Atlantes avaient perdu tout sens moral et renié le pacte originel, Poséidon décida de les anéantir et précipita en une nuit l'île dans les flots.

Le succès immense et durable de ce mythe — qui inspira jusqu'à ce jour plus de quarante mille ouvrages — vient de ce qu'il rassemble à la façon d'une tragédie un ensemble de thèmes à résonance universelle tels que ceux de l'âge d'or, du paradis perdu, de la première humanité et du Déluge. L'engloutissement final dans les flots est, en effet, dans ce mythe, l'équivalent du Déluge biblique, à ceci près qu'aucun Noé ne survécut à la fin de l'Atlantide. Ce récit ravive aussi au cœur de l'homme la nostalgie du temps où, dit-on, dieux et humains vivaient ensemble sur la terre, une terre où régnaient l'abondance, l'amour de la justice et du prochain, et le respect total de la nature. Ces thèmes ressemblent tant à ceux qui marquent et qui structurent l'œuvre philosophique de Platon qu'on est en droit de penser qu'il a lui-même inventé ce mythe — que nul ne mentionna jamais avant lui — pour illustrer ses propres convictions en matière de cité idéale.

Malgré — ou peut-être, au contraire, en raison de — cette dimension à la fois morale et tragique, le mythe de l'Atlantide a conservé au cours des siècles son pouvoir d'attraction et d'évocation. Et il continue, aujourd'hui encore, de nous poser une question essentielle : si Poséidon avait gagné son ambitieux pari de procurer un paradis à des hommes qui en soient dignes, quels visages auraient notre monde et l'humanité d'aujourd'hui ? Il n'est rien de plus désespérant mais aussi de plus enseignant qu'un grand rêve qui s'engloutit, et je me demande si l'ultime message de Platon n'est pas de nous dire à travers cette histoire que l'homme, par son égoïsme foncier, son immaturité mentale et son éternel besoin de pouvoir, est pour longtemps encore inapte au paradis sur terre.

Aurige

Mot latin signifiant « conducteur de char ». En grec, aurige se dit *éniochos*, le « teneur de rênes ». Dans la réalité courante, il ne s'agit que d'un cocher, mais depuis la découverte à Delphes, en 1896, d'une magnifique statue en bronze qu'on baptisa d'emblée l'*Aurige*, ce mot sert désormais à désigner cette œuvre.

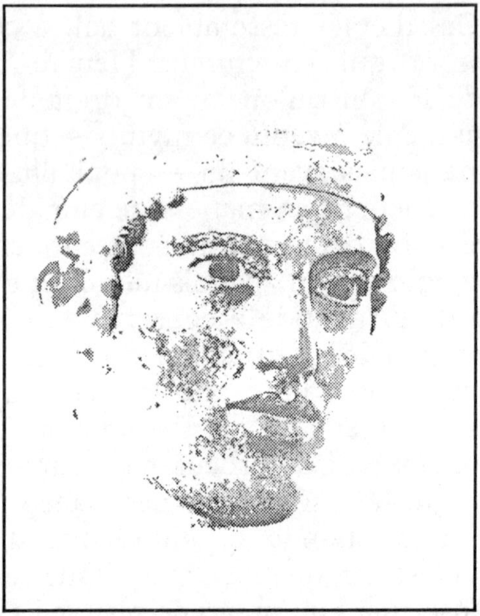

La première fois que je Le vis — oui, l'Aurige mérite une majuscule — ce fut en 1947, au musée de Delphes. La Grèce était en pleine guerre civile et toutes les œuvres avaient été enfermées dans des caisses. Une seule d'entre elles, ouverte, laissait passer une tête en bronze, au regard vide : celle de l'Aurige. Je ne pus Le voir en son entier qu'à mon second voyage en 1955. Il se dressait, à l'écart, seul, puisqu'on n'a jamais retrouvé les chevaux, l'attelage ni le propriétaire du char qui sûrement était à ses côtés. Seul et d'autant plus inoubliable.

C'est son regard — redevenu vivant — que j'ai surtout gardé en mémoire. Un regard qui semblait fixer devant lui un chemin de gloire dans un visage empreint d'une tranquille assurance : l'Aurige avait bien remporté l'épreuve, mais sa victoire ne s'arrêtait pas là, car Il était devenu le symbole vivant, triomphant de la Grèce et de tous les Grecs.

Bien des années plus tard, toujours habité par cette œuvre et par ce regard, je consacrai à l'Aurige un long poème dont l'exergue dit clairement le sens et l'ambition :

On découvrit à Delphes à la fin du siècle dernier la statue d'un aurige, d'un conducteur de char. Œuvre anonyme représentant le vainqueur anonyme des Jeux delphiques. Le seul nom qu'on connaisse est celui de son maître, propriétaire du char : Polyzalos de Géla. Pourtant c'est lui, l'aurige, qui gagna les Jeux, non son maître. Ainsi, à travers lui, s'est écrite en moi l'histoire d'une Grèce anonyme, porteuse de victoire. Une histoire faite par ceux qui n'ont jamais laissé d'autre nom que celui d'un aurige.

Plus tard l'aurige fut élevé par Zeus jusqu'au ciel et devint une constellation. Et la même flamme, anonyme et patiente, ne cesse désormais de tourner dans l'arène de Delphes et dans les aires de la nuit.

De ce poème qui comprend neuf chants, je ne citerai que le huitième qui se situe au siècle dernier pendant les combats de la guerre d'Indépendance. L'Aurige — désormais il n'est plus une statue delphique mais l'âme vivante et toujours anonyme de l'Histoire —, l'Aurige est ici la figure tutélaire des combattants et surtout des insurgés de tous les temps. Notamment des kleftes* dont les chants et les exploits figurent en belle place dans ce livre.

Kleftika

Voici que les cierges s'éteignent. Dehors, la nuit gouverne le combat des fiers, le silence des longs mousquets gravés de patience et d'argent. Il y a dans notre histoire depuis des siècles une odeur de cuir fatigué, d'or exsangue, de cheveux mêlés de poussière, de chants ivres, de chimères vivantes puisque leur peau garde le chaud des songes, juste avant le destin. Il y a un vent qui ne faiblit jamais, qui porte l'immobile empreinte et le bruit des pieds sur la cendre, l'odeur des aigles, le crottin sec du silence, l'haleine de la faim autour des villages écorchés. Il y a cette saumure des mots qui brûle les lèvres paysannes et donne à nos chansons un goût de salive héroïque. Je me tiens près du feu. Les chiens sommeillent, heureux d'une nuit sans abois. Depuis des siècles, cette veille aux murailles du verbe, cette insomnie des lèvres, ces mots de passe au seuil de l'avant-monde. Et pour un temps, les compagnons de l'éphémère éternité : ils me croient klefte ou armatole, ils lisent dans mes yeux le mors, l'airain, le froid des réfractaires. Et moi, sans qu'ils s'en doutent, je lis sur leur visage l'océan de mémoire, le rivage où renaît l'histoire, le bras tendu des Argonautes, la flèche fichée loin aux cibles des appels. Ils ont pour nom Vieux de Morée, Brave des Iles, Ogre de Thrace, Aimé du Dieu des sabres. Ils semblent des figures dans les pages d'un conte : pourtant, je les vois boire, toucher le pain d'une main d'homme.

Je n'ai pour toi d'autre feu que mes mots
D'autre arme qu'un tranchant d'orgueil
Je lutte nu, oint d'huile, contre Charos
Aime-moi, Grèce, aide-moi contre ta propre mort.

L'homme chantait comme s'il parlait de très près à la nuit : un vieillard qui avait connu la torture et l'amour, l'exil et le pain des chemins, le cri des chouettes avant la grande Faux sur les villages. Il chantait comme ces paysans aux lèvres bises et qui traînent avec eux une odeur obstinée, sédentaire. Et de l'autre côté de son chant, il y avait le mutisme des humbles, l'appel d'un péan d'ombre, le puits sans écho du malheur.

Parce que les nuits avaient ce pesant d'étoiles sur nos armes, ce pesant de soleil absent comme un silex dans les yeux, parce qu'elles étaient le zénith des feux, qu'elles brassaient dans la durée noire toute la mémoire et l'impatience des enfants, parce qu'elles ignoraient l'espace qui foudroie les yeux, je m'y sentais au cœur d'un typhon calme. Armé sans haine pour ceux qui disent Allah, sans désir de pourpre ou de conquête. Simplement pour que nos noms ne quittent nos montagnes, que restent là nos signes de vivants. Armé pour qu'au-dessus de nous, le ciel se nomme encore AER et OURANOS.

Et à ceux qui viendront demain, couronnés d'armes et ceints d'éclat, je dirai : pour que demeure notre nom, AURIGE.

D'autres — j'entends d'autres poètes — ont vu dans l'Aurige une figure plus insaisissable ou énigmatique. Une figure indifférente à la victoire et aux cris de la foule, indifférente aux jeux bruyants, épuisants de l'arène, habitée par l'intensité d'un silence mué en méditation. C'est le cas d'un poète, mort prématurément, que j'ai connu et admiré, et dont je parle dans ce livre, Dimitri Christodoulou* qui a consacré à la figure de l'Aurige un magnifique poème. J'en ai traduit une partie au temps de nos rencontres — c'est-à-dire pendant les années 70, quand il vint à Paris comme réfugié — et je la relis toujours avec la même et profonde émotion. Je me demande aussi pourquoi de tels textes sont restés méconnus. Marqué par l'exil, Christodoulou a-t-il vu, lu, entendu dans le silence de l'Aurige celui de toutes les statues grecques qui furent, et qui sont toujours elles aussi à leur façon, des figures exilées dans l'espace et le temps ?

A l'Aurige

Du béton, des échelles, du crépi, des pavés, du ciment, des armatures, à gauche des affiches de tourisme, à l'intérieur le Sphinx, tout au fond des vitrines. Des salles, des salles, des salles, au fond sur du nylon des offrandes funéraires, des terres-cuites, des figurines, des pendentifs, des boucles d'oreilles, des cris, de la terre pour les tombes, de la poussière, la vie qui se corrompt. Antinoos un peu plus loin. Tout là-bas du soleil, plus bas un couple déluré, ici cet homme et son flash inutile, un groupe de touristes grecs, là un groupe d'étrangers. Le guide : « Regardez ici, regardez là ». Personne ne regarde nulle part. Vient l'heure des voix qui fusent, des terreurs qui sifflent, vient la terre, jaillit un cri d'un groupe d'enfants, vient la tempête, la mort qui passe comme une vague, « regardez ici, regardez là », le guide. Vient la tempête. Là-bas agonise une admirable forme. Plus loin sur son char antique tremble l'Aurige, amer. L'heure passe. Qui me donnera sa voix, toi ? Qui me mènera vers les statues, l'espace confiné, qui me dira ? Belles draperies. Forme d'amertume. Qui me dira ? Qui me mènera vers sa crainte ? Qui dira qu'il est pieds nus ? Qui criera, guides, taisez-vous ? Qui le délivrera ? Forme amère, je suis resté là. Et c'est là que tu laisses les rênes. Tu bondis de la vitrine étroite, tu viens, tu me parles, la crainte s'efface, tu me prends sur ton cœur, tu bats des mains, les draperies demeurent dans le vent, disons le sol. Voici les versants. Voici les grands édifices et le cœur, voici la piste, une Lincoln passe, tu me regardes. Voici les draperies, voici l'abîme et le feu, voici l'heure et le soleil et les escaliers prêts pour toi. Voici la foule, voici tes yeux et le cœur, voici le chemin, voici l'adolescent, et les enfants, voici le poison, voici l'heure qui inscrira la terreur dans le cœur, voici le début, voici la mort et le soleil et les arbres et l'olivier silencieux, voici le chemin, voici ce versant, voici la foule. Tu te retournes, tu me regardes durement, tu ne m'appelles pas. Tu vas, tu vas et ne regardes rien, tu as ton cœur dans tes yeux, tes pieds nus une fois de plus, tu me veux tout entier. Tu viens, tu vas, tu avances, tu ne m'appelles pas. Le char avance et le soleil devant toi, derrière suit une voix, tu ne me regardes pas, tu vas, tu vas, et tu avances le char tremble et les chevaux boiteux, tu regardes ailleurs, l'heure est attente et toi tu voles, tu voles et derrière un cri, tu cries dans le crépuscule, tu es beau, la victoire dans les yeux et dans tes pieds du feu, nu, tu vas tu cours tu avances et tu m'appelles, tu me jettes tantôt sur l'heure tantôt sur les marches droites, tu brasses le sang et l'âme informe.

Où m'emmènes-tu ? Quelle victoire et quelle heure de feu espères-tu dans l'avenir ? Que veux-tu faire de mes yeux de mon cœur, pourquoi t'obstines-tu ? Quel est ce quelque chose qui depuis des années te retient ? Qui a donné tant de force à ta voix pour m'appeler chaque fois que je te mets dans mon soleil, sur les marbres et sur les montagnes ? Que veux-tu, que veux-tu, pourquoi souffres-tu ? Quel chemin ouvres-tu dans le bronze et ta longue tunique ? Que veut toute cette beauté face à la peur, pourquoi m'appelles-tu ? Sais-tu que depuis des années déjà je marche dans la nuit ? Que veux-tu, que touches-tu de tes mains, terre, boue, soleil et ces montagnes éloignées, là-bas ? Quelle mort sera clémente ? Qui se réjouira de ma victoire, en quelles arènes d'astres et d'eau vais-je aboutir ? A qui me retenir pour ne pas sortir vaincu dans ce désastre ?

Axion esti

Publié en 1959, cet hymne à la Grèce du poète Odysséas Elytis*, est un des plus marquants de la poésie d'après guerre. Au cours d'un entretien que j'eus avec lui après sa parution, Elytis me confia qu'il avait écrit ce poème pour compenser l'injustice et la non-récompense dont le monde contemporain faisait preuve à l'égard des souffrances de son pays.

Le titre, emprunté à un hymne byzantin très célèbre, peut se traduire par *Digne est* ou *Loué soit* — sous-entendu : ce monde. C'est un hymne à toutes les Grèce, l'ancienne, la byzantine, celle des guerres de l'Indépendance et celle d'aujourd'hui — qui, elle, sortait à peine de l'Occupation et de la guerre civile — ainsi qu'à ses traditions, ses paysages et surtout sa langue. L'ensemble comporte trois parties : *Genèse* qui relate la naissance et le parcours parallèle du poète et du monde ; *Passion*, constitué d'une alternance de dix-huit psaumes, douze odes et six lectures en prose ; et la dernière partie, *Axion esti*, qui est une louange à la beauté et la pérennité du monde grec.

L'ouvrage parut par la suite en 1987 en français et je ne donnerai ici que quelques extraits, traduits par moi antérieurement.

J'interrompis cette traduction après le coup d'Etat d'avril 1967 en Grèce, m'étant alors réinstallé en France et ayant publié entretemps un grand poème sur la Grèce intitulé *L'Aurige**, que j'adressai à Elytis. Celui-ci me répondit qu'il avait pris grand plaisir à sa lecture et surtout qu'il trouvait beaucoup de points communs entre ce poème et le sien. « *Vraiment, nous nous ressemblons* », m'écrivait-il. A quoi il ajouta que je devais me consacrer d'abord à mes poèmes plutôt qu'à ceux des autres, y compris les siens.

Mes différents essais de traduction restèrent donc dans mes tiroirs, à l'exception du premier, *Genèse*, publié en 1989 dans une revue d'Aix-en-Provence, *Détours d'écriture*, aujourd'hui disparue. Je propose donc ici de courts extraits des trois parties : le début de *Genèse*, la lecture cinquième et la dixième ode de *Passion*, et trois hymnes de la dernière partie consacrés aux îles, aux vents, aux arbres et aux montagnes de Grèce.

GENESE

AU COMMENCEMENT la lumière Et l'heure première
où les lèvres encore dans l'argile
font l'essai des choses du monde
Sang vert et bulbes jaunes sur la terre
Intacte en son sommeil la mer a déployé
les gazes immaculées de l'air
sous les caroubiers les palmiers haut dressés
Là seul pleurant criant
au monde j'ai fait face
Mon âme réclamait enseigne et Proclamant
Je vis alors je me souviens
les trois Femmes en noir
lever les bras vers le Levant
le dos tout orpaillé et à droite lentement
[s'effacer
l'aura qui les nimbait
Et des plantes aux formes étranges
C'était le soleil et son axe en moi-même
tout rayonnant qui me nommait Et

celui qui moi-même était l'Ancien d'avant les
[siècles
l'Oblat des ordalies l'Immaculé du ciel
je le sentis venir et sur mon berceau
se pencher
la mémoire devenue présent
il prit la voix des arbres, la voix des vagues :
« Ta mission est ce monde, dit-il
ce monde inscrit en tes entrailles
Déchiffre-le et fais effort
et lutte », dit-il
« A chacun ses armes », dit-il
Et il étendit les mains comme ferait
un Dieu novice voulant créer d'un coup dolance et
[joie.
D'abord furent arrachées
haut déclouées sur les créneaux
à terre précipitées les Sept Haches
telle la Tornade
au point nubile où
embaume à nouveau l'oiseau
le sang revint en son lieu pur
et les monstres s'hominisèrent
Si simple l'Impensable
Puis les vents arrivèrent mes proches mes
[parents
garçons aux joues gonflées aux queues
vertes et longues comme celles des Sirènes
ou vieillards d'antique connivence
nantis de barbe et cuirassés
Et ils séparèrent la nuée en deux puis en quatre
envoyant vers le nord les ultimes lambeaux
Altière la grande tour mit son emprise sur les
[eaux
La ligne d'horizon étincela
dense visible infranchissable
TEL EST le premier hymne.

Passion

Lecture cinquième — l'enclos des brebis

Mon peuple a dit : j'ai pratiqué le droit qu'on m'enseigna et vois, des siècles entiers, j'ai dû attendre nu devant la porte close de l'enclos des brebis. Le troupeau connaissait ma voix et chaque fois que je sifflais il tressaillait et il bêlait. Mais d'autres, presque toujours ceux mêmes qui vantaient ma patience, bondissant des murs et des arbres, foulaient les premiers de leurs pieds l'enclos des brebis. Et vois, toujours nu et sans aucun troupeau, mon peuple a soupiré. Et la faim millénaire a brillé sur ses dents et son âme emplie d'amertume a grincé comme grincent sur les graviers les souliers du désespéré.

Alors, en entendant ce grincement, les nantis, les puissants sentirent en eux la peur. Car aucun signe ne leur échappe et bien souvent ils pressentent leur intérêt loin, très loin devant eux. Et ils chaussèrent de trompeuses sandales. Et la moitié d'entre eux prit à partie l'autre moitié en prononçant ces mots : dignes et belles sont vos œuvres et voyez, voici la porte close de l'enclos des brebis. Si vous levez le bras, nous le lèverons nous aussi car le reste — fer et feu — nous regarde. Que rien ne vous arrête : ni la crainte de ruiner les maisons, ni la pitié pour les foyers ni le cri d'un fils, d'un père, d'un jeune frère. Car si l'un de vous ressentait la peur, la pitié ou l'hésitation qu'il le sache : le péché s'abattrait sur lui et, sur sa propre tête, le fer que nous avons avec nous et le feu.

Et avant même qu'ils aient achevé ces paroles, le temps avait déjà changé, au loin dans le noir tapis des nuages et près de nous dans le troupeau des hommes. Comme si un vent rasait le sol, avortant et vidant les corps, sans une goutte de mémoire. La tête silencieuse, livide, front dressé mais la main dans la poche, crispée sur un morceau de fer, un de ceux qui deviennent feu, qui éclatent ou qui coupent. Et le fils visait son père, le frère aîné son frère cadet. Et nombre de foyers furent tranchés en leur milieu et nombre de femmes, deux fois, trois fois, prirent le deuil. Et pour peu que l'on se hasarde dehors, rien. Rien que le vent mugissant dans les charpentes nues et, sur les ruines calcinées, les fumées broutant jour après jour les carcasses des morts.

L'Horreur dura trente-trois mois et même plus. A frapper en vain à la porte close de l'enclos des brebis. Et nulle brebis ne criait plus, si ce n'est au tranchant du couteau. Et nulle porte ne grinçait plus si ce n'est à l'instant où elle périt dans les ultimes flammes. Peuple mien, cette porte, peuple mien, cet enclos, peuple mien, le troupeau des brebis.

ODE 10

Le sang de l'amour m'a recouvert de pourpre
Et d'indicibles joies m'ont couvert de leur ombre
Je me suis écorché au vent brûlant
des hommes
O Mère inaccessible ma Rose Immarcescible !

Aux horizons du large longtemps on m'a guetté
Des bombardes à trois mâts m'ont jeté leurs boulets
Etait-ce crime d'avoir eu moi aussi
un amour
O Mère inaccessible ma Rose Immarcescible

Et un jour de juillet de grands yeux
En mes entrailles s'entrouvrirent
Illuminant soudain
virginale la vie
O Mère inaccessible ma Rose Immarcescible !

De ce jour les colères des siècles
Sur moi fondirent en criant
Que celui qui l'a vu dans le sang vive et
dans la pierre
O Mère inaccessible ma Rose immarcescible !

Et de nouveau à ma patrie semblable
Au cœur des pierres je fleuris et grandis

Et j'acquitte en lumière le sang
des assassins
O Mère inaccessible ma Rose immarcescible !

GLORIFICAT

Louées soient Siphnos, Amorgos, Alonissos,
Thassos, Ithaque et Santorin, Cos, Ios et Sikinos...

Loués soient la table en bois,
Le vin doré avec le reflet du soleil,
Les jeux de l'eau sur le plafond
Les vagues et les galets main dans la main
Une empreinte de pas, sagesse sur le sable,
Une cigale qui gouverne des milliers d'autres,
La conscience, éblouissante comme l'été !

Loués soient les pêcheurs tirant le filet,
La mouette patiente, infatigable,
Les murmures insoumis de la solitude,
L'ombre d'une ombre sur le mur,
Les îles avec la chaux,
Les îles avec les vertèbres d'un Zeus,
Les îles avec les arsenaux déserts
Les îles et leurs volcans d'azur !

Loués soient les bateaux luttant contre le meltem,
Et louvoyant dans le suroît
Avec leurs flancs noyés d'écume
De galets noirs et d'héliotropes

Loués soient Siphnos, Amorgos, Alonissos,
Thassos, Ithaque et Santorin, Cos, Ios et Sikinos...

Loués soient la lumière
Et le premier hymne gravé sur la pierre
La vigueur en la bête qui hale le soleil
L'herbe qui a chanté et fit lever le jour
Le rocher qui s'abîme et relève la nuque,
Le cheval pétrifié que chevauchent les vagues
Les mille chuchotements de l'outremer
La grande tête blanche de Poséidon !

Louée soit la main de la Gorgone
Qui en sa paume accueille le navire
Comme pour l'offrir aux vents et
A l'abîme puis se ravise

Loués soient les maîtres vents qui officient
Et bercent l'océan comme la Vierge l'enfant
Qui soufflent et incendient les orangers,
Qui sifflent et déracinent les montagnes !

Loués soient le Maïstros, le Levantès, le Garbis, le Pounentès, le Grégos, le Sirocco, l'Ostria, la Tramountana !

Loués soient le col qui ouvre
Dans les nues un chemin d'azur,
Une voix qui s'est perdue dans la vallée,
Un bruit bu par le jour comme un parfum,
L'effort des bœufs tirant
Les lourdes olivaies vers le couchant,
La fumée impassible qui disperse
Les œuvres des hommes !

Loués soient les monstres sculptés sur les iconostases
Les peupliers antiques où frétille la mer,
Les graciles koré avec leur main de pierre,
Le cou d'Hélène comme un golfe,
Les arbres étoilés de bonté
Et la vieille croyance qui veut
Que l'invisible existe encore tout près de nous.

Loués soient l'olivier, le pêcher, le grenadier, le pin, le peuplier et le platane, le chêne, le hêtre et le cyprès !

Loués soient le chemin qui va du loup à l'homme
Qui va de l'homme à l'ange,
La faille du séisme qui s'est emplie de fleurs,
Le frôlement furtif de la mouette
Qui blanchit les galets d'innocence.

Loués soient les trompettes de l'Achéron,

L'ocre embrasé avant l'extase,
Le poème calciné où résonne la mort,
Le dard aigu des mots qui tuent

Louées soient les montagnes avec les ruines fières,
Embrumées comme des monastères
Enfouies dans la buée des brebis
Allant sereines dans les nuages
Comme un bouvier foulard au front

Loués soient le Pindos, le Rhodope, le Parnasse,
l'Olympe, le Taÿgète, l'Athos, le Dirphys !

b

Brasillach Robert (1909-1945)

On connaît l'œuvre littéraire de Robert Brasillach et on connaît aussi, hélas, ses positions et ses engagements proallemands durant l'Occupation. Alors, pourquoi Brasillach dans ce *Dictionnaire* ? Parce qu'il fut également un helléniste indiscutable, auteur, juste avant sa mort en 1945, d'une *Anthologie de la poésie grecque* tout à fait remarquable. Je la découvris lors de sa parution en 1950, l'année où je sortais de mes études de grec ancien à la Sorbonne, et je fus frappé par la liberté, l'originalité du ton adopté par l'auteur pour parler des poètes anciens. Restait pourtant une question cruciale, à laquelle je ne trouvais pas de réponse : comment et pourquoi un homme ainsi passionné par le grec ancien avait-il pu à ce point ignorer la leçon de liberté et de démocratie de la Grèce ? J'y ai souvent songé par la suite et lorsque, sur mes conseils, les éditions Stock rééditèrent l'*Anthologie* en 1991, je tins à en assurer la présentation.

Bien mal m'en prit ! L'exécuteur testamentaire de Brasillach, Maurice Bardèche, lui-même collaborateur et pronazi notoire sous l'Occupation, s'y opposa formellement. La présentation ne parut donc jamais jusqu'à ce jour où ce *Dictionnaire amoureux* m'en donne l'occasion. Une occasion rêvée car je crois — le lecteur en jugera — que ce texte n'a rien perdu de l'intérêt ni de l'importance des questions qu'il pose à toute personne amoureuse de la Grèce ancienne. Je dis bien amoureuse et pas nécessairement spécialiste.

Sur l'usage des humanites

C'est en 1950 que parut aux éditions Stock la première édition de l'*Anthologie de la poésie grecque* de Robert Brasillach. Ce dernier, après sa condamnation à mort par la cour de justice, avait été fusillé le 6 février 1945, à l'âge de trente-cinq ans. Quel rapport entre ces deux faits ? Aucun a priori. Pourtant, dès ma première lecture de l'*Anthologie*, il y a plus de trente ans, une question se posa d'emblée : comment un travail aussi poussé et aussi remarquable, axé sur des valeurs humanistes, pouvait-il être le fait d'un homme qui, au cours de l'Occupation, avait déversé dans le journal *Je suis partout* un flot d'articles antisémites et profascistes ? Pour être plus précis : comment le même homme pouvait-il par exemple présenter le poète Eschyle en disant que « *ses plaintes sur les prisonniers, sur les vaincus, sur la jeunesse jetée au combat résonnent encore d'un accent éternellement fraternel et révolutionnaire* » et écrire dans le même temps — ou peu de temps plus tôt — dans *Je suis partout*, à propos des résistants français, « *C'est sans remords mais pleins d'une immense espérance que nous vouons ces derniers au camp de concentration sinon au poteau* » ? Comment le même homme pouvait-il dire de Théocrite qu'il était « *le poète le plus frais de toute l'Antiquité, écoutant chuchoter la verte jeunesse, amoureux des jeunes corps et des jeunes printemps et chargé de toute la sensualité de la vie* » et écrire par ailleurs : « *Le petit matin frais où l'on conduira Blum à Vincennes*[1] *sera un jour de fête dans les familles françaises* » ?

Si ce problème s'est posé pour moi à l'époque et se pose encore, c'est que je me suis toujours senti plus proche de Brasillach — en raison sans doute de ses goûts pour la Grèce — que de Drieu La Rochelle, par exemple. Et c'est aussi pour une raison plus précise et plus personnelle : à l'époque où Brasillach préparait cette *Anthologie*, c'est-à-dire en 1943 et 1944, j'étudiais au lycée les mêmes poètes, les mêmes textes que lui. Et ces poètes, ces textes grecs, je ne pouvais les relier en aucune façon à une quelconque complicité avec le fascisme allemand. Ce n'est d'ailleurs pas non plus ce que fait Brasillach. Nulle part, dans la présentation et les notices de son *Anthologie*, ne transparaissent ses opinions et ses convictions personnelles. Mais la question n'en demeure pas moins vraie. Car ces poètes et ces penseurs ne semblent pas du tout l'avoir aidé à voir clair en son siècle, à mieux

1. Pour le fusiller (note du préfacier).

percevoir les valeurs de la démocratie, par exemple. Alors, dira-t-on, à quoi ont-ils servi, et doivent-ils ou peuvent-ils servir à quelque chose ? Je dirais même, dans le cas précis de Brasillach : à quoi bon faire ses « humanités » si elles ne vous protègent pas un jour des tentations de l'inhumain ?

Ainsi que je l'ai relaté dans *L'Eté grec*, la découverte en pleine Occupation de la mythologie et de la philosophie grecques fut pour moi une extraordinaire leçon de liberté. Les mœurs et les amours des dieux et des déesses, par exemple, révélaient un univers si différent de celui que nous côtoyions chaque jour que j'eus pour la première fois l'impression — et même la certitude — qu'un autre monde m'attendait, qu'un autre monde était possible, étranger à toutes les valeurs de l'univers petit-bourgeois où je me trouvais. La Grèce joua alors ce rôle : rendre supportable — et éclairer — la nuit de l'Occupation. Car elle brisait en même temps les images, les idées et les conventions qu'une société et une famille entièrement provinciales prétendaient m'imposer. Plus encore qu'un exemple de liberté de pensée, la Grèce fut un modèle libertaire. Pouvait-on, par exemple, face à l'endoctrinement quotidien de Vichy, trouver modèle, comportement plus décapants que ceux des philosophes cyniques ? C'est de ce temps que date ma gratitude pour Diogène : il fut alors le parfait antidote, le salutaire contrepoison des toxines pétainistes et fascistes, chaque jour inoculées par la presse et la radio. Aujourd'hui, bien sûr, je ne lis plus tout à fait les Cyniques avec le même regard et dans la même urgence d'une pensée libertaire, mais il n'empêche : je garde de ma première rencontre avec ces hommes et leur message un sentiment de grand bonheur et de reconnaissance. Ils m'ont aidé à voir plus clair dans une époque difficile et surtout m'ont suggéré ou indiqué un choix exactement contraire à celui que fit Brasillach.

Revenons donc à la question première. J'ai bien précisé que nulle part en cette *Anthologie* l'auteur ne laisse transparaître ses convictions en matière politique. Soit.

On pourrait donc clore le débat, né dès la Libération et suscité par les écrivains talentueux mais collaborateurs. Pourtant, je ne veux pas le clore. Impliqué moi-même à l'époque en des choix souvent difficiles, ayant connu les mêmes contraintes, les mêmes circonstances historiques que Brasillach, bien qu'il fût de dix ans mon aîné, il se trouve que j'ai réagi par des réflexions et des convictions exactement contraires. Et de nouveau, le dilemme réapparaît : les « humanités » ont-elles un rôle quelconque à jouer dans les heures graves du présent ? Les Grecs anciens doivent-ils nous unir ou nous séparer ? Doit-on projeter en eux les querelles d'aujourd'hui, s'affronter par Homère, Pindare, Sophocle interposés ou au contraire se réconcilier autour du grand foyer de l'hellénisme ? Il ne semble pas que cette question ait été véritablement posée à propos de la Grèce antique, comme si son culte allait de soi ou comme si, par essence, son message était l'antidote naturel de tout totalitarisme.

Dans la présentation de son *Anthologie*, datée de juillet 1944, Brasillach écrit qu'« *à l'heure où tant de biens sont menacés comme ils pouvaient l'être à la fin du monde antique, il n'est pas mauvais peut-être de dénombrer quelques-uns de ces biens, fût-ce pour en emporter le regret* ». En d'autres termes, il dresse une sorte d'inventaire de ce qui compte parmi ces biens et ses biens culturels, l'inventaire des textes grecs qu'il prendrait avec lui sur une île déserte. Une ombre de nostalgie couvre indiscutablement ces lignes, les seules de cette présentation où perce une allusion aux circonstances de l'époque. Ecrite en juillet 1944, juste après le débarquement allié en Normandie et dans le pressentiment de l'effondrement probable du IIIe Reich, elle tendrait à assimiler la fin de ce dernier à celle du monde antique. Si bien qu'un tel choix opéré en un moment aussi crucial pour l'Europe, un tel rappel des valeurs poétiques et humanistes de la Grèce à l'heure où basculent les certitudes totalitaires, a tout l'air d'un testament. Brasillach y évoque presque l'Age d'or de l'humanité quand la parole des poètes, plénière et nue, ignorait l'usure des mots et des images et que leur verbe inspiré par les dieux ne s'était pas encore dégradé au contact de l'histoire événementielle des hommes. Une parole libre et un message non servile, voilà ce qu'étrangement évoque et réclame Brasillach, lui qui, comme journaliste, mit sa plume des années durant au service de l'occupant ! Ecrites peu avant sa mort — Brasillach ignorait alors, bien sûr, qu'il allait être fusillé six mois plus tard, mais ne commençait-il pas à s'en douter et à le redouter ? —, ces lignes sont parmi les plus inattendues mais aussi les plus émouvantes, venant d'un homme qui, en d'autres heures et avec d'autres textes, s'était révélé purement et simplement ce qu'on appelle un beau salaud. Ce n'est pas le lieu ici de citer les articles de Brasillach publiés dans *Je suis partout*, notamment ceux de l'automne 1941 et du printemps 1942. Notons seulement qu'il entreprend la rédaction de son *Anthologie* après avoir quitté la rédaction en chef du journal en août 1943.

Je reviens donc toujours — car en fait je n'y ai toujours pas répondu — à la question fondamentale : la Grèce antique propose-t-elle des modèles humains, des exemples civiques et des choix politiques susceptibles d'éclairer et de guider les nôtres ou appartient-elle à un temps, une genèse, une histoire à jamais étrangère à la nôtre ?

Répondre à une telle question, c'est pour moi revenir au temps de l'Occupation, quand j'étudiais le grec ancien au lycée d'Orléans et que je découvrais tour à tour les délices de la mythologie, les exploits d'Achille, les errances d'Ulysse, les ruses d'Aphrodite et par la suite les vertus et les vices de la démocratie. En fait, la Grèce proposait déjà, dès qu'on abordait son histoire, un éventail, voire un inventaire complet, d'images, d'événements, de mythes et de concepts où chacun pouvait trouver matière et matrice à son goût. Certains textes étaient de véritables tests pour notre intelligence ou notre sensibilité. A-t-on jamais réfléchi, par exemple, à quel point les deux textes majeurs de cette Antiquité, l'*Iliade* et l'*Odyssée*, proposaient deux mondes contradictoires tant dans leur contenu que dans leur contexte et couleur littéraires ? L'*Iliade* était le poème de la guerre, de la force, de la mort et du sang, alors que l'*Odyssée* était le poème du grand voyage, du merveilleux, de l'amour et de l'initiation. Comment n'aurais-je pas préféré Ulysse à Achille, le marin éternel errant, vainqueur des monstres, amant des Néréides, au guerrier impulsif, orgueilleux et vantard ?

Comment, à mes yeux, ne pas préférer le monde magique d'Eole et des Sirènes ou celui, tendre et gracieux, de Calypso et de Nausicaa au monde brutal des Achéens et des Troyens, des corps traînés sur le rivage et des femmes violées ou captives, livrées au vainqueur ? Comment ne pas choisir d'embarquer sur le bateau et le radeau d'Ulysse, pour y découvrir les merveilles de la mer, au lieu de s'enfermer dans la tente d'Achille, au milieu d'une soldatesque sans âme ? Déjà, rien qu'à travers ces deux œuvres, par le choix que chacun de nous faisait de l'une ou de l'autre, se dessinaient dans notre classe des clivages révélateurs. Préférer Achille à Ulysse, c'était de toute évidence préférer la force physique à l'intelligence, choisir l'épée contre la poésie, et faire la guerre au lieu de faire l'amour. C'était même, dans le contexte de l'époque, choisir les Allemands contre les résistants ! Car Ulysse, ce héros en butte à l'hostilité de la mer et de Poséidon, en lutte contre les monstres, les Cyclopes, les Lestrygons et les Sirènes, Ulysse résistait aux dieux et au destin avec un courage et une *métis*, une malice, admirables. Il se tirait avec honneur et souvent même avec humour des situations les plus scabreuses. Bref, il incarnait à mes yeux — comme Diogène le faisait dans son domaine à lui — l'esprit d'invention, de création, d'indépendance de l'homme grec. Fort, courageux, hardi, mais en même temps sensible, malicieux, séduisant, Ulysse opérait et gagnait par le charme et la conviction. Achille, lui, parce que incapable de convaincre par les mots, devait se contenter de vaincre par les bras. Entre l'homme cuirassé de fer ne pensant qu'au butin de guerre et l'homme couvert de haillons ne pensant qu'à l'amour des femmes, il n'y avait pas la moindre hésitation possible. D'ailleurs aujourd'hui encore, bien qu'ayant depuis lors relu l'*Iliade* avec d'autres yeux, mes choix restent les mêmes. L'*Odyssée* demeure vraiment la bible de la Grèce, le bréviaire de l'apprentissage conjugué de la mer, des monstres et des merveilles, de l'amour, de la sagesse et de l'initiation. Rien de tel avec Achille, avec l'*Iliade*. On peut en admirer les exploits et la poésie, frémir et s'émouvoir à maintes scènes admirables, il ne reste rien de ce texte qui puisse aujourd'hui encore nous enrichir ou nous guider. Ses images sont sans sillage. Alors que l'*Odyssée* ne cesse d'alimenter depuis des siècles les relations de voyage et les récits d'initiation, qu'Ithaque demeure encore un mot magique et que les Sirènes continuent de perturber la quête intérieure de l'homme. J'avais raison alors de préférer d'instinct Ulysse et Nausicaa à Achille et à Briséis. Un abîme séparait ces deux couples, aussi vaste et infranchissable que celui qui sépare le soldat du poète. L'*Iliade* était l'épopée de la peur et de l'homme asservi à la guerre. L'*Odyssée* était celle de l'évasion, de l'homme libre ou en quête de sa liberté.

Le même clivage se retrouvait avec Sparte et Athènes. Sparte avait la préférence des pétainistes, Athènes celle des autres élèves, qu'ils fussent ou non pour les Anglais et pour de Gaulle. Avec Sparte, le rapprochement était plus net encore avec l'Allemagne de Hitler, qu'avec l'*Iliade*. Cette épopée exalte moins la guerre qu'elle n'en montre aussi les horreurs et les absurdités. Le culte de Sparte au contraire, latent ou manifeste chez beaucoup d'hellénistes d'avant guerre, trouva son apogée et sa consécration sous l'Occupation. L'existence des hilotes, ces serfs que les jeunes citoyens spartiates pouvaient pourchasser librement certains jours de l'année et sur lesquels l'Etat avait droit de vie et de mort, ne semblait faire problème à personne. La comparaison avec la chasse aux juifs allait sans doute de soi. Même clivage avec les différents régimes politiques de la Grèce, monarchie, tyrannie, oligarchie, démocratie. Ce que j'avais alors le plus grand mal à comprendre, c'est qu'on pût ensuite discuter en plein XXe siècle des mérites comparés de ces régimes. Pour moi, l'Histoire avait depuis longtemps choisi : la démocratie athénienne avait fait la preuve évidente de sa supériorité puisqu'elle sut créer une cité importante, économiquement et militairement influente, tout en assurant la liberté des citoyens et en encourageant et protégeant les arts. Ce n'était pas rien pour Athènes d'avoir été à la fois la Rome de la République et la Florence des Médicis ! A côté de cela, Sparte faisait bien pauvre figure. D'ailleurs, de son expérience, il ne restait rien, absolument rien. Les Spartiates s'étaient, pendant des générations, privés de l'essentiel, y compris de l'amour conjugal et d'une véritable vie familiale, des beautés de la poésie, des charmes du théâtre et bien sûr des privilèges de la démocratie pour mener une vie d'encasernés, d'éternels embrigadés au service d'un Etat autoritaire mais sans pérennité aucune ! La tentative de Sparte de créer un nouveau type d'homme, qui n'aurait vis-à-vis des autres et de l'Etat que des devoirs, jamais des droits, de réduire la population à une vie de cloître pour les femmes et de caserne pour les hommes, tous ces sacrifices s'étaient soldés par un bilan totalement négatif. Sparte n'a laissé ni postérité ni message ni sillage. Athènes n'a pas seulement conservé son Acropole, elle continue d'exister parmi nous par ses poètes, ses dramaturges, ses philosophes, ses orateurs. Mais de Sparte, il ne reste absolument rien, même pas de ruines visibles. De mon point de vue, je trouvais cet échec réconfortant : la cité qui avait libéré l'homme, qui d'un sujet avait su faire un citoyen, l'avait emporté haut la main sur celle qui l'avait asservi. L'épanouissement démocratique avait laissé plus de vie et de trace que l'encasernement des idées et des hommes. Si bien qu'au fond ceux qui alors — en 1943 — comparaient Sparte à l'Allemagne hitlérienne ne se rendaient pas compte qu'ils pronostiquaient ainsi l'échec du totalitarisme allemand. C'est d'ailleurs ce qui se produisit, et là encore notre — je parle des « partisans d'Athènes » — intuition s'avéra juste : l'odieuse Sparte moderne, dont les armées nous occupaient, allait connaître le sort de son modèle, la défaite et l'anéantissement.

Ainsi, pour avoir été le premier laboratoire des expériences politiques que l'Europe devait connaître des siècles plus tard, la Grèce fut alors plutôt un motif de désunion qu'un lieu, un foyer de rassemblement où s'effaceraient les querelles du présent. La voix des quelques professeurs humanistes insistant sur l'apport de la Grèce quant à la liberté de conscience et l'exercice de la démocratie n'arrivait pas à endiguer celle des partisans de Sparte qui approuvaient l'embrigadement de la jeunesse au service exclusif de l'Etat. N'oublions pas que c'était l'époque où le gouvernement de Vichy créait les Chantiers de Jeunesse et le Service civique rural — auquel je dus participer deux ans — obligeant les élèves et les étudiants à aller travailler tout l'été dans des fermes. Le sport collectif aussi était à l'honneur, sous Vichy comme à Sparte. Aussi, loin d'être des ombres évanescentes, des ancêtres en péplum perdus dans l'anonymat du passé, les Grecs anciens devenaient les garants ou les complices involontaires des pires expériences du présent.

Il y eut donc en ces temps lycéens de l'Occupation une lecture totalitaire et une lecture démocratique des Grecs anciens, selon que l'on préférait Sparte ou Athènes, l'*Iliade* ou l'*Odyssée*. Autre sujet de discorde, mais plus discret et quasi tabou : l'homosexualité ou plutôt la pratique institutionnelle de la pédérastie. Comme, en ce domaine précis, il était difficile d'opposer Sparte à Athènes, les discussions se faisaient plus rares et moins vives.

Loin d'être une occasion de communion ou réconciliation, la Grèce antique avivait donc les querelles et les clivages du présent. Brasillach, lui, y recourt plutôt comme à une fontaine de jouvence, dont l'eau d'immortalité aurait le privilège d'effacer les rides et les atteintes de la durée. L'œuvre se présente comme un hymne à la lumière grecque, un inventaire du trésor commun à toute l'Europe, ce trésor « *où ont puisé au cours des siècles aussi bien les Latins que les Français, les Anglais, les Alle-*

mands que les Italiens ». Brasillach souligne le caractère universel de la poésie et de la pensée grecques, ce qui permet aux uns d'aller y chercher l'ordre, aux autres la passion, aux uns le soleil, aux autres la nuit des initiations. Il énumère aussi la cohorte de grands ancêtres qui durent à la Grèce une part de leur génie et parfois la source majeure de leur œuvre, de Ronsard et Racine à Chénier, de Goethe et Nietzsche à Hölderlin, de Pétrarque à D'Annunzio. Mais le mérite principal de cette *Anthologie* réside ailleurs, dans l'originalité et la diversité du choix qui permirent à Brasillach de présenter des auteurs connus et peu connus, parfois même inconnus, et aussi dans une curiosité qui le porte vers les franges, les marges dirions-nous de ce continent poétique, en traduisant par exemple les hymnes orphiques, les oracles sibyllins, les chansons populaires, et aussi en étendant jusqu'aux siècles chrétiens la continuité créatrice de la Grèce avec Paul le Silentiaire et Grégoire de Naziance. On reste saisi par l'étendue des connaissances de Brasillach, son érudition, une sensibilité aux mille faces qui lui permet de présenter avec substance et légèreté Sophocle et Lycophron, Pindare et Synésios. Ce n'est pas simplement un recueil — donc un choix — mais une exploration sur des terres et au cœur des textes jusqu'alors négligés. [...]

Je ne jugerai pas ici les qualités et les défauts de sa traduction. Brasillach s'est clairement expliqué là-dessus dans l'annexe intitulé *Eclaircissements sur la présente traduction.* Il y distingue la traduction « éloignante » et la traduction « rapprochante ». La première, comme celles de Leconte de Lisle, par exemple, mais aussi comme celles de certains traducteurs d'aujourd'hui, où revient la mode des traductions archaïsantes, prétendument plus proches du texte original, provoque un effet d'éloignement — disons même de distanciation — par le recours à la littéralité, l'archaïsme, voire l'exotisme des noms propres. Elle situe délibérément l'œuvre et le texte hors de notre temps, sans pour autant les laisser dans le leur, pour se différencier de la reconstitution archéologique.

La traduction « rapprochante », utilisée, prônée par Brasillach, elle, « *nous fait croire que le poète ancien écrivait directement dans notre langue* ». L'une et l'autre, on le voit bien, sont discutables et contestables. Elles ont l'une et l'autre des partisans farouches, aussi farouches que ceux qui, sous l'Occupation, préféraient Sparte ou Athènes. Qui sait d'ailleurs si, entre ces deux chemins et ces deux tentations, ne se retrouvaient pas, sous le prétexte linguistique, les mêmes clivages que ceux mentionnés plus haut ? Car la traduction, elle aussi, peut séparer les traducteurs, au même titre que les œuvres ! A chacun son Sophocle, à chacun son Pindare ou son Aristophane. Remarquons seulement que Brasillach, ici, a l'honnêteté d'indiquer clairement son choix et sa méthode et non pas, comme tant d'autres, de faire croire que son option est la seule possible. Il y a plus que de l'honnêteté dans cette démarche, il y a une certaine naïveté qui rejoint ce besoin de revenir aux sources, de retrouver la parole poétique en son surgissement. Bien lui en prit pour ce faire de choisir la Grèce et les poètes anciens puisqu'il nous offre ainsi le premier recueil lisible et sensible des poètes de l'Antiquité grecque. Il faudra attendre trente ans pour voir paraître *La Couronne et la Lyre* de Marguerite Yourcenar, dont les choix recoupent parfois ceux de Brasillach. « *La meilleure anthologie est celle que l'on fait soi-même* », disait Paul Eluard pour présenter son propre choix des poètes français. Ici, il s'agit plus que d'un simple divertissement d'helléniste. Il s'agit bien d'un testament, de l'ultime compagnonnage d'un poète d'aujourd'hui avec ses frères d'autrefois, trop longtemps oubliés, et retrouvés aux heures noires de l'Occupation. C'est une lumière qu'à travers eux il redécouvre, une lumière in extremis pour l'aider à franchir le Styx. Ils sont venus trop tard dans sa vie, ces poètes, pour avoir le temps de lui dire, de lui chanter, de lui crier de choisir, comme ils l'ont fait jadis, les rives de l'amour et de la liberté. Brasillach eut beau faire au lycée ses « humanités », il n'a pas su, par elles, se garantir de l'inhumain.

Byzance

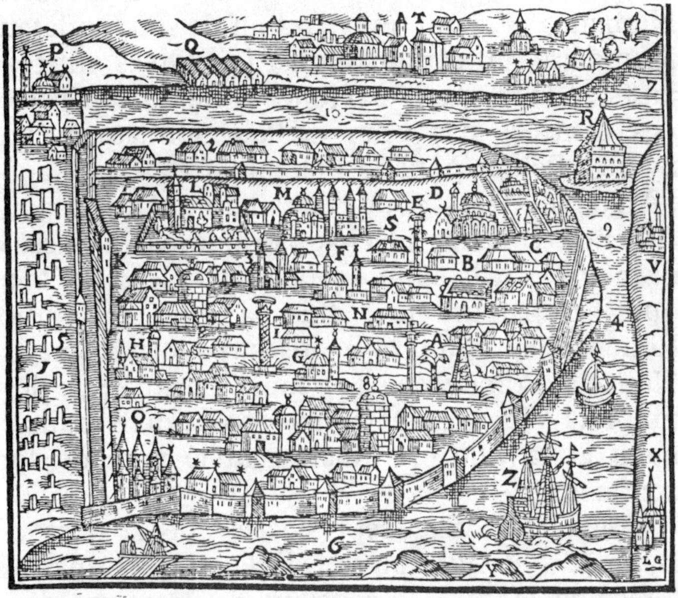

Ce que Lutèce fut à Paris — un simple bourg devenu une cité puis une capitale — Byzance le fut à Constantinople, à ceci près que le nom de la ville primitive ne disparut jamais puisqu'il servit plus tard à désigner la Grèce médiévale sous le nom de Grèce byzantine. Byzance demeura donc présente et vivante en Constantinople, capitale somptueuse et mercantile, foyer d'élans guerriers et d'effusions mystiques, port et porte entre les campagnes de Scythie et les steppes d'Anatolie, Venise asiatique à l'orée de l'Europe, véritable ruche de luxe et de continence, de crimes et d'oraisons. Et tout cela sous le regard de la Vierge !

J'ai toujours aimé la sonorité du mot : Byzance — comme beaucoup d'autres noms de lieux en « ance » : Armance, Aumance, Dormance, Numance —, nom qui viendrait de son fondateur légendaire, un certain Byzas. Les Grecs ont toujours eu la manie d'expliquer le nom des villes et des contrées par celui de leur fondateur éponyme : Pélops pour le Péloponnèse, Argos pour l'Argolide, Arcas pour l'Arcadie ou Athéna pour Athènes. Byzance n'échappa donc pas à la règle ni même, par la suite, Constantinople et ce, bien que l'empereur, une fois la ville prise aux Romains, ait voulu la baptiser la Nova Roma, la Nouvelle Rome. Mais le peuple, l'histoire, le destin ou la Vierge en personne en décidèrent autrement et la ville prit finalement le nom de son conquérant.

Voilà donc vingt-sept siècles que le nom de Byzance — fondée au VIIe siècle av. J.-C., par les Grecs de Mégare — continue de demeurer dans la mémoire grecque. N'oublions pas non plus un fait auquel on ne pense pas toujours, à savoir qu'en choisissant de faire de cette ville la capitale de son empire, Constantin modifiait du tout au tout l'histoire et la géographie traditionnelles de la Grèce. Désormais, son avenir se jouera au nord, en regard des peuples slaves et balkaniques — auxquels elle est toujours plus que jamais liée — et non plus au sud, vers les rivages d'Egypte ou de Libye. Il faudra donc attendre quinze siècles pour qu'Athènes redevienne la capitale de la Grèce renaissante, montrant ainsi qu'elle rompait avec son passé ottoman. Mais non avec son passé byzantin. Aujourd'hui encore, si Périclès est admiré, Constantin, lui, est vénéré. Ultime sillage, ultime miracle de Byzance !

Byzantion

Parmi les cafés les plus célèbres de l'après-guerre à Athènes figurait le Byzantion ou Café byzantin. Il était situé en bordure de la place Colonaki — il y est toujours d'ailleurs — lieu qu'on surnommait alors le « Saint-Germain-des-Prés d'Athènes ». Je l'ai surtout fréquenté dans les années 1962-1966, y retrouvant chaque soir les amis poètes, écrivains, artistes, comédiens, pour y discuter et refaire le monde toutes les nuits jusqu'à l'aube. C'est là notamment que prit naissance la revue *Pali** dont je parle aussi dans ce livre.

En ces années-là, le Byzantion était donc le rendez-vous d'une certaine intelligentsia, évidemment non conformiste et même franchement de gauche, une gauche libertaire. De plus, y officiait un serveur du nom de Babis, déjà fort avancé en âge mais à l'esprit très inventif, qui de son propre chef avait baptisé les consommations les plus courantes de noms extravagants tirés de la mythologie ou de la mode ambiante. Il avait, par exemple, entendu parler de l'existentialisme et les citronnades s'appelaient donc des « existences » et les orangeades des « essences ». L'ouzo était « un lait des Néréides » et le raki « une larme de Cyclope » et ainsi de suite. Toute la mythologie homérique y passait !

J'habitais alors loin d'Athènes, au pied de l'Hymette, à deux heures de marche du Byzantion, dans une maison prêtée par un ami. J'y rentrais donc à l'aube, heure où le café fermait. Inoubliables, ces retours auroraux, seul ou accompagné de quelque gente compagne, gavée comme moi de plaisanteries existentialistes, de lait des Néréides ou de larme de Cyclope. Oui, vraiment inoubliables !

C

Café

Il s'agit ici, bien sûr, de la boisson, non de l'établissement qui, lui, se dit *cafénion*. Il s'agit aussi du café que très longtemps on nomma « café turc » avant qu'il ne change définitivement d'appellation pour devenir désormais « café grec », et parfois même « café byzantin ». Sa spécificité réside en sa mouture, aussi fine que celle d'une poudre. Mouture que l'on mélange à l'eau et au sucre en proportion variable selon le goût : *skéto* (nature) autrement dit sans sucre, *métrio* (moyen), moyennement sucré, et *vari glyko*, très sucré. On met le mélange à bouillir jusqu'à ce qu'il gonfle lentement en formant sur le dessus une écume épaisse et dorée qu'on nomme le *kaïmak*, mot turc celui-là et difficilement remplaçable. C'est là, si je puis dire, bien que le kaïmak reste en surface, l'essence même du café grec. Je le dis tout clairement, tout crûment : un café grec sans kaïmak serait une pure hérésie !

Cappadoce

On dit toujours « la » Cappadoce alors qu'il faudrait dire « les » Cappadoces. Ses visiteurs — de plus en plus nombreux — ne connaissent que la Cappadoce spectaculaire des cheminées de fée, des vallées et des canyons creusés de colombiers et d'ermitages, des falaises truffées de chapelles et d'églises rupestres. Cette Cappadoce, bien sûr, je la connais aussi et l'ai traversée maintes fois au cours de ces dernières années, toujours aussi étonné et même émerveillé devant les inventions et prodigalités de la nature, capable de creuser, araser, éroder, inciser, ciseler le tuf dont est faite la région, pour édifier ces cathédrales surréalistes, ces processions fantomatiques d'anges et de moines pétrifiés. Certains endroits, notamment certains paysages de cônes déchiquetés, de falaises rongées m'ont d'ailleurs fait irrésistiblement penser au film *La Planète des singes*. Décor de début ou de fin du monde, on ne sait trop tant toutes ces formes paraissent elles-mêmes hors du temps. Très vite, les habitants du lieu — et ce depuis des temps très anciens — comprirent l'usage qu'ils pouvaient faire de cette roche si tendre et se mirent à creuser, agrandir les cavités naturelles, édifier au cœur de la nuit des centaines d'églises et de chapelles... Ainsi naquit ce qu'on pourrait nommer la première Cappadoce, la Cappadoce des moines et des ermites, la Cappadoce chrétienne du IVe siècle. C'est là, autour des villes actuelles d'Avanos, d'Urgub, de Göreme et à Nigde, Césarée, Aksaray, que vécurent à cette époque ceux qu'on nomma justement les grands Cappadociens, Grégoire de Naziance, Grégoire de Nysse et Basile de Césarée. De cette triade ou cette trinité humaine, Grégoire de Naziance fut le poète contemplatif, Grégoire de Nysse, le philosophe et le théologien, et Basile de Césarée, l'actif intendant et administrateur. Maintes traces subsistent encore de leur présence, notamment une église dite de Saint-Grégoire, au village de Güzelyurt, la Karvala des temps anciens. Elle est située en contrebas d'une falaise creusée d'habitats troglodytes toujours utilisés et fut transformée en mosquée lors du départ de la communauté grecque en 1924. Humble église et humble mosquée où la transition — voire la transmission — des pouvoirs s'est effectuée sans heurts et sans drames. On s'est contenté, pour changer de dieu, si je puis dire, de creuser un mihrab dans le mur est et d'enlever l'iconostase en bois de l'église orthodoxe, qui ne fut pas détruite mais seulement déposée à côté du mihrab ! Lors de mon premier passage en ce lieu symbolique, je n'ai pu m'empêcher de recopier l'inscription que l'imam de la mosquée avait apposée à l'entrée — inscription qui n'y figurait plus lors de mon tout récent passage, en juillet 2000 :

This mosque was turned from an orthodox church. It has been built 100 years before AYASOFIA (in Istanbul) was built. It lays on 3 500 m^3 area and its roof was covered with tiles made of stones.

It was told that 1 300 Greeks familles had been living here, they had migrated in KAVALA (Greece) in 1924.

N'entrez pas en minijupe et chorte s'il vous plaît.

Cette Cappadoce chrétienne regorge de vestiges d'églises, de chapelles, d'ermitages, de maisons et de quartiers aussi dont les noms grecs — devenus souvent incompréhensibles — ont donné lieu à maintes légendes. Ainsi, dans la partie basse de Güzelyurt où s'accumulent vestiges et habitations troglodytes, se trouvait un quartier grec dont le nom s'est curieusement conservé : *Pou i niphi ?* littéralement « Où la mariée ? ». Ce nom se rapporte à un épisode plus ou moins légendaire remontant à plusieurs siècles, où un groupe de Turcs aurait enlevé une mariée grecque le jour de ses noces ! Dans beaucoup de villages de cette région demeurent encore, plus ou moins bien préservées et entretenues, les maisons seigneuriales des grandes familles grecques, reconnaissables à leur blason et à leur ornementation extérieure. Ce métissage de langue, d'histoire, de traditions et de légendes entre Grecs et Turcs est le propre de cette région où le nom de Naziance, par exemple, subsiste encore sous celui d'un village : Nénézi.

Mais il y a une autre Cappadoce, postérieure à celle-ci, celle des maîtres — ou pirs — soufis et celle des asiks, ces troubadours qui allaient de couvent en couvent ou d'école coranique en école coranique pour chanter des poèmes mystiques. Disons seulement que cette Cappadoce islamique s'est agrandie par rapport à l'autre, allant cette fois de Konya, l'ancienne Iconium, à Kayséri, l'ancienne Césarée. Mais nous sommes toujours en pays de spiritualité, avec une autre et nouvelle triade de maîtres et de sages, musulmans et soufis : Djâlalal-din Rümi (ou Celâlddin Rümi en turc), fondateur de la confrérie des derviches tourneurs à Konya, Haçi Beltas Veli, fondateur, lui, de celle des Bektasi dans le village qui porte aujourd'hui son nom et Yunus Emré, poète, aède et asik, auteur de centaines de chants mystiques. Trois Cappadociens eux aussi, trois hommes pour qui le ciel comptait plus que la terre. Etrange comme cette région d'étendue restreinte a pu voir naître, grandir et enseigner en quelques siècles six êtres exceptionnels qui en firent un haut lieu du christianisme et de l'islam. Et surtout un haut lieu de la poésie, de la musique et de la tolérance, car là est l'essentiel : dans cet esprit d'ouverture aux autres — y compris aux autres religions — manifesté par ces chantres de Dieu.

De tout temps, la Cappadoce — les Cappadoces — fut une terre d'asile, un refuge pour tous ceux qui voulaient ou devaient fuir les différents envahisseurs. Dans la vie de saint Hiéron, saint chrétien qui vécut en Cappadoce au VIe siècle, il est écrit : « *A quelque distance de Matiani, Hiéron trouva dans le flanc d'une colline une caverne très puissante qui fut taillée avec habileté et creusée très profondément. Il s'y cacha quelque temps et ainsi fut sauvé.* » Il s'agit là, à cette époque, de la menace d'envahisseurs arabes, mais ensuite il y eut les Seldjoukides, les Mongols, les Ottomans. Chaque fois, les moines devaient se barricader dans leurs monastères en roulant devant les entrées de lourdes et grosses meules en pierre. A Sinassos, par exemple, ancien village grec, on peut lire au fronton de l'église l'inscription suivante :

« Je suis l'église des pieux et des augustes rois
Constantin et Hélène, vainqueurs des infidèles.
J'ai été relevée sous le sultan Ahmet.
Sous Abdul Medjib j'ai été embellie
Grâce aux efforts de la communauté de Sinassos.
Relevée de ses ruines en 1729 et restaurée en 1850. »

La plupart de ces églises sont couvertes de fresques qui, pour beaucoup d'entre elles, trahissent l'influence de Byzance, mais d'autres révèlent une couleur locale, une façon particulière et souvent très naïve de traiter les grands épisodes de l'histoire biblique et évangélique, et aussi d'interpréter les légendes. Exemples frappants : les différentes Crucifixions peintes sur ces églises où figure, au pied de la Croix, un personnage du nom d'Esopos, tendant au Christ une éponge au bout d'une perche. Or, ce nom n'a jamais figuré dans aucun Evangile et il s'agit tout simplement d'une confusion phonétique. Le texte de l'Evangile de saint Jean dit en effet qu'on tendit à Jésus

« *une éponge imbibée de vinaigre au bout d'une branche d'hysope* » (en grec *ussopos*). Le moine peintre, qui certainement ne savait pas lire et ne connaissait les Evangiles qu'oralement, a pris *ussopos* pour un homme en l'appelant Esope ! On rencontre beaucoup de ces confusions phonétiques dans les inscriptions murales de Cappadoce, mais aussi quelquefois des influences poétiques, notamment de textes et citations de Grégoire de Naziance. Une fresque d'une église de la vallée de Soghanli représente un sujet tout à fait inhabituel, à savoir une scène de labour où deux bœufs accouplés tirent une charrue sur une terre particulièrement lumineuse. Le moine peintre, plus instruit que les autres, a dû se souvenir de ce passage d'un poème de Grégoire de Naziance consacré au printemps : « *Et voici que le paysan assemble sa charrue, il regarde le ciel en invoquant celui qui nous gratifie de ses fruits. Il conduit sous le joug ses bœufs de labour, il fend un doux sillon et l'espérance comble son cœur de joie.* »

Le poète Georges Séféris*a parcouru la Cappadoce dans les années 50 et en a rapporté un très intéressant journal de voyage. Je ne résiste pas au plaisir d'en citer quelques extraits :

Nous nous sommes assis un instant sur le rebord de la terrasse. Devant nous le fol paysage s'étendait comme un plateau garni de jouets incompréhensibles. Des pierres de toutes formes et de toutes sortes, travaillées par les éléments de la nature ou la main des hommes. Trouées, rongées par l'eau, creusées, évidées avec des portes et des fenêtres taillées à même le roc. Parfois, les murs extérieurs tombés laissent le regard se promener sans façon par les cellules et les méandres d'un couvent compliqué. Je me rappelle des maisons éventrées par l'impudence familière des désastres de ces derniers temps. Ruines voulues par la fatalité de la terre. Ruines voulues par la fatalité humaine.

Et aussi

Lorsque, assis sur la terrasse d'Ismail, tandis que le soleil décline, on regarde autour de soi les tons de la lumière qui glisse sur les blocs de pierre, on a l'impression que le paysage tout entier se met en mouvement pour une danse aussitôt figée dans l'immobilité comme, dans l'église des Glaives, les chlamydes des Apôtres et que se fait entendre « un soupir ineffable ». Tout le jour, depuis l'aube, on l'a passé à s'efforcer de faire absorber par les sens tout ce qu'ils pouvaient percevoir en un si court laps de temps. La mémoire, comme étourdie et douloureuse, essaie de rapprocher des *membra disjecta.* Seules les narines gardent encore l'odeur tenace d'huile et de cire qui semble ne pas vouloir se détacher des églises vides. Autour de soi, rien sauf de temps en temps un paysan, semblable à saint Hiéron, qui suit sa bête lourdement chargée sur le chemin de Saint-Procope à Matiani. Et le battement des ailes des pigeons qui va, dans la pensée, se mêler aux ailes de tous ces anges vus sous les grandes voûtes. Les paupières à demi fermées, on sent revivre la nécropole sans fin des Caloyers. On voit les troglodytes à soutane errer par milliers, farouches et extatiques, à travers les boyaux creusés dans les rochers, avec leurs passions, leurs besoins, leur exaltation, leurs gestes familiers. Et sans cesse la crainte qu'un jour les veilleurs annoncent l'arrivée hostile des cavaliers pillards, que l'heure soit venue de faire rouler devant les portes les énormes meules, qu'il faille se barricader dans les couvents.

Pendant quelques années, entre 1987 et 1995, j'ai parcouru la Cappadoce chrétienne, la Cappadoce des cheminées de fée et des trous du Diable, comme on nomme les profondes anfractuosités parsemant le lit à sec des torrents. Et j'ai publié en 1988 un livre aujourd'hui introuvable, ou plutôt un album car il comprenait de nombreuses photos. En voici quelques courts passages :

Eruption. Erosion. Voilà, si j'ose dire, les deux mamelles du paysage cappadocien. Prenez deux volcans, l'Erciyès Dag et l'Hasan Dag, par exemple, faites-leur cracher en abondance des laves qui recouvrirent toute la région, laissez refroidir le tout quelques milliers d'années puis lâchez sur ces épanchements vents, pluies, rivières et fleuves à volonté. Ils se mettront à rogner, à ronger, entailler, user, éroder à loisir et en quelques millions d'années façonneront les paysages fantastiques que l'on a sous les yeux. En cette affaire, le but de l'Erosion est d'araser les formes, d'aplanir les saillies, mais voilà : ici et là, des strates ou des filons plus ou moins coriaces lui résistèrent et elle dut composer avec ces matériaux disparates. Qu'une roche dure, un basalte par exemple, se trouve couvrir une roche plus tendre, et voici en partance une cheminée des fées. Il est sidérant de voir comment, à partir d'un processus purement mécanique, sont nés tant de trouvailles insolites, d'improvisations de tufs et d'andésites, tant d'édifices déconcertants. L'Erosion a modelé ici de véritables œuvres d'avant-garde. C'est un paysagiste de premier ordre qui a réussi des ravinements spectaculaires, des mamelons inédits, voire, dans le rose tendre de certains tufs, des pâtisseries, meringues et choux si bien imités qu'on se croirait parfois en pays de cocagne. [...]

Promenez-vous à pied dans les vallées entourant Göreme, dans le Güllüdere, la Vallée rose par exemple, ou le Kizil Cukur, le Vallon rouge et plus encore dans les deux vallées de Zelve et vous ressentirez, j'en suis sûr, une interrogation qui paraît sans réponse : en ces cônes, ces grottes, ces surplombs, ces bosses et ces creux, en ces élans et ces évidements, où finit le travail de la nature et où commence celui de l'homme ? Ils sont si imbriqués qu'il est souvent difficile de les distinguer. Quelle importance, direz-vous, puisque ceux qui jadis habitèrent ici choisirent justement ces lieux pour y vivre invisibles, échapper aux regards du monde comme aux convoitises des envahisseurs ! De fait, on ne discerne avec certitude l'apport de l'homme que là où il a creusé des cellules, évidé des chapelles, peint des fresques sur les parois, laissé des inscriptions visibles, à défaut pour beaucoup d'être lisibles. Que là où il a prolongé le travail de l'eau et du vent en agrandissant ces demeures naturelles enfouies dans la nuit, en édifiant ces ruches d'ouvriers mystiques.

Dans mon dernier roman, *La Poussière du monde*, j'ai à nouveau décrit ces paysages étranges, vus cette fois par les yeux d'un ermite errant, un asik ou troubadour mystique allant de tekke en tekke ou de médressé en médressé, autrement dit de confrérie en confrérie ou d'école coranique en école coranique. C'est en ces mêmes lieux, comme je l'ai signalé plus haut, que l'un des grands troubadours de la Cappadoce islamique, Yunus Emré, a inscrit et vécu ces chemins poétiques. L'un d'entre eux le mène justement, vers le soir, à l'entrée d'une des vallées de la région de Göreme :

La nature délirait vraiment ; à l'extrémité du plateau, le paysage sombrait dans la névrose des tufs, dans la paranoïa des laves et des cendres. Un paysage comme déformé, privé de toute structure, de toute identité reconnaissable, un paysage prématuré aurait-on dit, fossilisé avant même d'être entièrement venu à l'existence. D'où ces entassements hâtifs, ces gouffres improvisés : ici, d'énormes dents rongées d'incurables caries, là des éponges géantes et minérales déchiquetées par des forces aveugles, là-bas des croupes grises de pachydermes enlisés, plus loin de vertigineuses termitières creusées de milliers d'alvéoles et, là-bas, des pitons élancés surmontés de sombres capuchons !

Oui, rien de plus passionnant que de voir la nature

s'amuser à jouer à l'artiste ! Bien sûr, quand ces épanchements de lave s'étaient produits, aucun humain ne vivait encore sur la terre, susceptible d'en être impressionné. Il n'empêche qu'il y eut là un effort méritoire de l'Eau, du Ciel, du Vent et de la Terre pour, à partir des molles et brûlantes déjections des volcans — matières inespérées et idéales en l'occurrence —, réaliser ces rêves de géant autodidacte, ces cauchemars admirables, ces chaos grandioses qu'aucune troupe, fût-elle titanesque, n'aurait pu concevoir.

Au fond de la plus grande des trois vallées qui s'ouvraient devant lui, les habitants des villages environnants avaient creusé le tuf tendre des parois pour faire des pigeonniers dont les entrées, savamment et délicatement décorées, évoquaient de mystérieuses, de troublantes calligraphies. Des milliers d'oiseaux avaient élu domicile au plus profond de ces vallées où coulaient de petits ruisseaux irriguant des vergers de pommiers, de pruniers, d'abricotiers ainsi que quelques vignes. A la saison de la cueillette, les paysans venaient s'installer quelques jours, logeant dans les cellules et réfectoires abandonnés par les ermites ou par les moines qui les avaient occupés jadis.

A mesure qu'il descendait le long des pentes pour rejoindre le fond de la Grande Vallée, Yunus voyait briller l'albâtre des crêts et des aiguilles, rendu translucide par les rayons du soleil couchant, resplendir les cimes des peupliers s'agitant sous le vent du soir et il eut cette pensée : voici la fraîcheur et la paix d'une descente vers le Paradis ! De fait, l'Eden s'ouvrait à quelques pas. Au pied de la falaise, au milieu des vergers chargés de fruits et de chuchotement de l'eau, il aperçut un groupe de paysans préparant le repas du soir. Ils lui firent signe d'approcher et, en voyant sa bure de derviche, une jeune fille lui offrit un bol de yaourt fermenté. Il le but lentement, très lentement, le savourant à petites gorgées et, après les ivresses récentes de la danse et du vin, il ressentit une nouvelle ivresse, plus douce, plus subtile et pour tout dire moins céleste, celle que fait naître dans le cœur d'un derviche le sourire d'une jeune fille ouvrant pour lui et sans qu'elles grincent les portes du Paradis...

La dernière expression de ce texte « sans qu'elles grincent » mérite une explication. C'est une allusion, très claire pour tout familier du soufisme, au maître fondateur de la confrérie des derviches tourneurs, Djâlalal-din Rümi. Un jour qu'un de ses disciples lui demandait : « Mais pourquoi, maître, passer votre temps à danser et à écouter de la musique ? » il répondit : « Parce que quand j'écoute cette musique, j'entends déjà grincer les portes du Paradis. — Moi, je n'aime pas entendre les portes qui grincent », répliqua le disciple. Et Rümi de lui rétorquer : « C'est parce que toi, qui es encore novice, tu les entends quand elles se ferment. Moi, je les entends quand elles s'ouvrent. »

Cassandre

Je ne vis pas en pensant jour et nuit aux figures de femmes que nous légua l'Antiquité, pas même à celles que j'ai rencontrées plus que d'autres, comme Jocaste*, Cassandre et Antigone*. Ces figures qui nous sont devenues essentielles parce que porteuses d'espoir et de courage, voire de témérité, devant les verdicts du destin, ont toujours eu pour moi la force et la fragilité des silhouettes que l'on voit sur les vases antiques. Oui, à la fois présentes, intensément présentes et en même temps prêtes à s'effacer, à s'évanouir. Ces figures étaient toutes légendaires, venues du fonds épique et tragique de la Grèce, et on peut dire qu'elles constituèrent alors le musée imaginaire des Grecs de cette époque. Mais aujourd'hui ont-elles encore le même pouvoir d'émotion et d'enseignement ?

Des trois femmes nommées plus haut, c'est Cassandre qui me fut longtemps la plus proche et ce pour une raison très simple : en 1955, j'ai joué le rôle de Cassandre dans l'*Agamemnon* d'Eschyle, monté à Paris par le Théâtre antique de la Sorbonne. Juché sur un énorme char au côté d'Agamemnon, le visage couvert d'un masque imposant et vêtu du lourd manteau des prophétesses, je me pliais, me ployais sous les coups de la transe, criant, pleurant, chantant car le rôle était presque entièrement chanté. Partition impressionnante, mais difficile, surtout pour un amateur. Et puis, il faut bien l'avouer, je manquais totalement d'expérience en matière de transe prophétique !

Jouer aujourd'hui un rôle antique vous en apprend plus sur le metteur en scène ou sur votre entourage que sur Eschyle ou Euripide. Mais de ces chants, de ces cris de Cassandre, il m'est toujours resté le sentiment d'avoir accompagné un court instant son fantôme égrotant. Et puis une question essentielle se pose, à laquelle je n'ai toujours pas de réponse : quand on est prophétesse et qu'on est trahie par un dieu, peut-on ou doit-on croire encore à ses propres visions ?

Il y a quelques années, à l'occasion de la représentation à Paris d'un oratorio tiré d'un essai de Christa Wolf sur Cassandre, j'eus l'occasion d'écrire un texte pour le programme du spectacle. Comme je ne vois aujourd'hui rien à ajouter ni à retrancher, je le reprends tel quel :

« *Il n'existe aucun remède à ma parole.* »

Cassandre (*Agamemnon* d'Eschyle).

Il n'est donné à aucun être de connaître spontanément le futur et cette évidence était aussi claire pour les Grecs anciens que pour nous-mêmes. Ceux donc qui jadis avaient pour vocation ou pour fonction de prédire l'avenir devaient disposer pour cela de moyens ou de secours privilégiés, fournis par les dieux d'En-haut et quelquefois aussi par ceux d'En-bas. Prophétesses et prophètes se trouvaient craints et respectés de ce seul fait. On respectait en eux — en elles — leur relation intime avec les dieux, mais on les craignait en même temps car ils étaient des êtres à part, en marge de la communauté profane, imprégnés d'un sacré redoutable. Franchisseurs d'interdits, déchiffreurs de l'indéchiffrable, nyctalopes de midi, leur statut singulier les mettait aux marges de l'humain.

En parlant de Cassandre, il est courant d'utiliser le mot de possession. Il est vrai que dans l'*Agamemnon* d'Eschyle, Cassandre est prise de terreur et de transe dès que le dieu se manifeste en elle. Mais dire dépossession serait plus juste. Cassandre est dépossédée de son corps et, en partie, de son langage, habitée par une présence étrangère impérieuse, indomptable, qui la ploie, la brise et la mène à sa guise. Elle devient une énergumène au sens premier du mot, c'est-à-dire une créature agie, manœuvrée par une force ou une divinité irrépressible, simple proie entre les mains du dieu.

Proie d'Apollon, c'est là le destin de Cassandre. Sans doute, en la traitant ainsi, le dieu a-t-il voulu se venger du refus de Cassandre qui, après avoir reçu de lui le don de prophétie, ne tint pas sa promesse de se donner ensuite à lui. Le dieu se « paie » alors, si je puis dire, en possédant son corps par le verbe et la transe, un verbe qui en elle se fait chair et qui prend voix et voie à travers elle. A quoi il faut ajouter que le dieu prive également Cassandre de crédibilité : puisqu'elle a trahi sa promesse, elle gardera le don de prophétie mais nul ne croira plus à ses oracles. Dépossédée en tant que femme de son corps et de sa parole, elle est aussi dépossédée en tant que prophétesse : nul ne l'écoute plus et ses prédictions tombent dans le vide ou passent pour de simples délires. Elle devient vite alors pour les Troyens une présence indésirable, une radoteuse insupportable au point que son père Priam, roi de Troie, se voit contraint de l'isoler dans une tour, où elle pourra prophétiser à sa guise, puisque nul ne l'entendra plus.

Soumise par force à Apollon, parce qu'elle s'est voulue insoumise en son corps, dépossédée par le dieu pour avoir gardé possession d'elle-même, Cassandre se trouve exclue par tous. Elle, la rejetonne préférée d'Hécube et de Priam, est devenue la rejetée, contrainte à une solitude où elle ne côtoie plus que des voix inhumaines et les visions terribles qui l'habitent. Victime oui, immolée vivante, immolée perpétuelle à la vengeance d'un dieu mesquin et sans grandeur, proie de l'obscur, du terrifiant, de l'indicible, de l'incroyable au sens propre du mot. La belle princesse troyenne, la plus belle des filles de Priam est devenue cette loqueteuse qui soliloque dans sa tour et dont, dans *Les Troyennes* d'Euripide, le héraut grec Talthybios dit qu'il n'en voudrait même pas dans son lit ! Une fois la ville de Troie tombée aux mains des Grecs, comme elle l'avait prévu, il ne restera plus à Cassandre qu'à connaître l'immolation suprême, celle de son corps d'abord livré au lit d'Agamemnon — qui la réclame comme prise de guerre —, celle de sa vie enfin sous le couteau de la reine Clytemnestre quand elle arrivera à Mycènes avec le roi vainqueur. Rien n'est plus bouleversant que les ultimes paroles de Cassandre, telles que les imagine Eschyle dans son *Agamemnon*, quand allant vers sa mort prédite et certaine, elle énumère tous les détails de ce qui l'attend.

« *Il est facile*, dit-elle, *pour un dieu de se jouer d'une femme, et si facile pour une reine de tuer une captive aux poignets entravés !* »

Oui, si facile ! Quel triomphe une reine — à plus forte raison un dieu — peuvent-ils tirer d'actes aussi lâches ?

Ni l'un ni l'autre n'en sortent grandis. Dans l'*Agamemnon* de Sénèque, qui suit d'assez près celui d'Eschyle, l'auteur introduit tout de même une innovation essentielle, celle où Cassandre adresse à Apollon un violent reproche, un reproche majeur, le plus justifié de tous à mes yeux. Elle ne lui reproche pas de lui avoir ôté la crédibilité, d'en avoir fait une folle aux yeux de ses concitoyens, mais de lui faire entrevoir des événements futurs toujours tragiques et sanglants sans jamais avoir prise sur eux. Là est la malédiction suprême de Cassandre : savoir ce qui va arriver, savoir que Troie sera prise et pillée, que ses frères, ses parents seront égorgés ou emmenés en esclavage, savoir qu'elle-même sera vouée au lit d'Agamemnon et violée par le roi des vainqueurs, savoir, enfin, qu'elle périra avec le roi, une fois de retour à Mycènes, sous la hache de Clytemnestre, oui, savoir tout cela d'absolue certitude et savoir qu'elle ne peut rien faire pour modifier l'atroce futur ni la mort à venir. Avec une cruauté incroyable, Apollon fait défiler sous les yeux de Cassandre la vision des horreurs inéluctables qui l'attendent. C'est son véritable destin qu'elle entrevoit ainsi, non quelque fantasme suscité par le dieu pour l'épouvanter et lui faire entendre raison. On voit bien ici la profondeur, l'intensité de la malédiction subie pour s'être simplement refusée à un dieu : connaître tous les détails de sa captivité et de sa mort futures sans rien pouvoir changer. Et vivre ainsi deux fois son viol et son égorgement. Lorsqu'on apprend comment et quand exactement on doit mourir, commence alors en soi, implacable et inéluctable, le compte à rebours de ses jours. L'agonie de Cassandre débuta bien avant la chute de Troie, à l'instant où le dieu, en lui faisant don de la prophétie mais en lui retirant l'audience de ses oracles, la dépossédait de sa propre parole. Princesse évincée, somnambule, Cassandre n'a cessé de rêver et sa vie et sa mort, à cela près que ce rêve avait pour nom : réalité.

Voici que je rêve à mon tour. Je me surprends à parler de Cassandre comme si elle avait existé ! Mais Cassandre est une invention — une belle invention — des poètes,

Homère, Eschyle, Virgile et Lycophron, qui se sont relayés au cours des siècles pour lui donner corps, vie et destin. Certains disent l'avoir vue debout, en haut des remparts de Troie, guettant le cortège ramenant le cadavre d'Hector — car elle seule savait qu'il venait d'être tué —, d'autres l'ont aperçue dans le sanctuaire d'Athéna au pied de la statue de la déesse pour implorer sa protection, d'autres encore sur un char, devant les portes de Mycènes, tête baissée derrière son maître Agamemnon. Silhouettes furtives mais indélébiles comme le filigrane d'une vie et d'une histoire inaccomplies, ou comme ces fantômes mi-réels, mi-évanescents qui apparaissent sur les films insuffisamment exposés, à mi-chemin de la légende et du réel. Assez réelle pourtant dans l'esprit de certains pour que des artistes grecs l'aient représentée sur les vases ; l'un d'eux surtout, tandis qu'elle embrasse les pieds de la statue d'Athéna, à Troie, alors qu'un soldat grec vainqueur s'apprête à la violer. Elle est là, un genou en terre, le bras tendu vers la soldatesque, vêtue d'une simple tunique relevée sur les épaules, dévoilant son corps nu, l'amorce sombre de son sexe et ses seins de vierge.

Nue. Désirée. Violentée par Apollon et par Agamemnon. De l'amour, Cassandre n'aura connu que l'envers le plus brutal, le plus odieux, le viol de son corps par un roi vainqueur, et celui de son être par un dieu éconduit qui se vengera en possédant son corps par l'intromission de son verbe qui la fera se tordre et geindre sous les spasmes de la prophétie.

Mais après tout, si je rêve à Cassandre, à qui dois-je m'en prendre ? A moi-même ou à ceux qui l'ont inventée, ceux qui ont fait de toi cette figure magnanime parce que défigurée, cette prophétesse éconduite parce que délirante ? Magnifique Cassandre, pourtant, si magnifique en ta résignation !

Les prophètes n'ont de raison et ne donnent sens à leur vie que face à l'inéluctable. Ils ne disent ni le possible ni le probable, ils disent l'immanquable. Ils sont, dociles ou non, les fils de l'infaillible. Voilà en fait ce que fut Cassandre, à travers le destin, les paroles et le corps que lui prêtèrent, que lui façonnèrent les poètes : corps et âme et jusque dans sa mort, une voix infaillible au cœur d'un corps faillible.

Cassiani (Moniale)

Toutes les nonnes, du moins les nonnes byzantines, ne passent pas leur vie en prières. Certaines écrivent des poèmes, une en tout cas qui avait pour nom Cassiani. On ne sait rien d'elle, si ce n'est qu'elle vécut comme moniale dans un couvent de Constantinople au IXe siècle, et qu'elle laissa un certain nombre d'hymnes et de poèmes appelés tropaires, d'une étonnante fraîcheur et d'un lyrisme aussi riche et aussi surprenant que celui de l'Hymne acathiste*.

Voici un tropaire intitulé *Pour les mâtines du mercredi saint*. La pécheresse « adonnée à des péchés multiples », sujet de ce poème, est, bien entendu, Marie de Magdala.

> A peine, Seigneur
> La femme qui s'adonna à des péchés multiples
> Entrevit-elle Ta gloire et Ta divinité
> Qu'elle s'enrôla parmi les porteuses de myrrhe
> Pour venir déposer des parfums sur Ta sépulture.
> Et là, elle s'écria : « Ténébreuse, ô ma nuit ténébreuse,
> Nuit sans lune qui si longtemps m'enveloppa
> Et me tarauda de luxure et me fit aimer le péché !
> Accepte de mes yeux les larmes que je t'offre
> Toi qui changes en nuée toute l'eau de la mer.
> Penche-Toi vers ce cœur qui vers Toi se lamente
> Toi qui vins jusqu'à nous en abaissant les cieux.

Avec les tresses de mes cheveux, j'embrasserai
Et j'essuierai Tes pieds sans taches
Ces pieds dont un soir au sein du Paradis
Eve entendit les pas et qui, saisie d'effroi,
S'en alla se cacher.
Qui jamais pourra dénombrer la foule de mes péchés ?
Qui jamais pourra mesurer l'infinité de Tes éclairs ?
Seigneur, Seigneur, ô Souverain du monde,
Ne repousse pas Ta servante,
Toi, Maître et générosité de l'univers ! »

Cavafy Constantin (1863-1933)

Κ. Π. ΚΑΒΑΦΗ
ΠΟΙΗΜΑΤΑ
(1919-1933)
ΙΚΑΡΟΣ ΕΚΔΟΤΙΚΗ ΕΤΑΙΡΙΑ

Ce poète, né au siècle dernier à Alexandrie et mort dans la même ville, est certainement un des plus fascinants, mais aussi un des plus déconcertants de la poésie grecque contemporaine. Je dis contemporaine bien que Cavafy soit mort depuis plus d'un demi-siècle car son ombre n'a cessé d'être présente jusqu'à nos jours en Grèce. Présente mais d'une façon elle-même singulière car Cavafy ne saurait avoir d'imitateur : son œuvre n'a cessé d'être admirée tout en étant inimitable. Cet homme solitaire, habité par tous les fantômes du passé grec comme par toutes les facettes du présent, ce poète, à la fois archaïsant et totalement moderne, a laissé une œuvre rare, minutieuse et parcimonieuse, qui ne fut d'ailleurs publiée qu'après sa mort. Un de ses familiers, lui-même poète alexandrin, disait de lui : « *Cavafy se tient à la frontière où la poésie se dépouille et confine à la prose.* » Redoutable frontière que celle qui sépare et en même temps unit la prose et la poésie, frontière aussi impalpable et ténue dans son œuvre qu'un fil tendu entre deux abîmes, où le traducteur doit se risquer à la façon d'un funambule ! C'est cela qui rend si difficile, en tout cas si aléatoire, toute traduction de Cavafy : cet équilibre à maintenir entre les notations, énoncés, citations ou fragments prosaïques dont sont émaillés ses poèmes et le poème lui-même, constitué justement de matériaux souvent non poétiques. C'est que Cavafy fait flèche de tout bois, si je puis dire, utilisant indifféremment des citations de poètes ou philosophes antiques, des fragments d'inscriptions funéraires, des chroniques hellénistiques ou byzantines, en même temps — dans les poèmes plus particulièrement alexandrins — que des notations ou des expressions empruntées — sans la moindre transposition — à la langue qu'il entendait chaque jour autour de lui. Imagine-t-on un orfèvre fabriquant des bijoux avec du fer et du plomb en y incluant ici et là un peu d'or et d'argent ? Certains poèmes de Cavafy relèvent de la magie lorsqu'ils muent en poésie ces pauvres ingrédients, ces phrases en principe anodines, ces mots dérobés aux plus humbles discours comme aux chroniques les plus savantes. Matériaux étrangers par nature à toute poésie. Matériaux fondamentalement non poétiques. Et pourtant, le poème est là.

Des poèmes de Cavafy, dont les premiers furent publiés à Alexandrie en 1935, deux ans après sa mort, et les derniers — retrouvés dans les archives du poète — en 1968 à Athènes, je proposerai ici, traduits par moi-même il y a quelques années, un choix de ceux que je nomme les « poèmes de la diaspora », opérant dans un champ historique et géographique bien défini qui va d'Alexandrie et de la Grèce continentale aux provinces les plus orientales de l'empire d'Alexandre. Ce dernier nom semble avoir joué un rôle prépondérant dans l'œuvre de Cavafy. A l'âge de douze ans, alors qu'il séjournait avec sa mère à Istanbul, il s'était déjà mis en tête de rédiger un vaste dictionnaire historique qui n'alla jamais au-delà du mot Alexandre ! Or, on sait que le poète naquit à Alexandrie, qu'il y passa la presque totalité de sa vie et qu'il y mourut. Le champ des poèmes proposés est donc cette Grèce hors de la Grèce qui s'étendait jadis jusqu'à l'Indus, ce monde gréco-perse et gréco-indien dont le représentant le plus connu et le plus caractéristique fut le roi grec de Bactriane, Ménandros — le Milinda des chroniques indiennes — qui vécut au IIe siècle av. J.-C. et étendit l'influence grecque jusqu'au Pendjab. En ces poèmes se mêlent empires et empereurs, rois et royaumes, satrapes et satrapies, villes aux noms oubliés ou toujours vivants : Alexandrie, Antioche, Sidon, Séleucie, Osroène, Commagène, royaumes émiettés de la Perse à l'Indus mais dont le dénominateur commun reste la langue grecque et l'hellénisme.

Cavafy est bien le dernier descendant de cet immense continent culturel, le dernier chantre de la mémoire vacillante de cet hellénisme oriental. Numismate des mots et des figures, il a ressuscité des êtres historiques ou suscité des êtres imaginaires, des silhouettes parfois fragiles ou vulnérables mais toutes inoubliables. En lisant certains de ses poèmes, je ne peux d'ailleurs m'empêcher de penser aux portraits du Fayoum en Egypte, à ces visages grecs, romains, égyptiens ou syriens qui vous regardent obstinément dans la transparence du temps, nimbés d'une lumière encore si vivante qu'ils donnent l'illusoire sentiment d'appartenir à notre monde. Ce sont de tels visages qui surgissent de certains poèmes et en expliquent peut-être l'étrange magie crépusculaire.

Chantre d'Alexandrie et des marges occidentales de la Grèce, c'est là le Cavafy que je préfère. Le poète d'une diaspora aujourd'hui démembrée mais qui, au temps de sa splendeur, n'avait qu'un seul mot, celui de *thalassa*, pour désigner la mer de la Sicile jusqu'à l'Indus. Cavafy a nettement privilégié l'avers oriental de la Grèce, il s'est aventuré jusqu'aux frontières les plus lointaines de l'hellénisme. Pouvait-il de toute façon en être autrement avec un homme, un poète et un Alexandrin dont l'œuvre, au dire de son ami l'écrivain anglais Foster, occupait « *une position légèrement oblique par rapport au reste de l'univers* » ?

En ouverture de cette anthologie, un poème sur Alexandrie, écrit en 1910 et qui donne déjà le ton de beaucoup d'autres, le ton d'un radical, profond désenchantement :

La ville

Tu disais : « J'irai vers d'autres terres, vers d'autres
[mers
Pour trouver une ville meilleure que celle-ci.
Ici, tous mes efforts sont condamnés d'avance.
Mon cœur — devenu mort — s'y est enseveli.
Où que mon œil se tourne, où que ma vue se porte,
Je vois les noirs décombres de ma vie,
Ma vie que j'ai passée, gâchée, détruite ici. »

Tu ne trouveras pas d'autres pays ni d'autres mers.
La ville te suivra. Et dans les mêmes rues sans fin
Tu erreras, dans les mêmes quartiers te perdras
Et dans les mêmes demeures tes cheveux
[blanchiront.
Où que tu ailles, tu retrouveras cette ville.
Pour toi, nul bateau, nul chemin ailleurs ne te
[conduiront.
Ta vie, tu l'as gâchée partout, de par le monde
[entier
Et ici même en cette patrie minuscule.

Epitaphe

Etranger, je suis Grec de Samos mais au bord du
[Gange
Je repose. Sur cette terre trois fois barbare
Je n'ai connu que déboires, souffrances, désolation.
Ce tombeau près du fleuve contient
Tous mes malheurs. L'obsession de l'or
M'entraîna vers des commerces abjects.
La tempête me rejeta sur cette côte indienne
Où je fus vendu comme esclave. J'y ai vieilli
Et travaillé jusqu'à l'épuisement,
Loin du moindre son grec, loin des rivages
De Samos. C'est pourquoi je m'en vais vers l'Hadès
Sans terreur et sans deuil aucun.
Car là je retrouverai mes compatriotes
Et à jamais parlerai grec.

Poème écrit en 1893, mais publié à Athènes pour la première fois en 1968. Cavafy a beaucoup utilisé le genre de l'épitaphe imaginaire, déjà très en vogue aux temps hellénistiques. Ici, le véritable exil pour ce Grec n'est pas seulement l'éloignement de la terre natale mais l'exil loin de sa langue maternelle. Cet exil ne peut cesser qu'avec la mort puisqu'en rejoignant la terre matricielle, le défunt retrouvera la langue universelle parlée par les morts : le grec !

EN ATTENDANT LES BARBARES

— Qu'attendons-nous, tous rassemblés sur
[l'agora ?

On dit que les barbares vont venir aujourd'hui

— Pourquoi cette inaction dans le Sénat ?
Qu'attendent les Sénateurs pour s'occuper des lois ?

Les barbares vont venir aujourd'hui.
Quelles lois pourraient faire les Sénateurs ?
Les lois, les barbares les feront eux-mêmes, une
[fois venus.

— Pourquoi notre empereur s'est-il levé si tôt
Et se tient-il assis devant la Porte de la ville
Sur son trône, solennel et portant sa couronne ?

Les barbares vont venir aujourd'hui
Et l'empereur attend de recevoir leur chef
Il a même préparé pour lui un parchemin
Portant de nombreux titres et des nominations.

— Pourquoi nos deux consuls et les prêteurs
Sont-ils sortis avec leurs toges rouges et brodées ?
Pourquoi portent-ils des bracelets lourds
[d'améthystes
Et des bagues étincelantes d'émeraudes ?

Pourquoi ont-ils pris aujourd'hui leurs bâtons
De cérémonie, tout ciselés d'or et d'argent ?

Les barbares vont venir aujourd'hui
Et ces choses éblouissent les barbares.

— Pourquoi nos chers rhéteurs ne viennent-ils pas
Comme chaque jour nous tenir leurs discours ?

Les barbares vont venir aujourd'hui
Et ils détestent les beaux parleurs et les harangues.

— Pourquoi soudain cette inquiétude, cet émoi,
(Ces visages soudain si graves) ?
Pourquoi places et rues se vident-elles si vite,
Pourquoi chacun retourne-t-il chez lui préoccupé ?

La nuit est tombée et les barbares ne sont pas
[venus.
Et des gens arrivés des frontières
Ont dit qu'il n'y avait plus de barbares.

Et maintenant qu'allons-nous faire sans barbares ?
Ces gens, c'était peut-être une solution.

Ce poème célèbre, daté de 1904 mais écrit sans doute quelques années plus tôt, est construit comme une scène et comme un décor théâtral : la ville avec son agora, sa porte principale et ses remparts. Devant, le roi, immobile sur son trône entouré d'une foule de notables, de prêteurs, de consuls. Et, après les folles rumeurs de la journée, après l'attente, le silence de la nuit sans barbares.

On a écrit en Grèce des pages entières sur l'origine de ce poème, sur ses sources possibles, le caractère réel ou imaginaire de la ville en attente. On pense, bien sûr, à ce passage de Plutarque où, dans Rome menacée par l'invasion gauloise, « *les prêtres et les plus honorables vieillards qui autrefois avaient été consuls n'eurent pas le cœur d'abandonner la ville, mais, se vêtant de leurs plus beaux atours, s'en allèrent s'asseoir en la grand-place sur des chaises d'ivoire, attendant ce qu'il plairait aux dieux de leur envoyer*». Mais il s'agit là d'un récit historique, sans ce climat si singulier créé par Cavafy : celui d'une attente angoissée qui est aussi une espérance. Car ici cohabitent l'impensable et l'inespéré : l'attente d'une apocalypse qui serait — peut-être — une délivrance.

GENS DE POSIDONIA

La langue grecque, les gens de Posidonia finirent
Par l'oublier, tant de siècles mêlés
Aux Tyrrhéniens, aux Latins et autres étrangers.
Le seul vestige qui demeurait
Etait une fête grecque avec de belles cérémonies,
Des lyres, des flûtes, des joutes et des couronnes.
A la fin de la fête, ils avaient l'habitude
De se raconter leurs anciennes coutumes
De prononcer à nouveau des noms grecs
Que seuls quelques-uns pouvaient comprendre
[encore.
Et leur fête s'achevait dans la mélancolie
Car ils se souvenaient d'avoir été des Grecs,
Des Italiotes aussi pendant un temps.
A présent, comment en sont-ils arrivés
A vivre, à parler en barbares
Et à s'être arrachés — horreur ! — à l'hellénisme ?

Poème écrit en 1906 mais publié pour la première fois en 1968. Posidonia était l'ancien nom grec de la ville de Paestum, dans le sud de l'Italie, fondée au VIIe siècle av. J.-C. par des Grecs de Sybaris. Cavafy se réfère à un passage des *Deipnosophistes* d'Athénaios, où il est dit que les gens de Posidonia se rassemblaient une fois par an « *pour se remémorer leurs anciens noms, leurs anciennes cou-*

tumes, puis s'en allaient en se lamentant et en pleurant ». Inspiré — comme *Epitaphe* — par la nostalgie et le désir de la langue perdue, ce poème est lui-même épitaphe de la langue défunte des Posidoniates.

La satrapie

Toi que tout conviait
Aux grandes, aux belles œuvres
Quelle absurdité que ce sort
Qui sans cesse te refuse espoir et réussite
Pour te vouer à de viles besognes,
Des tâches mesquines et banales.
Et quel sinistre jour que celui où tu dus te résoudre
(Où renonçant à tout, tu dus te résoudre)
A faire le long chemin de Suse
Pour rencontrer le roi Artaxerxès
Qui généreusement t'invita à sa cour
Et t'offre satrapies et autres distinctions.
Et toi, avec désespoir, tu acceptes
Ces cadeaux dont tu ne voulais pas.
Ce n'est pas cela que désire ni que pleure ton âme
Mais les faveurs du Peuple et des sophistes,
Les rares — d'autant plus précieuses — ovations
L'Agora, le Théâtre, les Couronnes.
Ces choses, comment Artaxerxès te les donnerait-il
Et comment les trouver dans une satrapie ?
Et sans ces choses, comment pourras-tu vivre ?

Poème daté de 1910. Il n'y a pas seulement en ce texte la nostalgie du grec mais de toute la vie, l'ambiance et la culture grecques. On peut penser, bien sûr, à Thémistocle allant chercher refuge, à la fin de sa vie, auprès du roi des Perses, mais Cavafy, d'emblée, nous en détourne : « *Ce poète ne sous-entend ni Thémistocle, ni Démaratos, ni aucun homme politique. Le personnage sous-entendu est sym-*

bolique. On peut y voir si l'on veut un artiste ou même un savant ayant renoncé à son art à la suite de déceptions ou d'insuccès et qui fait route vers Suse et vers Alexandrie. Autrement dit qui décide de changer de vie, qui trouve ailleurs le luxe recherché, luxe qui ne parvient pas à le satisfaire. Très importante est la parenthèse : Où, renonçant à tout tu dus te résoudre. *Elle est le fondement du poème car elle laisse entendre que le héros s'est découragé bien trop vite, qu'il a grossi les événements et s'est engagé trop tôt sur le chemin de Suse.* »

Il est vrai qu'il faut être grec ou au moins fervent philhellène pour imaginer, avec la précision voulue et une morose délectation, ce que peut être pour un Grec raffiné la vie au fond d'une satrapie perse !

LE DIEU DESERTE ANTOINE

Si soudain à l'heure de minuit tu entends passer
Les musiques ineffables et les voix d'une troupe
[invisible,
Ne pleure pas le destin qui t'échoit
Ni tes œuvres manquées ni tes projets devenus
[illusoires.
Comme averti depuis longtemps, avec courage
Salue cette Alexandrie qui te quitte.
Surtout ne commets pas l'erreur de croire
Que ton oreille t'a trompé, qu'il s'agissait d'un
[songe.
Refuse ces vaines espérances.
Comme averti depuis longtemps, avec courage
Approche-toi de la fenêtre,
Toi qui n'as pas démérité de cette ville,
Et écoute avec émotion, en refusant
Les plaintes et les prières des lâches,
Ecoute jusqu'à l'ultime écho
Les instruments inouïs de la troupe mystique

Et salue cette Alexandrie que tu perds.

Poème daté de 1911. Si *En attendant les barbares* apparaît comme la lente décomposition d'un monde, l'attente angoissée d'une issue, dans le décor d'une ville et d'une culture crépusculaires — dont les ombres par bien des points font penser aux places, aux rues et aux arcades métaphysiques peintes par Giorgio de Chirico à la même époque —, *Le dieu déserte Antoine* peint surtout, en gros plan, le drame d'un homme et d'un conquérant. L'histoire devient ici un visage crispé contre une fenêtre, contemplant la ville qu'il faut abandonner. Rien de plus émouvant que le silence de cette ville, présente et invisible, que le départ du thiase mystique, invisible lui aussi, signifiant à Antoine la fin de son règne et de son bonheur. Le thème est repris de Plutarque mais quel abîme entre la chronique en prose et la splendeur ciselée du poème !

ITHAQUE

Quand tu prendras le chemin vers Ithaque
Souhaite que dure le voyage,
Qu'il soit plein d'aventures et plein
[d'enseignements.
Les Lestrygons et les Cyclopes,
Les fureurs de Poséidon, ne les redoute pas.
Tu ne les trouveras pas sur ton trajet
Si ta pensée demeure sereine, si seuls de purs
Emois effleurent ton âme et ton corps.
Les Lestrygons et les Cyclopes,
Les violences de Poséidon, tu ne les verras pas
A moins de les receler en toi-même
Ou à moins que ton âme ne les dresse devant toi.

Souhaite que dure le voyage.

Que nombreux soient les matins d'été où
Avec quelle ferveur et quelle délectation
Tu aborderas à des ports inconnus !
Fais halte aux comptoirs phéniciens,
Acquiers-y de belles marchandises,
Nacres, coraux, ambres et ébènes
Et toutes sortes d'entêtants parfums.
Visite aussi les nombreuses cités de l'Egypte
Pour t'y instruire, t'y initier auprès des sages.

Et surtout n'oublie pas Ithaque.
Y parvenir est ton unique but.
Mais ne presse pas ton voyage,
Prolonge-le le plus longtemps possible
Et n'atteins l'île qu'une fois vieux.
Riche de tous les gains de ton voyage,
Tu n'auras plus besoin qu'Ithaque t'enrichisse.
Ithaque t'a accordé le beau voyage.
Sans elle, tu ne serais jamais parti.
Elle n'a rien d'autre à te donner.
Et si pauvre qu'elle te paraisse,
Ithaque ne t'aura pas trompé.
Sage et riche de tant d'acquis
Tu auras compris ce que signifient les Ithaques.

Poème daté de 1911. Quel est le sens dans l'*Odyssée* du retour à Ithaque, si ce n'est ce qu'on nomme, dans l'interprétation des rêves, la « pérégrination empêchée » ? Mais une autre hypothèse est possible, à condition de traduire littéralement le titre grec par *Ulyssée*, à savoir que l'*Odyssée* est le récit des apprentissages et des épreuves d'Ulysse sur le chemin de son retour aux origines. Le voyage devient alors plus important que le retour. Ulysse ne peut parvenir à Ithaque qu'à condition de s'y retrouver différent, enrichi, initié. Dans le poème de Cavafy, qui pousse à son terme logique et extrême cette interprétation de l'*Odys-*

sée/Ulyssée, Ulysse parti d'Ithaque comme roi et comme guerrier y revient avant tout comme un sage, un homme de connaissance. Un homme qui, au fond, n'a plus besoin de rien, pas même d'amour. Mais que devient Pénélope, alors, dans tout cela ?

PHILHELLENE

Veille à l'exécution de la gravure, qu'elle soit
[parfaite.
Avec une expression majestueuse et grave.
Le diadème, fais-le étroit de préférence.
Je n'aime pas ces larges diadèmes des Parthes.
L'inscription, en grec comme d'habitude
Ni emphatique ni pompeuse —
Pour ne pas alerter le proconsul
Qui nous surveille et risquerait d'aviser Rome —
Mais flatteuse, bien entendu.
Choisis un beau sujet pour l'autre face,
Un éphèbe lançant le disque, par exemple.
Surtout (au nom du ciel, Sithaspe, je t'en supplie,
Ne l'oublie pas) veille bien à ce qu'après
Les mots ROI et SAUVEUR figure
En lettres élégantes PHILHELLENE.
Et garde pour toi les plaisanteries
Du genre « Quels Hellènes ? Où sont-ils ? »
Ou « Depuis quand parle-t-on grec ici
Derrière le Zagros, au-delà de Phaartès ? »
Puisque d'autres, bien plus barbares que nous,
Le font graver, nous le graverons nous aussi.
Et puis n'oublie pas que parfois
La Syrie nous envoie ses sophistes,
Ses rimailleurs et autres cerveaux creux.
Nous avons donc quelque culture grecque, ce me
[semble.

Poème daté de 1912. Chez ce roitelet oriental soumis à la puissance de Rome, l'amour du grec est un recours contre l'environnement barbare de ces provinces lointaines de la Perse et de la Parthie. Faute d'être grec, il est important de montrer qu'on sait au moins le grec. Les mots ROI, SAUVEUR, c'est-à-dire BASILEUS et SOTER, deviennent des mots sésame capables, même sur l'espace étroit d'une médaille, d'ouvrir tout grands les horizons de l'hellénisme.

EN UNE VILLE D'OSROENE

Hier, blessé après une dispute, de la taverne
On nous amena notre ami Rémon vers minuit.
Par les fenêtres grandes ouvertes
La lune éclairait son beau corps sur le lit.
Ici, nous sommes tout un mélange : Mèdes,
[Syriens,
Grecs, Arméniens, Rémon aussi. Pourtant hier
Tandis que la lune éclairait son émouvant visage
C'est au Charmide de Platon que nous avons
[pensé.

Poème daté de 1917. Une fois de plus, le thème est la prédominance de l'hellénisme. Dans ce mélange d'ethnies proche-orientales, c'est toujours le Grec qui l'emporte par la beauté et la culture, aucun Platon perse n'ayant jamais décrit de Charmide. Pour Cavafy, la beauté du corps grec est double : à celle du charme adolescent s'ajoute l'image que les poètes et philosophes en ont donnée et perpétuée au cours des siècles.

POUR AMMON, MORT
A VINGT-NEUF ANS EN 610

Raphael, on t'a demandé de composer
Des vers pour le tombeau d'Ammon, poète.
Des vers ciselés, raffinés. Tu peux le faire

Etant le plus apte pour écrire ce qu'il faut écrire
Sur le poète Ammon, notre poète.

Tu parleras, bien sûr, de ses poèmes
Mais parle aussi de sa beauté
Cette beauté si fragile que nous avons aimée.

Ton grec a toujours été excellent, mélodieux.
Cette fois, tu dois te surpasser.
Notre douleur et notre amour, il faudra
Les traduire en une langue étrangère.
Transmets-lui tout entière ta ferveur égyptienne.

Raphael, rédige ces vers de telle sorte
Qu'ils contiennent, vois-tu, un peu de notre vie
Et qu'en chacune de tes phrases, on devine à leur
[rythme
Qu'un poète d'Alexandrie s'adresse à un poète
[d'Alexandrie.

Poème daté de 1917. Ammon est un nom égyptien, Raphael, un nom copte, c'est-à-dire chrétien. Mais au-delà de ces différences qui d'ailleurs pourraient passer pour des oppositions, quelque chose demeure et réunit ces deux poètes : la ville d'Alexandrie. Sa présence, sa réalité, son aura culturelle sont si fortes qu'elles peuvent surmonter l'abîme entre les religions et entre les deux langues.

EPITAPHE D'ANTIOCHUS,
ROI DE COMMAGENE

Quand elle revint, tout éplorée, des funérailles
De son frère Antiochus, roi très lettré de
[Commagène
Qui passa toute sa vie dans le calme et l'étude,
Sa sœur voulut pour lui une épitaphe.
Et Callistrate, le sophiste d'Ephèse,
Qui séjournait souvent dans le petit Etat de
[Commagène

Comme l'hôte favori de la maison royale,
La rédigea sur les conseils des courtisans syriens
Et l'adressa à la vieille princesse :

« En termes dignes, célébrons
O habitants de Commagène,
La gloire d'Antiochus, notre roi bienfaiteur.
Avec prévoyance, il sut gouverner ce pays,
Se montrer toujours juste, avisé, courageux.
Il sut aussi accomplir ce prodige : devenir grec.
Ce que l'humanité réalisa de plus parfait
Car au-delà on ne rencontre que les dieux. »

Poème daté de 1923. J'ai toujours apprécié ce poème qui peint en quelques lignes une atmosphère évocatrice : la cour d'un roi hellénisé de Commagène, petit Etat du nord de la Syrie. Ce poème approfondit l'image du roi lui aussi hellénisé de *Philhellène*. Mais le roi Antiochus est plus qu'un philhellène, il devient lui-même hellénique. C'est le terme qu'emploie Cavafy : *hellénikos* et non *hellenas* (Grec), que j'ai préféré garder en traduction pour plus de clarté. Cavafy disait de lui-même : « *Je suis moi aussi hellénique, attention, pas Grec (hellénas), ni hellénisant (hellénizön), mais* Hellénique. »

Les dieux auraient dû s'en soucier

J'en suis presque réduit à errer, à mendier ;
Cette ville fatale, Antioche, a dévoré tout mon
[argent
Cette ville fatale, avec sa vie ruineuse.

Mais je suis jeune, j'ai une santé excellente.
Je maîtrise bien le grec (je connais
Sur le bout des doigts Aristote et Platon,
Les rhéteurs, les poètes et tous ceux qu'on voudra)

J'ai quelque notion des choses militaires
J'ai même des amitiés parmi les chefs des
[mercenaires.
Je possède aussi quelque expérience de
[l'administration.
J'ai séjourné six mois l'an dernier à Alexandrie
J'y ai appris (c'est toujours bien) pas mal de
[choses :
Les visées de Karkégète, les intrigues diverses et
[cætera.

Je pense donc être particulièrement désigné
Pour servir au mieux ma patrie
Ma patrie bien-aimée, la Syrie.

Quoi qu'on me confie, j'essaierai
De me rendre utile au pays. C'est là mon intention.
Mais s'ils manœuvrent pour m'en empêcher —
On les connaît bien, ces coquins, inutile d'insister —
S'ils m'en empêchent, à qui la faute ?

Je m'adresserai d'abord à Zabinas
Et si cet imbécile m'éconduit
J'irai droit chez Grypos, son rival.
Si ce crétin me rejette lui aussi
Alors, je vais aussitôt voir Hyrcanos.

Sur les trois, il y en aura bien un pour m'employer.
Quel que soit le choix final
J'aurai la conscience en repos :
Tous trois sont également nuisibles à la Syrie.

Mais moi, pauvre hère, qu'y puis-je ?
Je cherche seulement à me tirer d'affaire.
Les dieux auraient dû se soucier
D'en concevoir un quatrième, qui fût honnête.
Avec joie, j'aurais couru vers lui.

Poème daté de 1930. Son lieu : la Syrie. Son époque : IIe siècle ap. J.-C. Les personnages mentionnés sont historiques, mais le personnage principal est imaginaire. L'idée que la plupart des êtres ne sont jamais à leur vraie place et surtout que la valeur, voire le génie, ne peuvent trouver d'emploi, est fréquente chez Cavafy. Ce n'est pas seulement l'amertume ou le désenchantement qui courent à travers ce poème mais le sentiment d'une sorte de fatalité. Antioche est une ville pour les intrigants, non pour les gens honnêtes. Et encore moins pour les poètes. Et les dieux semblent l'avoir abandonnée.

EN 200 AVANT J.-C.

« Alexandre, fils de Philippe et les Grecs,
hormis les Lacédémoniens... »

On peut imaginer sans peine
L'indifférence des Spartiates
Devant cette inscription. « Hormis les
[Lacédémoniens »
Evidemment ! Les Spartiates ne sont pas des gens
A se laisser mener et commander comme des
[esclaves.
Sans compter qu'une entreprise panhellénique
Sans roi de Sparte à sa tête
Eût été sans intérêt pour eux.
Bien entendu, « hormis les Lacédémoniens » !

C'est là un point de vue qu'on peut admettre.

Ainsi, sans les Lacédémoniens, il y eut le Granique.
Et Issos et l'affrontement final où
Les Grecs anéantirent la terrible armée
Que les Perses avaient rassemblée à Arbèles
Et qui, partie pour vaincre, y fut anéantie.

De cette admirable entreprise,
La plus éclatante, victorieuse,

Illustre et glorieuse
De toutes celles qui furent,
De cette entreprise magistrale
Nous sommes tous issus :
Un monde grec nouveau et immense.

Nous, Grecs d'Alexandrie, d'Antioche
De Séleucie, innombrables Grecs d'Egypte
Et de Syrie, de Médie, de Perse et tant d'autres.
Avec leurs empires imposants,
Le jeu subtil, savant de leurs affinités.
Et notre Langue Grecque Commune
Nous l'avons portée jusqu'en Bactriane, jusqu'aux
[Indes !

Alors, va-t-on encore parler des Lacédémoniens ?

Poème daté de 1931, écrit deux ans avant la mort du poète. Le titre est le début d'une inscription qu'Alexandre le Grand fit graver après la victoire du Granique sur l'armée perse. Je pense que l'intérêt de ce poème est d'affirmer une fois de plus ce qui tient tant à cœur à Cavafy, à savoir qu'il était hellénique et non grec, c'est-à-dire descendant de l'immense diaspora grecque qu'Alexandre essaima de la Macédoine jusqu'à l'Inde. Cette idée, cette image reviendront cent fois dans ses poèmes : les Grecs sont allés jusqu'en Bactriane, jusqu'à l'Indus, et ceux qui vivent aujourd'hui — au temps de Cavafy — au Proche-Orient sont les descendants de ces lointains ancêtres puisqu'ils en ont conservé la langue. C'est la langue qui est pour Cavafy le vecteur, le fil d'Ariane de la mémoire grecque et de la diaspora. D'ailleurs, il ne dit pas ici la langue mais le parler grec, *lalia*. Est-il possible de lire, d'entendre ce mot en ce poème de Cavafy sans penser aussitôt au dernier oracle de Delphes, rendu à Julien l'Apostat et dont le dernier vers :

et à jamais s'est tue l'eau qui parlait

se dit en grec ancien :

ou pagan *laléousa*, apevesto ké *lalon* ydor ?

Ultime mot, ultime écho de la source parlante, de la source chantante de Castalie, en ce poème de Cavafy !

Ici prend fin l'anthologie des poèmes de la diaspora. Je ne voudrais cependant pas quitter la poésie de Cavafy sans citer trois poèmes d'un tout autre registre, ceux qu'on pourrait appeler les poèmes de l'amour interdit, écrit dans les années 20. Il faudrait plutôt dire amour clandestin. Cavafy était homosexuel en un temps où cela passait aux yeux de tous — même à Alexandrie ! — pour une déviation, voire une tare. Le poète vécut cette situation, des années durant, avec douleur mais aussi avec extase, au cours des heures secrètes de sa vie. Je ne citerai ici que trois poèmes de cette époque, tous trois marqués par ce mélange d'ivresse et de mélancolie propre à la poésie cavafyenne.

UNE NUIT

La chambre était pauvre, ordinaire
Cachée juste au-dessus d'un café mal famé.
De sa fenêtre, on voyait la ruelle étroite et sale.
D'en bas, montaient les voix des ouvriers
Jouant aux cartes et s'amusant.

Et là sur l'humble lit, sur le lit plébéien
J'ai connu le corps de l'amour, connu
Les lèvres rouges, charnelles de l'ivresse
Si rouges et si lourdes d'ivresse qu'à l'heure
Où j'écris maintenant en cette maison solitaire

Après tant d'années je me sens ivre de nouveau.

LEUR ORIGINE

Ils ont pris le plaisir interdit.
A présent, ils quittent le lit, s'habillent
En hâte sans parler. Ils se séparent,
Fuient en cachette la maison
Et dans la rue ils marchent inquiets
Craignant que quelque chose en leurs corps
Ne trahisse le plaisir auquel ils s'adonnèrent.
Et tout cela pour le poète, quel miracle !
Demain, après-demain, dans des années, il écrira
Les forts poèmes qui trouvent là leur origine.

1921

DES FLEURS BELLES ET BLANCHES CONVENANT A MERVEILLE

Il est entré dans le café qu'ils fréquentaient tous
[deux
Où ici même son ami lui avait dit trois mois plus
[tôt :
« Nous n'avons plus d'argent. Nous sommes deux
[miséreux.
Réduits à vivre dans les bouges. Je te le dis tout
[net :
Je ne reste plus avec toi. Un autre, sache-le,
Un autre me désire. »

« L'autre » lui avait promis deux complets
Et des mouchoirs de soie. Pour le reconquérir,
Il finit par trouver vingt livres.
Pour ces vingt livres, il revint à lui
Et aussi en raison de leur vieille amitié,
De leurs années d'amour, de leur attachement.

« L'autre » était un menteur, un vrai voyou
Qui ne lui donna qu'un complet d'ailleurs
A contrecœur, après maintes supplications

Mais à présent plus besoin de complet
Ni de mouchoirs de soie ni de vingt livres
Ni même de vingt sous.
On l'a enterré dimanche à dix heures du matin.
Sur son pauvre cercueil, il a posé des fleurs
Des fleurs belles et blanches convenant à merveille
A sa beauté, à ses vingt-deux ans.
Et ce soir, en raison d'un travail pour le besoin
D'un gagne-pain, il est retourné
Dans le café qu'ils fréquentaient tous deux.
Un coup de couteau en son cœur :
L'odieux café qu'ils fréquentaient tous deux.

1929

Cécrops

Que peut bien sentir, ressentir, imaginer, désirer, espérer, redouter un homme parfaitement humain de la tête à la taille, mais dont le bas est celui d'un serpent ? Que pouvaient sentir, ressentir ceux que les Grecs, pour désigner ces créatures hybrides nées de la Terre, nommaient des anguipèdes ? Il nous manque là-dessus beaucoup d'information, il nous manque les mémoires de quelque anguipède, de Cécrops, par exemple, qui fut le premier roi d'Athènes et régna longtemps sur la ville. Il ne semble pas avoir été particulièrement gêné par son étrange constitution. N'a-t-il pas épousé et engrossé une jeune princesse attique du nom d'Aglauros qui lui aurait donné trois filles ? Je sais bien qu'il s'agit de figures purement mythiques qui n'avaient aux yeux des Grecs aucun caractère impératif ou contraignant. Si l'on se dit par ailleurs qu'Aglauros signifie « Eau limpide », son union avec Cécrops, lui-même fils de la Terre, dit l'osmose des forces élémentaires et fondatrices du sol attique.

Les Grecs se sont plu à imaginer, aux origines du monde et de la Grèce, quantité d'être hybrides, tels Cécrops, la Chimère, les Sirènes ou le Minotaure, sans se soucier le moins du monde de tout ce que cette nature hybride pouvait impliquer dans la vie quotidienne. Tous ces êtres ont en effet un cerveau et donc des neurones humains, c'est évident puisqu'ils parlent et qu'ils pensent ! S'ils pensent, que pensent-ils d'eux-mêmes ? Cécrops se disait-il « Peut-on être roi et ramper » ? Le Minotaure, en ses longues heures de solitude au cœur du Labyrinthe, se disait-il « Je parle donc je suis » ou « Je mugis donc je suis » ? Insolubles questions ! « *L'imaginaire*, disait très justement André Breton, *est ce qui tend à devenir réel.* » Cela peut être vrai pour les rêves ou les utopies, mais pas pour Cécrops ou le Minotaure. Ces êtres appartiennent au passé et il faut noter que les Grecs eux-mêmes — qui pourtant n'avaient pas lu Darwin — en firent exclusivement des créatures des origines, appelées à disparaître un jour, remplacées par des êtres plus aboutis et totalement humains. Je dirai, à propos de Cécrops et des créatures anguipèdes, que ce mélange ou cette osmose entre l'homme et le serpent ne devait pas apparaître aux yeux des Grecs comme une alliance monstrueuse, bien au contraire. Cécrops n'avait rien d'un être grossier ou démoniaque, lui qui apprit aux premiers Athéniens à enterrer leurs morts et à édifier des remparts. Le serpent qui, en tant que fils de la Terre, avait aussi le privilège de la sagesse, fut en fait une part de nous-mêmes, notre part chtonienne ou tellurique. Je vois en la figure de Cécrops, l'Homme-serpent des origines, le surgissement de l'Inconscient à la surface de la terre et de l'histoire, sa première apparition manifeste. Et l'on devine ce qu'il désigne, cet Inconscient au torse d'homme et au corps de serpent, il désigne ce point où la nuit et le jour, l'animal et l'homme, l'eau et le feu, l'instinct et l'intelligence, la genèse et la maturité du monde cessent enfin d'être contradictoires.

Chasseurs (Les)

La Grèce n'a jamais particulièrement brillé par la qualité de ses films, ni l'audace de ses réalisateurs. Seul Théo Angélopoulos a su donner au cinéma de son pays une audience internationale, car il fut le premier à traiter de sujets spécifiquement grecs en sachant les rendre universels. De lui, on connaît surtout, en France, son premier film distribué sur nos écrans, *Le Voyage des comédiens*, suivi par *Le Voyage à Cythère*, *L'Apiculteur*, *Le Pas suspendu de la cigogne*, *Le Regard d'Ulysse*, et *L'Eternité et un jour*.

Moins connu est un film tourné en 1977, intitulé *Les Chasseurs*. Pourquoi est-il l'un de ceux que je préfère ? Parce qu'il fut le premier à rompre le silence et l'interdit qui pesaient en Grèce sur la guerre civile J'eus l'occasion, à sa sortie en France, de le présenter devant des publics très divers et de publier dans *Les Nouvelles littéraires* un article sur tout ce qu'il avait de novateur pour le cinéma grec. Je rappellerai aussi, avant qu'on ne lise ce texte, qu'il rendait hommage à une figure emblématique des combats révolutionnaires de l'époque, Aris Vélouchiotis, chef de guerre du gouvernement dit de la Montagne, qui réapparaît dans ce film sous la forme d'un cadavre de maquisard qui lui ressemble comme un frère et que des chasseurs découvrent, miraculeusement intact, dans la neige. Cette image symbolique exprime très clairement ce que ne cesseront de dire et de montrer tous les films suivants d'Angélopoulos : la fin du grand rêve révolutionnaire des années d'après guerre, désormais embaumé — comme l'est la momie de Lénine — dans les glaciations de l'histoire.

QUI A ENCORE PEUR DE LA RÉVOLUTION GRECQUE ?

Depuis la guerre civile de 1946-1949, le passé politique de la Grèce est tabou. Avec son film *Les Chasseurs*, Théo Angélopoulos se livre à la psychanalyse d'une nation.

Pendant toute l'après-guerre, l'histoire réelle de la Grèce, c'est-à-dire celle de la Résistance, de la guerre civile, de la défaite des forces populaires, de la figure légendaire d'Aris Vélouchiotis et aussi celle de la répression impitoyable qui, pendant trente ans, s'abattit sur la gauche vaincue, cette histoire fut entièrement occultée et passée sous silence. Nul, pendant ces trente ans, ne pouvait y faire la moindre allusion, encore moins écrire à son sujet.

Le pays officiel imposa au pays réel un silence absolu sur une tragédie que, pourtant, tous les Grecs ou presque avaient vécue. Cela dura pratiquement jusqu'à l'arrivée au pouvoir de l'Union du Centre de Georges Papandréou, en 1963, où, très timidement, on écarta certains coins du voile. Encore l'interdit ne fut-il levé que par quelques articles ou études, et jamais par le cinéma. De cela, même alors, il ne pouvait être question.

C'est pourquoi l'entreprise de Théo Angélopoulos est si importante, si novatrice, si nécessaire : elle viole pour la première fois des tabous si ancrés dans les consciences qu'on pouvait les croire immuables, elle aborde ouvertement ce dont personne n'avait vraiment osé parler autrement qu'à voix basse pendant trente ans. Ces tabous, ces interdits, ce sont aussi bien l'histoire du Goulag grec — les camps d'exil et de déportation qui fonctionnèrent sans interruption de 1936 à 1974 — que celle de la guerre civile, le pouvoir omnipotent de la police et de l'armée, le trucage systématique des élections par la droite, etc. Pour cela, Angélopoulos a conçu une trilogie dont nous avons vu *Jours de 36* et *Le Voyage des comédiens* et dont *Les Chasseurs* constituent la troisième partie axée sur les dernières années de 1949 à 1967.

Film fort, intense, bouleversant à certains moments même si, à d'autres, il pèche par des longueurs, quelques répétitions, des allusions claires pour les Grecs mais difficiles à saisir pour un public non averti. L'histoire ? Un groupe de notables découvre, au cours d'une partie de chasse dans le nord du pays, le cadavre intact d'un maquisard tué en 1949. Dès le début, le symbole est clair, évident : ce cadavre de trente années est encore couvert de sang frais, comme vivant, diront tous les témoins. Traduisons : les plaies de cette époque saignent toujours dans les consciences des Grecs, leur souvenir ne s'est jamais cicatrisé.

Ainsi, chaque témoin, au cours de sa déposition, revivra-t-il cette époque avec intensité, retrouvera-t-il, en cette veille du jour de l'an 1977, les terreurs d'autrefois. Ces terreurs rétroactives, on les ressent admirablement dans tout le film. Car à l'époque et jusqu'à l'anéantissement définitif des forces populaires dans les monts Grammos en 1949, la bourgeoisie sentit passer sur elle, et de très près, le vent de la révolution. Les maquis des montagnes, avec d'abord Aris Vélouchiotis, le Che Guevara de la Grèce — même légende, même destin de vaincu et, presque, même visage — puis les chefs qui lui succédèrent, furent à deux doigts de vaincre. La bourgeoisie n'oubliera plus jamais en Grèce la hantise de cette presque victoire. C'est à cette peur encore viscérale des « Rouges » que firent appel les colonels fascistes qui prirent le pouvoir en avril 1967. Et tout cela, en Grèce, justement n'est pas « du cinéma ».

Si bien que toute l'histoire de l'après-guerre se déroule au fil des souvenirs et des dépositions, comme autant de moments et de fantômes, toujours présents, marquée par des séquences relatant des journées historiques : fin des combats des maquis populaires (1949), élections truqués (1958), assassinat de Grigoris Lambrakis (1963), manifestations lors du coup d'Etat du roi contre Papandréou (1965). Et entre chaque évocation, entre chaque station de ce chemin de croix historique, le cadavre du partisan ressemblant à s'y méprendre à celui d'Aris Vélouchiotis, tel que tous les Grecs ont pu le voir, à l'époque de sa mort, dans la presse.

Du film lui-même, je ne me sens guère en état de parler : esthétique, montage, interprétations sont tous englobés en cette vision intense et justicière de l'histoire. Non que les personnages y soient des marionnettes. Au contraire. Mais leur histoire, leur drame psychologique comptent peu ici, à côté du grand fleuve que leur mémoire charrie. Ils sont des témoins cruciaux, impliqués, responsables parfois, et non des personnages dramatiques. Ce qui importe, ce qui est vivant, si présent dans ce film, c'est la voix, ou plutôt les yeux d'Angélopoulos qui, pour la première fois, fait la psychanalyse de la Grèce, montre, démontre et crie les noms, les faits, les scandales si longtemps étouffés, c'est cette Grèce qui se dénude enfin et nous dévoile, en une œuvre austère et magnifique, le corps meurtri, trahi, violé, mais toujours vivant de sa Révolution.

Cheimonas Georges (1938-1999)

La première fois que je le vis, je ne pus m'empêcher de penser au titre d'un roman de Julien Gracq : *Un beau ténébreux*. Cheimonas donnait toujours — au premier abord — le sentiment de jouer un personnage, d'être en constante représentation, assurant, affinant son rôle d'ange égaré dans les labyrinthes de ce monde et les mystères du langage. Son univers romanesque, construit autour de personnages aussi déconcertants que ceux peuplant les toiles du peintre Paul Delvaux, décrit de livre en livre ou plutôt inventorie une suite de rencontres initiatiques, faites d'absolus désirs et de totales perditions, au cœur de maisons ou de châteaux aux couloirs vides, aux fantômes égrotants. Je ne veux pas pour autant donner l'impression que cet univers est fait d'impuissance ou de désespoir : pas du tout. Derrière chaque symbole, il y a une clé, une issue, et derrière chaque mot, l'écho de sa face cachée. Cheimonas était neuropsychiatre et c'est pourquoi son œuvre est comme une recherche, nullement intellectuelle mais viscérale, de tous nos manques, de tous nos vides. Quatre livres, traduits en français, balisent cet embarquement vers une Cythère où gestes et mots d'amour sont donc réinventés : *Roman*, *Les Bâtisseurs*, *Le Docteur Inéotis* et *L'Ennemi du poète.*

L'écoutant parler, je l'ai souvent imaginé en maître d'œuvre d'un casino où les jetons seraient les mots, le tapis vert les promesses du langage et la roulette, la roue salvatrice ou destructrice du

Hasard et de l'Inconscient. Cheimonas fut un chirurgien du langage qui intervint à vif en ses tissus, bouleversant la grammaire, incisant la syntaxe, opérant de véritables greffes entre les mots et les images. Plus que tout autre écrivain grec, il approfondit l'abîme du langage, donc celui de sa propre langue, pour en ramener non ce qu'elle pouvait avoir d'unique ou de singulier, mais au contraire ce qu'elle avait — et qu'elle a toujours eu — d'universel.

Chimère (La)

En dépit de son essence et de sa nature insolites, la figure de la Chimère a parfaitement survécu à l'écroulement du monde antique et des symboles qui l'accompagnaient. Trente siècles après sa naissance, elle continue d'inspirer poètes et peintres de différentes époques. C'est elle qui au Moyen Age est à l'origine des gargouilles des églises et c'est encore elle qu'on retrouve dans les poèmes et les peintures d'auteurs surréalistes, comme Victor Brauner, non sans avoir inspiré, au passage, plusieurs peintres de l'école symboliste, notamment Armand Point, un disciple de Gustave Moreau.

Née de Typhon et Echidna, deux monstres primitifs engendrés par la Terre, elle réunissait selon les légendes un corps de lion, un torse ou une tête de chèvre et une queue de serpent. Comme toutes les créatures des origines, elle avait une nature hybride, attestant d'une création ou d'un processus encore inachevé. En ces temps d'engendrements désordonnés, la vie cherche ses formes stables et se livre à toutes sortes d'essais, presque toujours non viables. C'est le temps où, comme le dit si bien Empédocle :

de la Terre naissaient des têtes dépourvues de cou,
Et erraient des bras nus, sans épaules
Et des yeux qui flottaient non amarrés au front.

La Chimère habite ce pays sans structure, où chaque espèce cherche encore sa forme, selon la méthode bien connue des essais et des erreurs. Evidemment rien n'est plus déconcertant à nos yeux qu'une association contre nature comme celle d'un lion et d'une chèvre ou d'un oiseau et d'un serpent. Au point que, lorsque au XIXe siècle on découvrit en Australie un animal amphibie à queue de castor, pattes palmées et bec de canard, on crut à une supercherie. Mais non : ce monstre anatomique n'était pas une chimère, mais un ornithorynque !

Le *curriculum vitæ* ou plutôt la légende de la Chimère en fait un animal agressif dont la gueule crache un feu constant, un monstre semant autour de lui la mort, la terreur et la désolation. Bref, un essai et une forme ratés. C'est pourquoi elle finira par être anéantie par un héros, Persée ou Bellérophon, monté sur Pégase*, un cheval ailé qui était, lui, allié de l'homme. L'irréalité foncière, l'invraisemblance congénitale de la Chimère ne l'empêchèrent pas de survivre dans l'imaginaire des différents peuples, et notamment en Occident, sous des formes inattendues. Au point qu'à l'époque symboliste et surréaliste, elle a fini par signifier le Rêve impossible mais nécessaire, et par représenter l'image immaculée, onirique et séduisante d'une Utopie vivante !

Christodoulou Dimitri (1924-1991)

Je l'ai d'abord rencontré en Grèce en 1966 et revu très souvent par la suite à Paris où il était venu s'installer après le coup d'Etat des colonels en 1967. C'est surtout le poète que j'ai connu, côtoyé et traduit, un poète sans cesse sur le qui-vive et dont les exigences d'homme et de créateur n'ont cessé d'alimenter une poésie de résistance et de vigilance. Oui, un veilleur œuvrant aux frontières de l'injustice et de la répression, un perpétuel guetteur des lâchetés et des reniements quotidiens. Il n'a laissé que peu de poèmes — étant mort prématurément — mais chacun d'eux porte un ton, un souffle bien particuliers, qui font penser à ces poèmes vengeurs des troubadours d'Occitanie qu'on appelait des *sirventès* et qui s'en prenaient à toutes les félonies, bassesses et brutalités de leur temps.

Je reproduis d'abord ici la brève présentation que j'avais faite de lui dans le recueil intitulé *Poèmes*, paru aux éditions de Beaune en 1970.

Dimitri Christodoulou appartient à ce que l'on pourrait appeler la génération d'après-guerre. Mais en réalité il n'y a pas d'avant ni d'après-guerre. Sur le front de la poésie, la guerre est partout, en Grèce plus qu'ailleurs. Les poèmes traduits et proposés ici appartiennent à cette zone de l'écriture qui est comme la ligne de feu de la pensée. Les mots y montent la garde aux frontières de l'action. Le poète devient veilleur de nuit, veilleur de jour, attentif à chaque sillon, à chaque braise. Le gel et la terre calcinée brûlent les lèvres et les phrases. Couve partout l'acier rougi des mots. Poèmes de la mobilisation permanente. Choisis ici pour réveiller et pas seulement pour plaire.

Ligne de feu de la pensée. Mobilisation permanente. Christodoulou a tout partagé des combats grecs pour la liberté. Les titres de ses recueils le disent déjà amplement : *Gardiens de nuit*, *Prisons*, *Foyers de résistance*, *Poèmes d'exil.* Voici deux de ces poèmes, écrits dans les années 60, qui disent l'essentiel de ce contre quoi et de ce pour quoi il vécut :

FRONT

Halte.
Même le nœud du pin
peut être un œil
et les aiguilles des sapins
être des baïonnettes.
Un ennemi nous guette
derrière chaque anémone.
Halte.
Mort.

Ici
l'oreille n'entend aucun vent
n'entend pas le cœur de la terre.
Halte.
Mort.
Les heures
ont des mitrailleuses en leurs secondes
en leurs premières minutes
des grenades
au milieu de leur parcours
un nœud dans la poitrine
exactement
un assaut.
Halte.

Mort.

Comment atteindras-tu l'abri désespéré ?
Ils ont tous oublié leur mère.
Ils t'ont oublié quand tu tenais
le cœur dans les paumes.
Réduits en miettes dans le mortier.
Comment atteindras-tu l'abri désespéré ?
Halte.
Mort.

Le soleil ouvre une bouche béante de cadavre
les têtes
de ceux mis à mort au combat
balancent
sur le dos des mulets
oscillant.
Ils ont leur propre temps
ils ont d'autres heures
sur l'échine glacée
la croix
la croix
les ongles gelés
l'archive des pertes
l'archive.
Halte.
Mort.

Ici
la lune à chaque soupir montre ses dents.
Halte.
Mort.
Ils nous trouveront les yeux sur le front
le cœur putréfié dans le vent
seuls
sans soleil
sans hier
sans demain
morts habillés
habillés le signal
le signal

le cri de ralliement
nous serons assaut
patrouille
embuscade
nous serons Halte.
Nous serons Mort.

Nous sommes devenus une silhouette raide de
[désespoir.
Toute une armée de morts
a cheminé sur notre torse
dans les vallées où les hommes ne dorment plus
les heures hurlent inconsolables
les chacals mangent leur rire
les serpents boivent le sang des arbres
les rapaces mangent la chair de la terre
la terre halète et s'insurge
les arbres se brisent comme au fond de nous le
[courage.
Halte.
Mort.
Il ne fallait pas que tu viennes.
Maintenant que je suis devenu une silhouette raide
[de désespoir
il ne fallait pas que tu viennes.
Je noue ma patience au soleil
je marche avec les mains
je crie dans la nuit sans fond
je rassemble
ma poitrine mes yeux.
Il ne fallait pas que tu viennes.
Halte.
Mort.

Terre, ma terre fraternelle

Terre de la naissance
Terre de la mort

Terre de la racine
Terre du sommet

Terre effritée
Terre compacte

Terre du soleil
Terre du vent

Terre de la terre
Terre de la mer

Terre de la pluie fine
Terre de la tempête

Terre de la force
Terre de ma soumission

Terre de ma lutte
Terre de mon silence

Terre de ma douleur
Terre de ma joie

Terre dans les yeux du compagnon
Terre dans son corps

Terre dans ses lèvres
Terre dans sa voix

Terre dans ses mains
Terre dans son baiser

Terre partout terre
Pétrie de soleil
De plantes pourries
De sang, de neige

Terre tombeau terre origine
Nul n'est seul. [1]

1. Voir aussi à l'article « Aurige » un texte de Christodoulou.

Cigales

Ce ne sont pas des mots mais une cithare ou une lyre qu'il faudrait pour parler des cigales ! En français, leur nom est certes musical mais sans plus. En grec ancien, on les nommait *tettyx*, mot déjà plus proche du son émis. En grec moderne, cigale se dit *dzidzikas*, parfaite imitation du chant même de l'insecte. Est-ce d'ailleurs un chant ? Le mot est tout à fait impropre puisque le son produit par les cigales est dû au frottement de leurs cymbales ventrales, exactement comme celui d'une scie musicale. C'est un jeu de cordes frottées, non de cordes vocales ! Jean-Henri Fabre nous l'explique à merveille dans son ouvrage sur les cigales, lui qu'on a justement surnommé l'Homère des insectes. Comme on le voit, nous restons toujours en Grèce !

L'essentiel toutefois n'est pas là. Ce n'est pas Fabre qui peut ici nous éclairer sur les cigales mais Platon qui, dans un passage du *Phèdre*, nous dit que « *lorsque le chant des Muses se fit pour la première fois entendre sur la terre, les hommes en furent si bouleversés qu'ils se mirent à les imiter au point d'en oublier de boire et de manger. Si bien qu'ils en moururent sans même s'en rendre compte. Et c'est d'eux que naquit alors l'espèce des cigales* ». Il faut bien dire que pour des oreilles d'aujourd'hui le chant des cigales est plus répétitif et monotone qu'enchanteur. Mais les anciens Grecs, de toute évidence, ne l'entendaient pas de la même oreille : pour eux, le chant des cigales, loin de paraître lancinant, était porteur de mémoire et surtout porteur de message. Car les cigales étaient les messagères des Muses sur la terre et elles transmettaient aux dieux les hommages que les hommes leur rendaient. Leur chant, même émis à l'heure de midi, quand chaleur et lumière font du sol un brasier vivant et de l'ombre un refuge vital, était un chant de vigilance, disant en quelque sorte à l'homme : « *Eveille-toi, réveille-toi, éveille-toi, réveille-toi...* » Bruyantes, certes, voire agaçantes, mais aussi vigilantes et même enseignantes, telles étaient pour les Grecs anciens la nature et la raison d'être des cigales.

Pour ceux qui en leur temps en eurent connaissance, le mythe de Platon devait surtout avoir un sens moral et philosophique. Mais au-delà du mythe, demeure le mystère des cigales. Passer sa courte vie immobile sur un arbre à striduler, n'est-ce pas là une incongruité, voire une totale insouciance, comme le montre bien la fable de La Fontaine ? Le fabuliste ignorait évidemment que les cigales mourant à la fin de l'été n'avaient nul besoin d'envisager leur survie en hiver ! Mais — rétorquera-t-on — les cigales ignorent elles aussi qu'elles cesseront de vivre à la fin de l'été, et le problème revient au même : peut-on décemment, dans une société de fourmis laborieuses, entasseuses et parcimonieuses — je parle de notre société à nous, à vous, humains que me lisez — passer sa vie à vivre de vent et de chant ? Personnellement, je réponds oui car un monde sans cigales serait comme un ciel sans Muses, un Apollon sans lyre, un ruisseau sans murmure, une Pythie sans oracles. Les cigales sont essentielles au monde, voilà ma conviction et mon credo.

Mais il arrive aussi que les cigales se taisent, toutes ensemble, en un unisson de silence qui a toujours frappé les hommes. Un silence impressionnant, souvent même angoissant. Et je ne peux m'empêcher de penser alors à un très beau poème de Georges Séféris* intitulé *La Grive*, au terme duquel figurent ces vers :

Et tu es
Dans une grande maison pleine de fenêtres ouvertes
Courant de pièce en pièce, sans savoir
De quel côté d'abord jeter les yeux.
Parce que les pins, les reflets des montagnes
Et le chant des oiseaux vont disparaître.
La mer va se vider, vitre émiettée du Nord au Sud,
Tes yeux vont se vider de la lumière du jour
Ainsi que se taisent, soudain, toutes ensemble,
Les cigales.

Combologue

Littéralement « nœud de mots », le combologue a eu longtemps — et a encore occasionnellement — vocation de chapelet ou de rosaire. Il est fait de perles ou de grains enfilés sur une cordelette où ils peuvent glisser librement. Il y a des enfants qui se souviennent de leur première sucette. Moi, je me souviens très bien de mon premier combologue, que m'offrit dans une grotte du mont Athos un ermite qui l'avait confectionné lui-même. Et je puis certifier, pour en faire depuis un très fréquent usage, que palper, égrener, caresser, tripoter, voire triturer ces perles ou ces grains, les faire glisser nonchalamment sur la cordelette

ou subtilement entre ses doigts est une des occupations apparemment des plus futiles mais en réalité très agréable et même salutaire. A condition qu'il s'agisse d'un combologue traditionnel, fait de grains d'ambre, de bois d'olivier ou de caroubier, à la rigueur d'ivoire ou de verre teinté. Car le tourisme là encore a troublé la tête des marchands du Temple et le plastique a remplacé un peu partout les matériaux traditionnels.

Par sa forme et par son usage, le combologue possède un indiscutable pouvoir d'apaisement, caresser ses grains dodus et lisses calme indiscutablement le stress, l'énervement, voire l'ennui quand on ne sait quoi faire de ses dix doigts. Il offre une solution immédiate et peu onéreuse à tous les désœuvrés, c'est un véritable tranquillisant à la portée de toutes les bourses, un lasso miniature pour dompter nos élans impulsifs et nos hâtes fébriles. Je trouve ses vertus calmantes si évidentes qu'à mon avis, on devrait en Grèce le délivrer sur ordonnance !

En fait, le combologue a une histoire plus

complexe qu'on ne saurait croire. Mon ami Ilias Pétropoulos*, grand spécialiste de l'art populaire, a écrit sur lui des pages essentielles quand il dit que le combologue provoque, par l'espacement de ses perles ou de ses grains, une infime coupure ou morcellement du temps qui donne le sentiment que ce dernier se ralentit. A l'origine, le combologue était utilisé aux deux pôles de la société, d'un côté chez les ermites, moines, religieux en tous genres comme chapelet, et d'un autre, par les rébétès au cours de leurs soirées et danses rébétiques*.

Pour la petite histoire, notons qu'il existe deux sortes de combologue : le combologue et le comboskoinia, autrement dit le chapelet et la corde à nœuds. Bien entendu, rien ne vous empêche de fabriquer vous-même votre combologue avec tous les matériaux pensables et surtout utilisables — car il faut percer par le milieu perles, graines, verres et coquillages, pour y passer le fil... Normalement, les perles ou grains sont au nombre de trente-trois, mais certains chapelets utilisés par les religieux peuvent en comporter quatre-vingt-dix-neuf. Les rébétès, jadis dans les tavernes, s'en servaient pour rythmer les chansons en les cognant contre leur verre. Ainsi, de l'église jusqu'à la taverne — ou de la taverne jusqu'à l'église — on peut dire que le combologue a rythmé et rythme toujours la vie quotidienne et nocturne des Grecs. Pour le profit de tous. Un dicton populaire ne dit-il pas :

Un combologue entre les mains
T'assure de nombreux demains !

Constantinople (chute de)

Comme Alexandrie, Venise et Saint-Pétersbourg, Constantinople est née d'un défi réussi. Mais elle diffère des trois autres villes par son port, qui ouvre sur deux mers et sur deux continents, et par son histoire particulière qui lui valut d'avoir successivement trois noms : Byzance, Constantinople et Istanbul.

Depuis la prise de la ville en mai 1453 par le sultan Mehmet II, les Grecs — certains Grecs en tout cas — continuent de célébrer son thrène et en ont fait la Ville, *I Polis* — avec une majuscule comme pour *I Alôssi*, la Chute, qui désigne toujours en Grèce celle de Constantinople. Notons un autre fait intéressant : de même que l'Athènes antique avait la déesse Athéna pour divinité tutélaire, Constantinople s'était tout entière vouée à la Panaghia*, à la Vierge. Mais ces deux protectrices faillirent l'une et l'autre à leur tâche, comme l'histoire le montra.

Si cette chute a longtemps marqué la mémoire et l'imagination, c'est qu'elle ne signifiait pas pour les Grecs la prise d'une ville quelconque, mais celle de la capitale de l'Empire byzantin, du foyer de l'orthodoxie, tombés aux mains des Infidèles. Et comme on ne pouvait en accuser la Vierge, force fut d'admettre que cette perte était due aux fautes, voire aux péchés des habitants. La Chute fut le symbole d'un châtiment du Ciel.

S'en remettre ainsi à la Providence pour comprendre son propre destin n'est pas sans conséquences ou incidences. Beaucoup de Grecs pensèrent qu'une fois leurs fautes expiées, Dieu leur permettrait de reprendre la Ville. D'où nombre de légendes montrant ou révélant que cette Chute, en fait, n'était que provisoire.

La première repose sur un miracle — que l'on trouve déjà en des récits bien antérieurs à l'époque byzantine, notamment dans la légende d'Alexandre le Grand* et qui est le suivant :

L'empereur Constantin Paléologue regardait des poissons en train de frire dans la poêle quand un messager arriva en criant que les Turcs venaient de s'emparer de la porte du Pommier rouge. Cette porte, gardée par une icône de la Vierge, passait pour absolument imprenable. L'empereur s'écria aussitôt : « *Je n'y croirai que si je vois ces poissons retourner vivants dans le Bosphore.* » Sur quoi, les poissons sautèrent hors de la poêle et regagnèrent le Bosphore ! L'avertissement était on ne peut plus clair.

Voyant cela, l'empereur prit son épée, sauta sur son cheval et courut au-devant des Turcs avec ses compagnons. Mais au cours d'une mêlée, le voici cerné et sur le point d'être massacré. Alors, un ange l'enveloppa de brouillard et l'enleva, avec son cheval, pour le transporter dans une grotte secrète de la colline. Là, pétrifié, il attend le jour où Dieu lui permettra de reprendre la Ville.

La troisième reprend le même thème, mais le situe un peu plus tard, dans l'église Sainte-Sophie. Le prêtre tendait le pain de communion vers la foule des fidèles rassemblés dans la nef quand les Turcs firent irruption. Aussitôt, un ange intervint pour transporter le prêtre dans un pilier voisin. Et là, pétrifié lui aussi, il attend le jour où Dieu lui permettra de terminer sa messe.

Le sens de ces légendes est évident : le Temps s'est momentanément arrêté, mais reprendra son cours un jour, pour achever ce qui doit l'être, la communion et le combat interrompu. C'est, à l'échelle de l'histoire, ce qu'on pourrait nommer un arrêt sur images. Il se trouve qu'au siècle dernier, un courant se fit jour en Grèce, dans les milieux royalistes notamment, à partir de cette même idée : on peut, on doit reprendre la ville aux Turcs. On appela ce courant celui de la Grande Idée. Idée non seulement absurde, mais irréalisable et surtout dangereuse. Par chance, elle n'eut aucune incidence durable, la catastrophe d'Asie Mineure, en 1922, ayant détourné les Grecs de cette obsession. En revanche, la légende du Roi pétrifié n'a cessé de survivre et de hanter les imaginations. Je l'ai moi-même entendue très souvent, notamment en disque où elle était chantée sur des vers d'un poète contemporain du nom de Pythagoras. J'en donne ici un court extrait, par compassion pour ce Roi pétrifié qui attend depuis si longtemps dans sa grotte :

J'ai envoyé deux oiseaux de mer
A la porte du Pommier rouge
L'un d'eux trouva la mort
Et l'autre fut blessé
Aucun n'est revenu

Pour le Roi pétrifié
Nul mot et nulle voix
Il est devenu fable
Qu'on raconte aux enfants

J'ai envoyé deux hirondelles
A la porte du Pommier Rouge
L'une est restée là-bas
L'autre est devenue rêve
Aucune n'est revenue

Pour le Roi pétrifié
Nul mot et nulle voix
Lui qui règne immobile
En nos années de larmes !

Coré

Que j'aime ce mot et toutes les images qu'il fait naître en moi ! Il est d'abord un nom propre désignant la fille de la déesse Déméter — qu'on appelle aussi Perséphone — et, ce qui est moins connu, le Sphinx ou plutôt la Sphinge, monstre femelle et vierge, dévoratrice d'hommes ! Coré, sans majuscule, est un nom commun pour désigner la pupille de l'œil, autrement dit la petite image qu'on peut surprendre dans l'iris quand on regarde quelqu'un dans le fond des yeux. C'est d'ailleurs sur cette coré que s'appuie le raisonnement de Socrate dans le passage d'*Alcibiade** intitulé *Le Miroir de l'âme*.

Mais pour moi, le mot Coré ou Corés — au pluriel — évoque avant tout les statues des Jeunes Filles — desservantes ou prêtresses — qu'on peut voir exposées dans le musée de l'Acropole. Leur posture, leurs vêtements, leur chevelure, leurs ornements, vous diront tous les historiens, sont le signe d'un art à la fois archaïque et raffiné. Mais que veut dire archaïque quand un art arrive justement à un tel sommet d'élégance, de finesse et de perfection ? Ce qui m'a toujours attiré en ces Corés marmoréennes, c'est le sourire qu'elles portent toutes sur leur visage, un sourire qui fut peut-être en son temps une convention esthétique, mais qui, aujourd'hui, en dépit des siècles qui nous en séparent, irradie un sentiment de sérénité intérieure.

Ne manquez pas d'aller voir sur l'Acropole cet alignement de splendeurs ! On ne peut rester neutre, indifférent, devant, justement, ce sourire et la complicité furtive ou fervente qu'il suggère et même qu'il impose. Je pense souvent à ces Jeunes Filles — désignées par des numéros — mais que, pour ma part, j'aime reconnaître et retrouver à la nature particulière de leur sourire. Elles ont survécu par miracle aux pillages et aux destructions et elles sont venues jusqu'à nous pour dispenser, après des siècles d'oubli et d'ignorance, ce sourire auroral. Ce qu'elles disent, par ce sourire et aussi par leur posture toute de retenue et de droiture, une posture librement consentie qui est de pure offrande et non de suppliante, de pure dévotion et non de soumission, c'est que le dieu ou la déesse qu'elles viennent visiter n'est plus à craindre, à supplier, mais à révérer, et que leur prière n'est plus une demande mais un hommage et même un don. Oui, je crois saisir ce qui si longtemps m'intrigua en la posture si instante et si naturelle de ces Corés : c'est qu'elles viennent non pas demander mais donner.

Dans la dernière partie de mon livre *Sourates*, figure une sourate du sourire dédiée à ces Corés. Et je fais dire à l'une d'elles : « Mon cœur est un cristal vivant dans la transparence du Temps. Je suis sillon, je suis sillage. Je suis sérénité du Soi qui a rejoint son vrai visage. »

La sérénité d'un sourire — et d'un sourire en marbre — n'est-ce pas le plus grand don que puisse nous faire un artiste ? Surtout quand cette sérénité irradie un visage conçu, né et sculpté sur ces terres d'Ionie, Levant d'un art nouveau ?

Crétois (Le)

Roman de Pandélis Prévélakis* paru en Grèce en 1948 et en France en 1957. Ce livre fut ma première traduction du grec moderne effectuée à la demande de l'Unesco et du Pen Club pour faire connaître les auteurs et les œuvres écrites en langues de faible diffusion — autrement dit en langues dites vernaculaires. Il s'agit d'un roman épique en trois volumes — l'édition française, elle, n'en compte qu'un seul — racontant l'his-

toire des différentes insurrections crétoises contre l'occupant turc au XIXe siècle et couvrant en gros la période allant de 1864, date de la première révolte, jusqu'au rattachement de l'île à la Grèce en 1913. Roman fleuve, donc, selon l'expression consacrée et dont la traduction me prit près de trois ans, le grec de l'auteur étant truffé d'expressions et de tournures crétoises. L'histoire de ces insurrections est racontée par un personnage, Constantin Marcantonios, symbolisant à la fois le combattant crétois irréductible et irréprochable, et le témoin d'une Crète en pleine mutation. Les trois tomes de l'édition grecque s'intitulent *L'Arbre*, *La Première Liberté* et *La Cité*. Le travail de moine qu'impliqua une telle traduction eut, entre autres avantages, celui de m'initier à tous les secrets de la Crète héroïque mais aussi à ceux de la Crète traditionnelle. Car ce livre n'est pas seulement un roman historique, l'auteur élargit sans cesse l'horizon du récit en s'attardant ici et là sur les coutumes, traditions, proverbes, dictons, chants et danses populaires de l'île. Au point de constituer par endroits un véritable manuel d'ethnographie de la Crète rurale du siècle dernier. Cet aspect disons documentaire de l'ouvrage, livrant les clés d'une Crète aujourd'hui totalement disparue, éclaira et même enchanta ma rencontre chaque jour plus forte et plus précise avec cette île. Au point qu'une fois la traduction achevée, je me rendis aussitôt en Crète, pendant tout l'été 1957, à seule fin de retrouver les lieux, voire les descendants des combattants et personnages décrits. Et je me sentis alors non plus un étranger venu étudier la survivance de coutumes ancestrales mais presque un revenant, au sens concret du mot, visitant les ombres familières de son passé.

J'en donnerai un exemple précis : dans un des chapitres du livre, l'auteur raconte comment, dans un village de la région de Sphakia, dans le sud de l'île, un aigle, posé sur un rocher à l'entrée du village, s'était soudain mis à pleurer, au moment d'une des luttes partisanes contre l'occupant turc. Le gamin qui avait surpris l'aigle pleureur courut vite l'annoncer au village et chacun comprit que c'était là un message de mort ou de défaite. L'aigle, rappelons-le, fut toujours en Crète le symbole de l'île, sans oublier qu'il fut auparavant l'oiseau royal de Zeus. Cet aigle annonçait donc ce qu'on apprit quelques jours plus tard, à savoir que presque tous les volontaires de ce village avaient péri au cours des combats. L'auteur situe en 1866 cette anecdote, tirée d'une chronique locale.

En arrivant à ce même village, en été 1957, à l'heure de la sieste, j'aperçus un pope assis à la terrasse de l'unique café.

— Bienvenue, mon enfant, me dit-il, que puis-je pour toi ?

— Mon père, si cela est possible, j'aimerais voir le rocher où a pleuré l'aigle autrefois.

Le pope n'en crut pas ses oreilles : il me regarda avec effarement, se signa à trois reprises, se leva, réveilla le tavernier qui dormait devant son comptoir et commença à ameuter tout le village. A mesure que les gens arrivaient, certains encore endormis, d'autres complètement interloqués, il leur criait :

— Venez, venez, venez écouter l'étranger, venez apprendre ce qu'il veut voir !

Et devant la foule assemblée devant le café, il me fit répéter ma demande. Je vis alors tous les visages se figer d'étonnement, voire de stupéfaction.

— Comment peux-tu savoir cette histoire ? me demanda-t-il.

J'expliquai la raison et chacun observa alors un silence religieux, me prenant pour un archéologue ou un grand professeur venu du lointain Occident jusqu'à eux.

— Ainsi, fit le pope, tu as traduit un livre où on parle de nous ?

— Oui, un livre où on parle des combats de la Crète et de cet aigle.

Alors, pope en tête, tous se mirent en marche et me guidèrent en procession jusqu'au rocher, situé juste en dehors du village. Un rocher quelconque, évidemment, que rien ne distinguait des autres. Les légendes ne bénéficient pas de plaques et autres inscriptions signalant à tel ou tel endroit le passage d'un personnage mythique ou quelque haut fait fabuleux. Il n'y a pas, en Bretagne par exemple, de rocher sur lequel serait écrit : « Ici, le roi Arthur a rencontré pour la première fois la reine Guenièvre », ou à tel autre endroit : « Ici, Tristan a embrassé Yseult pour la première fois. »

Il n'y avait donc pas sur ce rocher la moindre trace de l'événement, les larmes d'ailleurs n'en laissant guère, en général. En tout cas, à peine arrivés au rocher, tous se reculèrent pour me laisser m'en approcher, dans un silence impressionnant. Je crus bon de me signer à mon tour — à l'orthodoxe — et d'observer une minute de silence à la mémoire de l'aigle. Puis, tous, nous retournâmes vers le village où, il va de soi, je pus sans difficulté demeurer quelques jours.

★

Le Crétois parut d'abord en 1957 dans une édition à tirage limité, illustrée de gravures. Préfacier de cette première édition, le romancier Jacques de Lacretelle, qui avait déjà parcouru la Crète avant la guerre, sentit bien l'importance de l'arrière-plan historique baignant les personnages du livre. La Crète de cette époque, disons des XVIIIe et XIXe siècles, n'a cessé d'être une terre en lutte contre l'occupant — vénitien au début, mais surtout turc par la suite — où chaque homme, dès sa naissance, était voué à devenir un combattant. La destinée individuelle n'avait de sens, alors, que comme fil individualisé d'une trame et d'une chaîne collectives. « *En Crète*, écrit-il, *la destinée humaine est trop bien prise dans les mailles de l'Histoire pour que les sentiments individuels ne portent pas la marque de la violence et du sacrifice collectif. Le désir est une insurrection du cœur ; la jalousie, une embuscade ; le mariage, une sombre prise de voile ; la mort, une résurrection dans la gloire.* » Il a bien senti aussi le lien viscéral et antique qui relie le Crétois à la nature environnante. Les saisons y rythment la vie des hommes, leurs amours, leurs jeux et leurs combats. Tout est présent, tout est vivant, actif dans le monde naturel, tout y est sensible et tous ses constituants, arbres, animaux et hommes, y vivent en une intime communion. Il n'est pas jusqu'aux morts qui ne participent à cette osmose en continuant de vivre, d'attendre en leurs tombeaux la libération du pays. Et quand ce jour sera enfin venu, que feront les Crétois ? Ils se précipiteront vers les cimetières et y entrouvriront les tombes pour crier aux morts : « Frère, la Crète est libérée ! »

Voici donc quelques extraits du *Crétois*. Le premier, *La Fête de saint Elie*, montre l'étonnante persistance de rites très anciens. Les chapelles de saint Elie, ce prophète enlevé en char vers le ciel, sont toujours édifiées au sommet des montagnes, ce qui semble logique, mais la raison en est aussi qu'elles y succèdent, dans la ferveur populaire, aux sanctuaires et autels de Zeus qui, eux aussi, étaient édifiés au sommet des montagnes. Zeus n'était-il pas déjà le dieu qui commandait aux nuages et aux orages ?

Saint Elie est le saint qui commande aux Nuages. C'est lui qui les rassemble en bataillons, qui décide où ils doivent laisser choir leurs pluies. Le Saint commande aux Pluies qui ramollissent la terre, font gonfler les graines, rendent l'herbe verte. Les Vents sont ses capitaines : vent du nord, vent du sud, vent d'est et d'ouest, vend du sud-ouest, vent du sud-est... Le vent du nord chasse devant lui les pluies, la neige, les hivers pénibles. Le vent d'est répand les averses, les pluies abondantes. Le vent du sud-ouest apporte lui aussi la pluie, une pluie souvent tardive mais qui tombe comme un vrai déluge. Le vent du sud, lui, dessèche tout : les champs, les vignes, les jardins et les vergers. Mais lorsque la pluie l'accompagne, quelle joie alors pour le monde ! Il fait bon, la pluie est tiède, les semences croissent. Vers le début de mars, quand l'hiver touche à sa fin, le vent du sud incite les buissons à se couvrir de feuilles pour que les bêtes puissent brouter. En plein cœur de l'hiver, il combat ce loup qu'est le vent du nord, fait fondre les neiges, réchauffe hommes et bêtes. Parfois même il trompe les arbres, qui se mettent à ouvrir leurs bourgeons, et la terre se couvre d'herbes, les citronniers fleurissent. Quand souffle le vent du sud-ouest, le temps devient froid. Les pluies et les neiges sont rares, mais le gel fréquent...

Dans leur mêlée, les Vents se chamaillent à qui l'emportera, à qui passera pour le plus fort aux yeux des hommes. Chacun d'eux rassemble le plus de nuages possible, leurs cohortes s'entrechoquent dans les éclairs et le tonnerre. Alors, dans un grondement de colère, on entend le char de saint Elie survoler les nuées et les flammes crépiter par les naseaux de ses chevaux. Les chrétiens regardent les sommets, cherchant des yeux les chapelles du saint. En vain ! Le ciel a tout englouti. Les jours qui précèdent Noël, les Vents se disputent violemment. Celui qui soufflera le plus fort le jour de Noël aura encore de durs combats à soutenir pour rester maître du ciel jusqu'à l'Epiphanie et être baptisé en même temps que la Croix. Le vent qui domine à la Saint-Elie, le 20 juillet, sera dominant tout l'hiver. Ce jour-là, dès l'aube, le paysan se poste sur une éminence, scrute l'horizon, étudie le ciel pour voir quel hiver il fera. Si les nuages viennent du nord, l'hiver sera dur et neigeux ; s'ils viennent du sud, il sera doux, et s'ils viennent d'un peu partout, c'est que l'hiver sera instable.

Dans les villages de la vallée, on fête le Chef des nuages par des sacrifices de bœufs qu'on égorge devant sa chapelle, sur le plateau de Samito, suivis d'un grand repas en commun. Très tôt le matin, les crieurs publics s'égosillent dans les villages : « Chrétiens, venez tous à la Saint-Elie ! On célébrera les sacrifices ! » Au premier appel, les cours seules commencent à s'agiter, mais, au deuxième, les ruelles se noircissent de monde, puis les sentiers et les routes. Les habitants des villages d'alentour grimpent en files séparées et se rejoignent au sommet. Le soleil étincelle sur leurs fusils. Des salves crépitent de temps à autre. Chacun se sent détendu par cette belle journée d'été. Tel paysan, dont les meules sont déjà entassées dans les aires, les aperçoit au loin tout en montant la pente, tel autre a déjà tout battu et sait ses récoltes à l'abri dans ses greniers. La plaine, à leurs pieds, se teinte en jaune roseau, les vignes sèment leurs taches foncées, les olives luisent déjà dans leurs arbres. De petites sources dégringolent à travers les fissures des rochers et redonnent vie aux feuillages, des oiseaux voltigent au-dessus des buissons. Sur les versants, les perdrix cacabent.

La chapelle du Saint veille sur la vallée, au bord du précipice. Derrière elle, un plateau aussi uni qu'une piste de danse s'étend jusqu'aux rochers où les bergers ont adossé leurs cabanes. A l'écart, comme pour laisser le plateau libre, se dressent des arbres de toutes sortes : poiriers sauvages, yeuses, érables. A l'ombre, on a disposé, en guise de tables, d'énormes pierres, installées là depuis des générations, recouvertes de terre et de branches, qui ont fini par former un revêtement compact. Ces tables dessinent un grand cercle, où prennent place les villageois et au milieu duquel les serveurs entassent leurs victuailles et leurs cruches. Près de ces arbres, on voit aussi quelques bergeries faites de pierres taillées à même la montagne, où elles ont laissé des blessures géantes. Un peu plus loin, on aperçoit l'Empreinte de Digénis, l'endroit où le héros mythique appuyait son talon quand il s'amusait au lancer de pierres. L'est est masqué par l'Ida, le Kédros s'élève vers le sud-ouest et, au loin, vers le couchant, on distingue les sommets enneigés des monts Blancs.

Constantin, le héros du livre, vient d'être arrêté par les Turcs et emmené à la prison d'Héraklion.

Il s'y retrouve dans la même cellule que d'autres combattants, tous témoins ou héros de faits extraordinaires. Exemple : ce récit de l'un d'entre eux, un ancien corsaire du nom de Sidéris, qu'il confesse à l'évêque, prisonnier lui aussi.

— Révérend Père, fit-il en se tournant vers l'évêque, j'ai en ma possession un trésor et je veux en faire don à mon pays. Un trésor de plus de cinq cents pièces d'or. Un Turc les avait cachées à Gramboussa, avant que les Crétois prennent la forteresse. Un jour, au cours d'une escarmouche, on le fait prisonnier, et lui, pour avoir la vie sauve, promet de révéler la cachette. Feu Couteloyannis, notre capétan, m'envoie chercher le trésor avec le Turc. Moi, j'égorge le mécréant et je reviens en disant qu'il s'est moqué de nous. Mais Couteloyannis ne me crut pas. « Dis donc, mon vieux, tu me racontes des histoires. Apporte l'argent, qu'on le distribue aux hommes Ils ont faim et ils se battent. — J'ai rien trouvé. — Bon, on va voir ça. — Vois tout ce que tu veux ! » que je lui fais. Il m'emmène devant les hommes. « Puisque tu mens, tu vas passer à la torture ! » Et il prend de l'huile brûlante et me la verse sur le bras. Moi, je ne bronche pas. Il me dit : « On va essayer autre chose. Parle, ou je t'arrache la peau du dos. — Fais ce que tu as envie. Moi, j'ai pas trouvé d'argent. » Il m'arrache une bande de peau de sur le dos. Moi, je ne cligne même pas de l'œil. Alors il dit : « Je vais essayer encore autre chose ; si tu ne parle pas, après ça, on est quitte. Je vais chercher ton plus jeune gosse et lui donner quarante coups de fouet sous tes yeux. » Il le fit. Le gosse hurlait, le sang lui giclait du dos. Moi, motus. Alors, Couteloyannis me dit : « Bon, je te fous la paix. On est quitte. Mais maintenant, dis la vérité, allez ! Des pièces d'or, y en avait combien ? — Cinq cents, compère. »

— Quel être prodigieux que l'homme, murmura l'évêque, plein d'admiration. Viens que je te bénisse ! Tu viens de comprendre, sur tes vieux jours, ce qu'est la Patrie ! Glorifie Dieu !

— Gloire à Toi, mon Dieu, gloire à Toi, ! fit le vieux loup de mer d'une voix grave, et il se signa.

Les combats et les mille épreuves, difficultés et aléas d'un pays en lutte ne diminuèrent pas pour autant le goût des Crétois pour les fêtes et surtout pour les danses. Danses souvent spectaculaires, acrobatiques, où chacun se doit de montrer sa souplesse, son agilité et ses dons d'improvisation. C'est le cas pour le *pidichto* — la bondissante — et le *pentozalis* — la danse des cinq pas.

Le rebec les convia à la danse. Les pallicares serrèrent leurs ceintures, attachèrent solidement leurs foulards et se rassemblèrent sous le grand arbre. Les femmes dénouèrent leurs fichus, les laissèrent retomber sur leurs épaules. On forma la ronde et un vieillard, encore leste, en prit la tête et frappa le départ sur le sol :

Je n'aime d'autre danse que le pentozalis,
Trois pas en avant et deux en arrière !

Hommes et femmes commencèrent à danser, en se tenant par la main. Ils gardèrent au début un rythme lent, laissant glisser leurs pas et déportant le cercle vers la droite. On aurait dit qu'ils tâtaient le sol pour l'essayer, mesurer l'aire de la danse. Les vieux s'enhardirent et rejoignirent l'essaim. Le meneur chantait, tout en dansant, les autres cueillaient le chant sur ses lèvres et le répétaient, tantôt pour activer la danse, tantôt pour remercier le rebec. L'instrument jouait posément, tout au plaisir lui aussi de ces premiers tâtonnements. On distinguait clairement les pas : trois en avant et deux en arrière. La corolle humaine se contractait puis se relâchait, comme parcourue d'une respiration.

La ronde, comme si elle avait perçu la beauté de cette respiration, cessa son mouvement en oblique. Le premier donna la main au dernier, le cercle se boucla puis, à nouveau, se contracta et se dispersa comme les vagues qui s'étalent en chantant sur la rive.

Ils imitèrent ainsi la mer jusqu'à satiété. Le rythme s'accéléra. Les pas se firent plus rapides, les pieds s'entrecroisèrent, frétillant sur place. Deux ou trois danseuses brisèrent le cercle et se placèrent en tête, en tenant l'essaim par la main gauche. Leurs pas pressaient le rythme du rebec, leurs corps ondulaient comme un ruisselet sinueux. Elles dansaient avec une perfection à vous faire perdre la tête. Tout le monde, autour d'elles, le souffle coupé, restait béat d'admiration devant les splendeurs de cette danse.

— Heureux leur maître et seigneur ! Qu'elles vivent et restent d'aplomb aussi longtemps que les montagnes ! fit un vieillard, et ses mots redoublèrent leur ardeur.

Un distique s'envola comme un oiseau, fit rougir les joues de la première :

Meneuse de la danse, parure de la danse,
Frégate étincelante au cœur de l'océan !

Un autre fit rougir la deuxième :

J'aime les cyprès, les odorants cyprès,
Pareils à toi, ô fille, en grâce, en élégance !

Autour de la ronde, celles qui attendaient leur tour formaient comme une muraille. Elles gazouillaient en chœur les distiques, battaient des mains en cadence. Les louanges qui leur venaient aux lèvres montaient en procession jusqu'au ciel. Au premier distique, la danseuse était une frégate étincelante ; au deuxième, un cyprès odorant ; maintenant, elle devenait citronnier au double fruit, pommier lourd de pommes. Chaque nouveau couplet portait les danseuses plus haut vers les nues. Elles fleurissaient comme le jasmin, embaumaient comme la cannelle. Leurs charmes devenaient indicibles, elles étaient plus belles que l'aube, plus splendides que le soleil. Elles étaient l'Archange descendu du ciel, la Messe du Jeudi saint, l'Evangile de Pâques !

Un des chefs insurgés parmi les plus célèbres se nommait alors Coundouros. Voici un court épisode le concernant et qu'on pourrait nommer *Le Rêve de la liberté.*

Coundouros leva les yeux du rocher où il les tenait fixés et promena son regard sur le pays qui l'entourait : monde sauvage, montagnes abruptes dont les cimes plongeaient dans les nuages. Pâtres et bêtes étaient perdus dans le brouillard, plus haut que la foudre, plus haut que les citadelles de David. Au-dessous, le ravin fumait, brassait ses nuages comme une chaudière en furie. Le soleil matinal traversait ces vapeurs comme s'il avait hâte d'en débarrasser les versants. A la première éclaircie, Coundouros distingua un faucon qui se confondait presque avec le roc où il se tenait, affrontant, seul à seul, la solitude. Le précipice allait en se boisant à mesure qu'on descendait vers les sources. Il devait y avoir, tout en bas, des nids de ramiers dont ce faucon était le gardien. Chaque fois qu'il avait faim il fonçait sur un nid, choisissait sa proie, l'enlevait dans ses serres. Les deux oiseaux, dans le ciel, donnaient l'impression de s'étreindre en plein vol, bien que l'un des deux fût Charon. Plus bas, on distinguait, dans la brume, les villages brûlés par les Turcs. Des cadavres devaient être en train de pourrir dans les bois. Un rapace, qui planait au zénith, les chercha un moment, puis se mit à descendre lentement, en traçant des cercles immenses, pour ne pas être entraîné par son poids. Il n'était pas encore arrivé au sol que d'autres rapaces, qui guettaient sans doute dans le ciel, accouraient près de lui.

Coundouros sentit son cœur éclater :

— Je n'en peux plus, les gars ! Nous aussi, on est devenus de vrais rapaces ! Aura-t-on droit, un jour, à une vie paisible ? Bêcher notre jardin, dormir la porte ouverte !

Constantin fit un pas vers l'entrée de la grotte, soupira lui aussi, mais ses lèvres s'éclairaient d'un sourire :

— Je te regarde depuis un bout de temps, capétan Manoussos, et je comprends ce qui se passe en toi. Avant d'épouser la belle qu'il s'est choisie, le Crétois devra passer par pas mal d'épreuves !

Coundouros ne répondit pas. Il pensa à la fille élancée, auréolée de lumière, dont l'épée tranchait les chaînes, que le capétan Siphis voyait dans ses rêves et que tous voyaient, eux aussi, dans leur sommeil, depuis qu'il le leur avait dit.« Liberté ! Liberté ! », murmura-t-il d'une voix grave et fervente comme s'il évoquait son aimée.

Ainsi en fut-il de la Crète et des combats qu'elle mena pour sa libération. Combats qui aboutirent à son autonomie en 1905, puis à son rattachement à la Grèce en 1913. L'amplitude de ces exploits, leur exagération ou magnification systématique — qui n'est pas le fait de l'auteur mais de la tradition orale — créent évidemment chez le lecteur, selon son tempérament, un sentiment d'admiration, d'agacement ou d'incrédulité. Il est en tout cas certain que la Crète joua alors, en l'ultime décennie du siècle précédent, le rôle d'un continent quasi mythique où chaque combattant se muait en héros et chaque bataille en épopée. La Crète fut le miroir où la Grèce retrouva sa propre image combattante, mais une image agrandie, magnifiée, transfigurée aux dimensions d'un mythe.

Cyprès

Pour découvrir le sens caché des mythes — et pas seulement des mythes grecs — il faudrait quelquefois jouer au portrait chinois et se demander, à propos de tel personnage légendaire, s'il était un oiseau, un poisson, une fleur, lesquels serait-il ? Beaucoup de mythes en effet reposent

sur ces osmoses entre les trois domaines du vivant : le végétal, l'animal et l'humain, permettant de progresser ou régresser de l'un à l'autre. Ce que montre à la perfection la légende de Cyparissos. C'était un jeune garçon si beau qu'Apollon en devint amoureux. Mais Cyparissos était de tempérament sauvage et renfermé et il passait tout son temps au cœur de la nature, en compagnie d'un cerf qu'il avait apprivoisé et qui ne le quittait jamais. Or, voici qu'un jour il le tua par mégarde. Il en devint inconsolable et, pour le guérir et rendre ses pleurs immortels, Apollon le mua en cyprès. Ce qui explique notamment la résine exsudée par l'arbre à certaines périodes : ce sont les larmes embaumées de Cyparissos.

Né pour symboliser une douleur éternelle, le cyprès fut tout naturellement associé aux cimetières et aux rituels funéraires. On en plantait autour des temples d'Apollon, d'Asclépios et de la tombe de certains héros comme Laïos, le père d'Œdipe. Pour ma part, j'ai toujours aimé, admiré les cyprès pour leur finesse, l'élégance de leur stature, et pourrait-on dire leur droiture. Leur bois passait, comme celui du cèdre, pour être imputrescible, ce qui les associa à l'idée et l'image de l'immortalité. Mais, autant l'avouer, il est presque impossible aujourd'hui à un humain de devenir cyprès. Il faut beaucoup de conditions très difficiles à satisfaire : avoir la beauté d'Adonis et une taille des plus svelte, susciter l'amour d'Apollon et surtout éprouver une douleur immortelle.

Si vous avez aimé la légende de Cyparissos, pensez alors, la prochaine fois que vous croiserez un cyprès, au pauvre cerf tué si injustement. Car au fond, c'est à cause de lui que l'on peut aujourd'hui rencontrer des cyprès et admirer l'art des légendes comme seuls les Grecs en inventèrent, où s'équivalent en immortalité un cerf, un homme et un cyprès.

d

Danse

Voir « *Le Crétois* » et « Zébékiko ».

Dauphins

Le dauphin — *delphis* en grec ancien, *delphini* en grec moderne — a toujours tenu une place importante et poétique dans la mythologie de la mer en Grèce. Il est d'ailleurs curieux de voir à quel point les Grecs anciens avaient déjà perçu l'intelligence exceptionnelle de cet animal et son rôle souvent actif aux côtés des hommes. Nombre de légendes relatent en effet des histoires de navigateurs sauvés par des dauphins, dont le plus connu est Arion. Musicien célèbre qui parcourait la Grèce en interprétant des hymnes en l'honneur d'Apollon, Arion s'en retournait jusqu'à Corinthe en traversant la mer Egée lorsque l'équipage du bateau imagina de le jeter à l'eau pour prendre son argent. Prévenu par un rêve que lui envoya Apollon et qui lui disait « *de faire confiance à la mer* », Arion se jeta à l'eau quand les marins le menacèrent et des dauphins apparurent aussitôt pour le transporter jusqu'au rivage. Pourquoi particulièrement des dauphins ? Parce qu'Apollon avait un faible, si l'on peut dire, pour ce cétacé — que lui-même d'ailleurs n'appela jamais de ce nom ! — et que, selon une de ces légendes, c'est sous l'apparence d'un dauphin qu'il vint à Delphes pour la première fois. Il y a en effet entre le nom de Delphes — Delphoi — et celui des dauphins une ressemblance qui a pu être à l'origine de cette parenté. D'ailleurs, une autre légende dit qu'avant la venue d'Apollon, le lieu appartenait à un roi du nom de Delphos, ainsi nommé parce qu'il était fils du dieu des mers Poséidon, lequel s'était uni à une nymphe sous forme de dauphin. On le voit, les Grecs considéraient le dauphin comme un animal si proche de l'homme et des dieux que ces derniers ne dédaignaient pas d'en revêtir l'apparence.

Par la suite, le dauphin n'a cessé d'alimenter l'imaginaire des Grecs, au point qu'on le rencontre et le retrouve dans les traditions populaires médiévales en lutte constante contre les Gorgones — devenues entre-temps des monstres de la mer — pour sauver les marins en détresse. De toutes les îles grecques, celle de Mytilène — l'antique Lesbos — a conservé de nombreuses traditions relatives aux dauphins comme en témoigne le beau livre d'un auteur grec contemporain. Nikos Athanassiadis, originaire de Mytilène, intitulé *Une jeune fille nue*, où il narre les amours d'une fille de pêcheur avec un dauphin géant et amoureux. Cette jeune Mytilénienne — j'emploie ce terme à dessein, pour que tout soit clair, plutôt que jeune fille lesbienne, ce qui pourrait prêter à confusion — du nom d'Angéla tombe amoureuse d'un dauphin mystérieux, vénérable et quasi mythique, qui hante les rivages sud de l'île et dont l'auteur entendit parler quand il était enfant. Ce qui, des années plus tard, lui inspira ce très beau livre, paru en France en 1966, et dont je citerai ici quelques extraits. J'en conseille vivement la lecture à tous les amoureux des îles grecques, de la mer, de ses légendes et... des dauphins.

Cette histoire n'est pas de mon cru. Le jeune pâtre que je rencontrai avec son troupeau me narra la légende telle qu'il l'avait entendue. Telle que l'avaient entendue ses ancêtres. Tous parlaient de l'arbre englouti au fond de la mer, vers le large. Le berger Artémis me parla aussi d'un énorme dauphin vivant dans les parages du cap Nisopi, dont le sort était lié à celui de l'arbre pétrifié. Quand au loin les pêcheurs aperçoivent un dauphin semblable, ils ne le visent pas, de peur qu'il ne s'agisse de celui-là, car cela déchaînerait le courroux de l'arbre. Artémis écarquille les yeux en me dévoilant les mystères de ces lieux, et jamais je n'ai vu un regard comme le sien, empreint d'autant d'effroi. On dit que ce dauphin ne ressemble à nul autre. Il serait le descendant de l'antique dauphin qui transporta jusqu'au rivage sur son dos le vieux barde que les pirates avaient précipité par-dessus bord pour s'emparer de ses richesses. Ceci se produisit dans les parages de Mithymna. Et de nouveau les yeux d'Artémis s'ouvrent démesurément, comme si en cet instant il voyait défiler tout cela devant lui. Et c'est vrai. Car s'il ne voyait pas, vraiment, ces événements, il ne les aurait pas gardés enracinés en lui, aussi vivants, tels qu'il me les décrit. Tels qu'il les décrira demain, lorsqu'il prendra son fils sur ses genoux et qu'il lui contera la légende du pays. La même légende. C'est ainsi qu'Arion arriva jusqu'à nous.

Les récits d'Artémis me remettent en mémoire la saisissante rencontre que je fis au large, un jour dernier. Le claquement sur l'eau. Le dos qui émergea si vite que je n'eus pas le temps d'apercevoir l'animal dans son bond aérien. Je pus seulement me rendre compte de sa taille. Une taille gigantesque. A présent, je me dis que l'heure est venue pour moi de croire que ce dauphin... Inouï, inouï ce que l'homme finit par imaginer.

Dans le livre, un étudiant originaire de Mytilène, du nom de Thomas, revenu un été y passer ses vacances, tombe amoureux d'Angéla, fille d'un pêcheur, qui aimait tant la mer qu'elle en connaissait tous les gouffres et tous les secrets. Et parmi eux, ses rencontres avec un grand dauphin, rencontres dont Thomas se trouve être le témoin émerveillé et effrayé. Au début, en effet, il soupçonne sans trop y croire que cette sauvageonne s'intéresse à ce dauphin par pure curiosité. Mais une nuit où Angéla accepte de l'accompagner dans sa barque, celle-ci soudain se jette à l'eau et s'éloigne rapidement à la nage :

Je plongeai les rames dans l'eau et freinai. La barque s'immobilisa. Je regardais la tête d'Angéla qui s'éloignait, le rythme de ses bras et son corps nu qui glissait sur la dalle des flots. « Elle peut, me dis-je, nager ainsi jusqu'à ce que je la perde de vue. Qu'est-ce qui a bien pu lui prendre ? » Ce qu'elle m'avait dit n'avait aucun sens. Elle était complètement obnubilée par son imagination qui lui dressait des pièges, et elle croyait, en vraie bécasse, que faute d'obéir à ce que lui dictait son délire, sa vie irait à la dérive.

A cet instant précis, l'eau fut agitée d'un grand remous, tout près d'elle, à une dizaine de brasses. La mer bouillonnait comme fouettée par quelque chose, dans le fond. De petites vagues se creusèrent et blanchirent. Suivies d'un calme de courte durée. Car d'un seul coup, l'eau se troubla à nouveau, la mer s'ouvrit et un dauphin noir, énorme, un vrai géant, surgit et replongea. Il devait bien peser cent cinquante ocques. Je maintins les rames, mon œil rivé là-bas. Angéla bondissait dans le sillage où moussait l'écume du poisson. Comme si elle le prenait en chasse. Elle tomba en plein dans son sillon, plongea et disparut. Je sens ma raison se troubler. Mais voici qu'Angéla affleure un peu plus loin, la tête baissée comme si elle cherche à transpercer du regard la masse de l'eau. Tout près d'elle, l'énorme cétacé bondit et tourne avant de disparaître. Angéla plonge à son tour. La mer se hérisse. Ma peau se hérisse aussi. De l'écume se forme encore. Il semble tranquille, sans chercher à s'enfuir, comme s'il s'agissait d'un jeu, un jeu d'échine et de coups de queue. Le dauphin s'incline sur le côté, montre son ventre blanc, tourne autour de la femme, fait un saut d'une brasse et demie ! Retombe près d'elle, l'enveloppe dans ses remous. Tout s'enchevêtre au milieu de l'écume et des vagues, et on ne distingue plus rien, ni bras, ni ailerons, ni femme, ni cétacé. Ils se mêlent l'un à l'autre comme s'ils voulaient s'unir. Je me mords les lèvres et crache une salive ensanglantée. Un nœud sauvage me noue les entrailles. Je n'arrive pas à me représenter ce qui se passe au fond en ce moment. Voici la tête sombre d'Angéla qui reparaît. Le dauphin, lui aussi, émerge plein d'ardeur et de fougue. Il nage vigoureusement, plonge juste sous elle. Elle pousse des cris de joie et de terreur mêlées, d'une voix de petite fille qui jouirait d'un rapt inattendu. Elle plonge, s'élançant droit vers le fond, voûtant l'échine et tournant comme une roue, dévoilant en un éclair le dos, les fesses, les cuisses, le bout des pieds.

Début d'une étrange idylle qui va non seulement troubler l'esprit et embraser les sens du narrateur, mais qui va se poursuivre au cours d'autres rencontres nocturnes, scellant des noces inouïes entre la femme au sexe d'algues et le dauphin au sexe d'écume et d'embruns :

Je tressaillis. L'eau se déchira brutalement, comme si une tartane débouchait tout d'un coup, suivie d'un bruit lourd comme celui d'un buffle se jetant à l'eau pour s'y rafraîchir. Deuxième jaillissement de l'eau accompagné du bruit violent d'un corps qui s'élancerait des entrailles de la mer, et puis le bouillonnement des flots sous le lourd plongeon. Nul doute, un énorme poisson se trouve dans les parages et il s'est élancé d'un jet, pour retomber de tout son poids dans l'eau.

— Viens... viens... entendis-je murmurer une voix, une voix aux modulations si douces et si tendres que je n'en avais jamais entendu de pareilles.

Les sauts du poisson s'apaisèrent, la grande agitation de l'eau se calma ; il ne subsistait plus maintenant qu'un lent clapotis, continuel, comme un jeu de l'écume qui semblait ne devoir jamais finir. Que pouvait-il bien se passer à cinquante brasses de ma barque ? Que se passe-t-il entre elle et le dauphin ?

De petits cris brefs, des soupirs étouffés par un gargouillis d'eau résonnèrent dans la solitude de la nuit. On entendait clairement le souffle de la femme, le souffle du dauphin, un bouillonnement d'eau clapotante, un jeu et une union suivis de poursuites sans fin.

C'était lui, c'était le grand dauphin dans tout son élan amoureux. Je l'entendais brasser les flots. Mon œil transperçait les ténèbres et voyait au travers d'une clarté diffuse venue d'un autre monde. Je voyais le dauphin qui la faisait glisser sur son corps haletant, qui la parcourait de la caresse de ses ailerons en poussant de curieux petits cris de jouissance témoignant de sa frénésie érotique. L'eau bouillonnait. Je sentis la femme s'élancer dans son sillage, tourbillonner, accrochée à ses ailerons, l'étreindre de tous ses membres, collée toute entière à son ventre. Et lui, jouir d'elle, follement, se délecter de ce duel étrange pour son essence marine. Et ils allaient, toujours plus loin, et moi, de ma barque, je suivais les bruits et les mouvements de l'eau tandis que ces deux êtres déliraient au milieu de la mer. Elle frissonnait sous leurs voluptés épanchées et ses frissons venaient lécher ma barque, s'infiltraient en moi par la plante des pieds, ruisselaient sur mon corps nu qu'ils mettaient au supplice.

Je ne m'aperçus même pas que soudain un lourd silence était revenu sur les flots. Avec la barque, je me mis à la recherche du couple insolite que la mer cachait dans ses vastes seins et que la nuit recouvrait de son aile ténébreuse. J'abandonnai les rames. Une torpeur m'envahit. A un moment, je sursautai et empoignai le harpon, car j'avais entendu l'eau se fendre. Puis la mer retomba dans son lourd mutisme. Je me couchai au fond de l'embarcation. Et le sommeil ferma mes paupières.

Merveilleux livre ! Il ne pouvait être écrit que par un auteur originaire de Mytilène. Là encore, en ces légendes poétiques et révélatrices, les Grecs ont été les premiers à percevoir et à chanter la proximité de l'homme et du dauphin, pour ne pas dire leur parenté mythique. C'est ce que je notais dans la courte préface que j'écrivis alors pour présenter ce livre :

Certaines légendes traversent les siècles sans rien perdre de leur pouvoir révélateur. Sans doute répondent-elles à des questions enfouies dans le plus secret de nous-mêmes, sans doute aussi existe-t-il en elles ce qu'on appelle un fond de vérité. Tel est le cas de la légende ou du récit rapporté dans *Une jeune fille nue* : les amours d'une jeune fille et d'un dauphin, près des rivages de l'île de Mytilène, en Grèce. Que ces amours tournent au drame, qu'une tierce personne, étrangère aux secrets impérieux de la mer, vienne rompre l'enchantement de cette idylle entre deux règnes et la muer en tragédie, cela, c'est l'affaire de l'auteur. L'essentiel demeure cette amitié sans limite entre un cétacé et un être humain, qui ne prête ni au sourire, ni à l'étonnement mais simplement qui est.

La fraternité avec les animaux est un des rêves majeurs de l'homme. Non pas cette fausse fraternité qui laisse croire que les animaux sont capables de sentiments humains, mais l'autre, la véritable, celle qui contraint l'homme à briser, le premier, les conventions de son système, à franchir tous les miroirs dont l'illusoire transparence nous faisait croire qu'au fond, les animaux étaient notre propre reflet déformé, ébauché. Franchir ces miroirs, devenir l'ami d'un dauphin, cela exige avant tout d'oublier notre monde et d'oublier la terre. C'est une initiation redoutable qui nous fait côtoyer la folie et la mort. Les Néréides et les Sirènes, ces créatures à mi-chemin du monde humain et du monde aquatique, ont incarné pendant des siècles les mirages et les dangers de cette collusion contre nature entre deux règnes. Leur chant, leur appel, leur langage sont synonymes de mort. Ils entraînent l'homme dans un univers étrange qui l'étouffe. Les victimes des Néréides et des Sirènes devenaient folles d'abord et ne mouraient qu'ensuite. Les seuls êtres à vaincre ces sortilèges furent ceux précisément qui oublièrent la parole et se mirent à chanter, eux aussi. Arion, Orphée, avec leur lyre, ont charmé les dauphins et les animaux de la terre et purent entrer vivants au royaume interdit de la mer et de la mort. Arion était de Mytilène et c'est à Mytilène qu'un oracle fit découvrir, miraculeusement préservée dans le sable, la tête coupée d'Orphée. Mytilène, l'antique Lesbos, continue, aujourd'hui encore, d'être le lieu privilégié des légendes, des noces millénaires de l'homme et de la mer.

Dédale

Dédale est, avec Ulysse, une des figures mythiques les plus réjouissantes et les plus attirantes de la Grèce antique. Il fait partie de ces êtres, tant appréciés des anciens Grecs, doués de *métis*, cette intelligence ingénieuse et subtile qui permet de résoudre les énigmes les plus insolubles, de venir à bout des défis les plus insurmontables. Toute la vie de Dédale est un exemple de *métis* à l'œuvre.

Son premier exploit, après son arrivée en Grèce — car il était d'origine athénienne et même, dit-on, descendant de Cécrops* — fut de combler, dans tous les sens de ce mot, le monstrueux désir de la reine Pasiphaé, femme de Minos, pour un taureau immaculé apparu un matin sur une plage de Crète. (Si vous voulez savoir comment il s'y prit, courez à l'article Pasiphaé*.)

Son second exploit fut d'inventer et de construire le fameux Labyrinthe, pour y enfermer à vie le Minotaure*, ce monstre né justement des amours de Pasiphaé et du taureau divin. Minos — on le comprend fort bien — tenait à le cacher à la vue des Crétois, sans pouvoir pour autant le supprimer puisqu'il était d'origine divine. Dédale inventa alors cette prison à la fois ouverte et perpétuelle que fut le Labyrinthe, dont les couloirs sans fin se croisaient et s'entrecroisaient et dont nul ne pouvait sortir. On est bien ici devant l'exemple même d'un espace sans issue possible, d'une totale impasse. A noter d'ailleurs que c'est justement de là, de ces couloirs, de ces méandres sans issue que nous avons tiré le mot « dédale », réussite posthume peu commune pour Dédale !

La rumeur antique lui attribua bien d'autres inventions, notamment des oiseaux en bronze qui pouvaient voler et ces statues animées dont Platon parle dans le *Ménon*, qu'il fallait attacher pour les garder sur place ! On voit à quoi tendent ces légendes : à faire de Dédale un inventeur démiurge qui va jusqu'à imiter ou reproduire la création divine. C'est donc aussi un maître en simulation, un parfait fabricant de leurres.

On sait aussi que Thésée vint en Crète pour tuer le Minotaure et qu'il y réussit grâce à Dédale et au fil d'Ariane. Fou de rage après cet affront, Minos enferma Dédale dans le Labyrinthe avec son fils Icare* en prenant soin d'en faire garder toutes les issues. Là encore, Dédale trouva une solution imprévue : il fabriqua des ailes artificielles qui lui permirent de s'envoler avec son fils.

Arrivé en Sicile, Dédale trouva refuge près du roi Cocalos qui l'hébergea et le cacha quand Minos, parti à sa recherche, débarqua chez lui. Pour retrouver Dédale, Minos avait imaginé un stratagème : demander à ses hôtes de faire passer un fil dans les spirales d'un coquillage et de l'en faire ressortir. Aucun n'y arriva sauf Cocalos ! Minos comprit alors que Dédale était dans les parages, mais il ne put le capturer car il mourut noyé dans son bain. Comment Dédale s'y était-il pris ? Il avait tout simplement percé la pointe de la coquille et attaché le fil à une fourmi qui n'eut aucun mal à s'engager dans les spirales et à en ressortir ! Là encore, nous sommes devant un espace sans issue, un labyrinthe en miniature dont Dédale triomphe à nouveau.

Dédale fut l'inventeur des statues qui marchent, des hommes qui volent et le vainqueur du labyrinthe. Nul doute, s'il vivait parmi nous aujourd'hui, qu'il n'eût résolu maints problèmes, à commencer par ceux des automates, des robots et, mieux encore, des deltaplanes !

Dents

Qu'est-ce que les dents peuvent bien venir faire dans un *Dictionnaire amoureux de la Grèce* ? Les dents grecques seraient-elles différentes de toutes autres dents du monde ? Non, bien sûr. Si je les mentionne ici, c'est parce que, au temps de mes études lycéennes, en traduisant l'*Iliade*, j'avais remarqué une curieuse expression pour signifier à quelqu'un qu'il est allé trop loin dans ses paroles : « *Malheureux ! Quel mot s'est échappé de l'enclos de tes dents ?* »

L'enclos des dents ! D'emblée, j'imaginais la meute ou le troupeau des mots, brebis bruissantes et phonétiques, se bousculant derrière l'écran des dents pour ne passer qu'au compte-gouttes ou plutôt au compte-mots ! Etrange — et imagée — conception du langage dont le sens implicite semble être que les mots n'ont de sens et de portée réels qu'une fois prononcés ou proférés ouvertement. Et que en conséquence des mots simplement pensés mais jamais proférés n'ont pas d'existence propre et ne peuvent être pris en compte. Ils sont comme une pensée informulée, un désir muselé, un bétail retenu en deçà de l'immense horizon du langage manifesté. L'offense, l'insulte éventuelle, la faute ou le délit ne commencent qu'au-delà de l'enclos des dents, au-delà de la bergerie palatale ! Les Grecs — j'entends les Grecs anciens et particulièrement les Grecs des temps homériques — n'accordaient donc aucune importance à la pensée intime du sujet parlant, quelle qu'en fût la nature, dès l'instant où elle demeurait à l'état de pensée muette. L'on voit d'emblée la différence et même l'abîme qui sépare cette attitude de celle des futurs chrétiens. Pour les chrétiens, la faute — ou le péché — commence à la source même du langage, au plus intime de la pensée ou du désir qui la sous-tend. Voir passer une jolie femme, par exemple, et se mettre à la désirer est déjà et en soi un péché. Pour les chrétiens, le péché gîte au sein des pensées comme le ver au cœur du fruit, sans qu'il soit besoin de le manifester. Il est le frère jumeau du silence intérieur. Quel abîme avec la tolérance, l'innocence même du paganisme pour qui aucune pensée non publiquement formulée ne peut être répréhensible ! Tout désir demeurant ou demeuré désir est en deçà du péché, de la faute. L'enclos des dents est là pour empêcher qu'il ne devienne offense, provocation, qu'il ne se change en acte. Ici, en ces temps homériques et peut-être aussi en des temps plus tardifs, les pensées — et même les plus impures ou les plus agressives — gardent leur innocence et leur mystère comme autant de brebis dociles paissant silencieusement derrière l'enclos des dents.

Diaspora

Pour faire honneur à ce mot, qui veut dire en grec « dispersion » et « dissémination », j'ai choisi de rassembler quelques textes écrits à différents moments. Notes, prises alors que j'étais sédentaire et revenu en France, sur cette errance permanente et aujourd'hui encore toujours vivante du peuple grec.

Bizarrement, la seule chose qui soit propre à la Grèce sans que l'Occident l'ait jamais imitée ni vraiment observée, c'est la diaspora, l'émigration, l'exil forcé ou volontaire, la dispersion historique et planétaire des Grecs. Cette diaspora, cette *dis*persion des *spores*, cette dis*sémina*tion de la *semence*, n'est-elle pas, depuis trois mille ans qu'elle dure, une sorte d'onanisme historico-culturel, par lequel un pays perd sa substance goutte à goutte, c'est-à-dire homme à homme, par lequel ses indi*gènes* perdent leurs *gènes* ? Au sens biologique et botanique, la diaspora c'est l'image brevetée que notre enfance a déchiffrée sur le petit ou sur le grand Larousse, celle d'une femme aux cheveux fous et qui *sème à tout vent*. Mais dans son sens humain et historique, c'est l'hémorragie constante d'un pays, la ponction d'un peuple qui doit chercher ailleurs de quoi vivre ou survivre. Or toute culture peut perdre son sang, sa sève au même titre que les artères ou que les arbres et ce qui m'étonne le plus en ce phénomène, c'est que les Grecs existent encore en tant que Grecs. Car on n'en peut douter : ils sont toujours en Grèce et en même temps ils sont toujours ailleurs, en Australie, aux Etats-Unis, en Europe, en Afrique. Notons ce fait étrange : la Grèce est l'un des très rares pays à avoir essaimé ses habitants sur toutes les contrées de la terre, à avoir conquis, occupé des provinces, des côtes et des villes depuis trente siècles, sans jamais pour autant avoir créé des colonies. Voyageurs, errants terrestres, pèlerins planétaires mais jamais conquistadores, tels furent, tels sont les Grecs. Tout au plus ont-ils installé des comptoirs, peuplés et animés par cette dualité qui réside en tout Grec : le comptable, le conteur.

⋆

Le corps essentiel de la Grèce, celui qui la fait vivre, respirer, s'échanger avec le reste de la planète, ce corps n'est pas en Grèce, mais sur les mers. Ce pays est en réalité un monstre microcéphale au corps immense. Quand nous allons en Grèce, nous ne visitons que la tête, nous ne voyons jamais le reste de son corps et sans nous en douter nous parcourons une immense absence. La Grèce absente, on la devine dans les cafés des îles, vides d'hommes en dehors des périodes touristiques, dans les ruelles et les rues que seul l'été peuple de foules Grèce d'au-delà des mers, d'au-delà de la Grèce, méconnue, inconnue, consanguine à la Grèce d'origine, collatérale à son histoire et à ses mythes et dont les ombres émigrées ou exilées ne reparaissent souvent, comme Oreste ou Agamemnon, que pour accomplir d'obscurs et terribles oracles. On saisit très souvent, dans les maisons grecques des îles et des campagnes, les fantômes de cette Grèce-là sur les photos des iconostases familiales : elle y a un parfum d'amour et d'absence aussi fort que l'odeur sèche, l'été, des immortelles près de la mer.

Digénis akritas

L'épopée de *Digénis Akritas* ou *Digénis l'Akrite*, brièvement mentionnée dans le chapitre sur la Crète de *L'Eté grec*, est le plus ancien texte épique de la Grèce médiévale. Il date des débuts du XIe siècle et il est donc antérieur à la composition de notre *Chanson de Roland* qui date, elle, de la fin du même siècle. Comme son titre l'indique, cette épopée évoque les exploits légendaires des Akrites et du plus célèbre d'entre eux, du nom de Digénis. Ce nom signifie « de double race » car le héros était fils d'une mère grecque — donc chrétienne — et d'un père arabe, ce qui n'était pas rare alors pour les Grecs habitant les régions orientales de l'Empire byzantin. Il s'agit d'une œuvre composée de chants populaires consacrés au héros, rassemblés par la suite par un auteur et rhapsode inconnu. Le résultat de ce travail est une œuvre à la fois poétique et cohérente faite d'évocations des immensités orientales de l'Empire byzantin, de descriptions de prouesses guerrières des Akrites et des preux chevaliers, bref la mise en mots et en images d'un monde où la légende côtoie sans cesse l'histoire et où le merveilleux compense l'horreur et l'odeur des carnages. Nous sommes bien, déjà, au temps des chevaliers, de chevaliers qui ne se contentent pas de pourfendre Arabes et Sarrasins, mais d'affronter aussi les Amazones et les dragons !

Je ne peux proposer que de très courts extraits de cette épopée qui comporte près de six mille vers, traduits ici en français pour la première fois — si l'on excepte une traduction ancienne et totalement introuvable ailleurs qu'en des bibliothèques spécialisées, parue en France en 1875.

Le premier extrait concerne justement un épisode célèbre et particulièrement populaire de l'épopée qui est le combat de Digénis avec la reine des Amazones, Maximo. Ce personnage figurait déjà dans la *Phyllada tout Megalexandrou*, la *Légende d'Alexandre le Grand* et l'on voit que l'auteur inconnu de cette œuvre avait, si je puis dire, des lectures choisies, car à côté des chants purement akritiques, il a su emprunter des passages à des écrits appartenant à la littérature savante. Les apélates dont il est question dans ce texte étaient alors l'équivalent de ce que seront, quelques siècles plus tard, les kleftes et les armatoles, c'est-à-dire des rebelles de grands chemins et des preux combattant l'Infidèle. On voit clairement transparaître en ce court passage — que j'ai traduit en essayant de lui conserver sa saveur archaïque — un monde à la fois héroïque, fabuleux et chevaleresque, très proche de celui de nos chansons de geste.

MAXIMO, DIGENIS ET LES QUATRE APELATES

Je me ruai vers le fleuve où j'avais vu la troupe
Et ses rives longeai pour y trouver le gué.
J'aperçois Maximo à l'écart des autres, à l'écart
Des quatre apélates, les grands, les valeureux
Philopappos, Kinnamos, Ioannakis et Léandros.
Ils allaient sur la rive du fleuve faisant
Cortège à Maximo, en pairs à ses côtés.
Elle montait une jument couleur de neige
Ayant crinière et queue et oreilles et poitrail
Et sabots tout envermeillis,
Selle et rênes tout damasquinés
Et le plastron couvert d'ourlets tout orpaillés.

Elle fit à l'un d'eux cette question voulue :
« Dis-moi, Philopappos, est-ce l'homme que tu
[dis ? »
« C'est lui », dit-il, pointant vers moi sa dextre.
Et elle demanda : « Où sont ses compagnons ? »
« Dame, fit-il, il n'en veut pas
Mais confiant en sa grande vaillance
Il va seul et gloire s'en fait. »
« Vieillard trois fois maudit, répliqua-t-elle
Tu m'agènes, mon peuple et moi, pour un seul
[homme ?
Je l'affronterai seule, avec l'aide de Dieu
Et sa tête rapporterai, sans nul besoin de vous. »
Folle de rage, elle se rua dans l'eau pour traverser
Mais moi, je lui criai : « Ne traverse pas, Maximo.

C'est à l'homme d'aller vers la femme.
Moi donc, j'irai vers toi. » Et je lançai
Mon cheval dans les flots. Sur l'autre bord
L'eau débordante avait fait croître
Une herbe épaisse près d'un marage
Où bien campée, prête à ma charge,
M'attendait Maximo. Dès que le cheval toucha
Terre, fortement je l'éperonnai et, tirant
Mon épée, avançais vers la femme, âme et cœur [adurés.
Elle aussitôt, estoquant de toute sa force,
M'assène un coup d'épée en plein sur la cuirasse
Sans nul dommage. Et moi, je lui brise sa lance
Et brandissant l'épée, je tranche d'un seul coup
Le col de sa jument qui lourdement s'affale à terre.
Alors, navrée de crainte, Maximo s'agenouille
Elle dit : « Damoisel, ne me tue pas !
Je suis femme et j'ai eu grand tort
D'écouter les paroles de Philopappos. »
Et moi, ayant ouï ces paroles, je décidai
De l'épargner, ému par son immensive beauté
Et je partis pour estoquer les autres.

Eux, pour s'en enquérir, approchaient de l'endroit
Quand voyant là l'effet de mon tournoi,
Voyant la bête et les armes toutes gisantes à terre
Comprirent aussitôt qui était Digénis.
Ils éperonnèrent leurs chevaux croyant trouver
Salveté dans la fuite. Insensés ! Moi,
Je les rattrapai et très peu échappèrent à mon bras.

En revenant de ce combat, je rencontrai de ci
Les quatre apélates, Philopappos, Léandros,
Kinnamos et Ioannakis sortant d'un bois
Et venant dans ma direction. Léandros, Kinnamos,
Allaient devant, les deux autres derrière
Espérant me déprendre en m'enfermant entre eux.
Mais inféales et vaines furent leurs espérances.
Car les deux de devant, tout droit je les chargeai
Sans m'occuper des autres. Léandros m'agressa.

Il n'avait jamais guerroyé contre moi. D'un coup,
Je l'aterre avec son cheval. Ce voyant,
Kinnamos et les autres s'assemblent
Mais moi, tournoyant mon épée en leur tas
Je brisai leurs lances des deux côtés
Et tous de s'enfuir sans même se retourner.
Et les voyant ce faire, en riant leur criai :
« Revenez ! Vous avez peur d'un homme seul ?
Vergonde à vous ! » Mais eux continuèrent de
[s'enfuir.
Je les laissai partir, ayant d'eux compassion
— Car toujours j'ai compassion pour qui s'enfuit —
Je veux vaincre et non pas occire
Je veux aimer mes ennemis
Et l'âme en paix, je marchai vers la grasse prasine...

Dans les trois extraits qui suivent, la Mort est sans cesse présente sous les traits et le nom de Charos. Charos est la personnification populaire de Charon, le nocher funèbre qui, dans l'Antiquité, faisait office de passeur pour les morts, moyennant une obole. Ici, le héros affronte aussi la Mort et l'idée qu'elle puisse un jour, par chance ou ruse, être vaincue — autrement dit qu'elle ne serait ni absolue, ni inéluctable — revient constamment dans les épopées et dans les chansons populaires. Digénis l'affronte ici sur une aire de marbre, une *alôni* où l'on vanne et l'on bat le blé, et ce terme d'*alôni* est devenu lui aussi, dans l'inconscient populaire grec, le symbole de l'agonie, qui est au sens propre — et grec — du mot un ultime combat. Bien sûr, Digénis est finalement vaincu, mais consolons-nous en nous disant qu'il n'est pas vraiment mort : partout en Grèce, en Crète et en Anatolie figurent des Pas, des Empreintes, des Sauts de Digénis, comme celles et ceux, en France, de notre Gargantua.

Combat de Digenis contre Charos

L'Akrite a construit un château, un château avec
[un jardin
En une grasse prasine, un lieu tout enchanté.
Des plantes à profusion il a semées partout,
Des vignes à profusion il s'est mis à planter,
Mille rus y murmurent et mille oiseaux y chantent,
Y chantent en disant : « Longue vie à l'Akrite ! »
Mais voici qu'un matin, un matin de dimanche
Ils se mettent à chanter : « Demain, mourra
[l'Akrite. »
« Entends-tu, mon Akrite, entends-tu, pallikare,
Ce que chantent, ce que disent ce matin les
[oiseaux ? »
« Apporte-moi mes flèches, la grande et la petite
Pour que j'aille chasser sur mes terrains de chasse.
Si je trouve gibier, alors je suis sauvé
Si je ne trouve rien, je serai mort demain. »
Il est allé, il a chassé mais il n'a rien trouvé.
Et il croise la Mort au premier carrefour.
« Que me veux-tu, Charos, et pourquoi me suis-
[tu ?
Si je m'assieds, tu t'assieds toi aussi
Si je me lève, tu te lèves
Et si je m'en vais, tu me suis.
Et si je m'étends pour dormir
Tu veux me servir d'oreiller.
Allons, Charos, allons combattre,
Sur l'aire de marbre allons nous mesurer.
Si tu l'emportes, alors prends-moi mon âme.
Si je l'emporte, alors, je profiterai de ce monde. »
Ils luttèrent, luttèrent longtemps
Et c'est Charos qui l'emporta.
« C'est bon, tu as gagné, dresse mon lit funèbre
Avec pour matelas les fleurs, pour oreiller la
[mousse. »
Et les amis et les voisins vinrent se partager ses
[armes

Et le Vieux, le Vieil édenté, lui, lui ravit son âme.

DIGENIS ET LA BIEN-AIMEE

Digénis agonise sur un grand lit de fer
Ses médecins l'entourent, des recettes aux mains.
Il relève la tête, mande sa bien-aimée :
— Viens près de moi, ma belle,
Viens près de moi, ma mie,
Pendant trente-trois ans j'ai vécu sur la terre
Et maintenant un ange vient réclamer mon âme.
Il prend les mains de son aimée,
Des milliers de baisers lui donne,
Et la serre si fort, si fort...
Qu'elle meure étouffée contre lui.

LA MORT DE DIGENIS

Digénis, fleur de la jeunesse, gloire de tous les [preux,
Lui, l'orgueil des braves, l'épée des valeureux,
La fierté des seigneurs, l'héritier des Anciens,
Digénis le Preux sous une pierre repose.
Quand il partait en chasse, les fauves apeurés
En foule s'enfuyaient dans le fond des forêts.
Et quand ils le voyaient brigands et apélates
En foule eux aussi s'enfuyaient devant lui
Et maintenant, gisant, il repose sous terre
La mort l'a moissonné au beau de sa jeunesse
Et l'Hadès a brisé la vigueur de ses bras.
La terre en ce moment ronge ses blanches chairs
Ses épaules, ses membres, ses muscles et ses os.
Ô Mort perverse, Hadès pourfendeur des humains,
Tombe vorace, bouche insatiable, inexorable
Tu nous enseignes à tous ce que mourir veut dire,
Voir bonheur et beauté, voir douceurs et délices
S'effacer, se corrompre et devenir néant.
Toute chose s'effrite comme toile d'araignée
S'effiloche et se perd sans que rien ne demeure
Tel cet Akrite immense en son étroit tombeau.

Diogène de Sinope

Lorsqu'on veut effectuer un pèlerinage sur les pas et les lieux d'un grand homme, que faut-il visiter en premier : le lieu de sa naissance ou celui de sa mort ? Ni l'un ni l'autre, en fait, ne vous apprennent quoi que ce soit, car ce qui peut intéresser dans la vie d'un sage, c'est exactement le contraire, à savoir ce qui s'est passé entre le premier vagissement et le dernier râle. Je n'ai donc jamais été à Sinope — où Diogène serait né vers la fin du ve siècle av. J.-C. — devenu aujourd'hui, sous le nom de Sinop, un port turc de la mer Noire. De toute façon, je ne crois pas que Diogène, philosophe cynique — au sens ancien — et libertaire, eût apprécié ce genre de pèlerinage. Donc, ne regrettons rien quant à Sinope. Pour les mêmes raisons que chacun comprendra, je n'ai pas recherché non plus dans les environs de Corinthe les vestiges du tonneau où il aurait passé — au soleil — de nombreux moments de sa vie. En fait, Diogène fut en son temps ce qu'on nommerait aujourd'hui un SDF — sans domicile fixe — volontaire et convaincu, sa philosophie étant celle du total dénuement. Platon l'appelait « *un Socrate en délire* » et il n'avait pas tort mais, pour ma part et en dépit des excentricités dont il semble avoir fait son mode préféré d'enseignement, je tiens Diogène pour un authentique chercheur de vérité. Car ce qu'il a toujours voulu montrer clairement et manifestement, c'est tout ce qu'implique l'expression « être un homme ».

C'est à cela, à cette recherche qu'il appliqua sa vie, ses actes et ses paroles. Ces dernières abondent, bien sûr, sans qu'on puisse toujours en garantir l'authenticité. Mais la plus grande partie d'entre elles me paraissent tout à fait conformes à son esprit, notamment celles qui sont rapportées dans le prodigieux recueil de Diogène Laerce — sans parenté avec le nôtre — intitulé *Vies, Doctrines et Sentences des philosophes illustres*. Je ne citerai pour débuter que deux anecdotes parmi les plus célèbres.

La première se situe près de l'agora de Corinthe où Diogène se prélasse au soleil, dans son tonneau familier. Alexandre le Grand — qui vient de s'emparer d'Athènes — va visiter le sage et lui demande ce qu'il peut faire pour lui. « *T'ôter de mon soleil !* » lui répond froidement — si je puis dire — Diogène.

La seconde montre le philosophe parcourant l'agora de Corinthe à midi — et donc en plein soleil — avec à la main une lanterne allumée. « Mais que fais-tu donc ? » lui demandent les passants. « *Je cherche un homme !* » répond Diogène, voulant dire par là, non pas évidemment « je cherche quelqu'un », mais « je cherche un homme véritable, un homme digne de ce nom, abouti, conscient et responsable, non un esclave, un mouton, un automate à forme humaine ».

Derrière ces fantaisies, ces excentricités, on devine une méthode, une règle de vie et même une ascèse précise et rigoureuse. Dans sa quête de l'homme véritable — disons, pour abréger, de l'Homme — Diogène est allé bien plus loin que tous les autres sages de son temps car il a appliqué cette quête dans sa vie, avec ses refus et ses choix quotidiens.

Comment pourrait-on résumer le plus succinctement possible ce que je nommerai l'Evangile selon Diogène ? Par ces quatre et saints principes :

- Savoir s'adapter aux circonstances au lieu de vouloir les changer ;
- Faire appel le plus souvent possible à soi-même au lieu de recourir toujours aux autres pour résoudre ses propres problèmes ;
- Être capable de penser et d'agir, s'il le faut, à contre-courant ;
- Savoir que cette vie n'a d'autre but ni d'autre raison d'être que d'exercer le mieux possible le métier d'homme.

Et pour chacun de ces principes, Diogène proposait des illustrations convaincantes :

S'ADAPTER AUX CIRCONSTANCES ?

Un jour où Diogène cherchait en vain un lieu pour passer la nuit, il aperçut un tonneau, s'y installa et décida d'y demeurer. Comme ses amis s'étonnaient de le voir vivre ainsi, il leur répondit que c'était là une demeure idéale puisqu'elle pouvait le suivre partout au lieu de demeurer en place comme les autres.

RENONCER AUX BESOINS INUTILES ?

Diogène n'avait avec lui pour tout objet usuel qu'une écuelle en bois pour sa nourriture. Mais un jour, passant devant une fontaine, il vit un jeune enfant en train de boire dans ses mains. Il jeta aussitôt son écuelle, en s'écriant que cet enfant était plus avancé que lui dans l'art de vivre en philosophe !

Ne recourir qu'à soi-même ?

A la demande instante de ses amis, Diogène prit un esclave pour l'aider dans le quotidien. Il s'appelait Manès. Un jour, celui-ci s'enfuit et Diogène ne fit rien pour le rechercher. Tous ses amis s'en étonnèrent. Alors, il leur répliqua : « Comment ? Manès peut vivre sans Diogène et moi, je ne pourrais pas vivre sans Manès ? Depuis qu'il est parti, c'est moi qui suis devenu libre ! »

Autre aspect, plus intime et particulier, de ce principe : quand Diogène éprouvait un fort désir de copuler, il recourait tout simplement... à la masturbation.

Penser et vivre à contre-courant ?

Les rares fois où Diogène se rendait au théâtre, il n'y pénétrait jamais par l'entrée, mais en marchant à reculons par la sortie. Et comme, une fois de plus, tout le monde se moquait de lui, il répondait : « *Ne comprenez-vous pas que c'est cela que je me suis efforcé de faire toute ma vie ?* »

On pourrait multiplier les exemples car les anecdotes sur ses comportements en apparence absurdes ou aberrants proposent et même révèlent une illustration précise de ses principes.

Il avait notamment l'art de déceler dans les enseignements de ses confrères — pour rester poli car il utilisait volontiers d'autres termes —, particulièrement dans ceux de Platon, ce qui pouvait prêter à confusion, à malentendu ou même à rire. Un jour que Platon avait défini l'homme comme un bipède sans plumes, Diogène prit un coq vivant, s'empressa de le déplumer et le lâcha au milieu des disciples en s'écriant : « *Voici l'homme platonicien !* »

Oui, sous ces exemples frôlant souvent le canular, perce toujours l'idée fondamentale que l'homme est un être imparfait, inabouti, superficiel, faible et frivole, incapable de maîtriser ses désirs, de renoncer à ses besoins, bref de s'améliorer. Ce qui me paraît particulièrement remarquable dans son enseignement et surtout son comportement, c'est qu'il ressemble en tous points à ceux qu'adopteront, plus tard et en d'autres lieux, les maîtres orientaux, notamment ceux du bouddhisme zen. Diogène était bouddhiste zen sans le savoir ! Prouvons-le ou du moins confirmons-le par un dernier exemple :

Un jour qu'il se trouvait, selon son habitude, sur l'agora en plein midi, Diogène se mit soudain à crier : « *Vite, des hommes ! Je cherche et je veux des hommes !* » Tous, aussitôt, d'accourir et de l'entourer. Et lui de leur crier : « *J'ai dit des hommes ! Pas des esclaves !* »

Vive Diogène, Diogène le Cynique, Diogène le Chien comme il se nommait quelquefois, parce que lui aussi aimait mordre les hommes, comme les chiens ! Vive Diogène qui ne cessa, sa vie durant, de jouer le plus sérieusement le jeu du monde en renversant les mots, les idées, les habitudes, les rites et les comportements de ses contemporains. Non, on ne naît pas homme, disait-il, on le devient.

Si moi-même, un jour, je deviens Homme, ce sera grâce à Diogène et alors, je vous le promets, je m'installerai, comme lui, à demeure dans un tonneau. Pas à Corinthe, bien sûr, mais en Bourgogne, là où je vis, près de Chablis !

Dionysos

Aristote dit qu'il existe quatre cent vingt épithètes pour nommer les différents attributs de Dionysos. On me pardonnera de ne pas les citer tous ! Ce chiffre dit bien la nature et les fonctions multiples de ce dieu, tard venu dans le panthéon grec, mais qui y prit d'emblée une place prédominante. Dieu du vin, du verbe, du théâtre, des danses, des transes et de la possession, dieu aussi de l'extrême folie et de l'extrême lucidité, on peut dire qu'il couvre presque tous les domaines religieux laissés en friche par les autres dieux. Par le vin et l'ivresse, il révèle notre moi obscur. Par le verbe et le théâtre, il manifeste notre parenté avec les forces cachées du monde, les grands moments de la cité, tout ce qui, en l'homme, s'éveille et vibre au contact du collectif. Enfin, par les transes et la possession, il fait de chaque fidèle le réceptacle éphémère mais grandiose d'un dieu. On peut dire que d'une certaine façon — je dirais plutôt d'une façon certaine — il fut le précurseur de ce qu'on nommera des siècles plus tard la libido et l'Inconscient. Car il permit à nos pulsions les plus enfouies de se révéler au grand jour, et aux plus inhumaines de s'humaniser. Poséidon habitait au fond de la mer un palais somptueux, entouré par les Néréides et autres créatures de l'océan. Hadès vivait au fond des enfers avec son épouse Perséphone, dans une grotte gardée par des griffons — dit-on — avec en main une corne d'abondance. Dionysos, lui, régnait sur les zones troubles et frontalières de l'être par le vin, le verbe, la musique et la danse. Ce faisant, il permit à ceux qui la tentèrent la plus risquée mais aussi la plus radicale des épreuves, celle qui mène à l'extase ou à la perdition, à l'ange ou au démon. En précisant que le vin et l'ivresse n'étaient ici que des moyens pour parvenir à un état accessible par bien d'autres voies, comme la danse, la transe ou le théâtre, état consistant à faire plus ample connaissance avec son moi profond, qu'ignorait totalement la religion officielle.

Mais n'oublions pas pour autant que Dionysos fut aussi le dieu des escortes joyeuses, des troupes enlierrées, des cortèges enivrés parcourant les villages au moment des vendanges. Des nombreux textes antiques concernant ce dieu, j'ai choisi un des sept hymnes orphiques qui lui sont consacrés. L'épithète *lénéen* de son titre — un des quatre cent vingt ! — indique qu'il s'agit ici du dieu de la vendange, qu'on célébrait à l'automne au cours des fêtes dites Lénéennes. Pour rester fidèle à cet aspect de Dionysos — nommé ici Bacchus — et conforme à ses exigences, je conseille vivement de ne lire cet hymne qu'avec un verre de vin grec à la main !

À Bacchós leneen

Ecoute, enfant de Zeus, dieu des pressoirs,
Illustre fils de deux mères, ô dieu libérateur,
Secrète et pure semence des Immortels, amant de
[l'évohé,
Fécond, nourricier, dispensateur de fruits et de
[délices,
Ebranleur du sol, Lénéen tout-puissant, dieu
[enjôleur
Dont chaque apparition calme et guérit nos peines,
Fleur sacrée qui apportes aux mortels la liesse,
[l'insouciance,
Fils d'Epaphos, ô Chevelu, bruyant Incitateur,
Compère du thyrse, ô puissant réconfort
De tous ceux, hommes ou dieux, à qui tu apparais,
Je t'en prie, viens offrir à tes mystes abondance et
[douceur.

Durrell Lawrence (1912-1990)

J'ai connu Lawrence Durrell en 1969, après la publication de mon livre sur les gnostiques d'Egypte, où à plusieurs reprises je mentionne des passages du *Quatuor d'Alexandrie*, son gros et merveilleux roman consacré à l'Egypte moderne, mais où il cite fréquemment des enseignements gnostiques. Dès notre première rencontre dans sa maison de Sommières, près de Nîmes, se noua une relation profonde, véritable et fidèle, qui ne se démentit jamais de part et d'autre jusqu'à sa mort. Nous n'étions pas liés seulement par la Grèce, les gnostiques, les cathares et les ivresses conjuguées de l'écriture et du rosé du Gard, mais par une même façon d'envisager justement les rapports passionnés, tumultueux souvent, incestueux parfois, qui liaient pour nous la vie et l'écriture. Car lui et moi aimions la vie autant, si ce n'est plus, que l'écriture, n'ayant ni l'un ni l'autre une vocation de moine plumitif ou d'ermite écriveur et nous étions d'accord : on ne vit pas pour écrire, on écrit pour vivre, étant entendu que par ces mots « pour vivre » nous n'entendions pas les problèmes matériels ni les besoins alimentaires, mais la vraie question : faire en sorte que le sens de nos mots donne sens à notre vie.

Etant plus âgé que moi, Durrell connut la Grèce d'avant-guerre, notamment à Corfou où il vint s'installer dès 1935 et où par la suite il fit venir d'Amérique son ami Henry Miller. La guerre le contraindra à quitter la Grèce et à partir pour l'Egypte où il passera les années suivantes au Caire et à Alexandrie comme archiviste et diplomate. C'est là qu'il concevra les thèmes, les personnages, les événements et le climat de ce qui deviendra plus tard *Le Quatuor d'Alexandrie*. Puis, après avoir occupé ici et là différents postes diplomatiques, il s'installera dans le nord de Chypre où il commencera la rédaction du *Quatuor* et écrira *Citrons acides*. La Grèce de Durrell n'est pas du tout la Grèce antique mais celle d'aujourd'hui ou, du moins, celle d'hier, décrite avant tout à travers les personnages et les figures rencontrés. Durrell est un grand portraitiste mais un portraitiste souriant. Les défauts éventuels ou les traits spécifiques de chacun sont relevés avec humour, sans la moindre pointe de dénigrement. Larry — comme tous ses amis l'appelaient — s'est toujours senti chez lui en Méditerranée, que ce soit en Grèce, à Chypre ou en Provence, beaucoup plus qu'en Angleterre qui n'était d'ailleurs pas sa terre natale puisqu'il naquit et grandit en Inde. Il se sentait, se voulait, se disait écrivain anglophone et citoyen du monde.

Un jour que nous bavardions dans le jardin de sa maison de Sommières autour de la piscine — car il y eut un temps une piscine qu'il maintint en état pendant quelques années, jusqu'au jour où cela l'ennuya et où il décida de la laisser à ses habitants « *légitimes et naturels* », me dit-il, à savoir les grenouilles — un jour donc qu'il me parlait d'Alexandrie, il revint sur la phrase de Forster, citée plus haut à propos du poète Constantin Cavafy* dont l'œuvre « *occupait une position légèrement oblique par rapport au reste de l'univers* ». Larry adorait cette phrase dont je trouvais — était-ce pure coïncidence ? — qu'elle convenait, aussi, parfaitement à l'œuvre alexandrine de Durrell. Demeurer oblique par rapport au reste de l'univers n'est pas à la portée de tous ! C'est là une inclinaison très spécifique, propre à ceux qui, n'étant pas dupes de ce monde, l'observent, le décrivent et le parcourent en état d'ivresse cosmique et permanente !

J'ai écrit à plusieurs reprises sur Durrell, à la demande de ses amis français et de ses amis anglais, des témoignages, souvenirs d'entretiens et réflexions, parus en différentes revues. Je ne citerai ici qu'un seul de ces textes, celui que je préfère car il ne s'agit plus d'un témoignage mais d'un adieu. Un amical et fraternel adieu. Je lui ai donc adressé cette lettre quelques semaines après sa mort et je puis vous assurer que chacun des mots prononcés et rapportés ici est véridique.

Lettre à Lawrence Durrell

Maintenant que tu as gagné la rive opposée du Styx, celle qui sépare le monde où nous vivons pour un moment de celui où nous vivrons tous les moments, il est grand temps que je t'écrive la lettre que je t'avais promise. En disant « il est grand temps », je ne parle évidemment que pour moi, pour qui le temps est compté alors que le tien, très certainement, ne l'est plus. Je ne sais si une simple lettre permet de franchir le Styx ou tout au moins d'en aborder la rive de son vivant, mais j'espère qu'elle te parviendra, entre deux promenades herborisantes au cœur des prairies d'asphodèles*.

Je me souviens qu'un jour à Sommières, un de ces jours où nous devisions posément face aux arbres de ton jardin et à une dame-jeanne rougissante de rosé du Gard, nous avons évidemment abordé, comme on dit, le sujet de la Grèce. Et tu t'étais brusquement écrié :

— Jacques, quand on choisit de vivre en Grèce, vous le savez aussi bien que moi, on ne sait pas du tout à quoi on s'expose : non seulement à y vivre comme les Grecs vivants mais à connaître après sa mort le sort des Grecs défunts : à traverser le Styx nous aussi !

— Alors, dis-je, il faudra aussi récompenser Charon. Mais comment trouver une obole pour payer le passage ? Il n'y a plus d'obole aujourd'hui, même en Grèce !

— Ecoutez, Charon n'est pas né d'hier ! Depuis le temps qu'il transporte les morts d'une rive à l'autre, il a appris les cours du change et le nom des monnaies. Je suis sûr qu'il ne refusera pas un franc ou un dollar.

— A mon avis, c'est beaucoup trop. Il se contente de menue monnaie. Un penny ou un centime fera l'affaire. Encore qu'un centime soit aussi difficile à trouver qu'une obole !

— Ce fut toujours pour moi un grand mystère, que Charon demande une somme aussi modeste.

— A quoi bon accumuler l'argent qui perd sans cesse sa valeur et en change sans arrêt, après la fin de chaque régime ? Il n'a même pas le temps de le dépenser : les morts arrivent jour et nuit sur la rive. Je me demande même comment il fait pour dormir.

— Charon, mon cher Jacques, est un pur insomniaque, sinon il ne pourrait pas arriver à grand-chose.

Il y eut un instant de souriant silence. Charon passa discrètement, fantomatiquement, dans la pièce en lorgnant la fiasque de rosé dont le niveau signalait les eaux basses du Styx. Puis il disparut avec une sorte de sourire, lui aussi, ce qui nous permit de constater, à Larry et à moi, qu'il n'avait plus une seule dent.

— Charon n'est pas tout, repris-je. Après, il y a le chien Cerbère et la descente dans l'Hadès.

— Je suis sûr, Jacques, que lorsque l'on débarque de l'autre côté, le plus dur est fait. Car le plus dur, évidemment, c'est de changer de rive, de passer d'un état à un autre, d'un temps à un autre temps. Il paraît que cela se produit dès qu'on franchit le milieu du fleuve. Au point qu'à peine posé le pied sur l'autre rive, on ne sait déjà plus d'où l'on vient.

— Mais comment sait-on qu'on ne sait plus rien ? Personne n'est jamais revenu de l'Hadès pour nous le dire. A part Orphée, parce qu'il a su séduire Perséphone avec des mélodies sirupeuses ou sentimentales. Mais même lui ne dit rien sur le Styx.

— Dans ce cas, je n'ai aucune chance de revenir. Je chante comme un pied ! Je me demande d'ailleurs ce que je pourrais bien chanter pour Perséphone. Elle aussi, comme Charon, doit avoir évolué. Je suis sûr qu'elle préfère les chansons modernes aux jérémiades antiques. Pensez-vous sérieusement, Jacques, qu'elle apprécierait les Beatles ?

Difficile de répondre du tac au tac. Je ne connais pas bien les goûts de Perséphone en matière de musique moderne. Mais il n'y a qu'avec Larry qu'on peut avoir ainsi, sur le ton le plus sérieux du monde, des conversations substantielles sur des sujets aussi inattendus. D'ailleurs, est-ce si terrible de traverser le Styx ? Larry, Larry en personne, a décrit cette navigation avec un luxe de détails dans un texte surprenant, magnifique, secret, passionnant, empli d'humour et d'ésotérisme, un cocktail composé d'un doigt d'Hermès Trismégiste, deux doigts de Jonathan Swift, un zeste d'Oscar Wilde, le tout agité dans un shaker en forme d'amphore !

Ecoutez les judicieux conseils qu'il donne à sa tante Prudence, qui vient de partir pour le grand voyage, avant qu'elle ne s'embarque sur le Styx, conseils qui sont également valables pour nous tous :

« *Lorsque vous vous réveillerez, vous serez sur une eau claire entre deux rives dégagées s'éloignant vers une vaste ligne d'horizons tourmentés et surmontés de nuages déchiquetés. Le silence est tel que le bruit de votre respiration semble extrêmement sonore, puissant comme un soufflet de forge. La barque avance avec une infinie lenteur : vous aurez le temps de descendre et d'examiner ce territoire qui est sans aucun doute le plus intéressant que vous ayez jamais vu. C'est un univers calciné, pétrifié, réduit à son carbone élémentaire. Comprenez-vous pourquoi il n'y a aucun son ? On ne peut plus entendre la sève monter dans les arbres, on ne peut plus entendre le pouls battre dans la gorge des oiseaux. On ne peut plus entendre le ver aveugle avaler sa tête d'épingle de boue. Ils sont tous là — les arbres, les oiseaux, le ver — mais minéraux cette fois. Tout est tellement silencieux que les raisins blancs du vignoble luisent cristallins comme des perles. Et l'arbre du fruit défendu est chargé d'énormes globes d'un banal minerai. Là, si vous regardez bien, vous verrez que chaque pomme est un Greco, chaque baleine un Cézanne. Ne ratez pas la barque qui flotte au fil de l'eau dans cet univers enchanté car il y a des pénalisations. Après quelques instants passés en ce lieu, vous vous sentirez un peu mal en point : vous cracherez dans votre mouchoir des fragments de poussière de diamant et de crin de cheval. Mais ne vous inquiétez pas. C'est seulement votre foie qui s'est transformé en granit moucheté*[1]. »

J'arrête ici cette première lettre. Nous sommes tous les deux penchés sur l'eau du Styx à regarder couler le

1. L'extrait cité provient de *En descendant le Styx*, traduit par Frédéric-Jacques Temple et publié dans *L'Esprit des lieux* (Gallimard, Du monde entier, 1976).

fleuve, une eau devenue sombre et lente. Et tante Prudence, sur l'autre rive s'avance en trébuchant vers une silhouette qui ressemble étrangement à la vôtre mais qu'elle hésite à reconnaître — il y a autour de vous tant d'autres silhouettes qui tremblent et qui frissonnent — et pourtant j'entends distinctement ses lèvres pâles articuler dans un souffle : « *Docteur Durrell, I presume*[1] ? »

1. Voir aussi *L'Esprit des lieux*.

e

Elytis Odysséas (1911-1996)

Rien que les titres de certains recueils ou poèmes disent d'emblée quels sont les choix de ce poète : *Egée*, *Orientations*, *Soleil encoléré*, *Sérénités*, *Le Service de l'été*, *En buvant le soleil corinthien*, *Mémorial de l'azur*, *Mélancolie de l'Egée*, *Soleil premier*, *Ode à Santorin*, *Sporades*, *Le Soleil souverain*... Autrement dit : mer Egée, Ciel, Soleil, surtout le soleil. Dans *Axion Esti**, son grand œuvre, il se définit clairement :

> Donc me voici
> Oblat des jeunes Koré
> Et des îles de l'Egée
> Amant de l'élan des chevreuils
> Myste des feuilles de l'olivier
> Et buveur de soleil.

Buveur de soleil ! Tout Elytis est dans ce mot qui surgit déjà dans un poème des années de guerre. Une part essentielle de son œuvre emprunte toute sa luminosité aux paysages des Cyclades, à la prodigalité du soleil, à l'ivresse de l'écume, au vertige des façades immaculées. Sans que pour autant, bien entendu, sa poésie ne cesse d'être exigeante et hauturière ! Oui, cette poésie irradie toute la lumière de la Grèce insulaire au point que beaucoup ont pu la dire héliaque, à condition de prendre ce mot au sens d'imprégnation et non, bien sûr, d'insolation ! L'Egée, le soleil, la lumière, le vent, la mer n'ont cessé d'habiter toute sa vie ses émotions, ses joies et ses poèmes comme autant d'illuminations successives. J'ai souvent eu, en lisant son œuvre, l'impression de découvrir en elle les armes — au sens héraldique — d'un blason poétique et immémorial. Blason dont les différents emblèmes seraient justement ces éléments propres à la Grèce.

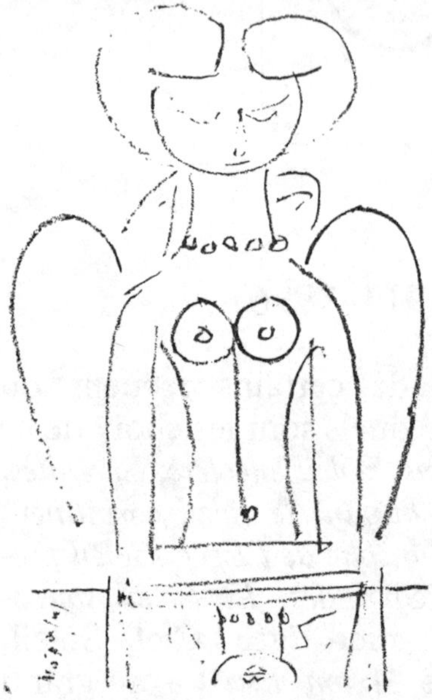

Miracle de dépouillement, de paysages réduits à leurs lignes d'ombre et de lumière, à l'épure du ciel, de la terre et des eaux. Derrière la beauté et la pérennité des choses quotidiennes, il y a aussi — et cela est propre à la Grèce — l'éblouissement, voire le vertige d'une langue quasi immémoriale. Car pour dire soleil en grec, Elytis dit *hélios,* mais Homère le disait déjà il y a près de trente siècles ! Dans son discours de réception du prix Nobel, en 1979, Elytis s'étonne, s'émerveille, s'extasie sur l'immémorialité de ces mots, des mots disant les éléments visibles — et parfois invisibles — du paysage grec, et qui eux aussi continuent de vivre, comme *ouranos*, le ciel, *thalassa*, la mer, *éros*, l'amour, *chora*, l'espace, *buthos*, l'abîme et *pontos*, le large.

Dans un poème intitulé *Mes mathématiques supérieures*, le poète avoue qu'il a fait ses classes poétiques « *à l'école de la mer* », évidemment pas une école de navigation, mais celle qui livre le secret des métamorphoses. Calme, sérénité, équanimité, frissons, fièvres, colères, emportements, la mer elle aussi est détentrice d'émotions, de mouvements, de réactions imprévisibles, ce qui explique qu'aux yeux des Grecs elle fut toujours le domaine des dieux ou des forces célestes, Poséidon jadis, la Vierge des tempêtes aujourd'hui ou sa rivale, la Gorgone.

C'est à Paris, juste avant la guerre, qu'Elytis découvrit le surréalisme qui influença ses premiers poèmes, mais qu'il ne considéra jamais comme une astreinte formelle, ni surtout comme un modèle contraignant. Revenu en Grèce, il combattra deux ans durant sur le front d'Albanie, puis reprendra ses voyages, la guerre terminée. Son œuvre ne comprend qu'un nombre plus que raisonnable de recueils, une vingtaine tout au plus dont nous verrons quelques exemples un peu plus loin. Il publia aussi deux essais sur les poètes qui le marquèrent et traduisit magnifiquement les poètes anciens, comme Sappho, et des poètes français, comme Rimbaud, Lautréamont, Eluard, Reverdy.

Ce qui, à mes yeux, caractérise le plus nettement Elytis, par rapport à d'autres poètes de son temps, c'est l'importance particulière qu'il accorde à sa langue, je veux dire la langue grecque. Celle que dans un passage de son poème *Axion Esti** il nomme *« l'humble masure sur les rivages d'Homère »*. Le surréalisme l'affranchit de toute référence ou écriture académique. La fréquentation des poètes anciens et byzantins, et aussi de la poésie populaire, lui fournira un véritable arsenal lexical dont il saura faire un usage éminemment libérateur et novateur... Je ne saurai évidemment proposer ici qu'un choix tout personnel et véritablement amoureux de certaines de ses œuvres, dans des traductions faites pour la plupart il y a fort longtemps et toujours à titre personnel. Je n'ai publié qu'une seule d'entre elles, en 1980, *Les Clepsydres de l'inconnu*, parue en Grèce en 1940, et la première partie *Genèse*, d'*Axion Esti**, en 1989, dans une revue de province aujourd'hui disparue.

Le premier poème, *Anniversaire*, fait partie du recueil *Orientations*, paru en 1940 dans sa première édition. Et l'on voit que déjà, en ce poème écrit en 1936, la mer apparaît, instante et souveraine.

Anniversaire

J'ai mené ma vie jusqu'ici
Jusqu'à ce point qui lutte
Toujours près de la mer,
Jeunesse sur les rochers
Corps à corps contre le vent.

Où peut aller un homme
Qui n'est autre qu'un homme
Comptant ses heures qui verdoient au boulier des
[rosées
Comptant de par les eaux les visions de son ouïe
Et par les ailes ses remords.
Ah, Vie
D'un enfant qui devient un homme
Toujours près de la mer
Quand le soleil lui enseigne
A respirer au lieu même où s'efface
L'ombre d'une mouette.

J'ai mené ma vie jusqu'ici
Addition blanche et noir total
Quelques arbres quelques galets mouillés
Des doigts légers pour caresser un front.
Toute la nuit des pleurs d'attente
Il n'y a plus personne
Plus personne
Pour faire entendre un pas de liberté
Pour faire sourdre une voix reposée
Les proues clapotent contre le môle
Traçant un nom d'azur au cœur des horizons.
Quelques années quelques vagues
Et l'approche sensible
Des mouillages enserrant l'amour.

J'ai mené ma vie jusqu'ici
Rayure amère sur le sable éphémère
— Quiconque a vu deux yeux effleurer son silence
Rencontré la chaleur de milliers d'univers
Se souviendra des autres soleils en son sang
Plus près de la lumière
Il est un sourire qui rachète la flamme —
Mais ici en ce paysage novice qui se perd
En une mer ouverte et sans pitié
Le bonheur se dénude
Tourbillons d'ailes d'instants collés au sol
Un sol dur sous l'impatience des talons

Un sol conçu pour le vertige
Volcan éteint.

J'ai mené ma vie jusqu'ici
Pierre vouée à l'élément liquide
Plus loin que les îles
Plus bas que la vague
Au voisinage des ancres
— Quand passent des carènes fendant
[passionnément
Un obstacle nouveau qu'elles surmontent
Et qu'avec les dauphins se lève l'espérance
Victoire du soleil sur un cœur d'homme —
Les filets du doute tirent
Une figure de sel
Péniblement sculptée
Indifférente et blanche
Qui tourne vers la mer le vide de ses yeux
Et soutient l'infini.

1936

Les Clepsydres de l'inconnu — dédiées à Andréas Embirikos* — portent indiscutablement l'empreinte du surréalisme et par endroits de la technique de l'écriture automatique, mais celle-ci sera de courte durée. Ce recueil comprend sept hymnes — appelons-les ainsi — dont je propose ici le premier :

Le soleil s'irrite, son ombre enchaînée traque la mer

Une maisonnette, deux maisonnettes, la paume qui s'est ouverte sous la fraîcheur et embaume toute chose

Des flammes des flammes qui tournoient en éveillant le portail clos des rires

Il est temps que les mers affrontent les dangers

Que voulez-vous demande un rayon, que voulez-vous demande l'espérance en enlevant sa veste blanche

Mais le vent a tari la chaleur, deux yeux méditent

Sans savoir ce qui les attend si dense est leur avenir

Un jour viendra où le liège imitera l'ancre et prendra le goût de l'abîme

Un jour viendra où leur double être ne fera qu'un

Plus haut ou plus bas que les cimes ébréchées ce soir par le chant

De Vesper, aucune importance, l'important est ailleurs

Une jeune fille, deux jeunes filles, se penchent sur leurs jasmins et disparaissent

Il reste un filet d'eau pour chanter leur histoire mais sur lui les nuits se sont penchées pour boire

De grands pigeons et de grands sentiments recouvrent leur silence

Il semble qu'une telle passion leur soit inguérissable

Et nul ne sait si la douleur se dénudera avec elles

Les pièges se raréfient, des astres clignotent leurs mirages aux amoureux

Tout tressaille, tout fusionne — enfin l'immortalité est venue

Celle que réclament les bras empoignant leur destin qui a changé de corps et qui est devenu vent

Violent — l'immortalité semble-t-il est venue.

A la fin du recueil *Orientations* figure un ensemble de textes réunis sous le titre révélateur de *Au service de l'été*. Un certain nombre de poèmes ont là encore pour thème la mer Egée, comme *Mémorial de l'azur*, *Naissance du jour*, mais d'autres se tournent vers la terre et notamment vers la Béotie où, à l'inverse des sentiments lyriques inspirés par la mer, le poète exprime sa mélancolie devant les splendeurs d'un passé à jamais disparu.

MEMORIAL DE L'AZUR

Vignes et oliviers au loin jusqu'à la mer
Barques rouges de pêche jusqu'aux confins de la
[mémoire
Elytres d'or du mois d'août dans la léthargie de midi
Algues et coquillages. Et ce bateau tout fraîchement
Repeint épelant dans la paix du golfe A DIEU VA

Les années ont passé feuilles ou graviers.
Je me souviens des jeunes filles et des marins
Qui s'en allaient leurs voiles teintes comme leur
[cœur
Chantant les quatre points de l'horizon
Avec des aquilons tatoués sur la poitrine.
Que cherchais-je lorsque tu vins teinte d'aurore
L'âge de la mer au fond des yeux
Et dans le corps la force du soleil — que
[cherchais-je
Dans les grottes marines dans les rues
Où le vent frissonnait ses désirs
Vent d'azur, inconnu, gravant sur ma poitrine
Son emblème de haute mer ?

Le sable entre les mains, j'ai refermé mes doigts
Le sable dans les yeux, j'ai resserré mes doigts
C'est en avril je me souviens que je connus
Ton poids humain pour la première fois
Ton poids humain glaise et péché
Tu eus mal je me souviens, une morsure
Profonde sur les lèvres, une griffure
Profonde sur la peau, là même où le temps
Se grave pour toujours.

Alors je t'ai laissée

Et un souffle bruyant souleva les blanches maisons
Avec leurs élans tout fraîchement repeints
Vers le ciel et son sourire de lumière.
Désormais j'aurai près de moi une cruche d'eau
[immortelle

Une image de liberté au ventre frémissant
Et ces mains — tes mains — où l'Amour s'enroulera
Ce coquillage qui est tien et où l'Egée résonnera.

Naissance du jour

Quand le jour s'étire en sa tige et répand ses
[couleurs sur la terre
Quand le soleil coule comme un fleuve dans une
[plaine en friches
Et que tremble au loin une voile, bergère des
[meltems,
Ta robe sera toujours une parure d'îles,
Un moulin brassant à l'envers les années.

Ainsi te vois-je dans le rayon de ce jour qui jamais
[ne finit
Ecouter battre la pulsation des continents.
En montant, tu laissas un grand voile d'écume,
Tu secouas la tête, nimbée des algues de cette aube,
Tu chantas les saisons dans la bouche du vent
Et le jour, désertant ton corps, déposa sur les
[héliotropes
Son immense bénédiction...

Viens, que nous habitions les couleurs,
Que nous découvrions le don des îles nues.
Viens que nous étalions partout notre lumière
Que nous bercions l'azur sur les marches de pierre
[du mois d'août.

Viens. Nous capturerons les nuages,
Nous fuirons les désastres du temps,
Nous jouerons notre soleil entre nos doigts

Et dans les plaines au cœur grand ouvert
Nous verrons renaître le monde.

ASPECT DE LA BEOTIE

Ici, où l'on entend profondément les pas du temps
Où le regard solitaire parcourt les pierres et les
[immortelles
Où de grandes nuées déploient leurs fastes d'or sur
[la métope du ciel
Dis-moi où commença l'éternité
Dis-moi le signe qui te blesse,
O terre de Béotie qu'illumine le vent !
Qu'est devenue la ronde des mains nues devant les
[murs royaux,
Où sont les portes où gazouillaient les antiques
[oiseaux,
Où le soleil entrait comme un triomphateur,
Où le destin battait sur la lance du cœur
Au milieu des pépiements profanes ?
Il y eut le sang des métopes et des temples,
Et la blessure du Temps écrasé par le ciel
Et les hommes avançant à force de courage et à
[force de rêve.
En ce sol rouge de Béotie,
Parmi la procession esseulée des rochers
Tu incendieras les fagots d'or du feu
Et tu arracheras les fruits amers de la mémoire !

Soleil premier parut en 1943, dans une édition aujourd'hui introuvable, dont le poète me fit cadeau et que je suis heureux et fier de posséder. C'est un petit recueil de vingt-cinq poèmes, sous une couverture jaune portant le nom de la maison d'édition qui, par une coïncidence égéenne, se nomme La Mouette. Là encore, le soleil est roi mais, en raison des circonstances — ces textes furent écrits pendant la guerre — on sent percer en certains poèmes une mélancolie, parfois même l'appréhension d'un avenir indécelable.

Barques à demi englouties
Coques amoureusement travaillées
Vents aux pieds nus vents
Dans les ruelles qui se sont tues.
Escaliers de pierre
Le muet, le fou
Et l'espoir à demi dressé.

Grandes rumeurs, cloches
Dans les cours blanches
Squelettes au rivage,
Peintures, goudrons, vernis,
Préparatifs du Quinze août
Linges blancs, oriflammes bleus
Et l'espoir à demi dressé.

⋆

Tout le jour nous avons marché dans les champs
Avec les femmes, les astres et les chiens
Nous avons joué, chanté, bu une eau fraîche
Sourdant du fond des siècles.

Nous avons dévalé un instant le crépuscule
Nous regardant dans le profond des yeux,
Un papillon a jailli de notre poitrine
Et le soir nous avons allumé du feu
Et nous avons chanté :
Feu, beau feu, ne regrette pas les bûches,
Feu, beau feu, ne deviens jamais cendre
Feu, beau feu, brûle-nous, dis-nous la vie
A nous qui sommes de bonne race.

⋆

En buvant le soleil corinthien
Et déchiffrant les marbres

Enjambant des vignes et des mers
Marquant de mon trident
Les bancs de poissons dans les eaux
J'ai découvert ces pages où le chant du soleil
Récite la contrée où le désir s'éclôt.

Je bois de l'eau, cueille des fruits
Je plonge la main dans les feuillages du vent
Les citronniers irriguent le pollen de l'été
Des oiseaux verts griffent mes rêves
Et je m'en vais l'œil grand ouvert
Là où le monde recommence.

Vint la fin de l'Occupation, vint la libération du pays, mais une libération tragique qui donna lieu à une guerre civile de quatre années. Au cours de ces temps difficiles, Elytis ne publie qu'un seul recueil, inspiré par ses souvenirs de guerre sur le front, *Chant héroïque et funèbre pour le sous-lieutenant tombé en Albanie*. Puis ce sera un silence de plusieurs années, jusqu'à la parution, en 1959, de l'admirable *Axion Esti** et, une année plus tard, de *Six et un remords pour le ciel*, où l'auteur commence à s'affranchir des pressions et sollicitations de l'histoire immédiate, pour mieux évoquer ses courants symboliques, faire clairement allégeance — notamment dans le très beau poème intitulé *Le Sommeil des preux* — aux figures grecques archétypales de la mort et de l'Hadès. Ce qui hausse le poème, comme dans *Axion Esti*, au niveau d'un dense et court oratorio. On voit une fois de plus, en ce dernier recueil, à quel point la poésie d'Elytis est le contraire d'une poésie abstraite, bien qu'elle ait pu parfois aux yeux de quelques-uns passer pour hermétique. Non, il n'y a jamais d'abstraction, de concept, d'idéalisation dans la poésie d'Elytis mais de l'exaltation, de l'exultation même quelquefois, quand il invoque les éléments, les constituants du paysage grec et les miracles de la langue. Mais sa poésie sait aussi — on le verra dans les extraits cités — devenir murmure solidaire des oubliés, des déshérités de l'histoire et même murmure complice de ceux qui dorment dans les cimetières, puisque c'est là le sens du mot grec *koimitirion*, qui a donné en français « cimetière » : un dormoir.

Voici donc deux poèmes extraits de *Six et un remords pour le ciel* que j'ai traduits en 1968, à l'occasion d'un numéro spécial de la revue *Les Lettres nouvelles* consacré à la Grèce et sa littérature.

Le sommeil des preux

Ils sentent encore l'encens et ils ont le visage brûlé par leur descente aux grands Pays de l'ombre,

Là où d'un geste les jeta l'Inébranlable
Face contre terre, sur un sol où son moindre souffle suffirait à corroder l'air de l'Hadès,

(Une main en avant, comme s'il s'efforçait d'empoigner le futur, l'autre sous la tête lourde, inclinée de côté,

Comme s'il contemplait une dernière fois, dans les yeux d'un cheval éventré, le monceau fumant des décombres)

Là où les affranchit le Temps. L'une des ailes, la plus rouge, a recouvert le monde, à l'heure où l'autre, frêle, bougeait encore dans l'espace,

Et aucune ride, aucun remords, mais dans le grand tréfonds

Le sang immémorial où commençait avec effort à se graver, dans la noirceur du ciel,

Un soleil jeune, encore pubère,

Qui ne parvenait pas à supprimer le givre des agneaux par le trèfle vivant, bien qu'avant de pousser épine il ait rendu sans voix l'oracle de la nuit...

Et au début Vallées, Montagnes, Arbres, Fleuves,

Création rayonnant de sentiments vengeurs, en posture d'enfantement, pour qu'eux-mêmes la parcourent à présent avec en eux le Bourreau mis à mort,

Villageois de l'azur infini !

Ni l'heure de midi sonnant dans leurs entrailles ni la voix du Pôle arrivant du zénith n'entravaient leurs pas.

Ils lisaient avidement le monde, les yeux grands ouverts, là où d'un geste les jeta l'Inébranlable

Face contre terre, là où fondaient du ciel les rapaces pour se repaître de l'argile de leurs entrailles et de leur sang.

SEPT JOURS POUR L'ETERNITE

DIMANCHE. Matin, dans le sanctuaire du Moscophore. Je dis : que la belle Myrto ait la même vérité qu'un arbre et que son jeune agneau, regardant mon assassin dans les yeux, pour un instant, châtie le très amer futur.

LUNDI. A mes pieds, présence de mousse et d'eau. Qui signifiera que j'existe. Avant ou après le regard qui me pétrifiera, la main droite haut levée tenant un immense Epi bleu. Pour fonder les Nouveaux Zodiaques.

MARDI. Exode des chiffres. Lutte du 1 avec le 9 sur un rivage entièrement désert, couvert de galets noirs, de monceaux d'algues, de grands ossements de fauves dans les rocs. Mes deux vieux chevaux tant aimés hennissent cabrés au-dessus des vapeurs montant de la soufrière de la nuit.

MERCREDI. De l'autre côté de la Foudre. Le bras perdu qui de nouveau va parjurer. Pour aplanir les plis du monde.

JEUDI. Porte ouverte : marchés de pierre, bouquets de géraniums et plus loin, toits diaphanes, cerfs-volants en papier, miettes de cailloux au soleil. Un bouc rumine lentement les siècles et la fumée, sereine, monte au milieu des cornes.
L'instant où, en secret, dans la cour de derrière, la fille du jardinier a reçu un baiser, et si fol son émoi qu'un pot de fleurs tombe et se brise.
Ah, sauver ce bruit-là !

VENDREDI. « De la Transfiguration » des femmes que j'ai aimées sans espoir. Je crie : Ma-ri-na ! Hé-lé-ni ! Chaque tintement de cloche, chaque bruit d'une branche de lilas dans mes bras. Ensuite lumière étrange et deux pigeons désappariés m'entraînant haut sur une grande maison ornée de lierre.

SAMEDI. Un cyprès de ma taille, qu'abattent des hommes austères et silencieux : pour des fiançailles ou un enterrement. Ils creusent le sol tout autour et l'arrosent d'un œillet d'eau. J'ai déjà déclamé les mots qui ensorcellent l'infini !

Dans *Le Petit Marin*, recueil paru en 1986, Elytis s'adonne une fois de plus à ses extases marines. Mais ces textes vont bien plus loin que de simples incantations à l'élément marin. Ils sont un inventaire original, lyrique, ludique et emblématique de tout ce que la mer, dans sa présence élémentaire comme dans ses complicités avec l'homme, a pu apporter, nourrir, enrichir dans la mémoire et la langue du poète.

Je n'ai traduit de ce recueil que trois extraits dont le premier intitulé *Mes mathématiques supérieures*, déjà cité, définit le credo personnel de l'auteur. Dans ce credo, la première et la cinquième phrases sont plus à mes yeux que des mots de poète, elles nous livrent deux formules dévoilant littéralement les secrets comme les ingrédients de la beauté grecque :

MES MATHEMATIQUES SUPERIEURES, je les ai faites à l'Ecole de la Mer. Voici quelques exercices à titre d'exemple :

1. Décomposez la Grèce et vous verrez qu'il ne restera pour finir qu'un olivier, une vigne et un bateau. Autrement dit, avec les mêmes éléments, vous pouvez la recomposer.
2. Multipliez par l'innocence les plantes qui embaument : le produit donne toujours la figure de quelque Jésus-Christ.
3. Le bonheur est le rapport exact entre les exercices (formes) et les sentiments (couleurs). Notre vie peut, doit être découpée selon les mêmes proportions que celles de Matisse avec ses papiers colorés.
4. Où il y a des figuiers, il y a la Grèce. Là où la montagne s'augmente de son nom, il y a le poète. La jouissance n'est pas à déduire.
5. Un crépuscule sur l'Egée contient la joie et la tristesse en doses si égales qu'en sa fin il ne reste plus que la vérité.
6. Chaque progrès sur le plan moral ne peut être qu'inversement proportionnel au pouvoir qu'ont la force et le nombre de fixer notre sort.
7. Le voyageur que la moitié des gens nomme un Lointain est nécessairement pour l'autre moitié un Prochain.

⋆

Des milliers d'années nous avons marché. Nous nommons toujours le ciel Ouranos et la mer Thalassa. Tôt ou tard ces mots changeront et nous changerons avec eux, mais notre nature intouchée restera présente dans la géométrie que nous dédaignâmes en Platon. Et en elle quand nous nous penchons, comme nous nous penchons quelquefois sur les eaux de notre île, nous trouverons les mêmes collines ocre, les mêmes golfes, les mêmes caps, les mêmes moulins à vent et les mêmes chapelles désertées, les maisonnettes adossées les unes contre les autres et les vignes où dorment comme de petits enfants les colombiers et les coupoles.

Je ne veux pas dire que tout est identique. Je veux dire les mouvements naturels et spontanés de l'âme qui naissent et ordonnent notre matière dans une direction précise ; les mêmes ondulations, les mêmes élévations vers le sens profond d'un humble Paradis où résident notre âme véritable, notre droit, notre liberté, notre soleil second et véridique.

⋆

Sur les rivages d'Homère, il y avait une félicité, une majesté parvenues intactes jusqu'à nous. Et nous les ressentons encore quand nos pas foulent les mêmes sables. Nous avons marché des milliers d'années, le vent courbe à terre les roseaux et nous, nous redressons notre visage. Vers quoi ? Jusqu'à quand ? Et qui l'a ordonné ?

Nous avons besoin d'une législation pour pouvoir nous étendre comme le fait notre peau lorsque nous grandissons. Quelque chose d'à la fois juvénile et fort comme ce qui s'écoule au sein de l'eau ou ce qui abonde au cœur des larmes. Afin que ce que l'homme engendre puisse le dépasser sans l'écraser.

Pour achever ce court voyage au cœur de l'œuvre d'Elytis, au cœur surtout de la mer et de la beauté grecques, je citerai un ravissant poème appartenant à l'un de ses derniers recueils, lui aussi tout entier voué — au sens religieux du terme — à la mer Egée, perçue ici en sa radieuse et nubile apparence :

Petite mer verte de treize ans
Je voudrais t'adopter
Et t'envoyer dans une école d'Ionie
Apprendre absinthe et mandarine
Petite mer verte de treize ans
Pour que dans le phare à midi
Tu fasses tournoyer le soleil
Entendre le bruit du destin
Et comprendre comment de colline en colline
Ont conspiré jadis nos ancêtres
Face au vent comme des statues
Petite mer verte de treize ans
Et qu'avec tes rubans, ton col blanc
Tu entres à Smyrne par la fenêtre
Pour recopier au plafond les reflets
Des Doxa soi et Kyrie éleison
Et que le vent du nord et que le vent de l'est
Vague après vague te ramènent
Petite mer verte de treize ans
Pour qu'hors la loi je dorme contre toi
Et trouve au profond de tes bras
Pierres émiettées les paroles des Dieux
Pierres émiettées les fragments d'Héraclite.

Embirikos Andréas (1901-1975)

Ce poète fut un des chantres majeurs du surréalisme en Grèce, aux côtés d'Odysséas Elytis, avec lequel il séjourna à Paris dans les années 1937-1938. C'est là qu'il fit la connaissance d'André Breton et de ses amis de l'époque, mais la guerre le contraignit à revenir en Grèce, où il ouvrit par la suite le premier cabinet de psychanalyse. Je fis sa connaissance à Hydra, lors d'un de mes premiers séjours dans cette île, dans les années 1957-1958. Comment oublier ce visage lumineusement souverain, cette crinière blanche et léonine, le rire de ce regard ? L'âme et les yeux ne faisaient qu'un sur son visage, comme si les forces vives et neuves qui l'habitaient avaient trouvé là le lieu idéal de leur résurgence. Que dire de plus, en une seule phrase, si ce n'est qu'il donnait l'impression d'être un homme parfaitement accordé à lui-même, un être totalement affranchi des conventions et des contraintes ?

Il est évident que pour lui, comme pour son grand ami Elytis, le surréalisme ne fut qu'un moment de leur vie, un passage, une invitation à un total affranchissement des codes coutumiers que chacun d'eux mit en pratique dès son retour en Grèce. Mais ni leur œuvre ni l'aura qu'elle eut par la suite ne se résument à cet aspect. Embirikos s'affranchit aussi de cela et publia, dans les années de l'après-guerre, quelques recueils marquants comme *Ecrits ou Mythologie personnelle* (1960), *Argo ou vol d'aérostat* (1964), *Oktana* (1980), *L'Aujourd'hui ainsi qu'hier et que demain* (1984). Son dieu préféré étant évidemment Eros, il se lança dans la plus monumentale des œuvres érotiques jamais écrites en Grèce. Je me souviens d'en avoir traduit à titre d'essai les deux premiers chapitres mais comme Embirikos avait choisi la langue katharévousa, dite savante ou puriste, cette traduction s'avéra difficile. Le livre parut à l'étranger car il eût fait scandale en Grèce et eût

été très probablement censuré. Il s'appelait *O Megalos Anatolikos*, traduction grecque du *Great Eastern*, le premier paquebot à vapeur à avoir traversé l'Atlantique en 1860. Bien entendu, cette ville flottante, isolée des jours et des jours en pleine mer et peuplée de voyageurs plus que singuliers, prenait figure d'une utopie nomade, d'une nouvelle confrérie amoureuse. A l'instar de Breton et peut-être sous son influence, Embirikos connaissait les théories sociales et libertaires de

Charles Fourier et le *Megalos Anatolikos* se mua en un phalanstère flottant d'un nouveau type. Comme l'écrivit à l'époque un critique grec avisé, ce « *roman est l'histoire et la fresque d'un gigantesque et savoureux dévergondage* ». Notons toutefois que l'œuvre ne parut en Grèce dans son édition non expurgée et intégrale qu'en 1990, soit quinze ans après la mort de son auteur !

J'ai indiqué un peu plus haut quelques titres d'œuvres d'Embirikos. Parmi elles, j'avoue ma préférence pour celle qui se nomme en grec *Endochora*, traduit généralement par *Arrière-pays*, mais qui signifie aussi, au sens littéral, *Espace intérieur* ou *Espace du dedans* pour reprendre un titre d'Henri Michaux, poète qu'Embirikos appréciait particulièrement. Les quelques exemples qui suivent ne sont là bien sûr qu'à titre indicatif, Embirikos ayant été traduit plus largement et excellemment par un helléniste canadien, Jacques Bouchard. Les traductions que je propose ici sont déjà anciennes. Je les ai faites à différents moments de mes séjours en Grèce, quand la nostalgie me prenait de cette langue somptueuse et sensuelle qui fut souvent celle d'Embirikos.

Voici d'abord trois poèmes extraits d'*Arrière-pays*, écrits avant la guerre mais publiés en Grèce en 1945.

Faction

Tenant nos visages au fond de nos mains
Nous connaissons des extases colorées
Nos pensées naissent et mûrissent
En chacun de nos regards.

De telles merveilles n'ont pas fleuri en vain
Leur grâce est un haut liseron

Qui grimpe en notre vie, étreint notre avenir
Au milieu des étoiles.

1934

L'ÂGE DES PLANTES

Toujours dans les lumières de très haute tension
Toujours dans les floraisons hivernales des serres
Tu viens, teinte des braises de l'aurore,
Prendre place à la table des libertés
Loin des murs étouffants des campements
Un baiser sur les lèvres
Un diamant sur le cou
Une alouette parmi les sillons
Des espoirs qui sont miens des espoirs qui sont tiens
Avec le clair hautbois de notre grand voyage
Sur la table habillée de fleurs printanières
Ouvrant ton cœur pour dire combien
J'attends la certitude de son écho
Un jour comme aujourd'hui aux carrefours
Des proues de tes propres désirs, aux carrefours
Du cœur de mes propres désirs
Perpétuelle avancée sur les fils du télégraphe
Où s'échelonnent les hirondelles
Où les dauphins bondissent dans les herbes de
[notre passé.
Ils appartiennent à la nature des choses
Comme les rêves que nous voyons les yeux fermés
Devant l'étang qui se reflète dans tes yeux
Devant tes yeux qui se reflètent dans les miens.

1935

ACCROISSEMENT

Parfois il nous arrive de porter à nos lèvres
La main d'une lumière aurorale
Immobiles et bouche scellée
Dans le silence du paysage
Avant que la ville bruissante de fontaines

Ne s'éveille aux cris brutaux jetés dans le soleil
Par les éboueurs matinaux.

Nos souffrances ne furent pas inutiles
Les voici soulevant leurs voiles et révélant
Leurs bras livides et tuméfiés,
Les voici s'éployant vers le cœur de la ville
Relevant un à un les doigts des endormis
Comme des mages orientaux et gagnant
Le cortège odoriférant des caïques
Traçant, tressant au cœur des rues
Des espaces aussi souverains que les yeux
D'une femme éperdue de rêve.

1936

L'extrait suivant est tiré d'un recueil en prose intitulé *La Tresse d'Altamira*, constitué de courts textes dont certains se rapprochent des haï-kaï japonais. La langue du poète est ici si riche et si ludique qu'elle joue souvent avec les mots et permet plusieurs traductions possibles. C'est là un jeu qui eût plu à Embirikos car il aimait précisément cette liberté de l'interprétation. J'en donne ici un court exemple à propos de l'une des phrases de cet extrait :

Mes pas résonnent sur le feutre étale de mon ombre
eût tout aussi bien pu devenir — que chacun fasse son choix :
Mes pas résonnent sur l'assise feutrée de mon ombre
Mes pas résonnent sur le velours uni de mon ombre
Mes pas résonnent sur la surface veloutée de mon ombre.

La tresse d'Altamira

Quelques bijoux dans l'herbe. Quelques diamants dans les ténèbres.

Mais le papillon qui vient d'éclore cette nuit nous annonce le jour, frémissant sur le bec de l'aube.

La poésie est le pédalier d'un rutilant vélo. En elle chacun grandit. Les chemins sont blancs. Les fleurs parlent. De minuscules fillettes surgissent à tout moment de leurs pétales. Cette excursion n'a pas de fin.

Instant suspendu comme l'éclair d'un florin juste avant qu'il ne tombe. Et qui disparaît juste après sa chute. Par chance, il reste les oiseaux, leur chant et quand ils se posent sur des rameaux nus, demeure un duvet rose comme une libation du vent.

Mes pas résonnent sur le feutre étale de mon ombre.

Je salue ton écho, espoir secret de mes montagnes.

Un bouton dans la lumière, une tarentule dans l'obscurité et juste entre eux le cri plaintif du soir qui tombe.

Prends mes mots et donne-moi tes mains.

Embirikos appartenait à une famille d'armateurs, originaires de l'île d'Andros, dans les Cyclades. Cette île fournit aussi — et très longtemps — de nombreux marins qui parcoururent — et qui parcourent encore — le monde. Il y avait une maison où il séjournait le plus souvent possible et le poème qui suit fait clairement référence à cette île.

Les pièges ne servent plus à rien
Les palissades sont tombées
Le ciel à l'infini s'étend
Le ciel et la mer.
Cette plage
Grêlée d'un fard tacite et blanc
Vibre dans l'or du jour.

Haut
Très haut
Là où le regard
Se perd dans l'éther bleu
Une est la vie
Prise et donnée.

Olva, tu vibres et teintes
Par la cloche incurvée du ciel
Parfois en un léger murmure
Parfois en une voix de stentor
Résonnant en milliers d'échos
De sons qui s'éternisent
Sous le souffle d'un puissant Titan.

Je viens. Empli et dilaté de sensations.
En cette île nulle clepsydre
N'épuisera jamais le sable
De la plus petite des plages.
Aucun mètre ne pourra mesurer
Le fond diaphane et bleu
Qu'ont ici les eaux en suspens.
Nulle autre île ne peut vous donner
Quant à l'âme et aux sensations
De vie plus intense et prodigue.

1955

Je n'ai pu résister au plaisir de terminer cette évocation par le texte qui suit, paru en 1980 mais écrit bien avant, un texte où se mêlent étrangement les noms des îles grecques, des hymnes orthodoxes et... des stations de métro parisiennes !

Les mots

Lorsqu'il nous arrive, en rentrant de Paris, de respirer la brise du golfe Saronique, dans la lumière amicale, le parfum des pins et la sobriété des mythes — ceux d'aujourd'hui comme ceux d'avant le Déluge — d'étincelants geysers se mettent à jaillir comme sonneries d'instruments à vent, échos vibrants de percussion, jaillissent aussi des mots, des mots-oracles, des mots-arcanes, des mots-sésame pour le présent et l'avenir, les mots « Eleison », « Je t'aime », « Gloire au plus haut des cieux », des mots qui surgissent soudain comme éclairs d'épées affrontées ou fracas de métro arrivant sur le quai d'une gare souterraine, les mots : Chardon-Lagache, Denfert-Rochereau, Danton, Odéon, Vauban et « Gloria in excelsis deo » !

J'ajouterai pour conclure ce court hommage que le poète Elytis, dans une *Lettre à Andréas Embirikos*, lui écrivit cette phrase remarquable qui est à mes yeux une des plus belles définitions jamais données de la poésie : « *Car, mon cher Andréas, c'est bien de cela qu'il s'agit. La poésie est née pour corriger les erreurs de Dieu. Ou alors pour montrer à quel point nous avons dévoyé son don.* »

Encore une phrase à inscrire sur notre iconostase portative !

Epidémie (L')

Roman de l'écrivain Andréas Frangias*, traitant de la vie quotidienne des camps grecs d'exil et de déportation. On envoyait et reléguait dans ces camps les prisonniers faits pendant la guerre civile et, d'une façon générale, tous ceux que les autorités de l'époque — les années 50 — appelaient « *la vermine de gauche* ». Le livre parut en 1978, après être arrivé entre mes mains d'une façon plus que hasardeuse. Après le coup d'Etat d'avril 1967, Frangias, qui craignait à juste titre d'être arrêté et déporté, parvint à quitter la Grèce avec l'unique exemplaire des épreuves définitives. Il me les remit à Paris, et c'est ainsi que je gardai chez moi, jusqu'au jour où il fut publié, le manuscrit de *L'Epidémie.* Avant de proposer ici la préface écrite alors pour ce livre, je tiens à ajouter ceci : c'est une chose de traduire une œuvre littéraire — roman, récit, essai — et c'en est une autre de traduire un livre comme *L'Epidémie*, un des premiers alors, bien avant que ne paraissent en France des ouvrages sur le Goulag soviétique, à décrire par le menu, jour après jour, l'enfer des camps. On s'aperçoit très vite que les problèmes proprement linguistiques s'effacent devant la nécessité de traduire — dans tous les sens de ce mot — la réalité, même romancée ou distancée, d'un monde insoutenable. Pendant les quelques mois que me demanda ce travail, j'eus l'impression de vivre par procuration l'enfer quotidien de Makronissos, l'île des déportés. Non, traduire de tels textes ne vous laisse pas intact. Pour rester en accord et en image avec le titre de l'œuvre, je dirais que ce séjour « *au pays des vermines* », selon l'expression des bourreaux, fut pour moi l'occasion de découvrir qu'un tel témoignage est une façon de s'immuniser contre les conséquences et la contagion de l'horreur.

Voici donc une grande partie de la préface écrite alors pour présenter ce livre et surtout son contexte historique, pour porter témoignage à mon tour de ce qu'était alors la Grèce, avant la chute des colonels et le début de l'ère et de l'aventure touristiques.

LES PRISONS DU SOLEIL

Pays sans joie qu'ensanglantent
la Mort et la Haine...

EMPEDOCLE

Pays du soleil
qui ne pouvez supporter la vue du soleil
Pays de l'homme
qui ne pouvez supporter la vue de
l'homme

Georges SEFERIS

Depuis des années, documents, chroniques et récits se sont multipliés sur l'univers concentrationnaire. Le présent texte n'est donc pas le premier du genre sur un tel sujet. Pourtant, à plus d'un titre, il me paraît nouveau, je dirai même novateur. C'est que, tout en étant un témoignage au double sens du terme — puisque, rappelons-le, témoin se dit en grec *martyros* qui signifie aussi martyr —, tout en dressant l'implacable inventaire des épreuves subies par les déportés grecs, il apparaît aussi et surtout comme une recréation originale des données de l'expérience et de l'histoire, une œuvre à la fois solidaire et distante de l'univers qu'elle nous décrit. C'est que l'auteur nous y propose avec habileté un jeu constant entre ce qui est réel et ce qui est fictif, un écart volontaire entre le souvenir et son ombre portée sur le présent des pages, bref une sorte de rêve — ou plutôt de cauchemar — éveillé dont les fantômes seraient pourtant réels.

Et, du seul fait de ce regard — regard qui est parfois celui d'un chirurgien autopsiant le corps de l'histoire, tant les phrases de l'auteur ont souvent le tranchant d'un scalpel et le froid d'un constat —, les mécanismes de ces camps — idéalement fusionnés en celui de *L'Epidémie* — apparaissent à nu, sanglants comme des muscles, avec le relief, la pérennité et la lumière glaciale d'une nouvelle

Leçon d'anatomie. On voit combien Frangias a eu ici raison d'écrire non pas une chronique ou un journal, mais une œuvre au sens plein du terme, dont l'objet — la mémoire de l'horreur —, le sujet — l'univers concentrationnaire des îles grecques — et le projet — hausser le témoignage au niveau d'un récit symbolique — assurent, en se superposant, le saisissant relief.

Une des leçons — optimiste en un sens — de cet étrange récit, c'est que tout pouvoir de nature concentrationnaire trouve tôt ou tard, et en lui-même, la raison de son propre échec. Je dis échec puisque aucun d'eux n'a pu résoudre en fait le problème qu'il prétendait solutionner, à savoir modifier, renverser, retourner les convictions ou la résolution des déportés. Le lecteur pourra constater dans ce livre comment les bourreaux crurent venir à bout de l'obstination des victimes, de leur persistance à demeurer victimes pour fuir la tentation de devenir bourreaux. Car on peut dire, dans ce cas précis, que ni les tortures et les humiliations ni l'ingéniosité sadique des gardiens et des chefs n'aboutirent au résultat qu'ils escomptaient : extirper de la conscience grecque jusqu'au mot, jusqu'à l'idée de la démocratie.

C'est qu'on se heurte ici à un problème simple mais souvent imprévu : la résistance physique et psychique de l'homme aux pires conditions de contrainte. La seconde, d'ailleurs, conditionne la première. Pourquoi ? Parce que c'est elle — cette résistance intérieure de l'homme — que les bourreaux veulent surtout briser. Et ce par des moyens brutaux mais qui jamais ne doivent aboutir à la mort. Comme le dit clairement — en d'autres termes — un des bourreaux de *L'Epidémie* : « *Il nous serait facile de tuer et de fusiller tout le monde. Il nous serait facile d'exterminer cette vermine* [entendons les résistants et démocrates grecs] *en procédant à une désinfection générale du pays.* » Mais le but recherché n'est pas — n'est que très rarement — la suppression physique des victimes, bien que tout, en apparence, soit conçu pour cela : une île isolée du monde, une pléthore de gardiens armés, un pouvoir quasi discrétionnaire donné aux chefs. Non, ce qu'on recherche, c'est la rééducation du détenu, sa soumission et son aveu. Et c'est là que le système le plus souvent bascule. Car on ne peut rééduquer un homme sans qu'il y mette un peu du sien. Le tuer, c'est perdre à jamais la chance d'avoir sa rétractation. Nulle contrainte en nul camp n'a jamais réussi à ce jour à rééduquer des cadavres. Il faut donc torturer mais toujours laisser vivre. Amoindrir la résistance sans jamais la détruire. Laisser assez de force ou de conscience en la victime pour qu'elle signe d'elle-même son aveu ou son repentir. Or, les maîtres des camps paraissent ne pas savoir qu'on ne peut parvenir à ce but par des moyens purement physiques. Certains responsables, plus avisés que d'autres, semblent, dans *L'Epidémie*, s'en être rendu compte. Ils cherchent le repentir, la soumission de leur victime par des pressions morales, des menaces, des lavages de cerveau, des tortures psychologiques. Et ceux-là, très souvent, sont près de réussir. Mais la plupart, en fait, se contentent de hurler, de cogner, d'assommer, d'estropier. De tuer aussi, par mégarde ou erreur. On dit alors que la victime s'est suicidée. Sans s'être repentie. Définition même de l'échec.

★

Restent, après tout cela, ce livre et son lieu : une île. Ce livre et sa patrie : la Grèce. Il y a beaucoup d'îles en Grèce. Des îles aux maisons blanches, frangées d'eau bleue, des îles que tous les étrangers visitent aujourd'hui puisque le Dieu du tourisme l'a dit : *La mer a une patrie, la Grèce.* Pourtant, pendant des siècles, les îles blanches — mais l'étaient-elles alors ? — furent plus souvent enfer que paradis. Car une île est par nature un lieu d'échange qui n'existe que par et pour toutes celles qui l'entourent. Mais ce que la mer apporte, ce que la mer emporte est tour à tour ou provende ou pillage. Pendant des siècles, les visiteurs des îles grecques ne furent ni des voyageurs romantiques ni des touristes en masse mais des conquérants — Turcs, Vénitiens et Francs —, des corsaires et des pirates. Seules quelques îles échappèrent aux invasions et aux pillages pour une raison fort simple : c'était des îles nues, sans eau, sans arbres, parfois même sans lieux abordables, des îlots battus par les vents et hostiles à toute forme de vie. Défauts qui devinrent vite autant de qualités pour les régimes désireux de se débarrasser des ennemis et des opposants. L'histoire de ces îlots est aussi vieille en Grèce que le pays, même si les preuves irréfutables de leur usage en tant que lieux d'exil politique ne remontent pas au-delà de l'époque romaine. En tout cas, ces rochers perdus dont l'occupation et l'entretien suscitaient autant de problèmes qu'ils apportaient de solutions — car il fallait ravitailler gardiens et prisonniers, maintenir un contact plus ou moins fréquent avec ces prisons maritimes — furent très tôt repérés par l'œil exercé des stratèges athéniens, des empereurs romains, des basilei byzantins, des Croisés et des pachas turcs. Lorsqu'en 1936, le dictateur Métaxas utilisera certaines de ces îles pour y déporter communistes, démocrates et républicains, il n'innovera en rien et ne fera que reprendre une tradition séculaire, que restituer à ces îlots leur antique vocation d'îles du Diable et d'antres à forçats. A cette différence près que désormais ils ne serviront plus qu'aux « politiques », les droit commun étant voués, eux, aux prisons d'Etat. Telle est en Grèce l'histoire antique et moderne des îles blanches et nues.

Reste à préciser, pour mieux suivre certaines descriptions de ce livre, cette géographie insulaire qui ne figure évidemment dans aucun manuel ni aucun guide touristique. C'est en mer Egée que les conditions géologiques et climatiques se sont le mieux prêtées aux desseins répressifs des différents pouvoirs, comme si la nature avait songé à tout. On y trouve en effet nombre d'îlots répondant aux conditions suffisantes et nécessaires d'un camp d'exil politique : ni trop grands ni trop petits, suffisamment isolés des autres pour que rien ne transparaisse à l'extérieur, et disposant d'une ou deux échancrures permettant l'abord d'un caïque. Trois d'entre eux ont été choisis en conséquence : Ayios Efstratios au nord, Yaros au sud et Makronissos près de l'Attique.

La première île — qu'on nomme plus communément Aï Stratis — est la plus isolée de toutes. Elle se trouve en pleine mer Egée, au sud de Lemnos, à des milles de toute île habitée. Son histoire est ancienne puisqu'elle est déjà mentionnée comme lieu d'exil à l'époque byzantine et pendant l'occupation turque. C'est là qu'au lendemain de la guerre civile, à partir de 1949, on internera des milliers de déportés, dont le poète Yannis Ritsos qui y écrira ses *Lettres à Joliot-Curie.* Mais son éloignement, qui en rend l'entretien et la surveillance difficiles et coûteux, lui fera à la longue préférer les deux autres.

Yaros — qu'on nomme aussi Youra — se trouve, elle, dans les Cyclades, à peu près à mi-chemin de Kéa, d'Andros et de Tinos. C'est une île exposée à tous vents et surtout aux terribles meltémia qui y soufflent si fort en été qu'ils arrivent à soulever des nuages de cailloux. L'île a vingt-trois kilomètres carrés de surface et une haute montagne — en regard de ses proportions — se dresse juste en son centre et redescend vers la mer au sud en une série de pentes escarpées entrecoupées de grottes et de ravins. Rien n'y pousse en raison des vents très violents, sauf quelques figuiers rabougris et tordus et des buissons de thym. Aucun animal n'y peut vivre, à part les rats, les serpents et les scorpions. C'est là qu'avec la guerre civile et plus tard, en 1967, avec les colonels fascistes, on décida d'instaurer le principal centre concentrationnaire de la Grèce. On y édifia — *on*, c'est-à-dire les milliers de déportés — des baraquements, un petit port, une église et quelques constructions en dur. Pour la seule période de 1967 à 1972, plus de six mille prisonniers y furent entassés dans les baraquements et les tentes, sans aucune protection contre le froid, le chaud, les vents, la soif — dans toute l'île il n'y avait qu'un seul puits d'eau saumâtre — et astreints à des corvées et à des tortures quotidiennes dont ce livre porte témoignage. Pourtant, au cours de l'inspection qu'il y fit en mai 1967, le général Pattakos devait dire à propos de Yaros : « *Le site est idyllique, les détenus vivent sous des tentes ou dans de petites maisons qui ont besoin de réparations. Un dispensaire leur assure des soins médicaux. Il y a deux médecins militaires qui sont aidés par des détenus étudiants en médecine. Il y a actuellement quatorze malades, tous très bien soignés.* » Le caractère « *idyllique* » de l'endroit ne put toutefois être confirmé par aucun visiteur, nul journaliste ou enquêteur étranger n'ayant jamais été admis à s'y rendre.

La troisième, Makronissos, est la plus petite des trois. Elle se trouve juste au sud de l'Attique, face à la ville de Laurion. Conçue à l'origine comme lieu de détention de l'armée pour les insoumis et les soldats des bataillons disciplinaires, elle devint à son tour lieu d'« accueil » pour les politiques. Elle ne cessa alors d'être en service pendant la guerre civile et les années suivantes, jusqu'en 1953, date où elle fut « fermée » au profit des îles précédentes. Chose curieuse et qu'il faut noter, on s'empressa alors de détruire ses édifices en dur et de niveler son sol, comme si on voulait, au sens propre du terme, faire *table rase* de son passé et l'interdire à la mémoire.

A ces îles d'exil qui n'avaient d'autres habitants que les déportés, il faut ajouter d'autres îles, habitées par ailleurs et qui servirent de résidence forcée à certains détenus : Anaphi*, au sud de Santorin*, Pholégandro, Cassos, Léros et Ikaria* dans le Dodécanèse. Les prisonniers y séjournaient soit dans des camps isolés du reste de la population, soit dans certains villages. Mais il s'agit là d'exemples particuliers. L'île de *L'Epidémie* est bien, elle, un lieu de pure déportation, un îlot de l'horreur qui emprunte ses traits à telle ou telle des îles mentionnées sans être plus précisément l'une ou l'autre. Toutes, d'ailleurs, se ressemblaient pour l'essentiel, à savoir leur fonction et leur destination : isoler du monde ceux qu'on voulait rééduquer, pour leur faire oublier et renier à jamais les mots de liberté et de démocratie. [...]

Oui. Frangias est l'homme du réel, même si ce réel — comme on peut le voir en ce livre — est à la limite de l'incroyable ou de l'absurde. Il est le découvreur d'un monde plus que tragique, l'inventeur de terres suppliciées, du continent du Cauchemar dont il dresse ici l'amer et terrible inventaire. Car la qualité première de ce livre est de rendre la réalité des camps plus vraie et plus intense encore en y mêlant sans cesse la fiction. Toutes deux y sont si imbriquées, tramées, tissées au long des pages qu'on ne saurait les démêler, dans tous les sens du terme, sans défaire mot à mot, fil à fil, tout le livre. D'autant que cette fiction n'a rien d'imaginaire, elle n'est pas une invention pure, une fable ou une allégorie, mais une réalité portée aux limites du possible, une sorte d'état ultime de la matière quotidienne, si imprégnée et exacerbée de tragique que ce dernier y confine à chaque page au comique. Le moteur principal de cette matière et de ce livre, l'énergie qui meut les hommes et les esprits, c'est le refus de la déclaration de repentir. On voulait, en ces camps, que les détenus se repentent de leurs erreurs passées, reconnaissent la vérité du système des bourreaux, abdiquent au fond ce qu'ils sont, ce qu'ils furent. C'est cela qui est en question : se repentir d'avoir été un résistant, un « rouge », un démocrate ou un républicain, d'avoir combattu pour une liberté. Et c'est, pour la plupart d'entre eux, en refusant cette démission, cette rémission de crimes et de péchés imaginaires, que les détenus gardaient le sentiment qu'ils demeuraient des êtres humains, qu'ils pouvaient résister aux tortures. Ce dilemme de chaque jour est ici celui de chaque page : signer, ne pas signer. Dénoncer, ne pas dénoncer. Etre bourreau pour n'être plus victime puisque entre ces deux états il n'y a que néant au pays de *L'Epidémie*. Ne jamais être bourreau et donc être toujours victime. Le dilemme n'en finit pas mais comment pourrait-il finir puisque ici aucune valeur commune n'a plus de sens, que tous les signes de la vie, de la normalité sont inversés, que la seule logique régnante est l'illogisme quotidien ?

Il est bon que le premier — et le plus fort — des témoignages sur les camps grecs soit justement ce livre où opère avec tant de bonheur cette alchimie de la mémoire et du regard qui nous fait sentir aujourd'hui combien le seul, le vrai miracle de ces camps, c'est que des hommes y survécurent.

Eros

Comment un tel dictionnaire pourrait-il ne pas inclure le dieu du désir amoureux, de l'attirance sexuelle, de l'attraction sentimentale, en un mot Eros ? Quand astres et luminaires se rencontrent et parfois même s'éclipsent dans le ciel, c'est Eros ! Quand la sève monte au cœur des arbres au début du printemps, c'est Eros ! Quand deux êtres se rencontrent et s'étreignent, pour une heure ou pour toute la vie, c'est toujours Eros ! Comme l'existence serait triste sans lui ! On peut à la rigueur ne pas monter au ciel comme le fit Icare*, mais on ne peut vivre pleinement sans Eros.

Surtout, ne l'imaginons pas comme un bébé joufflu, nanti d'ailes, d'un arc, d'un carquois et perçant de ses flèches les malheureux qu'il croise sur sa route. C'est là une image conventionnelle, édulcorée, qui montre l'affadissement tardif de ce mythe. En sa plus belle époque, Eros est un adolescent ailé qu'on voit figuré très souvent sur des vases, volant sur le fond noir du ciel comme en état d'apesanteur. Si Eros est toujours en l'air, c'est qu'il a le pouvoir d'alléger en l'homme ce qui est pesant, d'alléger le cœur de l'aimant et de l'être aimé. A-t-on jamais remarqué, dans notre propre langage, l'étrangeté de cette alliance en Eros de l'amour et de l'attirance qui fonde toute l'ambiguïté de ce mot « aimant » ? L'aimant est à la fois celui qui est attiré et l'objet qui attire. Si les savants, les poètes et les philosophes des temps antiques avaient eu connaissance des lois de l'attraction universelle découverte par Newton, ils n'auraient pu y voir qu'une preuve supplémentaire de l'existence et du pouvoir d'Eros. Car Eros, c'est la force qui fait que les choses se meuvent, que les êtres s'émeuvent.

Cependant, les philosophes antiques n'ont pas tous adopté cette vision positive, voire salutaire, d'Eros. Dans le dialogue de Platon, *Le Banquet*, consacré à l'Amour, Socrate fait appel à un personnage féminin des plus inattendu, une femme de Mantinée du nom de Diotime, qui propose de l'amour — et de ses effets — une vision tout à fait différente de la vision classique.

Eros, apprend-elle à Socrate — qui semblait l'ignorer — est le fils d'Expédient et de Pénurie, conçu au cours des fêtes de la naissance d'Aphrodite. Il n'est donc pas un dieu mais un génie, une créature intermédiaire entre ciel et terre, et entre les dieux et les hommes. Un génie toujours à la recherche de l'objet aimé et « *qui n'a absolument rien de délicat ni d'agréable, comme beaucoup le pensent. Au contraire il est sale et brutal, un véritable va-nu-pieds errant, couchant ici et là à même le sol ou dormant sur le seuil des portes ou sur les routes. Bref, il tient de sa mère, Pénurie, de vivre en une perpétuelle indigence. Par ailleurs, grâce au naturel de son père, il recherche toujours ce qui est beau et bon, il est persévérant, entêté, toujours en train de tramer quelque chose, soucieux de savoir et d'apprendre, aimant philosopher, et même un peu sorcier, magicien et sophiste. Il n'est ni un mortel ni un immortel. Au cours du même jour, il peut resplendir dans l'abondance, mourir de satiété et renaître grâce à ce qu'il tient de son père. Tout ce qu'il touche s'évanouit sans cesse, si bien qu'Eros est toujours entre indigence et opulence* ».

Voilà qui nous change de l'image cupidonesque des poètes romantiques ! Mais certains auteurs antiques — et notamment ceux des hymnes orphiques — proposent une tout autre image de la nature et des pouvoirs d'Eros. Dans l'hymne orphique qui lui est consacré, il est célébré, encensé comme le « *détenteur des clés de l'univers* », celui qui « *tient entre ses mains le gouvernail du monde* ». C'est cette dernière figure que je fais mienne car autant que chacun le sache : en matière d'amour, je préfère l'image du grand Timonier cosmique à celle d'un routard insomniaque.

A L'AMOUR

J'invoque le grand, le pur, le tendre et le gracieux
[Amour,
Le dieu ailé, archer, agile, vif et ardent
Qui joue avec les dieux comme avec les mortels,
Dieu multiple et adroit, détenteur des clés de ce
[monde,
Du ciel éthéré, de la mer, de la terre, de tous les
[souffles
Nourriciers dont la déesse verdoyante comble les
[hommes
Et de ceux du vaste Tartare et ceux de l'Océan
[bruissant.

Car toi seul tiens en mains le gouvernail de toutes
[choses.
O bienheureux, insuffle aux mystes de saints élans
Et chasse bien loin d'eux les désirs aberrants.

Esprit des lieux (L')

Dans cet ouvrage paru en 1976 en traduction française, Lawrence Durrell a réuni lettres, articles, poèmes et courts récits consacrés à ses nombreux voyages, dont la plupart se passent surtout en Egypte, en Grèce, à Chypre, en Sicile et en Provence. Un extrait de l'un de ces récits — *En descendant le Styx* — figure d'ailleurs dans l'article consacré à Durrell*. Le dernier texte, intitulé *Réflexion sur le voyage*, émet à propos des livres qui leur sont consacrés une idée ingénieuse et typiquement durrellienne. « *Pourquoi à côté de tant d'écrits excellents publiés sur les voyages n'existe-t-il aucune compilation à laquelle on puisse se référer pour connaître la vérité sans fard sur tous les inconvénients des voyages ? Ainsi à la lettre "T" on pourrait lire dans l'article consacré au "Tout-à-l'égout, Tuyauterie et autre plomberie", un rapport bref mais précis sur les toilettes que l'on peut trouver dans des lieux reculés comme la Macédoine ou les Pyrénées. Ou bien au chapitre "Boissons" apprendre que le vieux marc et la slivovitza sont les seuls remèdes contre des vents tels que le mistral provençal ou la koshava yougoslave.* » Cela parce que, dans le courrier reçu par l'auteur, de nombreux lecteurs l'accablent de reproches pour ne pas les avoir prévenus qu'il y a des voleurs à Naples, des bandits en Calabre ou des toilettes infâmes dans telle pension du Caire... Et Durrell d'ajouter : « *Mais que peut-on faire pour des gens qui s'obstinent encore à se rendre à Nice à Noël en espérant s'y faire bronzer ?* » Rien, bien sûr. Si ce n'est — mais cela en vaut-il vraiment la peine ? — décrire le frissonnement lugubre des palmiers de la Promenade des Anglais en décembre. En fait, conclut-il avec une évidente sagesse, « *les désagréments et les déceptions ne font qu'ajouter du relief aux splendeurs du voyage* ». Dont acte.

Il y a dans cet ensemble de souvenirs un texte absolument remarquable, qui justifierait à lui seul l'achat et la lecture du livre — si on le trouve encore — et qui s'intitule *De l'huile pour le saint.* Il parut dans la revue américaine *Holiday*, en 1966, et raconte le retour de Durrell à Corfou et la visite qu'il fit alors à la maison qu'il avait occupée vingt ans plus tôt, avant la guerre. Je m'en voudrais de déflorer ici ce magnifique récit où Durrell est immédiatement reconnu par ceux — restaurateur, chauffeur de taxi, hôtelier, paysans, pope — qu'il n'avait plus revus depuis vingt ans ! Et il a, pour définir la précision comme la pérennité de cette mémoire, cette phrase, à inscrire sur le mur de sa chambre ou le bois de votre iconostase, si vous en avez une : « *En Grèce, la mémoire ne vieillit pas d'une seconde par millénaire.* » Je m'aperçois en l'écrivant que j'aurais pu la mettre en exergue de mon propre livre.

Europe

Europe était le nom d'un princesse phénicienne si belle que Zeus, dont on sait qu'il passait son temps à fourrager les nymphes et les princesses, tomba éperdument amoureux dès qu'il l'aperçut. Si bien qu'un matin où elle folâtrait sur le rivage, elle vit surgir des flots un magnifique taureau blanc ! Il faut croire que l'animal avait fière allure et ne lui déplut pas car elle s'en approcha, se mit à le caresser et, pour finir, à le chevaucher. Le taureau — qui bien sûr n'était autre que Zeus— se précipita dans la mer et nagea avec sa belle proie jusqu'en Crète. Là, sur un rivage du sud, il la déposa, quelque peu surprise, il faut bien le dire, pour la mener dans un vallon ombragé par un arbre immense. Arbre au pied duquel ils s'unirent.

Il est souvent arbitraire ou même absurde de vouloir à tout prix situer l'emplacement précis des faits purement légendaires. Mais ce n'était pas en général l'avis des peuples anciens qui tinrent toujours à fixer le lieu des grands événements fondateurs. Et les amours de Zeus et d'Europe furent sans doute ressentis comme tels. Nous savons donc que ces noces singulières eurent lieu dans un vallon situé près de la ville de Gortyne — qui n'existait évidemment pas encore au moment des faits. La preuve en est que si vous allez aujourd'hui à Gortyne et que vous contourniez le bel odéon romain au pied de la montagne, vous verrez une flèche indiquant *Platanus orientalis*. Suivez-la et vous arriverez au dit vallon. Et là, vous verrez un panneau en bois sur lequel vous pourrez lire, en grec :

« *C'est au pied de ce Platanus orientalis, arbre très rare et très intéressant pour la mythologie, que Zeus transformé en taureau déposa la princesse Europe et s'unit à elle pour enfanter le roi Minos.* »

Ce court mais instructif fragment n'est pas signé Hésiode ou Pindare comme on aurait pu s'y attendre, mais « *Le service forestier de Crète* », auquel on ne saurait trop être reconnaissant.

A ce propos — et pour rester quoi qu'on en pense dans le mythe — qu'est-ce qu'un *Platanus orientalis* ? Un platane à feuilles persistantes, espèce endogène dans tout le pourtour oriental du bassin méditerranéen. Et pourquoi, demanderez-vous, est-ce l'unique platane à feuilles persistantes ? Mais précisément parce que son lointain ancêtre ayant abrité les amours de Zeus et d'Europe, le dieu, pour l'en remercier, lui accorda de conserver perpétuellement son bel ombrage !

Cette botanique amoureuse nous a quelque peu éloignés d'Europe. Il est difficile d'établir s'il y eut ou non par la suite une filiation constante entre Minos, le premier roi de Crète, et ceux qui régnèrent sur l'Europe. Quoi qu'il en soit, je pense que la moindre des choses serait d'instituer un pèlerinage — à des dates et selon des modalités qui restent à fixer — au pied du platane de Gortyne, où fut conçu le roi Minos, ancêtre des Européens !

Exocet

Que voici un mot mystérieux ! Je savais depuis longtemps que l'exocet était le nom donné à un poisson volant de Méditerranée et dont souvent, au cours de mes traversées de la mer Egée en caïque, j'avais remarqué les essaims argentés jaillissant hors des flots et rasant la surface à une vitesse folle. Pourquoi l'exocet quitte-t-il soudain son habitat naturel pour rejoindre un autre élément, tout à fait étranger et surtout tout à fait hostile ? Mystère. On crut longtemps que c'était pour fuir des prédateurs mais non : on a pu montrer que ces fuites soudaines hors de l'eau n'obéissent pas uniquement à la peur. Cette faculté de l'exocet à quitter subitement la mer pour filer comme un bolide en rasant la surface est d'ailleurs à l'origine du nom du missile mer-air ou mer-mer en service dans la Marine française depuis 1979. Il devait sûrement y avoir un helléniste dans la commission qui choisit ce nom : « exocet » vient du grec *exokoitos*, littéralement « qui va hors de sa demeure », car on croyait jadis que ce poisson allait dormir chaque nuit hors de l'eau sur le rivage ! Avec l'exocet, l'ichtyologie confine à l'ornithologie et l'onirologie. Et cela m'amène à me poser une question bizarre : à quoi peut rêver un poisson quand il dort hors de l'eau ? Ou, à l'inverse, à quoi rêverions-nous si nous dormions dans l'eau ?

A propos de tout ce qui vole au-dessus de la mer, notamment en Grèce, j'ajouterai la remarque suivante : il existe aujourd'hui pour desservir les îles grecques à partir du Pirée des bateaux modernes bien connus des touristes, qui s'élèvent au-dessus de l'eau en glissant sur des skis. On les nomme — sans doute parce qu'ils sont de conception américaine — des *Flying Dolphins*, des dauphins volants. Appellation des plus naturelle. Mais quand il fallut traduire en grec ce terme américain, quel mot utilisa-t-on ? On les appela *iptaména delphinia*, dauphins volants, ce dernier mot étant traduit par *iptaména*. Et je reçus un choc en le lisant pour la première fois : *iptaménos*, n'est-ce pas précisément l'épithète utilisée déjà par le poète Pindare, il y a vingt siècles, pour désigner le dieu Hermès ? Je suis toujours émerveillé chaque fois qu'il m'est donné de constater ainsi, sur le vif pourrait-on dire, l'étonnante pérennité de la langue grecque ! Imagine-t-on d'utiliser, pour baptiser le TGV par exemple, des épithètes venues de la *Chanson de Roland* ? Mais en Grèce, ce miracle est possible et nous aurons l'occasion d'en constater bien d'autres.

f

Fassianos Alecos

Un théâtre d'ombres. Des ombres qui n'ont pas besoin d'écran ni d'histoire, qui n'ont ni nom ni généalogie, un théâtre d'ombres libres et nues, anonymes et autonomes, affranchies des servitudes du relief et de la perspective — et donc de l'obligation de faire elles-mêmes de l'ombre — tel est l'univers du peintre Alecos Fassianos.

Des ombres apparemment heureuses qui donnent parfois l'impression de flotter dans l'espace comme des nuages à forme humaine et qui, à d'autres moments, apparaissent comme des silhouettes massives, ancrées dans la réalité du présent. La plupart habitent un pays qui pourrait bien être la Grèce, mais une Grèce réduite à deux dimensions et à quelques couleurs élémentaires, telles celles des vases antiques. Comme sur ces vases antiques, les figures modernes de Fassianos sont saisies dans un perpétuel contre-jour qui les rend à la fois précises et intemporelles.

Beaucoup de figures rouges antiques se découpent sur un fond noir uni, sur la nuit immémoriale qui vit jaillir les premières formes humaines. Les figures de Fassianos, elles, se découpent le plus souvent sur un fond blanc uni qui vit et exprime l'éternel présent de leur vie. Car ces figures, je le répète, ne racontent aucune histoire et encore moins une quelconque épopée, elles n'ont ni passé ni futur, elles occupent à plein temps le présent immédiat, l'instant pétrifié de leurs gestes, comme les images d'un film brusquement arrêté. Oui, elles habitent un pays qui pourrait bien être la Grèce, en tout cas un pays lumineux, estival et surtout un pays aéré, aérien, un pays éolien.

Avez-vous remarqué que le vent souffle très souvent dans ces œuvres, ébouriffant la chevelure des personnages et gonflant leurs amples vêtements, un vent venu peut-être du fond des mythes et qui serait le discret et presque invisible rappel de la légende d'Eole, un clin d'œil de la modernité vers l'ancêtre antique ? Car si beaucoup de choses, d'éléments ont vieilli entre la Grèce d'autrefois et celle d'aujourd'hui, deux d'entre eux sont restés les mêmes : les odeurs de la terre et le vent.

Le vent n'a jamais d'âge et c'est pourquoi il n'a jamais de forme précise. Donner au vent un visage, c'est lui donner un âge. C'est bien le même vent qui passe dans les pages de l'*Odyssée*, qui enfle dans les voiles du bateau d'Ulysse lorsqu'il rencontre les Sirènes et qui décoiffe les personnages — si modernes — de Fassianos. Ils n'ont pas d'âge, eux non plus, parce qu'ils habitent un espace anachronique, comme celui des cartes à jouer et des blasons. Je dis « blason » car, dans l'ensemble, l'univers de Fassianos se résume à quelques thèmes, objets, matériaux et symboles élémentaires.

Quand je dis « élémentaire », je ne veux pas dire pauvre ou naïf, mais des objets, des symboles qui se suffisent à eux-mêmes pour composer, décomposer, recomposer avec ces éléments simples un nombre infini de figures de représentations, de moments particuliers. A la façon d'un kaléidoscope.

C'est ainsi, à mon sens, qu'opère Fassianos : non pas en puisant à des sources chaque fois différentes, mais au contraire en assemblant de façon chaque fois différente les pièces — c'est-à-dire les objets et les personnages — de son damier pictural. Cela pourrait paraître répétitif et fastidieux si Fassianos se contentait de combiner et de recombiner les mêmes éléments de son blason. Mais il se trouve que ces personnages, ces figurants d'un théâtre muet, ces acteurs d'un film arrêté, bref ces ombres suggèrent, malgré leur caractère unidimensionnel, un monde le plus souvent sensuel, langoureux et voluptueux, un monde à l'orée du rêve aussi, où la beauté passe, comme au ralenti, sans urgence et sans pesanteur, avec la même fidélité et la même sensualité que le vent à travers les étendues et les langueurs du sommeil. Car ces ombres rêvent quelquefois.

A quoi peut bien rêver une ombre ?

Peut-être à ce pays précieux et très ancien dont parle Platon et où les hommes n'avaient encore que deux dimensions comme les personnages des vases ? Ce pays du bonheur encore sans épaisseur ? Ce sont eux finalement, ces fantômes de jadis, qui survivent aujourd'hui dans cette œuvre et portent jusqu'à nous, jusqu'à notre brutale, bruyante modernité, la grâce et la légèreté des nuages humains de Fassianos[1].

Frangias Andréas

Andréas Frangias est l'auteur d'un témoignage et d'un roman majeur sur la Grèce des camps d'exil et de déportations, livre que j'ai traduit et publié en 1978 et dont je parle beaucoup plus en détail à l'article *Epidémie**. Il est l'auteur d'un autre roman, *La Grille*, également paru en français un peu plus tôt, en 1971.

Frangias a toujours été ce qu'on appelle un écrivain engagé. Ses combats aux côtés des forces de gauche pendant la guerre civile lui valurent d'être déporté dans l'île de Makronissos, mais il n'a jamais cessé de militer, notamment par de nombreux articles, en faveur des déshérités, des oubliés, de ceux qu'on nomme aujourd'hui les exclus. Mais qui peut se sentir plus exclu d'une société qu'un déporté ? *L'Epidémie* n'est pas seulement l'œuvre d'un écrivain mais le livre qui témoigne le mieux, par son écriture et par ses images, de ce que fut pendant de longues années l'enfer de la déportation.

Dans la préface écrite alors pour présenter ce livre, j'ai consacré à Frangias quelques lignes que voici :

Frangias, pour moi, c'est d'abord un visage et un regard. Un visage émacié, aux rides profondément ins-

1. On trouvera aux articles « Icare » et « Taktis » deux illustrations de Fassianos.

crites, un regard clair, dense, des lèvres minces et parlant peu. Ce qui me plut d'emblée chez lui, c'est que je le sentais très différent de tous les écrivains qu'alors je fréquentais en Grèce. Cet homme venait de loin, d'une terre obstinée, des continents de la patience, des pays de l'épreuve. Il ne m'a jamais fait de confidences. J'entends par là qu'il ne m'a jamais fait de récit détaillé de sa vie dans les camps. Il y faisait seulement allusion de temps à autre à propos de réflexions sur la Grèce et les Grecs d'aujourd'hui.

Mais jamais je ne sentis en lui la moindre rancœur ou haine — pourtant fort légitimes — contre ses bourreaux d'autrefois. Il semblait avoir traversé ces années comme le héros d'un cauchemar dont il aurait été à la fois et la victime et le témoin lucide. Un jour, au cours d'un séjour à Paris, il me fit même une remarque étonnante : « *Plus je repense à ces années, plus j'aime le réel. Les cauchemars vécus ne m'ont jamais conduit à rechercher l'imaginaire. Au contraire. Ils m'ont enseigné que si nous vivons mal et si nous souffrons tant, c'est parce que nous ne comprenons pas assez le réel, qu'il nous échappe encore. Il faut le connaître davantage, l'explorer sans cesse car il contient tous nos rêves et tous nos cauchemars.* »

Frangopoulo Akrivie

Nouvelle du comte Arthur de Gobineau, publiée en 1872 dans ses *Souvenirs de voyage*. Elle se situe au siècle dernier dans l'île de Naxos, et débute par une page enchanteresse qui est restée longtemps — et jusqu'à aujourd'hui — dans ma mémoire :

Les Cyclades sont un des endroits du monde auquel l'épithète de séduisant s'applique avec le plus de vérité. Pourtant beaucoup d'entre elles peuvent être qualifiées en toute justice de rochers stériles ; mais au sein de ces mers de la Grèce, où la main des dieux les a semés, ces rochers brillent comme autant de pierres précieuses. La lumière qui les inonde au milieu d'une atmosphère sans tache, et les flots d'azur qui les enchâssent, en font, suivant les heures du jour, autant d'améthystes, de saphirs, de rubis, de topazes. La réalité est stérile, pauvre, assez nue, certainement mélancolique : mais ces inconvénients s'effacent sous une majesté et une grâce incomparables. Les Cyclades donnent l'idée de très grandes dames nées et élevées au milieu des richesses et de l'élégance. Aucune des somptuosités du luxe le plus raffiné ne leur a été inconnue. Mais des malheurs sont venus les frapper, de grands, de nobles malheurs ; elles se sont retirées du monde avec les débris de leur fortune ; elles ne font plus de visites, elles ne reçoivent personne ; néanmoins ce sont toujours de grandes dames, et du passé il leur demeure, comme le suprême raffinement interdit aux parvenues, une sérénité charmante et un sourire adorable.

« Une sérénité charmante et un sourire adorable ». C'est exactement le portrait d'Akrivie Frangopoulo, fille d'un notable de Naxos. Une corvette anglaise devant y faire escale pour cause d'avarie, son jeune commandant est reçu chez le père d'Akrivie. Il tombe immédiatement amoureux de cette beauté insulaire dont la réserve et l'ingénuité ne font qu'ajouter à ses charmes. Se noue alors entre eux une idylle dont je ne dirai rien pour ne pas en déflorer le beau récit. Cette nouvelle est, à mon sens, une des plus abouties de toutes celles qu'écrivit alors Gobineau. Il y restitue à merveille l'atmosphère délicieusement surannée de cette île et de ces familles de notables, oubliées par le reste du monde. Comme eût pu l'être aussi Akrivie Frangopoulo, sans l'avarie providentielle d'une corvette anglaise et le talent d'Arthur de Gobineau.

g

Gattilier

Cette plante n'est pas très connue ni très spectaculaire, et pourtant elle a joué un grand rôle dans les croyances et les rites de la Grèce antique. Elle passait en effet pour préserver la chasteté des femmes et même, dans certains cas, leur restituer leur virginité ! Le gattilier aime les lieux humides, bords de mer, sources, cours d'eau et marécages, et sa fleur violette ou parme — qui pousse sur une hampe — répand un parfum âcre, analogue à celui du poivrier dont la plante est botaniquement proche. Cette association entre une plante plutôt ordinaire et un pouvoir quasi miraculeux ne laisse pas de déconcerter. C'est là le mystère que propose toute culture par le regard particulier qu'elle porte sur le monde. Bien entendu, ces pouvoirs singuliers sont dus aux dieux et à des esprits végétaux, concrétisés par des légendes. En Grèce, le gattilier était la plante sacrée de la déesse Héra qui avait pour la première fois surgi à Samos d'entre les racines d'un gattilier. Etrange lieu pour son apparition sur terre, mais qui conféra à la plante une histoire et une importance rituelles. Chaque année, on plongeait la statue d'Héra — sculptée bien entendu dans du bois de gattilier —quelques instants dans le courant d'un torrent proche de son temple, dans l'île de Samos. La déesse retrouvait alors instantanément sa virginité ! Les tiges de cet arbuste étaient également réputées pour leur souplesse et leur robustesse. Impossible de les trancher ou de défaire un objet ou un homme ficelé avec des tiges de gattilier.

Précisons cependant, à propos de virginité retrouvée, que ce miracle ne concernait que les déesses et les nymphes. Impossible alors de ne pas penser à la Vierge Marie dont l'hymen, comme celui d'Héra après son bain d'eaux vives, se reforma aussitôt après la naissance de Jésus — du moins si l'on en croit le Protévangile de Jacques. La Vierge aurait-elle été l'ultime exemple et avatar de la légende du gattilier ?

Glyko tou coutaliou

Tradition grecque qui fut longtemps de rigueur — j'espère qu'elle n'a pas totalement disparu : on offrait à tout visiteur prévu ou imprévu, aussi bien dans les bonnes maisons que dans les plus humbles masures, une confiserie, une douceur, une friandise faite par la maîtresse de céans, consistant en général en confiture de raisin, de figue ou de bergamote. Elle était servie sur un plateau avec un grand verre d'eau et une cuiller, d'où son nom de « friandise à la cuiller ». Il n'y a rien là de bien particulier ni d'exotique si ce n'est que ce rituel d'accueil était toujours accompagné d'un grand sourire de l'hôtesse. J'ai dû absorber des dizaines et des dizaines de « friandises à la cuiller » en Grèce pendant des années, mais le souvenir qui m'en reste est moins la douceur légèrement amère de la bergamote ou du miel des figues confites que ces dizaines et dizaines de sourires, dont certains eussent pu rivaliser avec ceux des Corés* de l'Acropole.

Gnothi seautôn

« *Connais-toi toi-même* ». C'est la plus célèbre des trois sentences inscrites au fronton du temple d'Apollon à Delphes dont les deux autres étaient « *Rien de trop* » et « *Qui caution donne court à sa ruine* ». Socrate, dans le dialogue de l'*Alcibiade**, en fait un usage éclairant à propos de l'âme. Se connaître soi-même, c'est connaître son âme, sa nature et son origine. C'est connaître ce qui, en soi, échappe à l'influence de ce qui nous est étranger, aux sollicitations de l'instant, aux états émotifs inconstants, pour nous identifier à ce qui, en nous, demeure stable et permanent. Ou, selon la belle image d'un philosophe plus tardif mais lui-même fervent disciple de Platon, du nom de Plotin, savoir qu'au cœur de la nacre irisée de l'huître — reflet des apparences — résident l'éclat et l'orient permanents de la perle, image de son essence.

Gymnopédie

Le poème *Santorin*, reproduit à l'article sur cette île, appartient à un recueil intitulé *Gymnopédie*, en exergue duquel Séféris* avait cité l'extrait d'un guide sur la Grèce :

« *Santorin est constituée géologiquement de pierres ponces et de kaolin... Des îles ont surgi dans sa baie puis se sont englouties. Elle fut le centre d'un culte très ancien qui comportait des danses lyriques au rythme très austère et lourd qu'on appelait gymnopédies.* »

Gymnopédie signifie littéralement « enfant ou adolescent nu », et il est tout à fait possible que ces danses aient été interprétées par des adolescents dénudés. On les connaît surtout à Sparte, elles y furent instituées pour commémorer une bataille où s'illustrèrent de jeunes Spartiates. Précisons toutefois, même si cette vision d'adolescents dansant nus est particulièrement séduisante, que certains hellénistes pensent que le mot *gymnos* — nu — signifiait en réalité « sans armes ». Pour tout Spartiate, un jeune homme sans armes était comme nu !

Séféris est revenu dix ans plus tard sur ce thème des gymnopédies. Il écrivit en effet un poème avec le même titre, daté de 1945, resté inédit, du moins en français, jusqu'en 1972, date où je le traduisis pour une revue d'opposition au régime des colonels, conçue et rédigée par les étudiants grecs de Paris, *L'Autre Grèce*.

La mer qui au loin t'emmena
aussi douce que le sein d'une mère
la mer le sait.

Ce que tu demandais étant enfant
les vieillards le chuchotent aujourd'hui,
visions de choses surannées
comme ces coffres à jamais clos des marins
[engloutis.
Vois : ils craignent la lumière du soleil
ils ont peur de regarder
ils délirent, n'ayant plus rien d'autre.

Des enfants ont grandi dans la faim,
Déraciné des arbres, dénudé des montagnes.
D'autres questionnent et te répondent
parce qu'ils ont progressé
— vers le haut ? vers le bas ? —
je ne sais et qu'importe !
Ils ont encore beaucoup de feux
à embraser pour la Saint-Jean.

Je disais autrefois : le sang
attire le sang, toujours le sang.
On y vit des jeux de saltimbanques
ou de vieilles légendes.
J'ai murmuré aussi : lourdes, les pierres
et inébranlables, les meules
que tu entendis s'arrêter une nuit
à la frontière du temps
et tragiques, les jeunes corps qui s'engloutirent.

« Vêtements élimés », disaient les pharmakoi [1].
Mais comment nous vêtir quand il gèle
et qu'on n'en a pas d'autres ?
Et que dire aux amis quand l'amertume
clôt leurs lèvres et que les chants de joie
n'excitent plus que les putains ?

1. Les boucs émissaires.

Ceci encore : isoler un instant de vie,
isoler le vent ployant les roses
et les roses dans le petit jardin
sur une poignée de terre,
cela aussi je l'ai tenté,
non comme une sorte de pensée
mais plutôt comme une sorte de souffle,
de souffle mien, de souffle vôtre,
ou, mieux encore, comme une sorte de cri.
Vent, ce cri qui s'en va.

La mer qui au loin t'emmena
et qui te ramena vers le port familier
et qui t'offrit devant l'escale
le silence sans fin de midi,
la mer saura t'expliquer
la Passion et la Résurrection.

h

Hérodote (ve siècle av. J.-C.)

Que de lieux, de paysages, de villes antiques j'ai pu parcourir sur ses pas ! Que de merveilles j'ai pu entrevoir grâce à lui et que d'instants précieux il m'a permis de vivre ! Les cours, les salles, les statues des sanctuaires d'Egypte, les palais des rois achéménides de Perse, les terrasses des jardins suspendus de Babylone, les oasis des déserts de Libye, et jusqu'aux steppes de Scythie quand monte au loin la poussière d'une troupe nomade ! Tout cela en le lisant, bien sûr, mais plus encore en le traduisant, en déchiffrant page après page les chemins de son incroyable aventure. Car Hérodote fut le premier à parcourir le monde antique avec l'intention et le désir de le connaître et non pour commercer ou guerroyer. Et, surtout, il rapporta sous le titre *Enquêtes* le récit très détaillé de ses voyages. En un mot ou plutôt en quatre, Hérodote est parti pour connaître, enquêter, décrire et rapporter. Non pas décrire des impressions momentanées ou des émois intimes, non, mais tout ce qu'il pouvait rencontrer d'étrange, d'intéressant, de surprenant, d'enrichissant. Rien n'échappe à son œil de premier découvreur de l'histoire et certaines de ses descriptions sont des morceaux d'anthologie. Comme, par exemple, cette page sur l'Egypte où il énumère les coutumes déconcertantes de la vie quotidienne. Je ne peux résister au plaisir de la citer :

Les Egyptiens, qui vivent sous un climat singulier, qui possèdent un fleuve au caractère profondément différent de celui des autres, ont adopté, en toute chose ou presque, des coutumes et des principes inverses de ceux des autres hommes. Chez eux, ce sont les femmes qui font le marché et tiennent les boutiques, et les hommes qui restent à tisser à la maison. Dans les autres pays, on tisse en poussant la trame vers le haut, en Egypte vers le bas. Les hommes portent les fardeaux sur leur tête, les femmes sur leurs épaules. Les femmes urinent debout, les hommes accroupis. Ils font leurs besoins chez eux, et mangent dans les rues, en vous expliquant qu'il faut satisfaire en secret les besoins honteux et publiquement ceux qui ne le sont pas. Aucune femme ne peut être prêtresse. L'exercice du culte est réservé aux hommes. Rien n'oblige le fils à nourrir ses parents s'il n'en a pas envie, mais la fille y est absolument tenue, que cela lui plaise ou non. Dans tous les pays, les prêtres portent les cheveux longs, en Egypte ils se les rasent. Chez les autres peuples, les proches parents d'un mort se rasent la tête en cas de deuil, en Egypte ils se laissent pousser la barbe et les cheveux qui, jusqu'alors, étaient rasés. Les autres peuples vivent à l'écart de leurs bêtes, les Egyptiens vivent avec elles. Les autres se nourrissent de blé et d'orge, ce qui en Egypte est très mal vu. Leur pain, ils le font avec une variété d'épeautre qu'on appelle *zeïa*. Ils pétrissent la pâte avec les pieds, réservant leurs mains pour la glaise et le fumier. Partout ailleurs, on laisse les parties sexuelles comme les a faites la nature. En Egypte, et là où se sont introduits ses usages, on les circoncit. Chaque homme a deux vêtements, les femmes un seul. Les anneaux et les cordages des voiles sont fixés partout à l'extérieur du bordage, en Egypte, à l'intérieur. Pour écrire et compter, les Grecs déplacent la main de gauche à droite, les Egyptiens de droite à gauche, tout en prétendant qu'ils écrivent à l'endroit et les Grecs à l'envers. Ils utilisent, de plus, deux écritures : les hiéroglyphes et l'écriture populaire.

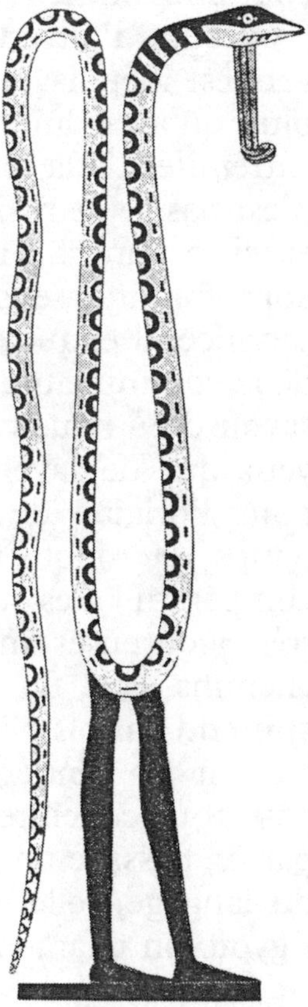

Quoi qu'aient pu en penser ses contemporains et les historiens ultérieurs, je tiens Hérodote, pour l'avoir fréquenté jour après jour et ligne après ligne pendant des mois, pour un des grands éclaireurs du monde de son temps, un précurseur de tous les ethnologues, éthologues, anthropologues, explorateurs, reporters dont beaucoup d'ailleurs s'en réclameront. De plus, il ne fut pas qu'un raconteur d'histoires, un géographe amateur, un collecteur de contes. Beaucoup de réflexions, d'aphorismes, voire de maximes glanées ici et là en font aussi, à certains moments, un philosophe autant qu'un logographe, comme on nommait alors les auteurs de récit. N'oublions pas qu'en un temps où la vision qu'on avait du monde était des plus sommaires, il sut l'élargir et lui donner sa véritable dimension. A propos de la forme et de l'étendue de la Terre, par exemple, il affirme dans sa seconde *Enquête* que celle-ci ne peut être plate et qu'elle doit être ronde ! Il pense aussi que les coutumes si diverses et si différentes des peuples rencontrés sont une source de richesse, car toutes les coutumes ont leur raison d'être. Quelles leçons de modestie, d'ouverture et de tolérance ! Son univers est inépuisable. Et puis, n'oublions pas non plus qu'avec lui, ce ne sont pas seulement les extrémités de la terre connue qu'on découvre, ce n'est pas seulement l'espace qu'on traverse, mais aussi le temps. Très souvent, pour connaître et approfondir le sens de telle coutume, croyance ou sacrifice, il enquête sur les origines du peuple ou de la communauté en question. Et connaître cela, savoir d'où nous venons, est plus important à ses yeux que de savoir d'où vient le Nil. De même pour l'origine de tel ou tel mot. En d'autres temps, Hérodote aurait fait un parfait linguiste comparatif ! Ses méthodes ne sont pas toujours très rigoureuses, mais quand on se déplace sur les chemins sans fin des peuples et du savoir, on apprend parfois plus de choses en s'égarant qu'en suivant les sentiers battus. Tenez, je ne résiste pas, pour conclure ce bref hommage, à terminer par un passage révélateur concernant la naissance du langage, telle du moins que la rechercha en Egypte un pharaon du nom de Psammétique.

Avant le règne de Psammétique, les Egyptiens se croyaient le plus ancien peuple de la terre. Quand Psammétique devint roi, il voulut en avoir le cœur net, mais il eut beau entreprendre enquête sur enquête, il n'arriva à aucun résultat. Il imagina alors de prendre deux nouveau-nés et de les remettre à un berger avec ordre de ne prononcer aucun mot en leur présence : le berger les mettrait dans une cabane abandonnée, leur amènerait chaque jour une chèvre pour qu'ils se gavent de lait, et repartirait sans s'occuper d'eux davantage. « Je finirai bien par savoir, pensa Psammétique, le premier mot que prononceront ces enfants, une fois passé l'âge des vagissements. » De fait, deux ans plus tard, au moment où il entrait dans la cabane, le berger vit les enfants se traîner à ses pieds, les mains tendues, en criant « Bécos ! » Au début, il n'y fit pas attention, mais la chose se reproduisit, et il les amena à Psammétique. Le roi entendit les enfants de ses propres oreilles et fit rechercher partout quel peuple emploie le mot *bécos*. On finit par découvrir que les Phrygiens le donnent au pain. Depuis ce jour, les Egyptiens admettent que les Phrygiens sont plus anciens qu'eux. J'ai entendu raconter l'histoire sous cette forme par les prêtres de Vulcain à Memphis.

Ce n'est pas tous les jours, reconnaissons-le, que l'on peut rencontrer le point de vue des prêtres de Memphis sur l'origine des peuples et du langage. Hérodote nous en donne ici l'occasion. Ses *Enquêtes* bruissent tout au long des pages de ces milliers de voix venues de tous les pays traversés, des âniers et bateliers d'Egypte aux médecins de Babylone, des scribes du temple de Karnak aux marins phéniciens de Tyr ou de Sidon, des commerçants du Pont-Euxin — la mer Noire — aux shamans des tribus nomades de Scythie. Oui, un monde bruissant de toutes les langues des peuples rencontrés. Et aussi de leurs musiques, de leurs chants. Une véritable symphonie de mots, de murmures et de mélodies. Au fond, je saisis seulement maintenant comment j'aurais dû définir il y a des années le sens et la nature de ses *Enquêtes* : la symphonie du monde ancien.

Hippocrate (460-380 av. J.-C.)

Enfant de l'île de Cos, Hippocrate appartenait a la puissante confrérie des Asclépiades, prêtres, devins et desservants du temple d'Asclépios qui disposaient du privilège d'exercer la médecine. Ce qui distingue l'apport d'Hippocrate, c'est que d'emblée il séparera radicalement les deux activités, à savoir soigner les hommes et prier les dieux. Soigner, pour lui, consistera avant tout à étudier le corps du malade, sa façon de vivre, de s'alimenter et aussi son environnement physique et géographique. Pour le corps, par exemple, Hippocrate étudiera ce qu'il absorbe et ce qu'il rejette, autrement dit les aliments et énergies qui le traversent, traduits par le mot *diététique*. Importantes aussi sont la nature des eaux, le régime des vents, l'orientation des maisons par rapport au soleil. Et aussi l'environnement familial et l'état d'esprit du malade. Non content d'être le premier des diététiciens, Hippocrate fut aussi le premier des psychosomatologues, mot barbare j'en conviens, qui n'existait pas en son temps mais qui dit tout de même en grec la déterminante influence de l'esprit sur le corps.

N'étant ni diététicien ni psychosomatologue, je

n'insisterai pas sur l'importance de ces apports — qui figurent dans toute bonne histoire de la médecine. Il se trouve simplement qu'il y a fort longtemps, je traduisis, pour le compte d'une publication savante et bibliophilique, un traité d'Hippocrate intitulé *Des airs, des eaux et des lieux*, véritable bréviaire écologique avant la lettre. J'en donne ici trois courts extraits qui montrent bien la nature du regard d'Hippocrate sur notre environnement naturel.

Des climats

La première chose que doit faire un médecin arrivant dans une ville est d'examiner sa position par rapport aux vents et aux différents levers et couchers du soleil. Il doit examiner aussi les eaux que boivent les habitants et s'informer pour savoir si elles sont molles et sans odeur ou si elles sont dures, si elles proviennent de lieux élevés ou si elles sont saumâtres.

Il doit examiner aussi le sol pour voir s'il est dur et sec ou humide et couvert d'arbres, s'il est brûlé par des chaleurs étouffantes ou si c'est un lieu élevé et froid.

Enfin, il doit examiner le genre de vie qu'ont adopté les habitants, s'informer s'ils sont grands buveurs et gros mangeurs et adonné en même temps à la paresse, ou s'ils aiment au contraire le travail et l'exercice et se contentent de boire et de manger peu.

Des eaux

Les eaux les plus mauvaises sont celles des marais, des étangs et toutes les eaux dormantes en général.

Après celles-là, les plus mauvaises sont celles qui sortent des rochers parce qu'elles sont fatalement dures, tout comme celles qui coulent de sols recelant des minerais.

Les eaux les meilleures sont celles qui proviennent de lieux élevés et des collines herbues. Et surtout celles qui coulent du levant.

DES ASIATIQUES

Je pense qu'il faut attribuer la pusillanimité des Asiatiques à la nature de leur climat mais aussi à celle des lois auxquelles ils sont soumis. La plus grande partie de l'Asie est gouvernée par des rois et partout où les hommes ne sont ni maîtres de leur personne ni gouvernés par leurs propres lois mais soumis à des despotes, ils ont grand soin de ne point passer pour des guerriers... car leur exploits ne serviraient qu'à augmenter et à propager la puissance de leurs despotes et les dangers et la mort seraient les seuls fruits de leur bravoure.

Pour ma part, je trouve indiscutable mais aussi passionnante cette relation établie par Hippocrate entre environnement naturel et nature politique du pouvoir.

Le nom d'Hippocrate est surtout connu du grand public par le fameux serment qui porte son nom. Certains en ont contesté l'authenticité, mais de toute évidence ce texte porte la griffe d'Hippocrate ou en tout cas son influence. Il a traversé sans dommage les vingt-cinq siècles qui nous en séparent, comme d'ailleurs d'autres textes antiques cités dans cet ouvrage. Je soupçonne beaucoup de personnes d'en connaître l'existence sans pour autant l'avoir lu. Le voici donc, mais n'oublions pas que pour concevoir un tel texte, il fallait se faire du médecin et du malade une idée totalement nouvelle, où le processus de la maladie et celui de la guérison dépendaient avant tout des connaissances et de l'effort humain et non du bon vouloir des dieux.

Je jure par Apollon le Guérisseur, par Asklépios, par Hygie et Panacée, par tous les dieux et toutes les déesses, que je prends à témoins, de tenir intégralement, selon mes capacités et mon jugement, le serment et l'engagement qui suivent : de mettre celui qui m'a appris cet art au même rang que mes père et mère, de partager avec lui mes moyens d'existence, de l'aider dans ses difficultés le cas échéant, de considérer ses enfants comme mes frères, de leur enseigner aussi cet art, s'ils souhaitent l'apprendre, sans salaire et sans promesse de dédommagement, de communiquer les préceptes, leçons orales et toute autre forme d'enseignement à mes fils et aux fils de celui qui m'a instruit, ainsi qu'aux étudiants qui ont pris l'engagement et prêté le serment selon la loi médicale, et à nul autre. J'utiliserai les régimes pour le bien des malades, selon mes capacités et mon jugement, et je m'interdirai de m'en servir pour le mal et l'injustice. Je ne donnerai de substance mortelle à personne, si on m'en demande, et je ne prendrai pas l'initiative de semblable conseil. De même, je ne donnerai pas à une femme un pessaire abortif. Je conserverai ma vie et ma profession dans la pureté et la sainteté. Je n'opérerai pas les malades de la pierre, je laisserai ce soin aux chirurgiens. Dans toutes les maisons où j'entrerai, ce sera pour le bien des malades, et je m'abstiendrai de toute injustice volontaire et de toute corruption, en particulier de pratiques amoureuses sur la personne des femmes et hommes libres et esclaves. Ce que je verrai ou entendrai au cours de la cure, ou même en-dehors de la cure, concernant la vie privée, s'il ne faut jamais en parler à l'extérieur, je le tairai, considérant la divulgation de telles choses comme interdite. Si donc je tiens intégralement ce serment et ne le viole pas, puisse-t-il m'être donné de retirer des satisfactions de ma vie et de mon art, dans la jouissance perpétuelle de l'estime générale ; si je viole le serment et que je me parjure, que ce soit l'inverse !

Hippodamos de Milet
(ve siècle av. J.-C.)

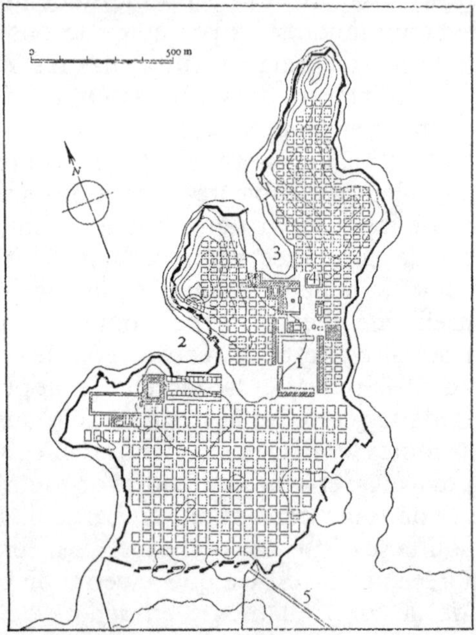

Quand je vis pour la première fois, dans un ouvrage sur l'urbanisme antique, le plan de la ville grecque de Milet, en Asie Mineure, je crus me trouver devant celui de la presqu'île de Manhattan ! Une multitude de rues rectilignes s'entrecoupaient à intervalles réguliers pour dessiner une série de parfaits damiers. De toute évidence, une telle ville ne pouvait être que la représentation et le résultat d'un projet global, prenant en compte tous les aspects essentiels, topographiques, écologiques, économiques et humains d'une cité idéale.

Son architecte, Hippodamos, se révélait un véritable novateur, un précurseur de tous les urbanistes. D'ailleurs, beaucoup de solutions proposées à Milet suivent de près les recommandations d'Hippocrate en matière d'environnement, mais Hippodamos y ajoute sa conception personnelle de l'espace urbain et de sa division en zones spécialisées. Car l'espace est ici réparti fonctionnellement en une zone sacrée — comprenant les temples —, une zone publique — comprenant l'agora, l'assemblée, le théâtre et les bâtiments administratifs — et une zone privée.

Oui. Un homme génial et original. On sait par Aristote — qui le raille d'ailleurs là-dessus — qu'il portait des cheveux très longs et s'affublait de vêtements voyants, notamment de tuniques violettes ! Voilà qui nous le rend encore plus sympathique. Il fait partie avec Hippocrate des novateurs dont les idées et les pratiques ont aidé les contemporains à mieux vivre et mieux se rencontrer. Hippocrate s'attacha au bien-être de l'individu en lui faisant mieux connaître le fonctionnement de son corps. Hippodamos, lui, s'attarda à l'homme urbain pour l'aider à mieux vivre en collectivité.

Humanités

Je devais avoir onze ans et venais d'entrer au lycée en classe de lettres classiques avec latin et grec, lorsqu'un jour, à la maison, j'entendis une amie de ma mère lui demander : « Et votre fils, que fait-il cette année ? » Et ma mère de répondre : « Il fait ses humanités. » Stupeur de ma part, pour ne pas dire sidération. Des humanités ? Qu'est-ce que ça pouvait bien être ?

La réponse ne vint que plus tard, à la suite d'enquêtes et de questions discrètes, car je n'osai m'adresser directement au professeur. Oui, j'eus un jour la réponse et elle me stupéfia. Faire ses humanités, me dit-on, c'est étudier des langues mortes ! Des langues mortes ? Je n'avais jamais pensé au grec et au latin comme à des langues mortes puisqu'on les étudiait. Alors, quand j'allais au lycée, je passais mon temps, à raison de huit heures par semaine, à visiter un cimetière ? Cette seule image me révoltait et je devinais là des idées d'adultes. Non, quand j'allais au lycée étudier Homère et Virgile, je n'entrais pas dans une morgue !

Je finis par oublier ces problèmes et ces désarrois lycéens jusqu'au jour, très tardif puisqu'il date des années 90, où, relisant l'*Anthologie de la poésie grecque* de Robert Brasillach*, devenue introuvable, l'idée me vint de la faire rééditer. C'est alors qu'en réfléchissant sur l'attitude de Brasillach, humaniste certain et très bon traducteur, mais pronazi et antisémite acharné pendant l'Occupation, j'écrivis une présentation intitulée *De l'usage des humanités*, qu'on trouvera bien sûr à l'article Brasillach. Ainsi des décennies plus tard, le mot revenait en force, rendant un son nouveau et surtout prenant un sens inattendu, essentiel et, dirais-je même, révélateur.

i

Icare

Depuis l'aube des temps, ailes et envol sont devenus synonymes d'évasion et de liberté. Depuis en tout cas que les oiseaux volent, puisqu'ils ont des ailes alors que l'homme n'en a pas. Il y a toujours eu dans la nature une tendance à produire des créatures ailées avec les oiseaux bien sûr, mais aussi à partir des mammifères, des reptiles, des insectes et même des poissons, comme l'exocet* ! Pourquoi la nature s'est-elle acharnée à faire voler des poissons et pas des hommes ? Le mythe d'Icare masque en partie ce vide, cet exil de nous-mêmes à l'égard du vol et du ciel, imaginant le premier homme-oiseau. Homme-oiseau et pas seulement homme volant, car de toutes les créatures animales et ailées, l'oiseau est celle qui se rapproche le plus des anges, du moins tels que nous les concevons. En tout être aspirant à s'élever dans les hauteurs et à quitter la terre, il y a comme un désir, une figure et une promesse d'ange. Comme un désir aussi de vivre un jour au cœur d'un monde sans pesanteur.

Icare était le fils de Dédale*, ce génial architecte que Minos avait enfermé dans le Labyrinthe, à la suite du meurtre du Minotaure*. Labyrinthe dont Icare s'enfuit avec son père grâce à des ailes artificielles conçues et fabriquées par ce dernier. Ils avaient pour destination la Sicile — où Dédale parvint sans problème — mais qu'Icare n'atteignit jamais. N'ayant tenu aucun compte des conseils avisés de son père, il s'éleva trop haut, si haut que la chaleur du soleil fit fondre la cire qui maintenait ses ailes. Il chuta près de l'île qui porte aujourd'hui son nom : Icaria*.

Ce mythe nous est connu par des auteurs tardifs comme Virgile et Ovide qui l'ont de toute évidence modifié et enrichi chacun à leur façon. Ce qui le distingue néanmoins de tous les autres mythes grecs, c'est que son sens et tout son intérêt reposent sur une astuce technique : des ailes artificielles. Autrement dit, sur une invention matérielle, susceptible d'être imitée et reproduite. D'où les innombrables tentatives qui eurent lieu au cours des siècles pour reprendre le vol d'Icare, entreprises qui, toutes sans exception, se terminèrent comme dans le mythe, mais par une chute et par une mort réelles.

Envol. Chute et mort. En cet adolescent épris d'évasion et d'azur, certains ont vu un visionnaire, un précurseur, un pionnier de l'espace. D'autres n'y virent qu'un fou, un inconscient, un orgueilleux et un illuminé. Tous ces aspects sont présents en Icare. Avant l'envol, Dédale lui avait précisé les conditions à respecter, lui avait enseigné la ligne de conduite à tenir : ne pas voler trop bas car l'humidité de la mer alourdirait les ailes, ne pas voler trop haut car le soleil ferait fondre la cire qui les maintenait. On voit resurgir ici, sous prétexte d'envol, la morale traditionnelle de la sagesse grecque : ne jamais vouloir s'élever au-dessus de sa condition. C'est ce que fit malheureusement Icare, mais cette fois au sens propre du terme, en montant trop haut dans l'azur et en approchant le soleil. Icare tombe donc victime de son inconscience ou de son orgueil. On peut interpréter ce mythe de bien d'autres façons mais, dans mon livre *L'Envol d'Icare*, j'en propose seulement huit, car je crois très profondément qu'un mythe est un système totalisant un soleil de signes éclairant tous les points de la circonférence. Et comme chaque point mène au centre, il existerait pour chaque mythe trois cent soixante explications possibles ! En ce qui concerne Icare, j'ai donc proposé : la clé naturaliste — devenir oiseau —, la clé onirique — rêver qu'on vole —, la clé symbolique — ascension/assomption —, la clé psychanalytique — Icare imago —, la clé ritualiste — Icare bouc émissaire —, la clé alchimique — Icare sublimé —, la clé utopique — voyage en Icarie — et même une clé lexicale reposant sur la parenté linguistique entre le mot aile, *ptéra*, et le mot chute, *Ptôsis*.

Mais laissons ces savantes considérations aux mythologues, psychologues, anthropologues, ornithologues et Icarologues, et rêvons. Le mythe d'Icare est né d'un rêve, même si ce rêve a tourné très vite au cauchemar. Oui, le rêve d'acquérir la légèreté et la liberté des oiseaux, de vaincre aussi la pesanteur. Rêve qui vient tout juste d'être réalisé avec d'un côté la conquête spatiale et les déplacements des cosmonautes en apesanteur dans l'espace, et d'un autre les ULM — Ultra Léger Motorisé — et le deltaplane.

Précurseur de tous les aventuriers de l'espace, mais aussi figure rimbaldienne avant la lettre, Icare est mort en ce qu'on nomme la fleur de l'âge, indispensable condition si l'on veut devenir un héros mythique. Le rêve prédomine dans tout le cours de sa vie et les ailes ne sont là que pour l'aider à le réaliser. Et ce rêve le mène dans le cœur de l'azur, en une ascension triomphale, avant de s'achever en une chute symbolique, comme celle des anges. A l'instar de Prométhée, ce Titan poursuivi par la haine de Zeus et qui connut sur le Caucase une Passion qui en préfigura d'autres, Icare eut lui aussi une mort passionnée. Plusieurs fois, je suis revenu sur cette chute et sur ce mythe qui me paraît un des plus forts, un des plus enseignants qui soient, dans *L'Envol d'Icare* bien sûr, mais aussi dans une suite de poèmes intitulés *L'Enfance d'Icare*. J'en citerai deux, parmi les huit que contient le recueil.

L'aveu du labyrinthe

J'ai grandi entre les ombres et les couloirs d'un mythe qui dès l'instant de ma naissance n'a cessé d'enserrer ma vie. Mieux que tout autre, je sais qu'un mythe n'est pas fait de mots mais de murs, de méandres, d'impasses et des captieux miroirs de l'absence.

Bien souvent, pendant toutes ces nuits dans la nuit, je me prenais à rêver de ma mère. Mais ai-je eu une mère ? Je n'ai jamais connu ni sa voix ni son sein et moins encore son nom. Ainsi ai-je grandi sans tendresse et sans rires dans les replis d'une utopie qui fut la seule compagne de mes jeux.

Comment, après cela, ne pas rêver de ciel, d'oiseaux ivres d'azur, ne pas sentir au fond de soi les ailes d'un ange clandestin ?

Leurre et piège fut ce labyrinthe, rets d'oiseleur où se prit mon enfance. Car oiseleur fut mon père qui de moi fit un oiseau manqué.

Novice, mon envol et novice ma chute. Mais comment, en ces limbes de l'ombre, aurais-je appris les règlements du ciel et l'alphabet des vents, aurais-je découvert le seul secret qui vaille pour quiconque prétend échapper à l'emprise des labyrinthes : monter, toujours monter mais ne tomber qu'avec la complicité du soleil ?

Jardinier des nuages

Mes mots. Mes mots évaporés aux lèvres des nuages. Mes mots, buée de langage. Je ne suis qu'embrun d'aile, Brouillon d'ange, entre deux genèses. J'aime l'écume, J'aime le vent, ce qui se passe et ce qui s'efface à tout venant, à tout moment. J'aime la paille échevelée, l'engoulevent ébouriffé, l'épouvantail effiloché et l'écureuil effarouché. Je suis l'amant des libellules, funambule entre deux voltiges, somnambule entre deux vertiges.

Chaque matin devant la mer, j'écoute l'aveu du rivage et le credo des goélands et chaque soir, dans le grenier, le conciliabule des vents. Folle abeille sur folle avoine, je butine les mots captifs dans les calices de l'été, mes mots-soucis, mes mots-pensées, mes mots d'amant des libellules et de jardinier des nuages.

Pardonnez-moi si je m'élève
Et vous quitte célestement.
On ne saurait rester sur terre
Quand on a le vent pour amant !

Icare ne cessera jamais de s'envoler et de tomber. Ne cessera jamais de crier sa joie dans l'azur, de crier sa peur dans la chute. Très curieusement, c'est en découvrant dans le hall de l'Unesco, à Paris, la fresque de Picasso intitulée *La Chute d'Icare* que j'ai ressenti combien ce mythe était pérenne, combien il était chargé de symboles universels. Sur la fresque, un ange disloqué tombe du ciel dans la mer, près d'une plage, sous l'œil indifférent des baigneurs et des vacanciers. Breughel l'Ancien avait déjà représenté la chute d'Icare comme un événement sans importance, et même inaperçu par les témoins présents. Aujourd'hui, au cœur de notre siècle et en ce hall de l'Unesco, Icare tombe au milieu de l'indifférence et de la cécité du monde. Mais il tombe à la façon d'un ange, du plus beau, du plus éclatant, du plus digne de tous, à la façon d'un ange foudroyé.

Icaria

J'ai écrit ici même, à propos d'Europe* et d'Aphrodite*, que les Grecs eurent toujours à cœur de situer géographiquement les principaux épisodes de leurs mythes fondateurs. Icare n'échappe pas à la règle et l'on montre volontiers en Grèce l'endroit exact où il chuta : à la pointe de l'île qui porte désormais son nom, l'île d'Icaria. Elle est située dans le nord de la mer Egée, et quand je vivais à Patmos, je pouvais voir au loin son échine osseuse et sa crête arasée. C'est une île plutôt inhospitalière du point de vue climatique, dont la face nord est exposée aux meltemia. Un seul port existe, sur la côte abritée du sud, Aghios Kyrikos, sur le môle duquel s'élève une grande aile d'acier, œuvre d'un sculpteur grec contemporain, en hommage à Icare.

J'y suis allé en pèlerinage, si je puis dire, pour expérimenter de près le piège des légendes. Oui, puisque Icare est tombé, il fallait bien qu'il tombe quelque part. Eternelle interrogation qui n'implique d'ailleurs nulle réponse : quand un ange, un héros, un homme et même un dieu se met à tomber dans la mer depuis l'azur d'un ciel mythique, je gagerai qu'il ne fait nulle éclaboussure ! Pour approfondir malgré tout cette question, je citerai les deux dernières pages de *L'Envol d'Icare*, lorsque, assis sur la jetée du port, au pied de la grande aile d'acier, vibrant sous le vent du large, je songeais à Icare, à sa chute et à l'origine de son nom.

Rien n'est laissé au hasard dans les mythes, à commencer par les lieux où naissent et meurent les héros. Hésiode nous dit, par exemple, que les Géants, fils de la Terre, sont nés des entrailles de leur mère en un lieu de Chalcidique nommé « Phlégra » — autrement dit la Brûlante. Le nom même indique qu'il devait s'agir d'une faille par où sortaient des vapeurs volcaniques. Qu'en est-il alors pour Icaria ? L'île est clairement mentionnée par Hérodote et par Eschyle, mais Hérodote ajoute qu'elle fut aux temps anciens habitée par les Cariens, peuple qui par la suite émigra sur le continent asiatique et qui disait descendre d'un ancêtre du nom de Car. Je sais bien qu'entre Car et Icare — ou plutôt, selon l'orthographe d'origine, entre Kar et Ikaros — il y a toute la différence d'un iota initial. Tout de même, je trouve étrange qu'Icare soit justement venu mourir sur la terre de Car, *sur une île carienne devenue par sa mort icarienne* ! Peut-il vraiment s'agir d'une coïncidence ? Pour ma part, je n'en crois rien. Le nom d'Icare peut très bien être d'origine carienne, ce qui fournit une clé supplémentaire — et fort logique — pour le déchiffrement du mythe et surtout pour justifier le lieu de sa chute. Icare n'est pas tombé ici par hasard, bien au contraire il ne pouvait tomber que là, il ne pouvait venir mourir qu'en son île natale !

Assis au bout de la jetée d'Aghios Kyrikos, au pied du monument d'Icare dont le vent fait vibrer les tôles, je pense à cette histoire très ancienne dont tout le sens dépend d'un iota de plus ou de moins, d'un phonème comme celui de *kar*, qui en celtique désigne un lieu pierreux et rocailleux. S'il est une île pierreuse et rocailleuse, c'est bien celle d'Icare, véritable échine battue par les vents, bordée de quelques forêts de pins et tapissée d'oliviers sur son flanc sud, abritée des meltemia, les vents du nord. Icaria, l'île aux meltemia. Icaria, l'île aux sources radioactives. Icaria, résurgence rocheuse d'un volcan — comme la presqu'île de Cassandra où naquirent les Géants — et qui, elle, a vu naître Icare.

Depuis ce pèlerinage en l'île d'Icaria, je sais, de mythique certitude, qu'Icare est bien tombé ici, au large de cette côte sans cesse battue des vents. Les dieux voulurent qu'il meure au lieu de sa naissance. En chutant près d'ici, Icare le Carien en a fait un lieu icarien. Serait-ce là l'ultime clé de la légende d'Icare, sa secrète signification : avoir donné sens à son nom en accomplissant de l'azur à l'abîme un destin tout entier caché, tout entier prévu dans le cœur d'un phonème ?

Icônes

A force d'avoir vu, regardé, contemplé des icônes des années durant, dans tous les lieux de Grèce, des monastères du mont Athos* aux plus humbles chapelles des îles et des campagnes, les mille visages qui y figurent ont fini par devenir des compagnes et des compagnons familiers. Les icônes ne sont absolument pas des portraits. Nul portrait, nulle figuration ancienne et crédible n'ont jamais existé du Christ, de la Vierge, des apôtres, des saints ni des martyrs. Il fallut donc par la suite leur donner un visage mais un visage symbolique, exprimant le sens de leur vie, de leur foi, de leurs miracles ou de leur martyre. Il fallut aussi inventer le visage des anges et des archanges, si bien que l'art des icônes devint celui de pouvoir figurer l'Invisible. Très vite un code et des techniques précises durent être établis pour que l'ensemble de ces figures, habitantes du Royaume invisible, obéissent aux mêmes repères identitaires. Oui, il s'est bien agi, alors, dès le IVe siècle, de donner visage, identité et même curriculum vitae à des milliers de saints, de martyrs et de pères de l'Eglise. Ce qui confirme que l'icône ne fut jamais conçue ni ressentie comme œuvre d'art mais comme œuvre de foi, une oraison des mains et du cœur, exigeant du moine peintre un état particulier de pureté, de grâce et de ferveur.

Les milliers de visages qu'on peut voir sur les icônes appartiennent ainsi à un peuple d'ombres et de silhouettes saintes dont la présence affleure sur le tableau pour l'habiter et le sanctifier. Oui, un affleurement, et non une représentation. L'icône est une surface peinte, ouvragée — et parfois recouverte d'argent — un miroir où viennent se refléter les milliers d'habitants du Royaume. Miroir entrouvert aussi sur l'Enfer et le Paradis, et peuplé de figures surgies parfois, non de la main du peintre, mais de celles des anges.

Comme me l'expliqua un moine au mont Athos, la tradition impose de toujours terminer une icône par la pupille des yeux. Cette fameuse pupille, nous l'avons vue avec Platon, Socrate et Alcibiade devenir le miroir de l'âme. Nous la retrouvons ici, avec les icônes, où elle est une vivante étincelle disant la présence du saint. Oui, vivante, tout à fait vivante, comme le prouve l'anecdote suivante.

Dans une chapelle dédiée à saint Georges, que je visitai récemment à Chypre, se trouve une très belle et très ancienne icône du saint avec, au pied du tableau, un reliquaire contenant un petit ossement. Ossement dont voici l'histoire :

Quand le moine qui peignit cette icône voulut, pour l'achever, apposer sur le bois la pupille des yeux, il se sentit repoussé par une force irrésistible. Atterré, il courut s'enfermer dans sa cellule où, pendant une semaine, il jeûna et pria, en suppliant le saint de lui pardonner ses péchés. Quand il se remit à l'ouvrage, hélas, la force le repoussa une fois de plus. Nouveaux jeûnes, plus intenses encore, nouvelles prières, plus ferventes encore. Il revint vers l'icône, plein d'espoir, mais non : impossible de l'approcher ! Rendu furieux, il tendit vers le saint un index vengeur en lui criant : « Vas-tu me laisser finir ton icône ? » Saint Georges surgit alors du tableau et mordit l'index du moine qu'il fallut amputer.

Que conclure de ce miracle ? Que les icônes, comme les antiques *xoana**, détiennent des pouvoirs mystérieux. Mais on peut en déduire également que le moine avait bien tort de s'inquiéter car la réponse du saint prouva qu'en fait, son icône était parfaitement finie !

Imam bayaldi

Pour une fois, ce n'est pas du grec, mais du turc, et cela veut dire littéralement « l'imam s'est pâmé ». Pourquoi, mon Dieu, l'imam s'est-il pâmé ? S'il faut en croire le dicton

nul imam ne tombe en pâmoison
sans raison ni sans oraison.

Donc, si vous voulez pâmer un imam, il faut procéder de la façon suivante :

Prendre 1 kg 500 d'aubergines entières longues et fermes
3 tasses d'oignons finement émincés

1 tasse de persil haché
1 tasse et demie d'huile d'olive
650 grammes de tomates en tranches
5 à 6 têtes d'ail.

Fendez en trois chaque aubergine et bourrez-en les fentes avec les ingrédients énumérés plus haut, soigneusement mélangés.

Mettez à four moyen environ trente minutes. Mangez tiède ou froid.

Si vous connaissez un imam, il se pâmera à la seule vue du plat. Mais essayez aussi avec vos proches et vous verrez, je suis sûr que devant un tel mets, ils tomberont en pâmoison avec raison, mais sans oraison.

Ithomi

Au-dessus du ravissant village de Mavromati, dans le sud du Péloponnèse, sur les crêtes de la montagne appelée Ithomi, on peut voir les vestiges remarquablement conservés des murailles fortifiées qui entourèrent jadis l'antique ville de Messène. Isolées aujourd'hui dans la solitude des versants, elles dominent la plaine de Mégalopolis qu'il faut contempler le soir, quand ses damiers jaune et vert s'effacent et se fondent dans les brumes de l'horizon. Ce site n'offre rien d'autre que la nudité de ses murailles, l'infini de son panorama et le grand linteau écroulé marquant l'entrée menant au col. Rien que cela, qui a pour nom la porte d'Arcadie.

j

Jocaste

Dans la version la plus courante de la légende, Jocaste est l'épouse du roi de Thèbes Laïos et mère d'Œdipe, dont on sait qu'elle l'épousera par la suite sans rien deviner de leurs liens parentaux. Elle est aussi la mère d'Antigone, d'Etéocle, de Polynice et d'Ismène, cette dernière ajoutée par Sophocle pour des raisons purement dramatiques. Dans l'*Œdipe Roi* de Sophocle, Jocaste se suicide après la révélation de l'inceste, mais dans *Les Phéniciennes* d'Euripide, elle décide au contraire de survivre. La plupart des auteurs antiques ont vu en Jocaste une figure docile, soumise, l'ombre effacée d'Œdipe, qui retourne à la nuit comme elle en est venue. Seul Euripide en fait une créature insoumise, révoltée par l'injustice des hommes et l'arbitraire des dieux, résolue à lutter contre les uns et contre les autres.

Injustement traitée, figure toujours incomprise,

Jocaste avait besoin d'être rehaussée, restaurée en sa plénitude de femme, de reine et de mère. Aussi, lorsque le compositeur Charles Chaynes, auteur d'un opéra sur Erzsebet, celle qu'on surnomma la Comtesse sanglante, me proposa d'écrire sur une figure tragique du monde antique, je choisis aussitôt Jocaste. A mesure que j'avançais dans l'exploration de cette histoire familiale particulièrement agitée, je voyais en Jocaste la seule personne demeurée suffisamment lucide et maîtresse d'elle-même pour tenter de sauver la ville et tous ses enfants du naufrage.

Ce travail aboutit à un opéra qui fut créé à Rouen au théâtre des Arts, en 1993. J'écrivis, alors, un texte de présentation du programme, repris ici, où je mis en exergue une phrase d'Anaïs Nin qui me parut convenir à merveille :

« *Je veux un monde différent, un monde qui ne serait pas né du besoin de pouvoir qui caractérise l'homme et qui est à l'origine de la guerre et de l'injustice. Nous devons créer une femme nouvelle.* »

En 1989, Charles Chaynes me demanda d'écrire à son intention un livret inspiré d'un sujet antique et comportant au moins trois rôles féminins importants. Parmi les sujets proposés, il retint celui de Jocaste, thème peu traité à ce jour dans le répertoire de l'opéra. J'écrivis donc un livret sur Jocaste après avoir relu les textes antiques qui en parlaient et réfléchi sur ce personnage, passablement négligé par les commentateurs et presque toujours présenté comme l'ombre effacée d'Œdipe. Je relus cette vieille, tragique et longue histoire des Labdacides — ce que les anciens Grecs nommaient l'Œdipodie — avec, si je puis dire, le regard et les yeux de Jocaste. En tant que reine, mère et épouse, Jocaste subit à elle seule — et dans ces trois fonctions — tout le choc de la malédiction attachée à la famille d'Œdipe, alors qu'elle est entièrement innocente de tout crime, inceste ou transgression. Il y a là plus qu'une injustice et c'est pourquoi le texte réhabilite avant tout Jocaste, victime — avec Antigone — de l'aveuglement et de l'égoïsme des hommes.

Dans *Œdipe Roi,* de Sophocle, Jocaste se suicide dès qu'elle pressent la vérité sur son union avec Œdipe. Elle apparaît dans l'œuvre comme une silhouette inquiète et furtive mais qui, par intuition, devine qui est Œdipe avant qu'Œdipe ne le découvre lui-même. Une femme intuitive mais par ailleurs résignée à son sort. Euripide, lui, dans *Les Phéniciennes*, présente une Jocaste très différente, qui, après la révélation de son inceste avec Œdipe, refuse la solution du suicide immédiat. Elle décide de survivre pour assurer l'éducation de sa fille Antigone et empêcher ses deux fils Etéocle et Polynice de devenir un jour des fratricides, comme l'oracle le leur a prédit. Elle reste donc dans le palais de Thèbes, non aux côtés d'Œdipe — qui, lui, vit cloîtré dans sa chambre —, mais seule face à l'avenir qui l'attend.

Plus on réfléchit sur Jocaste et plus s'intensifient les ombres — ou si l'on veut les blancs — que la légende a laissés sur son compte. Pourquoi, dans les œuvres classiques, cette résignation devant un sort immérité ? Pourquoi cet abandon aux forces obscures des oracles ? Avec Euripide, un refus, en partie conscient, en partie inconscient, dresse Jocaste contre l'absurdité des décisions divines. Mais Euripide ne pouvait aller au-delà — dans la révolte de Jocaste — sans la faire entrer à son tour dans le sacrilège. Pour ma part, et tout en tenant compte des données de la légende traditionnelle, j'ai voulu aller encore plus loin, déborder le cadre de la Grèce antique et parler, à travers Jocaste, de toutes les femmes humiliées, méprisées, ignorées, victimes de la folie et de l'égoïsme des hommes. C'est pourquoi le chœur — constitué de femmes proches de Jocaste, si proches que mon souhait serait qu'elles en soient autant de doubles, de sosies vivants — retrace la longue lignée des femmes victimes des dieux, des hommes et des oracles, des femmes immolées sur l'autel du pouvoir ou de la richesse. « *Ce qui est fascinant, ce n'est pas l'agréable, c'est l'insondable* », écrivait Ludovic Janvier, à propos du personnage d'Erzsebet. Bien qu'aux antipodes de la comtesse sanglante, Jocaste répond elle aussi à cette image, promise malgré elle à l'inceste par l'arbitraire inhumain des oracles. J'en ai fait le contraire d'une femme résignée, j'en ai fait une mère, une épouse et une reine lucides, surtout capable de percevoir d'emblée ce que les hommes ne voient jamais, aveuglés qu'ils sont par le vertige du pouvoir. Le texte de cet opéra se veut un affranchissement, une libération de la Jocaste traditionnelle et j'ai tenté, ici, de faire sortir de la nuit sans fin promise par l'oracle une reine qui se voulut d'abord épouse, femme et mère.

De cet esprit, je ne citerai qu'un seul exemple, celui du chœur qui, à un moment précis de l'action, élargit le drame de Jocaste, de la femme injustement oubliée, traitée et humiliée, à toutes celles qui, dans la légende, ont connu un sort identique :

Venu du fond du Temps, du ventre de la Nuit
[accouchant du Chaos
Le cri des femmes toujours a retenti.
Venu du fond du Temps, du ventre de la Terre
[accouchant des Géants,
Le cri des femmes partout a retenti.
Cri de Gaïa enfantant cohorte de Titans
Cri de Coré ravie dans la nuit souterraine
Cri de Niobé devant ses sept enfants tués par
[Apollon
Cri de Sémélé foudroyée par la lumière de Zeus
Cri d'Hécube pleurant le corps meurtri d'Hector
Et cri d'Iphigénie égorgée par son père
Cri d'Electre devant le cou tranché d'Agamemnon
Et cri de Clytemnestre poignardée par Oreste
Cris, cris, cris des mères, cris des épouses
Cris des sœurs, cris des filles,
Des femmes humiliées,
Des femmes violentées,
Cris des femmes souillées,
Des femmes lapidées,
Cris, cris, cris des femmes dans la nuit du monde,
Cris des femmes immolées,
Des mères inconsolées,

Cris des épouses sacrifiées,
Des sœurs suppliciées,
Cris, cris, cris des mères, des épouses,
Cris des filles, cris des sœurs,
Cris, cris cris...

k

Kazantzakis Nikos (1883-1957)

Il eut son heure de gloire au lendemain de la guerre, grâce principalement à ses romans et surtout à *Alexis Zorba,* le plus connu d'entre eux. Kazantzakis est un monument de la littérature grecque d'aujourd'hui, un monument que, dans notre jargon moderne, on pourrait dire incontournable. Pourtant je le contournerai, pour ne m'attarder que sur un aspect bien précis et particulier de son œuvre. Je veux parler de l'*Odyssée*, plus exactement de son *Odyssée*, poème épique de trente-trois mille trois cent trente-trois vers exactement, qui demeure pour moi l'entreprise la plus folle et la plus fascinante de ce xxe siècle. Kazantzakis ne vivait que dans l'ombre et le murmure des grands esprits et s'entretenait quotidiennement avec Homère et Dante — il le dit presque dans ce merveilleux et admirable livre qu'est son *Anaphora ston Gréco*, traduit en français par *Lettre au Gréco*, l'œuvre de lui que je préfère de loin à toutes les autres. Oui, et quelquefois aussi il conversait avec Nietzsche, Bouddha et Lénine. Ne sourions pas puisqu'on retrouvera leur trace, ombres, murmures, chants ou prières, dans l'*Odyssée*. Un monument elle aussi de la littérature, cette *Odyssée*, traduite en français et en anglais, et que Kazantzakis reprit, réécrivit intégralement à trois reprises ! Je ne vais pas en résumer les vingt-quatre chants — le même nombre que dans l'œuvre d'Homère —, je dirai simplement que cette œuvre n'est pas du tout une reprise mais une continuation de celle d'Homère et qu'elle restera sûrement comme le dernier poème épique de notre siècle. Ce que propose Ulysse en cette folle entreprise n'est rien moins que l'édification d'un nouveau monde et la genèse d'un nouvel homme. Rien moins que la mise en chantier d'une Utopie de notre temps. Y est-il parvenu ? Je laisse à l'éventuel lecteur le soin d'en juger par lui-même. Pour ma part, je sais que pendant la double traversée de cet océan poétique — car je l'ai lu d'abord en grec et plus tard en français —, je me suis senti comme un moderne Robinson dérivant sans fin sur une île flottante !

Voici le compte rendu que j'en ai publié dans le journal *Le Monde* du 28 janvier 1972 :

Une Odyssee de notre temps

Ronsard disait dans un poème des *Amours* : « *Je veux lire en trois jours l'*Iliade *d'Homère.* » Combien de jours faut-il, dans notre monde d'aujourd'hui, pour lire les trente-trois mille trois cent trente-trois vers de l'*Odyssée* de Nikos Kazantzakis, que voici traduite en français ? Dès que l'on aborde les premières mesures de cette rhapsodie gigantesque, œuvre d'une vie entière, le temps s'efface, les jours ne comptent plus. Ce poème est un vertige continuel, une démesure, un défi au lecteur lui-même, qui doit, pour l'affronter, s'arrimer solidement au livre, comme pour un long périple au pays des cyclones. Car cet océan poétique ne se traverse pas impunément. Tel Ulysse, on en sort épuisé, mais comme renouvelé, au terme d'une constante et prodigieuse initiation.

L'*Odyssée* de Kazantzakis n'est ni une traduction ni une adaptation de l'*Odyssée* d'Homère, mais une œuvre entièrement originale. Cette *Odyssée* commence exactement où finit celle d'Homère : au moment où Ulysse, revenu à Ithaque, décide d'en repartir à jamais sur les mers et les routes du monde.

Cinq étapes marquent, au cours des vingt-quatre chants de l'épopée, ce cheminement d'Ulysse, de son départ d'Ithaque à sa mort solitaire dans les glaces du pôle.

Première étape : l'assouvissement de la Beauté et l'expérience de l'Eros. C'est la rhapsodie de l'*Amant*, du conquérant des femmes. Ulysse enlève Hélène à Sparte, enlève Dictynna, fille du roi de Crète, où il s'adonne aux orgies et aux mystères taurins, et qu'il quitte après avoir incendié le palais de Cnossos. Femmes et flammes, tels sont les thèmes de cette première étape, un voyage au cœur du Désir.

Deuxième étape ; la Faim et la Justice. Cadre : l'Egypte. Dans ce pays où le peuple asservi est en proie à la misère, à la famine, Ulysse combat contre le Pharaon. Capturé et condamné à mort, il se sauve grâce à sa ruse. Ses compagnons sont ici des militants de notre monde : le soldat, le paysan et l'ouvrier. C'est la rhapsodie de la lutte contre l'injustice et la tyrannie, la rhapsodie du *Combattant*.

Troisième étape : la Cité idéale. Avec quelques desperados échappés comme lui des geôles de Pharaon, Ulysse s'en va vers les déserts du Sud pour fonder la cité dont il rêve. C'est le monde de la soif et du dénuement volontaire, et, plus tard, de la jungle et des fauves. Les faibles, les indécis, seront éliminés. Seuls resteront les purs, les courageux, « ceux qui sont décidés à tout, même à tuer ». Ils édifient une cité mirifique, dont Ulysse établit les lois : ce sont les Dix Commandements du monde nouveau. C'est la rhapsodie du *Bâtisseur* et du Maçon des âmes.

Quatrième étape : l'Ascèse et la Délivrance. Cadre : les montagnes et les rivages de Haute-Egypte. Le rêve s'écroule. La Cité idéale disparaît au cours d'un séisme. Les derniers compagnons d'Ulysse sont engloutis dans le feu de la terre. Resté seul, Ulysse se réfugie sur une montagne, où il vit en ascète. Beauté, Justice, Cité, tout lui paraît vain désormais. L'Amant, le Combattant, le Bâtisseur s'effacent devant l'Ascète, qui redescend vers le monde des hommes pour y vivre en mendiant. C'est la rhapsodie de l'expérience libératrice, des ombres congédiées de l'*Ascète errant*, de la totale liberté.

Cinquième étape : la mort dans l'univers réconcilié. Cadre : les glaces du pôle Sud. Après avoir erré un temps sur les rivages de la mer Rouge, rencontré sous des formes transposées Bouddha — un prince indien —, Don Quichotte — un chevalier capturé par des anthropophages —, Jésus — un pêcheur d'une bourgade de la mer Rouge —, Ulysse construit un esquif et se laisse emporter vers le sud. A mesure qu'il avance vers le pôle — où la Mort viendra lui tenir compagnie à la proue du vaisseau — tous les fantômes de son passé, ses femmes, ses compagnons, ses adversaires, ses héros préférés et même les éléments de l'univers, l'escorteront jusqu'à l'ultime instant où il se diluera dans la blancheur de la mer et du ciel.

Ce que ce résumé est impuissant à rendre, c'est évidemment et en premier lieu le poème lui-même. Car tout cela est dit en vers de dix-sept syllabes que la version française de Jacqueline Moatti a transposés dans une prose évocatrice. La langue utilisée par Kazantzakis — que tant de Grecs ont eu l'absurdité de lui reprocher — n'est pas, comme on l'a dit, une langue fabriquée, absconse, artificielle. C'est la langue même que le poète a employée toute sa vie, celle qui n'existe dans aucun dictionnaire savant. Kazantzakis va chercher ses mots là où ils se trouvent et où bien peu avant lui ont songé à les recenser — « sur la bouche des paysans, des pêcheurs, des bergers et des artistes ».

Le poète a passé des années à parcourir la Grèce, à noter tout ce qu'il entendait — noms de fleurs, de métiers, appellations familières, termes religieux — pour créer peu à peu une langue qui soit pleinement panhellénique. Ce seul aspect de l'œuvre est déjà en lui-même une entreprise novatrice. Et ce poème, fait de milliers de mots — rarement ou jamais utilisés jusqu'alors en langue littéraire — apparaît déjà, de ce seul point de vue, comme un monument linguistique, un corpus où se trouvent recueillies et souvent rehaussées les expressions, les inventions les plus précieuses de la langue démotique. D'ailleurs, tous ceux qui, dans cette œuvre, vivent et luttent aux côtés d'Ulysse, qui sont-ils ? Ce ne sont pas des intellectuels, encore moins des linguistes, mais des corsaires, des artisans, des bergers, des klephtes, des mendiants, toute une foule de déracinés, de cœurs et de têtes brûlés. Malgré le parti poétique pris par Kazantzakis, malgré ces vers longs et rythmés comme une houle venue du large, c'est bien leur langue que l'on retrouve, toute la langue du monde hellénique. L'*Odyssée* est aussi le plus grand et le plus merveilleux dictionnaire dont on puisse rêver, c'est une anthologie vivante de la parole grecque.

Quant aux thèmes et à l'éthique qui se dégagent de cette œuvre, ils constituent le *credo* que Kazantzakis n'a cessé de proclamer toute sa vie depuis *Ascèse*, son premier livre, qui se trouve ici magnifié, épuré, au terme d'une série d'épreuves ulysséennes qui recouvrent les itinéraires personnels de l'auteur. A chaque épreuve on peut d'ailleurs faire correspondre le modèle humain ou mythique, l'ombre initiatrice qui dominèrent l'auteur aux différentes époques de sa vie. En Ulysse se conjuguent et se dissolvent tour à tour Tantale, Héraclès, Lénine, Bouddha, don Quichotte, Nietzsche, le Gréco, saint François d'Assise, maître Eckhart et bien d'autres, que l'auteur a nommés « les gardes du corps de l'*Odyssée* ». Et ce qu'Ulysse vit et découvre au terme du voyage, c'est ce pessimisme héroïque, déjà affirmé dans *Ascèse*, credo de notre temps. Tout connaître et tout vivre — y compris le meurtre et le sang — pour épuiser le mal, absorber le néant. Etre amant jusqu'au bout pour ensuite renoncer à l'Eros, militer jusqu'au bout pour ensuite se désengager, devenir un héros pour renoncer à l'héroïsme, et devenir un saint pour renoncer à la sainteté même.

Vingt ans avant les philosophes et écrivains de l'Occident, Ulysse découvre en haut de sa montagne l'absurde de la vie. Et en ce sens, cette œuvre nous révèle que ni Camus, ni Sartre ne furent — sur le plan littéraire — les premiers à ressentir et exprimer l'absurde de toute existence, mais Ulysse le conquistador, l'amant, le bâtisseur et le desperado. Les universitaires auront beau jeu — si le cœur leur en dit — de rechercher dans cette œuvre lyrique les influences philosophiques qui, par endroits, la marquent. Ce qu'ils ne pourront toutefois lui ôter — une fois mises en lumière les révélations esthétiques, éthiques, métaphysiques qui jalonnent le voyage d'Ulysse — c'est la flamme qui d'un bout à l'autre la parcourt. Elle emporte le lecteur sur des mers inconnues, des déserts jamais entrevus, des montagnes où le cœur s'endurcit et qui tous sont de notre temps. Beaucoup moins que le chant d'un passé pastoral où l'homme vivait à sa mesure étroite, l'*Odyssée* est celui d'un présent élargi aux dimensions de la planète.

Kleftes, kleftiques (chants)

Lors de mon dernier séjour au mont Athos en 1953, je rencontrai un muletier, Christos, véritable conteur, une mémoire ambulante ! D'emblée, il me fit penser au personnage alors très populaire d'Alexis Zorba, inventé par Nikos Kazantzakis. Même faconde, même intelligence,

même acuité dans la façon de regarder le monde autour de lui. Un soir, alors que nous avions trouvé refuge dans un petit ermitage du sud de la montagne, il se mit à entonner des chants étranges, amples et mélodieux, dont je ne compris pas tous les mots mais qui, de toute évidence, parlaient de montagnes, d'aigles, de sources fraîches et de combats épiques. C'était, comme il me l'expliqua ensuite, des « kleftika », ces chants qu'improvisèrent dans les montagnes les combattants partisans appelés « kleftes ». Klefte, au sens premier du mot, signifie « voleur ». Mais au cours des luttes de libération que livrèrent les Grecs contre l'occupant turc, à partir du XVIIIe siècle, il désigna surtout ceux qui, par goût ou par nécessité, prenaient alors le chemin des montagnes. Ils y constituaient des enclaves autonomes, où le Turc ne s'aventurait pas ou rarement et qui avaient nom « kleftouries ». Elles se limitèrent au début à quelques centaines de combattants, groupés sous les ordres de quelque capétan et vivant occasionnellement de razzias ou de rapines sur les villages avoisinants, d'où le surnom de kleftes. Par la suite, le mouvement s'étendit à toute la Grèce, dans toutes les régions montagneuses, Epire, Pindos, Parnasse, Phocide et Arcadie, et rassembla des milliers d'hommes. Chacune de ces kleftouries était soumise à l'autorité d'un chef de guerre réputé dont les noms se sont conservés grâce à ces chants kleftiques, comme ceux de Colocotronis, Koudouriotis, Gournaras, Yannis Statha, Dragounakis, Kontoyannis, Valtinos, Stournaras, Yannis Makryannis, Mikros Koutsikos, Katsandonis, Lépéniotis, Karaïskakis, qui chantent encore dans toutes les mémoires grecques puisqu'on peut les retrouver chaque jour dans le nom des rues !

Comme dans le cas des akrites*, l'imagination populaire s'empara très vite de la vie et des exploits des kleftes pour susciter des chants dits kleftiques — ou kleftika — qui représentent un des plus beaux exemples de création épique. Tout un monde émane de ces chants, un monde de montagnes insoumises, de sources fraîches, de cimes enneigées, de repaires farouches et secrets, royaumes des aigles. Univers grandiose et olympien où les montagnes deviennent le symbole de la Grèce pure et intouchée, où l'on respire l'air revigorant des hauts sommets et, avec lui, l'odeur même de la liberté. Pour les kleftes, la liberté avait une odeur bien précise, l'odeur des sommets grecs inviolés.

Montagnes insoumises donc, et par là même montagnes combattantes. Elles participent à la lutte héroïque du klefte en lui offrant l'abri de leurs grottes et de leurs versants et en prenant part au combat grâce à leurs aigles messagers. Dans certains chants, elles se mettent même à parler et les oiseaux, eux aussi, prennent un langage humain pour avertir le klefte d'un imminent danger. Ainsi, la nature grecque, le pays grec tout entiers s'associent à la lutte.

Parmi les centaines de kleftika recueillis en Grèce après l'Indépendance — notamment par deux hellénistes français, Fauriel et Legrand, qui parcourent le pays dans les années 1860 — j'en ai choisis une dizaine parmi les plus célèbres et surtout parmi ceux que l'on chante encore. Ils parlent des différents moments de la vie kleftique, combats, victoires, défaites ou mort du klefte, et aussi de certains aspects de la vie quotidienne dans les montagnes et les villages de la kleftourie. Dans l'un d'eux, par exemple, dont je ne citerai ici qu'un court extrait, on voit le raïa, nom que les Turcs donnaient aux Grecs chrétiens, dire pourquoi il a choisi de « prendre la montagne », selon l'expression consacrée, et en quoi consiste la vie là-haut :

> Armatole dans les montagnes et klefte dans les [gorges
> Avec pour amis les rochers, pour compagnons les [arbres

Et les perdrix pour m'endormir, les rossignols pour
[m'éveiller
Et monter sur la Liakoura pour y faire mon signe
[de croix
Et me nourrir de chair turque pour ne pas finir
[comme esclave.

Le terme « armatole » est synonyme de klefte, il signifie au sens propre : « homme armé ou gens d'armes ». Précisons aussi que la Liakoura, une montagne de Phocide, nom populaire du Parnasse, revient souvent dans les chants kleftiques. Et c'est justement le Parnasse, sous son nom kleftique de Liakoura, qui dialogue ici avec sa voisine, la Ghionia.

Pleurent les monts en deuil, les monts
[inconsolables.
Ils ne pleurent pas leurs crimes, ni leurs eaux ni
[leurs neiges
Mais le départ des kleftes qui ont choisi les
[plaines.
La Liakoura et la Ghionia entre elles
[parlementent :
« — Ghionia, toi qui domines tout de ta très haute
[cime
Dis-moi où sont les kleftes, les vois-tu quelque
[part
A fourbir leurs fusils et à rôtir les viandes,
A orner les versants de têtes prises aux Turcs ?
— Que te dire, ma pauvre, que te dire, ma belle,
Les kleftes sont partis pour les pouilleuses plaines.
Ils rôtissent les viandes, fourbissent les fusils
Et ornent les campagnes de têtes prises aux
[Turcs. »
En entendant ces mots, gémit la Liakoura
Tremble sur son piedmont, vers la plaine se
[penche :

« Plaine triste et pouilleuse, plaine morbide et vide
Pour garder ta santé tu as pris ma verdure
Rends-la moi si tu veux conserver ta vêture
Avant que ne te noie la fonte de mes neiges. »

Dans ces montagnes, les kleftes mènent évidemment un combat qu'on appellerait de nos jours une guerre de libération, en l'occurrence contre l'occupant turc, mais comme les Turcs sont musulmans, c'est aussi une combat contre les Infidèles, une guerre sainte en quelque sorte, et cela donne aux actes comme aux armes du klefte une valeur quasi sacrée. Par exemple, à la mort du klefte :

Les armes de bravoure ne doivent être vendues
Mais dans l'église disposées pour y être encensées.
Elles ne doivent pas toucher terre mais pendre tout
[en haut
Que la rouille les ronge comme la terre ronge le
[brave.

On remarquera dans ce chant que les armes font corps, littéralement corps avec celui du combattant et que, pour cette raison, elles doivent se corrompre comme lui, subir la même loi du Temps. Et ceci vaut également pour les vêtements :

Les vêtements du mort jamais ne doivent être
[portés
Mais suspendus en haut de quelque tour en ruine
Pour que les cerne la poussière, que le soleil les
[fasse fondre
Comme fond au cœur de la terre la chair du
[valeureux.

Montagnes qui parlent et qui se penchent sur le destin des kleftes, aigles qui pleurent, armes et vêtements conservés comme autant de saintes reliques, on voit que les images des chants kleftiques sont à la fois lyriques et fortes. Je trouve pour ma part particulièrement surprenant qu'une telle poésie ait pu naître dans le contexte de l'époque, celui d'une Grèce occupée depuis quatre siècles et coupée par le fait de toutes les sources vives de sa culture. Les combats — pas toujours victorieux —, la bravoure — parfois ostentatoire —, les blessures en tous genres — à commencer par la trahison des amis —, tout cela marque l'atmosphère de ces chants, mais aussi la générosité, la magnanimité de certains combattants face à l'ennemi vaincu et suppliant.

Beaucoup de ces chants racontent des scènes et épisodes historiques décelables à travers l'affabulation poétique. C'est le cas du chant qui suit, relatant une rencontre entre un capétan réputé, Katsandonis et un officier turc, Véligékas :

En la mi-temps du mois de mai
Véligékas se mit en marche pour attaquer [Katsandonis
Et sur la route s'arrêta dans la maison d'un pope.
« Pope, du pain, pope, du vin pour mes braves ! »
Mais tandis qu'ils mangeaient et tandis qu'ils [buvaient
D'alarmantes nouvelles vinrent de chez les Grecs.
Alors, Véligékas a rassemblé ses hommes :
« En avant, avançons jusqu'à Froidefontaine ! »
Mais la route où il marche, la route où il avance
Est barrée par les kleftes et ceux-ci lui demandent :
« Où vas-tu donc, Véli, l'envoyé du vizir ?
— Vers toi, pauvre imbécile, vers toi, Katsandonis.
— Tu fais erreur, ici, ce n'est pas Yanina,

Aucun de nous n'est un raïa
Pour que tu le traies comme chèvre,
Que comme bouc tu le tondes.
Ici sont les hautes montagnes, ici des kleftes les
[fusils. »
Trois fois il tire sur Véli, trois coups juste à la file,
Et le premier l'effleure, l'autre frappe la tête
Et le bon, le troisième, lui traverse le cœur.
Sa bouche s'ensanglante et ses lèvres bleuissent.

Les kleftes font très souvent des rêves et ces rêves jouent un rôle important dans la poursuite des combats. Le rêve n'était-il pas alors pour l'individu ce qu'étaient les oracles pour les peuples antiques ? De nombreux chants relatent des rêves étranges mais qui toujours prennent un sens.

J'ai fait un rêve, un mauvais rêve
Explique-moi, mère, explique-moi ce rêve.
— Raconte-le, mon fils, je te l'expliquerai.
— J'ai vu deux biches brouter des broussailles
[fanées.
— Les biches sont le piège, les broussailles les
[kleftes.
Partez, dispersez-vous, partez dans la montagne
Jusqu'à l'arrivée du printemps, jusqu'à la venue de
[l'été.

Très connu — et toujours chanté aujourd'hui — est le rêve de Colocotronis, Théodore Colocotronis, un des plus fameux capétans de la guerre de l'Indépendance, qui s'adresse ici à ses deux fils, Génaios et Panos :

Colocotronis est assis sur un ferme rocher
Et sans cesse réfléchit au rêve qu'il a fait :
Il appelle Génaios, à Génaios demande :
« J'ai vu dans mon sommeil, dans mon rêve, j'ai vu

Brûler mon fez, brûler aussi la houppe de mon
[sabre.
Panos est-il vivant, Panos notre enfant ?
— Panos vient d'être tué par la garde de
[l'Assemblée. »

Les chants relatent aussi différents moments de la vie kleftiques. Celui qui a pour titre *La Mère de Kitsos* est l'un des plus connus. Ici, la mère du klefte — qui va être pendu par les Turcs — semble moins pleurer sur sa mort que sur le fait qu'ayant été vaincu il a perdu ses armes et les insignes de sa bravoure. Autrement dit, qu'il n'a pas combattu en vrai klefte. Car ce qui compte, en la morale spartiate de certains chants kleftiques, est moins de rester vivant que d'être vainqueur.

La mère de Kitsos sur le bord du fleuve se tenait
Contre le fleuve s'encoléra, des pierres lui jeta :
« Fleuve, commande à ton eau de s'en revenir en
[arrière
Que je puisse te traverser et rejoindre la kleftourie.
En face vivent les kleftes, en face ils ont repaire. »
Hélas, Kitsos son fils s'est fait prendre
Et très bientôt on va le pendre !
Mille ennemis marchent devant et deux mille le
[suivent
Et au bout, en arrière, s'avance sa pauvre mère.
Elle se lamente en gémissant, elle se lamente en
[s'écriant :
« Kitsos, mon fils, où sont tes armes, où sont tes
[parures brodées ?
— Mère insensée, mère égarée, ô mère écervelée,
Ce n'est pas sur moi que tu pleures
Ce n'est pas ma mort que tu plains
Tu pleures seulement sur mes armes perdues,
Tu pleures seulement sur mes parures brodées ! »

Un kleftе généreux

Sélim, le bey Sélim, s'en va vers Karoutès
S'en va trouver refuge en une chapelle abandonnée.
Dix jours de suite, dix jours dix nuits
Il tentera de résister, il tentera de s'échapper
Mais Androutsos l'a cerné, Androutsos l'a pris au
[piège.
« Que viens-tu faire ici, bey, dans ce vilayet ?
Je suis le célèbre Androutsos, Androutsos le
[Renommé !
— Jamais un Turc ne prend peur, ne tremble ni
[ne s'effarouche
Je suis Sélim, le bey Sélim, Sélim le très réputé.
Laisse-moi la vie sauve, que j'écrive à ma mère
Pour qu'elle me rachète avec piastres et florins.
— Je n'ai que faire de tes piastres,
Je n'ai que faire de tes florins.
Je suis le célèbre Androutsos et je te rends la liberté.
Allez, retourne en ta maison, et va retrouver ta
[famille. »

Le repentir du klefte

J'ai vieilli, mes enfants, capétan des kleftes
Trente années armatole, klefte cinquante années.
Je veux changer de vie, je veux devenir moine
Me faire moine, higoumène et m'habiller de bure.
J'ai détruit dix villages, détruit deux monastères.
Je veux les réparer, je veux les reconstruire.
Je vous lègue mes armes et ma bénédiction.
Je ne veux désormais pour poudre que l'encens
Afin qu'il me rappelle ma jeunesse et la guerre.
A vous de faire la guerre, à moi de pardonner.

Les chants kleftiques ne sont pas que des odes au courage et à la guerre. La mort est quotidienne dans ce monde et beaucoup de ces chants évoquent les moirologues, ces chants traditionnels et funèbres caractéristiques des traditions populaires de la Grèce. La mort transparaît souvent, mort juste ou mort injuste, mort héroïque ou anonyme, dans un grand nombre de ces chants.

Le testament du klefte

Il fait sombre, il fait nuit et le soleil se couche.
Enfant, va puiser l'eau et va chercher du pain.
Et toi, mon bon neveu, viens t'asseoir près de moi.
Je te lègue mes armes et mon gilet brodé
Et toutes mes rangées de grands boutons dorés.
Rapportez-moi du vin, du vin du monastère
Pour qu'avec lui je lave les blessures de mon corps.
Apportez-moi mon luth afin que grâce à lui
Je chante et adoucisse la mort qui va venir.
Allez, dépêchez-vous, surtout ne tardez pas
Et si je dois mourir avant votre retour
Surtout, n'enterrez pas mon corps près d'ici
Mais là-bas, mais là-haut sur quelque haute crête
Et faites mon cercueil du bois le plus solide
Pour l'enfoncer debout, que debout je combatte.
Et sur le côté droit laissez une ouverture
Que je voie tour à tour le printemps et l'été
Et les oiseaux venir, entrer pour me saluer,
Me donner chaque jour des nouvelles de chez moi !

La mort du capetan

Un oiseau s'est envolé depuis la ville de Thèbes
Il tourne et virevolte sur les aires des kleftes
Et en tout lieu sauvage, tout lieu embroussaillé
Cherche trace des hommes de Mitsos Koudouriotis
Mais ne voit sur le sol que têtes éparpillées.
Et il voit l'une d'elles, une tête terrible
Sourcils comme moustaches, barbe comme fleuve
[en crue
Entourée d'oiseaux blancs, picorée d'oiseaux noirs.
Et l'un d'eux lui demande, sans cesse lui demande :
« Tête, dis-moi, qui donc était ton chef, qui donc
[ton capétan ?

— Notre chef avait nom Mitsos Koudouriotis.
Il était notre chef et notre capétan
Maintenant comme nous, son corps gît sans sa tête.
— Tête, pourquoi es-tu seule et séparée des
[autres ?
Qu'as-tu fait pour être ainsi tranchée ?
As-tu franchi des défilés, et maints esclaves
[capturé ?
— Oui, j'ai franchi des défilés, et maints esclaves
[capturé.
Trois jours j'ai résisté aux Turcs enragés
Espérant que les monts m'entendraient jusqu'à
[Thèbes.
Mais nul ne m'entendit, nul ne vint me sauver !
Allez oiseau, picore, profite de ma chair.
Si tu vas jusqu'à Distomo, dis au capétan
[Androutsos
Qu'il ne m'attende plus. Dis-lui que toi aussi, ici,
Tu t'es repu et régalé de la tête de Koudouriotis. »

Threne pour Katsandonis

Terribles mardi, mercredi, jeudi empoisonné !
Si vendredi pouvait ne jamais se lever !
Cinq mille chiens de Turcs ont pris Katsandonis.
Mille marchent devant et deux mille derrière
Et les autres trois mille l'entourent comme des
[chiens.
Katsandonis cria, un moment, s'écria :
« Un instant, un instant, arrêtez le cheval
Que je salue montagnes, crêtes et hautes cimes.
Et que je laisse un mot à Antonis Lépéniotis :
Si tu revois ma femme et mon unique enfant
Dis-leur qu'on m'a vaincu par ruse et félonie
On m'a trouvé malade, gisant sans forces à terre
Comme enfant au berceau emmailloté de langes. »

m

Makriyannis (1797-1864)

Portrait de Macriyannis, Musée ethnologique et historique, Athènes

J'ai écrit il y a longtemps, dès 1969, sur Makriyannis, tant ce combattant de l'Indépendance, ce chef de guerre exceptionnel et ce mémorialiste autodidacte m'inspira d'admiration par sa vie, ses actes et ses œuvres. Je reprends donc ici en partie la présentation d'un album sur les voyageurs occidentaux en Grèce intitulé *La Grèce retrouvée*, qui débutait par un hommage à celui qu'on nommait alors le général Makriyannis. Présentation qui sera suivie de courts extraits de ses *Mémoires*, que j'ai traduits et publiés en 1971 dans l'hebdomadaire *Les Lettres françaises*. Paix et surtout gloire aux cendres de ce Grec hors du commun !

Ce prélude débutera par un hommage. Un hommage à un Grec du temps de la guerre d'Indépendance, inconnu du public français : le général Makriyannis. Surtout, ne nous laissons pas égarer par ce terme de « général » qui lui va si mal et que lui attribua la tradition populaire en Grèce. Makriyannis était fils d'une famille de bergers de Roumélie — nom qu'on donnait alors à la Grèce continentale du nord — et ne fut pas un général au sens hiérarchique où nous l'entendons, mais un chef de guerre, un chef de partisans qui regroupa autour de lui quelques centaines de combattants et joua un rôle décisif dans la guerre contre les Turcs. Un capétan, donc, comme on disait aussi. De ces hommes d'armes et de courage pratiquement illettrés, mais qui savaient parfaitement les deux choses essentielles de leur temps : les moindres chemins et recoins de leur terre natale et la nécessité de les libérer au plus vite de la présence turque. C'est cela, cela seul, qui importait alors. Des hommes d'armes, de cœur et de courage, donc. De ceux que les rares étrangers s'aventurant alors en Grèce nommaient des klephtes ou des armatoles. Des hommes des montagnes. Des hommes-montagnes quelquefois. Qui ont donné naissance à la nouvelle mythologie du peuple grec. Des géants passant leur vie avec les aigles, entre les rocs et les étoiles. Vivant de rapines ou de l'aide des villageois, selon les cas. Vêtus de guenilles et armés de fusils rapiécés volés aux Turcs. Des hommes certainement brutaux, quelquefois sans scrupules, mais le cœur habité d'une volonté aussi compacte et dure que l'airain — pour reprendre l'image d'un poète épique de ce temps : libérer la Grèce. De ces hommes chantés par le poète Yannis Ritsos dans son poème *Grécité*,

qui ont pour tabac les feuilles épaisses de la nuit,
pour moustaches, des buissons de thym saupoudrés d'astres
et en place de dents, les souches dans les rochers et le sel de l'Egée.

Sur eux, jour et nuit, sur ces hommes des sommets, souffle un vent « aux veines de résine et aux poumons de sauge », le vent du pays grec et ils savent, d'une certitude innée et donc inébranlable, qu'en cette Grèce asservie depuis des siècles par les Turcs, en ce pays meurtri et devenu « *plus dur que le silence* », le cœur des habitants « *ne peut se rassasier que de justice* ».

Makriyannis est de ces hommes-là. Et si je parle de lui ici, si je débute par lui cette réflexion sur la Grèce retrouvée — ou plutôt sur ce que nous, Occidentaux, avons cru y trouver ou y retrouver — c'est parce que sans lui, sans ceux qui combattirent à ses côtés en ces années nocturnes de l'histoire, il n'y aurait peut-être plus de Grèce aujourd'hui. Et parce que justement, ce paysan autodidacte, si représentatif du peuple grec de son temps, cet homme qui voulut apprendre à lire et à écrire à trente-deux ans, après les combats de la guerre, pour raconter dans ses *Mémoires* ce qu'il avait à dire sur la Grèce et les Grecs, cet homme est le chaînon vital entre la Grèce d'autrefois et celle de son époque, entre les ancêtres en péplum et les combattants en guenilles.

Or, rien n'était moins assuré, après des siècles de dévotion chrétienne et d'occupation turque, que cette survie et cette mémoire d'un peuple exsangue à l'égard de son propre passé. La seule réalité qui demeurait vivante en Grèce et qui pouvait relier les Grecs à leur histoire antique, c'était la langue, la langue grecque toujours parlée dans le pays depuis Homère, éternelle en ses changements successifs, devenue à présent démotique. Mais cette langue ne transmettait pratiquement plus rien de la mémoire antique, elle ne véhiculait que la parole chrétienne, évangélique, elle disait le Christ, la Vierge, les miracles des saints, et là s'arrêtait sa mission. Cette langue, l'Eglise et les popes l'avaient nourrie, enseignée, transmise tout au long des siècles de la turcocratie à travers les textes chrétiens. Transmise et enseignée clandestinement le plus souvent, de nuit, dans des chapelles ou cachettes éloignées où les enfants se rendaient en groupes, une bougie à la main, pour apprendre à lire et à écrire par l'Evangile. Toute instruction se limitait à cet apprentissage. Le reste, l'enfant l'acquérait chez lui, dans son travail et... à la guerre.

Pour en revenir à Makriyannis, rien n'exigeait, rien n'assurait qu'il puisse conserver la mémoire d'un passé qui semblait à jamais révolu, un passé aussi enfoui dans la nuit grecque que les colonnes des temples dans l'obscurité de la terre. Des grands sites et sanctuaires de l'Antiquité, que restait-il en Grèce, à l'exception de l'Acropole, à la fin du XVIIIe siècle ? Pas grand-chose en réalité, et même rien, pour ainsi dire. Mycènes était une colline rocheuse où paissaient les chèvres, Olympie une immense pinède désertée, Delphes un village de tisserands. Il ne subsistait pratiquement rien de visible, de tangible sur le sol grec, à part quelques colonnes dont on ignorait tout. Et dans la mémoire ? Et dans la tradition orale ? Rien non plus, ou de simples vestiges, des légendes pour les enfants. Tous les acquis des temps antiques se trouvaient réfugiés et recueillis en Occident, chez les Grecs en exil, les prêtres et les lettrés. Les précieux manuscrits, les œuvres d'art transportables subsistaient dans les bibliothèques des monastères, dans les académies royales, les écoles de théologie. Les textes — et la mémoire des textes — avaient déserté la Grèce. Pas totalement bien sûr. Ici et là, dans un cerveau, une conscience, au cœur d'un être humain, perduraient le dépôt mirifique, l'étincelle de la mémoire. Comme celle dont témoigne, si magnifiquement, Makriyannis.

Ecoutons Georges Séféris*, le premier Grec à avoir eu le prix Nobel de littérature, en 1963, écoutons cet homme qui ne fut pas seulement un des grands poètes de son temps — il est mort en 1971 — mais aussi un diplomate, un voyageur et surtout une personnalité d'une culture exceptionnelle, écoutons le diplomate cultivé parler de ce fils de berger rouméliote :

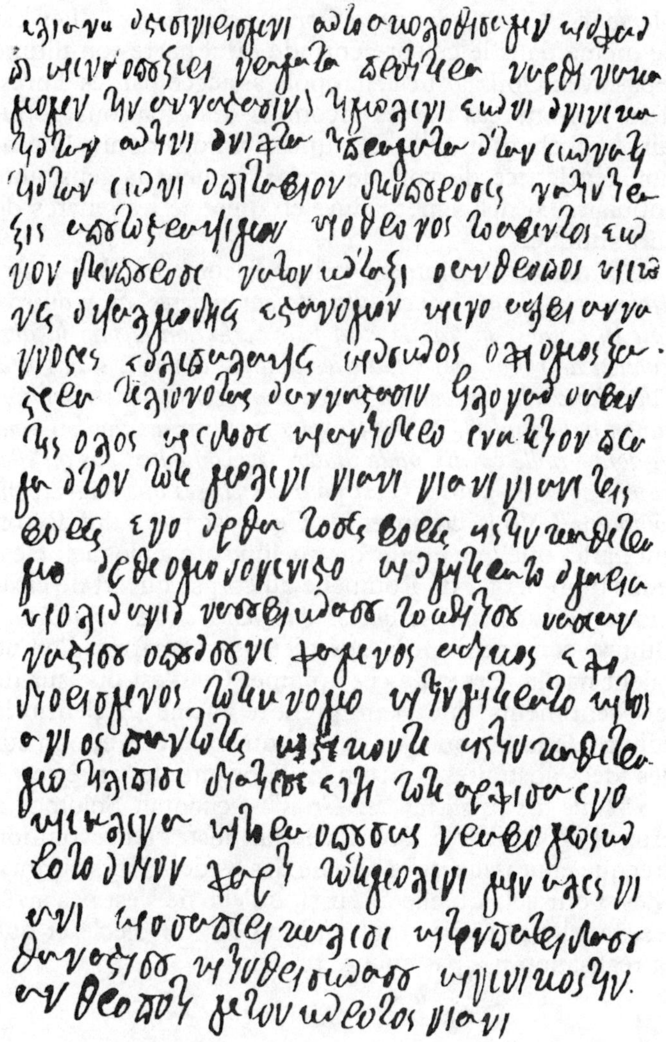

« Un jour, Kolettis, l'ambassadeur de Grèce à Paris — la scène se situe après la guerre d'Indépendance, sans doute dans les années 1835 —, adressa à Makriyannis une lettre de recommandation pour un touriste français, le marquis Raoul de Malherbe. Or cet homme "*voulait entendre des chansons grecques*" écrit Makriyannis en ses

Mémoires. "*Alors je lui en ai fabriqué cinq ou six.*" Il en est de même dans le célèbre épisode où il narre son ultime repas avec Gouras sur l'Acropole assiégée par les Turcs. Il est comme ces poètes inconnus des chansons populaires : la chanson, il la fabrique et il nous donne l'occasion révélatrice de voir de près comment la sensibilité populaire, si dédaignée, aime et apprécie les œuvres de l'art antique.

« "*J'avais deux statues*, écrit-il encore, *très belles, une femme et un jeune prince, elles étaient entières, on y apercevait les veines, si grande était leur perfection. Après la destruction de Poros, des soldats les avaient amenées à Argos et s'apprêtaient à les vendre à des Européens ; ils en demandaient mille thalers. Je pris les soldats et leur dis : qu'on vous en donne mille ou dix mille thalers, ne consentez pas qu'elles sortent de notre patrie. C'est pour ces choses que nous avons combattu.*" Vous comprenez. Ce n'est pas Lord Byron qui parle, quelque érudit ou quelque archéologue : c'est le fils d'un berger de Roumélie au corps couvert de cicatrices. "*C'est pour ces choses que nous avons combattu.*" Quinze compagnies d'académiciens chamarrés d'or ne valent pas la parole de cet homme. Ce n'est que sur de tels sentiments que peut prendre racine et fleurir la culture de la nation. Sur des sentiments réels et non sur des idées abstraites concernant la beauté des ancêtres.

« "*Issue des os sacrés des Grecs*" », chantait Solomos à propos de la liberté. Son idée était juste. La révolution grecque était issue de la moelle des os des Grecs vivants. C'est pour cela qu'elle a réussi, qu'elle ne s'est pas arrêtée, qu'elle se réalise tout au long du XIXe siècle et que sa réalisation n'a pas encore pris fin [1]. »

⋆

Les *Mémoires* de Makriyannis comportent quatre livres représentant environ cinq cent cinquante pages. Ecrits

1. Extrait d'une conférence de Séféris sur Makriyannis, faite en Egypte en 1943 et publiée plus tard dans son recueil *Essais* (Athènes, 1963).

après la libération de la Grèce et la proclamation de l'Indépendance — de 1829 à 1850 — ils connaîtront un sort étrange. Makriyannis les commence à Argos puis les continue au cours de ses déplacements. Mais le complot du 3 septembre rend le pouvoir soupçonneux à son égard. Il doit écrire en cachette, dissimuler ses feuillets. « *Ils avaient de grands soupçons contre moi et voulaient fouiller toute ma maison pour y trouver mes feuillets.* » Il continue d'écrire pendant les années suivantes, mais prend la précaution de cacher les feuillets dans une « *boîte en fer-blanc que je devais enfouir* ». Ces feuillets, tous manuscrits, disparurent après sa mort. Un historien grec, Yannis Vlachoyannis les retrouve et les publie pour la première fois en 1907. Il lui faudra dix-sept mois pour déchiffrer ces textes écrits à la suite, sans passage à la ligne ni ponctuation, et qui reproduisent, dit Georges Séféris, « *la prononciation rouméliote avec des entrelacements fantaisistes de lettres qui semblent une arabesque infinie* ». Nul d'ailleurs ne remarquera les *Mémoires* avant 1925, date où ils commencent d'être connus en Grèce. Dès lors, ils ne cesseront d'être lus et relus, et de constituer le livre de chevet de tous les écrivains marquants de cette époque.

Les quatre extraits qui suivent ne peuvent donner qu'une faible idée de la richesse et de l'intérêt des *Mémoires*. Néanmoins, j'ai tenu à les insérer en commençant paradoxalement par l'épilogue de l'ouvrage, où Makriyannis définit clairement et magnifiquement le sens et le but de son combat.

Ce que je note, je le note parce que je ne puis supporter de voir l'injuste étouffer le juste. C'est pour cela que j'ai appris à écrire dans ma vieillesse et que je fais cette écriture du temps de mon enfance : j'étais pauvre, je travaillais comme domestique et je prenais soin des chevaux, je fis encore toutes sortes de métiers pour payer la dette paternelle imposée par les brigands, et pour vivre moi aussi dans cette société tant que j'ai la grâce de Dieu en mon corps. Et puisque Dieu a voulu ressusciter ma patrie, la libérer de la tyrannie des Turcs, il a fait que j'ai pu y travailler selon mes forces, moins que le pire de mes compatriotes grecs. De nombreux hommes savants écrivent, des typographes d'ici, et encore des étrangers instruits sur la Grèce. Une seule chose m'a incité à écrire moi aussi : c'est que cette patrie est la nôtre à nous tous, savants et ignorants, riches et pauvres, politiciens et militaires et jusqu'aux moindres hommes. Nous tous qui avons lutté — chacun comme il a pu — nous avons à vivre ici. Nous avons tous été à la peine, que tous ensemble aussi nous gardions notre patrie et que le puissant ne dise pas « moi » ni le faible. Savez-vous quand on peut dire « moi » ? Quand on a lutté seul et qu'on a construit ou détruit : mais quand beaucoup luttent et construisent, alors ils disent « nous ». C'est au « nous » que nous en sommes, pas au « moi ». Dorénavant corrigeons-nous si nous voulons construire un pays pour y vivre tous ensemble. J'ai écrit la vérité nue pour que les Grecs la voient et qu'ils combattent pour leur patrie et leur religion ; pour que mes enfants la voient et disent : « *Nous avons des combats paternels, des sacrifices* » — s'il s'agit de combats et de sacrifices. Que le sentiment de l'honneur les pousse à l'émulation et qu'ils travaillent pour le bien de la patrie, de la religion, de la société — autant dire leur bien propre. Mais qu'ils ne se rengorgent pas à cause des exploits paternels, qu'ils ne prostituent pas la vertu, qu'ils ne violent pas la loi et qu'ils ne contestent pas la puissance et la capacité.

A PROPOS D'UN PRENOM GUERRIER

Vous avez nommé un nouveau commandant de la citadelle de Corinthe, écrit-il aux politiciens de son époque. On l'appelait Achille, un homme très érudit. En entendant son nom, vous aviez presque l'impression que c'était cet Achille fameux. Et son nom faisait la guerre aux Turcs. Mais ce n'est jamais le nom qui fait la guerre, c'est la bravoure, le patriotisme, la vertu. Achille, le vôtre, le commandant de Corinthe, était un gaillard valeureux, ne se nommait-il pas Achille ? Sa forteresse était en outre approvisionnée de tout ce qui est nécessaire à la guerre, et il avait des troupes. Quand il aperçut de loin les Turcs de Dramali Pacha — qui avaient laissé des plumes dans les défilés de Roumélie — Achille abandonna la citadelle sans coup férir et s'en alla. C'eût été Nikitas, serait-il parti ? Ou Hadjichristos, ou les autres ? Non, bien sûr. Car ceux-là, c'est dans la plaine qu'ils ont attendu Dramali et l'ont écrasé, pas dans une place forte munie de tout comme celle de Corinthe.

UNE NUIT SUR L'ACROPOLE ASSIEGEE

En voyant Gouras si affligé, je parlai à quelques Athéniens courageux qui allèrent le trouver et lui dirent : « N'en veux pas à ces hommes de vouloir s'en aller d'ici. Cette place forte, on la gardera, nous, contre les Turcs. Et on ne la rendra pas, sauf s'ils nous tuent tous. »

Alors, Gouras se calma et on s'assit tous pour manger. On chanta, on fit la fête. Gouras me demanda une chanson parce que ça faisait bien longtemps qu'on n'avait plus chanté. Je chantai avec tout mon cœur. La chanson, la voici :

Le soleil s'est couché
La lune s'en est allée,
L'Etoile du Berger s'approche des Pléiades
Et tous ils bavardent et chuchotent.
Se lève le Soleil, leur dit, se lève et parle :
« Hier, quand je me suis couché derrière la colline
J'ai entendu les pleurs des femmes et des hommes [les plaintes
Sur tant de glorieux corps étendus dans la plaine
Et tous étaient couverts et recouverts de sang.
Pour la patrie, les voici dans l'Hadès, les pauvres. »

Gouras soupira, il me dit : « Dieu te veuille du bien, frère Makriyannis. Jamais tu n'as chanté avec cet accent-là. Que ta chanson te porte chance ! — J'en avais envie, lui dis-je, depuis le temps qu'on n'avait plus chanté. » Et on festoya tant et plus.

Etre fort ou etre juste

Je dis à Heydeck : « Même si vous me prenez comme simple soldat, j'accepterai par amour pour ma patrie. Mais ici, c'est déjà l'injustice. Ces projets que tu as, ils ne viennent pas de toi, ils viennent d'autres gens. Et nous allons vers le pire. » Alors, Heydeck, piqué au vif, me dit avec aigreur : « Vous ferez ce qu'on vous dira, vous n'avez pas d'avis à nous donner. La Bavière a trente mille baïonnettes, elle peut les faire venir et vous mater. » Je me sentis dans une terrible situation. Impossible de me taire, de laisser dépouiller les combattants et récompenser les flatteurs. Je lui dis : « Malheur à nous, les pauvres ! On va vers des jours mauvais et amers. Moi, je t'ai parlé autrement et toi, tu me réponds avec des baïonnettes. En tant qu'ami, je vous dis, tâchez de vous faire aimer, le roi et toi, et non de vous faire craindre. Car le lâche, si tu le frappes mille fois, ça ira. Mais s'il te frappe une seule fois, il ne te craindra plus. Cette patrie, on ne l'a pas libérée avec des phrases, on l'a libérée avec du sang et des sacrifices. C'est comme ça qu'elle est devenue un vrai royaume, non pour récompenser les flatteurs et dépouiller les combattants. Moi, j'aime ma patrie, rien d'autre. Si on vient me dire qu'elle ira de l'avant, j'accepte qu'on me crève les deux yeux. Si la patrie va bien, même aveugle, elle me nourrira. Car c'est ici que j'ai à vivre et je n'ai pas l'intention d'aller ailleurs. — Mais tu n'aimes donc pas le roi ? demanda-t-il. — Non, j'ignore les mensonges. Car si ma patrie se perd, le Roi ne m'aura plus comme sujet et je ne l'aurai pas pour roi. C'est pour ça qu'on réclame de vous la justice, et non des baïonnettes. »

Minotaure

Né des amours de la reine Pasiphaé* avec un taureau divin envoyé par Poséidon, le Minotaure — qu'on appelait aussi Astérion — avait un corps humain et une tête de taureau. Ne pouvant le tuer puisqu'il était d'origine divine, le roi Minos résolut de le dissimuler aux yeux de ses sujets, ce qu'on comprend fort bien. Roi ou non, il n'est jamais agréable d'être trompé ouvertement par son épouse, surtout avec un taureau ! Là encore, ce fut Dédale* qui, chargé d'inventer une prison à vie pour le Minotaure, conçut et construisit le Labyrinthe.

Tels qu'on les voit figurer sur les monnaies crétoises et grecques, il existait deux sortes de labyrinthes : soit un couloir unique se prolongeant en méandres à l'infini, soit une série de couloirs se croisant et s'enchevêtrant. Celui que construisit Dédale appartenait à la seconde catégorie, comme en témoignera par la suite l'épisode du fil d'Ariane, mais l'essentiel demeure le Minotaure, cet homme-taureau à la fois divin et monstrueux, humain et bestial, qui conjuguait en lui les extrêmes. Bien que fils d'un dieu — Poséidon — il lui fallait pour vivre de la chair humaine ! Les Crétois lui offraient donc en pâture des prisonniers et comme plat de choix, si je puis dire — et ce, tous les neuf ans —, sept jeunes filles et sept jeunes gens d'Athènes, imposés comme tribut. Nous sommes au cœur d'un conte d'amour à la fois cruel et dénaturé, mais les Grecs aimaient bien cela, à en juger par tous les mythes opérant aux frontières de l'humain et de l'inhumain.

Le Minotaure mourra sous l'épée de Thésée, venu d'Athènes pour le tuer, ce qu'il réussira grâce à Dédale et à Ariane. Mais la mort du Minotaure ne clôt pas l'affaire et laisse intact son mystère. Les mythes ne s'aventurent jamais au-delà des symboles et des signes les plus apparents, ni au-delà des gestes, actes et comportements archétypaux. Ils ne s'aventurent pas davantage au cœur du monde émotionnel, ne s'interrogent jamais sur les ressorts psychologiques, sur ce que peut penser ou ressentir le héros, car là n'est pas leur champ d'action. Les pensées que devait ruminer le Minotaure — c'est le cas où jamais d'employer ce verbe — au cours de ses jours et de ses nuits au cœur du Labyrinthe n'ont jamais concerné le mythe. Je dirais même que cette question est tout à fait hors du sujet. Approfondir le mythe d'Œdipe pourrait nous être profitable, puisque ce mythe nous concerne au premier chef et au premier degré. Approfondir celui du Minotaure serait, en revanche, une démarche purement gratuite, aucun d'entre nous n'ayant eu dans sa vie — du moins je l'imagine — à résoudre un problème identique ! Mais la fascination n'en est pas moins grande — et n'en est même peut-être que plus grande — d'imaginer ce qu'auraient pu être les réflexions d'un taureau pensant...

On va croire qu'en écrivant ces lignes, je ne prends guère au sérieux le mythe du Minotaure. Bien au contraire ! Dans *L'Envol d'Icare**, le début du livre se passe dans le Labyrinthe et fatalement j'y ai croisé le Minotaure. Silhouette trapue, tête massive avec dans le regard comme un désarroi, une perpétuelle interrogation. Et il m'a fait penser, mais oui, à la peinture célèbre de George Frederic Watts, exposée à la Tate Gallery de Londres, intitulée *Le Minotaure*, où l'on voit l'animal contempler l'horizon du haut de ses remparts avec dans les yeux une totale incompréhension de ce qui lui arrive.

Si l'on veut toutefois retrouver de nos jours une image plus souriante et moins sinistre du Minotaure, il faut se plonger dans les nombreux dessins que Picasso, juste après la guerre, a consacrés au personnage. Je dis bien personnage, car c'est ainsi qu'il apparaît dans ces dessins, un monstre presque humain, familier, parfois mondain, environné de femmes, de fleurs, vivant en une fête perpétuelle et sacrifiant même à Eros*. Comme Zeus avec Europe*. Oui, les Minotaures de Picasso sont peut-être l'heureux et l'ultime avatar d'un mythe qui, bien que né il y a des milliers d'années sur les rivages de la Crète, ne cesse de nous poser — depuis le fond du Labyrinthe — la question des multiples, mystérieux et ténébreux couloirs de l'Evolution.

Myrte

Le dictionnaire définit cette plante — à ne pas confondre avec la myrrhe qui est une résine — comme un arbrisseau à feuilles coriaces et persistantes. Sur certaines variétés méditerranéennes, ces feuilles sont percées de milliers de trous minuscules, qui intriguèrent les peuples anciens. D'où pouvaient venir ces trous ? Eh bien, tout simplement, de ce que Phèdre, la sœur d'Ariane et la « fille de Minos et de Pasiphaé » comme chacun sait, tombée amoureuse folle d'Hippolyte à Trézène*, passait son temps à le guetter du haut d'une éminence. Mais dans son dépit, son désespoir de n'être pas aimée, elle triturait et transperçait à coups d'aiguille tous les myrtes qui l'entouraient.

Le myrte a toujours été en Grèce l'emblème de l'amour et on en plantait souvent autour des temples d'Aphrodite*. Notons aussi, l'occasion s'y prêtant, qu'en anatomie génitale, on nomme myrtiformes les caroncules ou bourrelets entourant la vulve.

n

Néréides

Les cinquante filles de Nérée, figure très archaïque appelé le Vieux de la mer, étaient des créatures dont chacune incarnait un aspect ou un état particulier de l'élément marin. Elles habitaient un grand palais au fond des eaux, où elles passaient leur temps à tisser en chantant, quand elles ne venaient pas folâtrer à la surface avec les dauphins et les vagues. Je me suis toujours promis d'aller un jour à l'aube sur le rivage d'une île grecque et d'y énumérer le nom des Filles de la mer. Ces noms, qu'on trouve dispersés dans les textes antiques et dont l'imagination des poètes n'a cessé d'accroître le nombre, ne furent jamais systématiquement rassemblés et encore moins traduits, et c'est bien dommage. Les voici, par ordre alphabétique, car ces créatures gracieuses et folâtres étaient, paraît-il — comme l'est d'ailleurs la mer — d'une très grande susceptibilité !

M'approchant donc du rivage, je m'écrierai sans emphase, mais avec conviction :

O vous, mes Néréides,
Actae la Riveraine
Agavé l'Admirable
Amathée la Sauvage
Amphinomé l'Omnipotente
Aphitée l'Agitée
Apseudès l'Avisée
Callianassa la Souveraine
Callinira la Splendide
Calypso la Secrète
Céto la Gironde
Clyménée l'Attentionnée
Crauto l'Accomplie
Cymatolège l'Apaiseuse
Cymo la Vague
Cymodoé la Montueuse

Déro la Patiente
Dexamée la Vasque
Dioné la Divine
Doris l'Acérée
Doto la Prodigue
Dynaménée la Puissante
Eioné l'Aurorale
Erato l'Aimable
Eucraté l'Harmonieuse
Eudoré l'Abondante
Euliméné l'Accueillante
Eumolpé la Chanteuse
Eunicé la Victorieuse
Eupompé l'Escorteuse
Evaporé la Rassembleuse
Evarné la Moutonnante
Galatée la Laiteuse
Galéné la Sereine
Glauké l'Etincelante
Haliée la Marine
Halimédée la Souveraine
Hippone la Chevaline
Hippothéo la Cavalière
Ianeira la Songeuse
Ioné la Pourpre
Limnorée l'Etale
Lyanassa la Délivreuse
Maéra l'Aboyeuse
Mélité la Gracieuse
Ménippée la Dompteuse
Nausithoé l'Impétueuse
Némertée la Féconde
Orithye la Montagneuse
Panopée l'Omnivoyante
Pasithéa la Toute Divine
Phrérousa la Porteuse
Plexaurée l'Entrelaceuse
Polynoé la Sage
Pontomédusa la Reine du large

Pontoporia la Voyageuse
Pronoé la Prudente
Prothoé l'Aventureuse
Protomédia l'Aïeule
Psamathéa la Reine des sables
Speio la Caverneuse
Thalie la Florissante
Thémisto la Juste
Thésis l'Immense

et ayant dit ce dernier nom, je disperserai un à un les grains du sable riverain dans la clepsydre de mes doigts comme les perles d'autant de splendeurs à jamais englouties.

Nostalgie

Mais oui, c'est un mot grec, même si nous l'employons sans le savoir ! Nost-algie, l'algie du nostos. Une algie, chacun le sait, c'est une douleur ou une souffrance, de nature physique ou morale. Mais le nostos ? Le nostos est un des mots clés de l'*Odyssée*, un de ceux qui y reviennent périodiquement et qui signifient le désir du retour. C'est un mot qui n'a pu naître que chez un peuple de marins, de gens passant leur vie loin de chez eux, et qui, un jour, désirent ardemment retrouver leur foyer, leur patrie. Retrouvailles qui ne sont pas toujours faciles, voyez Ulysse ! La nostalgie est donc la douleur éprouvée lorsque l'on veut très fort rentrer chez soi et que cela est difficile ou impossible.

L'*Odyssée* est, par excellence, le grand poème du nostos, du retour sans cesse retardé, sans cesse différé à Ithaque. C'est pourquoi, chaque fois que je lis ce mot, je ne peux m'empêcher de penser à Ulysse pleurant sur le rivage de l'île de Calypso et suppliant la nymphe de le laisser retourner chez lui. Et chaque fois que je l'entends, ce mot, dans un texte ou dans un poème, je crois entendre aussi sur le sable l'infini gémissement, ressassement d'une mer dont chaque vague dit en mourant :

nostos... nostos... nostos...

O

Olivier (L')

Des arbres mythiques de la Grèce, l'olivier, de loin, est le plus mythique. N'a-t-il pas été inventé, donné aux Grecs par Athéna ? Il n'est pas né, comme le cyprès* de la métamorphose d'un humain, mais bien de l'esprit et surtout du désir d'une déesse. Tous les arbres, même en Grèce, ne sauraient en dire autant ! Oui, il fut un divin cadeau comme d'ailleurs le feu, transmis par Prométhée et le cheval, don de Poséidon. Arbre divin donc, mais aussi vital : son fruit nourrit, son huile lubrifie, éclaire et parfume. Et surtout arbre immortel, du moins à l'échelle d'une existence humaine. Si vous visitez l'Acropole, vous verrez au pied de l'Erechthéïon le rejeton de celui que planta Athéna ! Sophocle a donc mille fois raison de le décrire comme un arbre béni, invincible, immortel, un arbre dont les feuilles ont la même couleur que celle des yeux de la déesse !

Pour désigner cette couleur, le poète emploie le mot *glaukos*. Les Grecs n'avaient pas les mêmes critères que nous en la matière et ignoraient, bien sûr, les lois optiques du prisme. *Glaukos*, ou glauque si l'on traduit littéralement, désignait une couleur brillante, souvent même éclatante, mais qui allait du vert au bleu et du blanc au gris. Glauque était la couleur des yeux d'Athéna, celle de la mer quand le soleil s'y reflétait, celle de la pleine lune et de l'aurore, celle des astres et des yeux clairs, en général. Prétendre, comme le faisaient les Grecs anciens, qu'Athéna était *glaukopis*, qu'elle avait les yeux glauques, voulait donc dire tout le contraire de ce qu'évoque le mot de nos jours. Cela signifiait qu'ayant des yeux de chouette, elle était en quelque sorte nyctalope et voyait, bien au-delà du crâne, l'âme même des humains.

L'huile d'olive sert toujours en Grèce dans les veilleuses des églises, pour en éclairer les icônes. Mais elle est strictement réservée à celles du Christ et de la Vierge. Les saints, eux, n'ont droit qu'à des veilleuses à l'huile de sésame. Comme on l'a vu à maintes reprises dans ce livre, la Vierge, la Panaghia, est la pleine et céleste héritière d'Athéna. Et l'olivier demeure pour toutes deux le blason commun des hommes et des dieux.

Oracle des morts

Dans le nord de la Grèce, à une trentaine de kilomètres au sud d'Higouménitsa et à proximité de la mer, s'étend une grande plaine entourée de montagnes qu'on nomme les Champs achérousiens. Ce fut longtemps un lieu sinistre, fait de lagunes insalubres, d'où montaient sans cesse un épais brouillard et des nuées de moustiques. Trois fleuves le traversaient, l'Achéron — le Sans Joie —, le Cocyte — le Pleureur — et le Périphléhéthon — l'Enflammé —, ce dernier ayant un parcours souterrain à travers des grottes d'où montaient jusqu'à la surface de sourds grondements. On comprend qu'un tel site ait impressionné les Grecs anciens qui virent là un affleurement du royaume des morts et l'une des entrées menant vers les Enfers.

C'est précisément dans cette plaine, où il pensait voir les fameux Champs cimmériens décrits dans l'*Odyssée*, que le professeur Dakiris, archéologue grec réputé, entreprit en 1958 et jusqu'en 1964 des fouilles qui révélèrent en effet l'existence d'un sanctuaire de Perséphone, déesse des Enfers, et un peu plus loin d'un vaste bâtiment destiné à l'évocation des morts, autrement dit d'un « Nécromanteion » ou « Nékuyomanteion ».

Du sanctuaire de Perséphone, il ne reste pratiquement plus rien aujourd'hui, ses pierres ayant abondamment servi à la construction des villages avoisinants. Le sanctuaire oraculaire, en revanche, qui date du IIIe siècle av. J.-C., est beaucoup plus important. Il comprenait un mur d'enceinte — *péribolos* — entourant le lieu sacré — ou *téménos* — construit en appareil polygonal et englobant les bâtiments de surface destinés à l'accueil et à la préparation des pèlerins ou consultants. A l'intérieur, il se continuait sur trois étages souterrains — aujourd'hui à l'air libre — comprenant les couloirs et méandres d'accès à la

Grande Salle où avait lieu l'évocation. Cette Salle était elle-même édifiée sur une crypte appelée antre d'Aïdoneus, un des noms d'Hadès, le dieu des morts.

Que se passait-il dans ce lieu ? Il n'existe aucun texte permettant de le savoir exactement, car ceux qui en sortaient gardaient sur ce qu'ils avaient vu un secret absolu. Le tracé des couloirs et la disposition des salles montrent cependant que ce lieu devait être une reproduction miniature des Enfers et que le parcours suivi par le consultant devait sûrement, comme dans les mystères d'Eleusis, comporter des purifications, libations, sacrifices et épreuves. Les cérémonies s'étalaient sur trois jours. La veille du premier jour, les consultants dormaient dans des bâtiments d'accueil dont les fondations sont visibles à l'angle nord-ouest du sanctuaire. Ils se purifiaient et procédaient à des sacrifices. Le lendemain matin, on remettait à chacun deux pierres et un vase ou récipient contenant de la farine d'orge — c'est de la farine d'orge qu'Ulysse utilise au chant XI de l'*Odyssée* dans la fameuse scène d'évocation des ombres pour faire venir les morts à la surface. Le consultant entrait alors par le couloir nord où il se retrouvait dans l'obscurité absolue. Ce couloir de vingt et un mètres de long menait au couloir est. Il passait la nuit dans une pièce adjacente à ce couloir, où l'on a découvert des jarres emplies de blé, d'orge et de pois chiches, et d'autres pleines d'os calcinés de porcs. Il reprenait la progression le lendemain, toujours dans l'obscurité ou la demi-pénombre, guidé par le célébrant pour atteindre le couloir sud où commençait un parcours méandrique. Ce couloir menait à l'entrée de la Grande Salle, pièce de quinze mètres de long sur quatre mètres de large, entourée de six chambres. Le consultant passait sa seconde nuit dans l'une d'elles. Chaque chambre contenait une ou deux jarres dans lesquelles on a retrouvé des figurines en terre cuite de Perséphone, des monnaies et surtout des graines de pavot et des fèves carbonisées. Toute la région était en effet couverte de pavots dont les graines, on le sait, ont un pouvoir hallucinogène. C'est là un des aspects du rituel funéraire révélé par les fouilles de ce Nécromanteion : on droguait les consultants avant la cérémonie finale par ingestion de graines de pavot et fumigation de fèves.

Détail amusant : j'avais, lors de ma visite au sanctuaire, remarqué ces pavots qui poussent dans les champs alentour et j'en avais parlé au gardien de la chapelle de Saint-Jean-Baptiste qui domine le site. Il m'avait raconté alors l'histoire suivante : son cousin, venu d'Athènes pour la chasse quelques semaines plus tôt, avait arraché des pavots et machinalement en avait mâché les graines. Arrivé à la maison, il s'était mis à délirer et à crier qu'il voyait partout des lièvres en train de courir au plafond, habillés en soutane !

Il est hors de doute qu'à l'aube du troisième jour, le consultant, gavé de fèves et de graines de pavot, était introduit dans la Grande Salle, à la porte de laquelle il jetait la deuxième pierre et répandait la farine d'orge contenue dans le vase. Quant à ce qui se passait ensuite, nul ne le sait. Spiros Mousalimi, qui fut l'assistant de Dakiris pendant toute la durée des fouilles, suppose que l'apparition des *lidolôn* du mort — littéralement « images » ou « figures » — devait se faire sur le mur du fond, faiblement éclairé, grâce aux hallucinogènes. On n'a pas retrouvé trace du chaudron servant, une fois empli d'eau, de miroir pour les morts, mais ce rite existe en d'autres pays et en Grèce même, lors de la nuit de la Saint-Jean.

Je ne saurais donc en dire plus sur la nature exacte de l'oracle et de l'évocation des morts. Toujours est-il que ce Nécromanteion — brûlé entièrement par les Romains en 168 av. J.-C. — fut un des plus célèbres de la Grèce ancienne. Il en émane aujourd'hui encore — et bien que la plaine asséchée ait perdu une partie de son pouvoir évocateur — une atmosphère attachante. C'était pour le pèlerin, en ces trois jours, une véritable descente au pays d'Hadès.

Orphée

Nom sésame ouvrant les portes de la vie et de la mort. Nom démiurgique aussi disant la parole qui crée et le chant qui enchante au sens fort de ce mot, le chant qui fait s'incliner les arbres, s'assagir les fauves, se déplacer les pierres, le chant qui fait que l'homme s'éveille et se réveille de son sommeil mental. Orphée n'est bien sûr qu'une figure purement mythique mais sa persistance, de siècle en siècle, à travers poèmes, chants, oratorios et opéras montre bien que ce mythe conserve toujours son aura, pour dire que le poète et les mots du poète ont pouvoir sur le monde.

Fils, d'après la tradition, d'un roi de Thrace au nom imprononçable, Oeagre, et d'une Muse — Calliope, Clio ou Polymnie selon les cas —

Orphée apparaît d'abord comme un poète thrace, peut-être même une sorte de shaman instruit des secrets de l'immortalité. Les Thraces, en effet, si l'on en croit les récits d'Hérodote, passaient pour un peuple particulièrement préoccupé par l'immortalité. Mais la figure d'Orphée évoluera à mesure qu'elle s'étendra hors la Thrace pour gagner l'ensemble du monde grec où elle deviendra celle du poète au sens premier et primordial du terme, puisque poésie vient de *poiésis* qui veut dire en grec « faire, façonner, fabriquer, créer ». La poésie des origines n'est pas perçue comme un art de pur divertissement, une activité esthétique, mais comme la voie menant à une autre vie, une réinvention ou une recréation du monde. Orphée appartient donc à ce temps originel où les mots ont encore pouvoir sur les êtres et les choses, où le poète collabore par ses chants à la croissance de la nature et au devenir des saisons de même qu'au destin spirituel des hommes.

Le poète devient ainsi — et Orphée le tout premier — l'équivalent d'un dieu car sa musique — inséparable des poèmes —, par les sons, les vibrations et les harmonies qu'elle engendre, a pouvoir sur les autres énergies de ce monde. C'est le temps où l'on voit Amphion, contemporain d'Orphée, édifier les murailles de Thèbes en attirant les pierres par ces chants ou Musée, autre poète mythique qui aurait été l'initiateur d'Orphée, faire surgir les sources de terre ou apaiser les tempêtes. Ce qui explique qu'Orphée, lors de l'expédition des Argonautes*, à la recherche de la Toison d'or, eut pouvoir lui aussi par ses chants d'immobiliser les redoutables Roches bleues qui se refermaient sur tout navire passant entre elles. Il surpassa même le chant des Sirènes qui, vaincues, se seraient jetées à la mer. Mais ne rêvons pas trop sur ces exploits qui, eux aussi, appartiennent à des temps purement mythiques : le réveil serait trop brutal s'il fallait revenir d'emblée aux poètes et à la poésie de notre époque !

L'épisode le plus célèbre de la vie d'Orphée est évidemment sa descente aux Enfers pour y rechercher son épouse Eurydice, mordue par un serpent. Au cours de son passage dans le royaume des Ombres, sa lyre charmera les monstres, les héros et même le dieu Hadès au point que la roue d'Ixion cessera de tourner, que le rocher de Sisyphe s'immobilisera au sommet de sa colline, que Tantale oubliera sa faim dévorante et que Cerbère lui-même, le chien à trois têtes, gardien des portes des Enfers, subjugué par ses chants, viendra se rouler à ses pieds. Hadès et Perséphone, le roi et la reine des morts, accorderont à Orphée le droit de ramener au jour son épouse, à condition de ne pas se retourner tant qu'il n'aura pas quitté le royaume des morts. Mais, pris d'un doute — Eurydice le suit-elle vraiment, Perséphone ne s'est-elle pas moquée de lui ? — Orphée désobéit et perd à jamais Eurydice.

Bien sûr, les poètes anciens n'ont cessé de broder sur cette remontée des Enfers, de supposer maintes autres raisons à ce retournement : Orphée n'aurait pu résister au désir de revoir le visage de sa femme, ou en raison d'un bruit étrange derrière lui se serait retourné. Comment savoir la vérité avec un mythe puisqu'un mythe est toujours ce qu'on pourrait nommer un mensonge nécessaire, ou mieux encore un mentir-vrai !

Dans le film qu'il tira de la légende d'Orphée et qu'il situa au cœur de notre époque, Jean Cocteau a très ingénieusement interprété cet épisode — très difficile à rendre évident ou plausible aujourd'hui — de la façon suivante : Orphée — Jean Marais — ramène Eurydice — Maria Casarès — des Enfers et l'installe, sans la regarder bien sûr, à l'arrière d'une limousine. Il monte lui-même à l'avant, s'apprête à démarrer et fait ce que font alors tous les automobilistes : il jette un coup d'œil dans le rétroviseur et aperçoit involontairement le visage d'Eurydice, qui disparaît aussitôt. C'est là une façon remarquable de restituer un mythe dans un contexte tout à fait moderne sans qu'à aucun moment il perde son sens et sa force. Disons simplement qu'ici, en rencontrant malgré lui le regard d'Eurydice, Orphée désobéit innocemment. Mais quel peut être, aujourd'hui comme hier, et hier comme avant-hier, le sens de cet épisode si ce n'est que le pouvoir du poète s'arrête toujours au seuil de la mort ? Les dieux seuls ont pouvoir de ressusciter les morts et le poète, même orphique, n'est pas un dieu. Voilà ce que dit, sans le dire, ce mythe passionnant.

Revenu parmi les vivants, Orphée sera par la suite mis en pièces par les Ménades, compagnes du dieu Dionysos, pour avoir ignoré leurs rites ou, dit-on, leurs avances. Ce « dit-on » n'est pas là par hasard mais pour préciser, une fois encore, que ceux qui inventèrent les mythes ne furent évidemment jamais témoins des épisodes mentionnés. D'où, pour chaque mythe, une infinité potentielle de variantes dont chacune peut être aussi vraie ou valable qu'une autre. Donc, Orphée aurait été mis en pièces par les Ménades et sa tête, jetée à la mer à l'actuelle embouchure du fleuve Evros, aurait flotté, en chantant toujours, jusqu'à l'île de Lesbos. Quant à la lyre du poète, elle fut transportée au ciel où elle devint une constellation célèbre, qu'on peut voir étinceler au zénith les soirs d'été et où les derniers orphiques — dont je suis — peuvent percevoir, s'ils ont l'ouïe fine, les ultimes échos d'une plainte sidérale.

Pour terminer, je citerai un texte personnel paru dans une revue de poésie, qui s'efforce de faire le point sur le rôle créateur du poète au cœur d'un monde non poétique.

Immemorial Orphee

Le propre de la poésie n'est-il pas d'échapper au temps, du moins à ses formes les plus fragiles et les plus instables ? Je m'étonne toujours pourtant qu'on puisse lire de nos jours Homère, Virgile, Lucrèce et beaucoup d'autres avec profit et même avec passion, et surtout avec l'étrange sentiment de devenir contemporain des grands héros de leurs poèmes, qu'ils se nomment Ulysse, Enée ou Orphée. De ces époques si lointaines et de ces langues qu'on dit mortes, des voix, des poèmes et des chants parviennent encore jusqu'à nous, parfois limpides, parfois obscurs mais toujours porteurs, comme l'arc-en-ciel, d'enchantement et de déploiement irisés. Ou comme la lumière de certaines étoiles lointaines que nous recevons et percevons toujours bien que certaines soient peut-être éteintes depuis des milliers d'années.

Ainsi percevons-nous la voix des poètes de jadis malgré les années-lumière qui peuvent nous en séparer. Et même si certains noms ne recouvrent parfois qu'une légende, une silhouette fantomatique, l'ultime écho d'épopées englouties ou de confréries disparues. Ainsi d'Orphée, ce nom pour moi magique du jour où, adolescent, je l'entendis pour la première fois dans un cours de grec au lycée, nom qui symbolisa d'emblée la figure, la fonction et aussi le destin du poète : enchanter l'homme et enchanter le monde en venant à bout, par les mots et aussi par l'amour, des forces de la mort.

Bien sûr, avec les années, ce prince des poètes et de l'ombre prit une autre figure, moins austère et surtout moins rituelle, une figure plus humaine, plus proche de nous-mêmes. Mais jamais ne faibliront en moi la teneur ni la hauteur de son message : le poète n'est pas là pour approuver le monde mais pour l'améliorer. Le chanter veut dire l'enchanter et nous enchanter au sens fort de ce mot, c'est-à-dire non pas nous endormir mais au contraire nous éveiller, nous réveiller devant la seule réalité qui compte : celle de parfaire l'être immature que nous sommes. Et pour cela, la musique est la voie royale, à la fois fondatrice et libératrice, la seule qui donne aux mots leur plénitude et leur aura. Orphée était un musicien, ne l'oublions pas. Un chanteur autant qu'un enchanteur. A lui, donc, de nous découvrir le mystère de cet univers, de révéler les beautés cachées qui nous entourent et surtout de nous livrer la clé qui donne accès à l'Invisible et à l'Intelligible. Sous ce nom d'Orphée se cachait pour moi — et se cache toujours — le pouvoir éveilleur du langage, le pouvoir enchanteur des images.

Orphée, c'était cela et c'est toujours cela. Ne lui cherchons pas d'autre nom. Ne fouillons pas dans un passé qui se confond avec les premiers tumultes du monde. Orphée nous dit que le monde n'est jamais fini, et que l'homme ne l'est pas davantage. C'est pourquoi il est à parfaire et il me semble aujourd'hui encore que pour ce faire la magie et le chant du poème l'emportent de très loin sur les codes de la génétique.

Orphisme

Tous les poètes, antiques ou non, ne sont pas appelés à devenir des fondateurs de religion. Ce fut pourtant le cas d'Orphée dont la figure, associée dès son origine à la quête d'immortalité — il fut l'un des très rares mortels à descendre aux Enfers et à en remonter vivant — suscita très tôt des rites et confréries initiatiques se réclamant de ses poèmes et de ses chants. Cet enseignement se trouvait dans des *Hieroi Logoi* ou *Discours sacrés*, dont il ne subsiste malheureusement que très peu de fragments, et dans une *Théogonie rhapsodique*, histoire de l'origine du monde et des dieux, que nous ne connaissons que par des citations datant pour la plupart de l'époque chrétienne. Ces fragments ne sont pas immédiatement intelligibles car beaucoup se réfèrent à des croyances, mythes ou rites que nous ignorons. Retrouver un message, un enseignement ou un mythe à partir de fragments aussi minces revient à vouloir reconstituer un vase décoré de scènes ou de figures mythiques à partir d'éclats minuscules sans même connaître le sujet ou la nature de ces figures. Essayons néanmoins. Proclus, un hymnologue grec néoplatonicien du ve siècle ap. J.-C., nous a livré quelques fragments tels que :

> Au début, tout n'était que brume et obscurité...

Il s'agit de toute évidence du Chaos qui précéda l'apparition du monde, mais cela concerne aussi pour nous le mythe lui-même !

> Le Temps sans fin, immémorial et sage
> Engendra Ether et Béance
> Mais quand parut Phanès
> La brumeuse Béance et le tranquille Ether
> S'entre-déchirèrent.

Extrait sans doute d'un passage de la fameuse *Théogonie rhapsodique*.

> Phanès, femelle et mâle, s'avance seul.
> Il engendre les Nuits et s'unissant à la cadette
> Cueillit la fleur virginale de sa fille.

Là aussi, il s'agit d'un fragment de la *Théogonie rhapsodique*, où l'on voit apparaître un personnage qui jouera un rôle essentiel dans la cosmologie orphique : Phanès, créature androgyne dont le nom signifie à la fois le « Brillant » et le « Manifesté ».

Quelques autres fragments rapportés par Proclus sont, par chance, un peu plus longs et consistants :

... les parties sexuelles d'Ouranos tombèrent dans la mer et flottèrent au milieu d'un tourbillon d'écume blanche. Puis dans le cycle des saisons l'Année enfanta une vierge irréprochable que Tromperie et Zèle recueillirent aussitôt en leurs paumes.

Zeus gardait l'essence de toutes choses en ses propres entrailles, mêlant à ses membres la force et les puissances de Phanès. Voilà pourquoi toutes choses furent créées en Zeus et par Zeus : l'immensité étincelante de l'Ether, le Ciel, l'étendue de la mer inviolée, la large Terre, l'Océan et les profondeurs souterraines, les rivières et tous les Immortels, dieux et déesses, tout ce qui était déjà là et tout ce qui allait advenir, tout s'entremêlait comme autant de courants dans le ventre de Zeus.

On voit que la création du monde se fait, dans cette version, selon le processus cher au poète Hésiode, processus constitué de créations successives, de combats aussi contre les forces d'inertie.

Plus énigmatique est le fragment suivant quant au sort des âmes après la mort :

Les âmes des animaux et des oiseaux, quand elles s'envolent de cette terre et que la vie sacrée les abandonne, nul ne les guide dans les demeures d'Hadès. Chacune volette sans but là où elle se trouve jusqu'à ce qu'une autre créature s'en empare au milieu des tourbillons du vent.

Mais quand un homme quitte la lumière du soleil, c'est Hermès qui guide son âme immortelle vers les mystères de la terre.

Hermias, un compilateur grec du IIIe siècle ap. J.-C., nous a laissé aussi ce court mais beau poème orphique :

Nul de ses yeux n'osa Te contempler
Phanès, hormis la Nuit sacrée.
Mais tous s'émerveillèrent dans l'éther
De cette lumière inattendue
De cette clarté émanant du corps de l'immortel
[Phanès.

Miettes donc. Pourtant, en les regroupant — il y en a en tout plus d'une centaine — on peut se faire une idée d'un des mythes les plus novateurs de l'orphisme, quant à l'origine de l'univers et de la condition de l'homme en ce bas monde. Ce mythe, c'est celui, typiquement orphique, de l'Œuf cosmique. Résumons-le :

Au début, au tout début, avant que le monde n'apparaisse, seule existait Béance —un des noms du Chaos —, étendue infinie et indéterminée. Puis, un jour — si l'on peut dire, puisque la lumière n'existait pas encore — un œuf d'or ou d'argent contenant en son sein tous les mondes à venir se mit à flotter dans l'espace. Cet œuf apparut de lui-même ou, selon d'autres versions, serait né des amours de la Nuit et du Vent surgis juste avant lui. Pourquoi un œuf ? Parce que la Nuit, représentée comme une immense chauve-souris noire, avait enfanté Anémos, le Vent, avec lequel elle s'unit. Et comme tous deux étaient des êtres ailés, il est bien évident que leur rejeton ne pouvait apparaître que sous forme d'œuf. L'important d'ailleurs n'est pas là. L'important, c'est qu'aussitôt pondu, l'œuf se scinda en deux, la moitié supérieure devenant le Ciel, la moitié inférieure, la Terre, tandis que jaillissait du vitellus un être lumineux, éclatant, éblouissant, Phanès, qui devait constituer la première entité divine et enfanter les dieux de la seconde génération.

Les hommes sont donc nés d'une scission, d'une sorte d'explosion céleste qui projeta dans l'espace infini le vitellus de l'œuf. Ce vitellus se dispersa sous forme de flaques et traînées lumineuses et les orphiques en voyaient la preuve dans les milliers d'étoiles de la voûte céleste et plus particulièrement dans les traînées laiteuses de la Voie lactée. Comment alors, en regardant cet émiettement cosmique de la substance originelle, comment ne pas voir en l'homme une créature rejetée, expulsée de la Matrice première, comment ne pas ressentir la condition humaine comme un exil tragique et injuste, loin de l'unicité et de la plénitude des origines ?

Tel est, très schématiquement résumé, le mythe fondateur de la pensée orphique, mythe qui fait irrésistiblement penser à celui, très contemporain, du Big-Bang — qui n'est peut-être, au fond, que la moderne appellation du dieu Phanès ! Mais l'essentiel réside dans les conclusions que les orphiques tiraient de cette brutale naissance de l'homme par une sorte de césarienne cosmique. Né de cet éclatement, enfant de cet émiettement, il fut donc amené à être sans cesse dispersé, séparé des autres et différencié. Ethnies, langues, coutumes, croyances sont autant de preuves de cette dispersion qui scindent en entités souvent étrangères et hostiles ce qui au tout début était uni et indifférencié. Par cette dispersion, l'humanité est devenue une mosaïque hétéroclite de peuples et d'empires, ancrés chacun en sa propre histoire et ses propres croyances. Oui, séparation, ségrégation, différenciation et donc isolement, incompréhension mutuelle, massacres et guerres. D'où la direction, le sens des rites orphiques : lutter contre la dispersion, remonter le courant pour reconstituer l'unité originelle, vivre pour cela en communautés soudées, non scindées, pour rassembler ce qui s'est trouvé dispersé. Vivre orphiquement, c'était avant tout refuser le sang des guerres, de la violence, mais aussi celui des sacrifices aux dieux de la cité. Programme inouï, voire totalement subversif, même si l'intention première n'était pas de subvertir la société, mais de lui redonner la vérité des origines. Les Orphiques étaient végétariens, par exemple, ce qui, a priori, n'a rien de subversif. Aujourd'hui nul ne risque sa vie ou sa liberté en s'abstenant de viande. Mais il n'en était pas de même dans la Grèce antique. Les sacrifices accomplis sur les autels consistaient justement à consommer la viande sacrificielle qui constituait un rite et un échange entre le sacrifiant et le dieu invoqué, échange essentiel fondant et scellant les relations entre l'homme et la divinité. Ne pas consommer de viande et refuser de participer aux cérémonies officielles était se comporter en réfractaire. Et les orphiques — comme plus tard les gnostiques d'Egypte, mais pour d'autres raisons — furent effectivement des penseurs réfractaires.

Réfractaire. C'est un mot que j'ai toujours apprécié et qui, de plus, convient très bien pour définir la position orphique. Vivre orphiquement ne consistait pas seulement à s'abstenir de viande et à ne faire sur les autels que des offrandes de céréales, de miel et de fleurs — comme en Inde ! —, mais à engager sa vie dans la non-violence. Au sein d'une religion reposant sur un échange de rites, de prières et de sacrifices, autrement dit sur des rituels et des pratiques, les orphiques, eux, exigeaient de chaque fidèle une intériorité jusqu'alors inconnue. Intériorité dans le rapport avec la divinité invoquée, intériorité dans la pureté des actes et du cœur, intériorité enfin dans cette aspiration à l'immortalité qu'on retrouve en tant de textes et de prières. L'orphisme proposait à chaque adepte ou chaque myste — candidat à l'initiation — de faire justement comme Orphée : remonter la pente ardue mais salvatrice, ouvrant les secrets du ciel : en somme devenir — ou redevenir — un être de lumière. Rien de plus, mais rien de moins que cela.

Orphiques (hymnes)

En dehors des fragments très épars des *Discours sacrés* et de la *Théogonie rhapsodique*, il existe aussi des hymnes d'inspiration orphique, hymnes relativement tardifs puisqu'ils sont datés du IIIe siècle ap. J.-C. Ils semblent provenir d'une communauté établie en Asie Mineure — où les orphiques étaient nombreux — principalement à Pergame. Si l'on sait que les plus anciens documents, comme la prière orphique trouvée dans une tombe, qu'on pourra lire plus loin, datent du VIIe siècle av. J.-C., cela implique qu'il existait encore, dans ce qu'on nomme la Grande Grèce, la Grèce de la diaspora, des communautés orphiques vivantes et actives dix siècles plus tard !

A l'exception d'un choix très succinct du poète Leconte de Lisle, au XIXe siècle, ces hymnes, très curieusement, n'avaient jamais été traduits jusqu'à nos jours. Robert Brasillach et Marguerite Yourcenar se sont contentés d'en traduire deux dans leur anthologie respective de la poésie grecque antique, ce qui ne saurait en donner une idée suffisante. Il se trouve qu'il y a peu de temps, en 1995, deux traductions parurent presque simultanément, celle de Pascal Charvet[1], sous le titre *La Prière*, et la mienne[2], sous le titre *Orphée : hymnes et discours sacrés*. Traduire ces hymnes, écrits dans une langue déconcertante où des épithètes et des formules du temps d'Homère voisinent avec des tournures beaucoup plus tardives, n'a pas été facile, d'autant que chacun de ces hymnes, adressé à des divinités ou entités naturelles, regorge d'épithètes souvent précieuses ou hermétiques. Mais certains d'entre eux, ceux notamment adressés aux Vents, aux Heures, aux Saisons, aux Astres, aux différents aspects du ciel, de la terre et de la nature, sont de véritables bijoux poétiques et panthéistes. D'autres sont des chants mystiques — car de toute évidence ces hymnes étaient chantés, en groupe et souvent même en procession — ou se présentent comme d'instantes prières, quand il s'agit de soulager des maladies ou des souffrances, ou encore de se préparer à la mort. A travers eux apparaît un sentiment très fort de la nature, de l'importance d'y vivre harmonieusement, qui contraste avec la morale rigoureuse ou ascétique d'autres textes orphiques. En beaucoup de ces hymnes, perce une indiscutable émotion devant les grands mystères du monde, devant la venue du printemps, l'éclosion des fleurs mais aussi la mélancolie de l'automne ou les silences

1. Aux éditions Nil.
2. Aux éditions de l'Imprimerie nationale.

de l'hiver. On se rend très bien compte que la vie orphique, du moins à cette époque et en ces lieux, ne consistait pas uniquement à respecter des interdits, à s'abstenir de laine ou de viande, mais à communier avec le monde naturel qui, d'ailleurs, pour les Grecs anciens — et pas seulement les orphiques — était en permanence habité par mille créatures divines. L'orphisme fut indiscutablement une religion à mystère, mais on voit clairement ici que le mystère du monde n'impliquait pas nécessairement qu'il fût impossible à connaître, à déchiffrer et surtout à vénérer.

De ces hymnes, donc, je ne citerai évidemment que quelques-uns, pour donner une idée des champs multiples qu'ils recouvrent, me limitant à ceux qui se réfèrent au monde naturel et aux entités saisonnières.

A LA NUIT

Je chanterai la Nuit, génitrice des dieux et des
[hommes,
Ecoute-moi, ô bienheureuse, toi la constellée, toi
[la céruléenne,
Sereine et silencieuse en ton profond sommeil,
Bienfaitrice toujours aux aguets, alme mère des
[Songes,
Douce endormeuse des soucis, douce éteigneuse
[des souffrances,
Universelle amie, dispensatrice du sommeil, Aurige
De la nuit brillante, toi l'Inaccomplie qui t'amuses
A chasser les proies célestes et changeantes,
Terrienne et ouranienne qui éclaires les tréfonds
Du monde puis vas visiter les Enfers comme l'exige
L'implacable nécessité. Aussi, bienveillante, écoute
Ma voix suppliante, toi vers qui chacun se tourne,
Et chasse loin de nous les terreurs qui peuplent
[nos nuits.

A l'aurore

Déesse qui apportes le jour lumineux, Aurore
Eclatante qui rosis l'univers, messagère
Du grand et noble dieu Titan, toi qui par ton
[paraître
Dévies vers les profondeurs de la terre le ténébreux
Sillage de la nuit, ô servante des vies humaines,
Annonciatrice dont la venue réjouit tous les
[mortels,
Nul n'échappe à ta vigilance, ô célestielle,
Quand des paupières humaines tu chasses le doux
[sommeil.
Alors chacun devant toi jubile, hommes, reptiles,
Oiseaux, quadrupèdes et animaux marins,
Car tu permets aux hommes une existence active.
Aussi, daigne inonder les mystes de ta sainte
[lumière.

Aux heures

Heures, filles de Thémis et de Zeus souverain,
Eunomie, Justice et bienheureuse Paix,
Champêtres, printanières, inaltérées, fleuries,
Irisées, embaumant tous les parfums floraux,
Heures éternellement jeunes, si gracieuses quand
[vous dansez,
Vêtues des fraîches corolles des fleurs
[innombrables,
Qui avez escorté Perséphone quand les Moires
Et les Charites la ramenèrent à la lumière
Pour remercier Zeus et la Mère généreuse,
Venez chez les jeunes mystes, venez vers nos
[cérémonies
Chargées des mille produits des fertiles saisons.

AUX NUEES

Aériennes Nuées et gravies Buées, Mères des
[pluies,
O célestes Errantes que les vents poussent par le
[monde,
Grondantes, tonnantes, turbulentes, nomades
[Arroseuses
Qui provoquez dans les hauteurs de l'air de
[terrifiants tumultes,
Qui bouleversez le ciel en affrontant les vents,
Je vous supplie, Souffles épandus, roséens Voiles,
Répandez vos ondées fécondes sur notre mère la
[Terre.

A LA TERRE

Déesse-Terre, mère des bienheureux mortels,
Prodigue et nourricière, par qui tout se perd et se
[crée,
Fructifère, foisonnante, matrice des saisons,
Assise du monde immortel, Maîtresse universelle,
Qui enfante les multiples vies dans les puerpérales
[douleurs,
Eternelle, auguste, anfractueuse, amoureuse
Des calmes verdures, déesse plantureuse
Frémissant sous la pluie, toi qu'entoure de ses
[voltes célestes
Le cercle incomparable des astres mis en branle
Par l'inépuisable nature et les puissants courants
[du ciel,
Bienheureuse, prodigue-nous tes fruits merveilleux,
Toi dont le cœur est bienveillant et les saisons si
[bienfaisantes.

AU SOMMEIL

Sommeil qui règnes sur les heureux mortels
Et sur tous les êtres vivants que nourrit la terre
[abondante,

Toi qui gouvernes tout et viens sur tous les êtres
Nouer autour des corps des liens immatériels,
Qui adoucis les peines, apaises les soucis,
Consolateur de nos tristesses et chagrins,
Au trépas tu nous prépares tout en sauvant nos
[âmes.
N'es-tu pas né frère de la Mort et de l'Oubli ?
O bienheureux, je t'en supplie, approche
[doucement
Et viens permettre aux mystes d'œuvrer
[divinement.

Ultimes traces du monde et des croyances orphiques : les prières et les rituels initiatiques. Trois de ces derniers nous sont connus grâce à Eusèbe de Césarée, un Père de l'Eglise qui les rapporte dans sa *Préparation évangélique*. Je citerai le plus révélateur, le plus impressionnant des trois, tout empreint qu'il est de dévotion et de ferveur. Nous sommes ici à cent lieues des rituels et des attitudes du paganisme courant et de la religion traditionnelle. Les dieux tendent à n'être plus qu'un seul, souverain et omnipotent, qui porte ici le nom de Zeus, mais qui eût pu s'appeler tout simplement... Dieu.

Je parlerai à ceux-là seuls qui ont le droit
[d'entendre.
Fermez les portes aux profanes comme le veut la
[loi divine.
Et toi, Musée, fils de la Lune resplendissante,
[écoute-moi.
Je te dirai de vraies paroles. Quels que soient les
[chemins
Que tu choisis auparavant, elles ne t'éloigneront pas
De la vie que tu cherches.
Tiens-toi bien au plus près de la parole divine,
Retiens-la dans le creux de ton cœur

Puis va sur le sentier à la rencontre du Roi de
[l'univers,
L'Unique né de lui-même pour engendrer le
[monde
Où il réside tout entier sans que nul l'aperçoive
Alors que lui aperçoit tout.
Il peut en un instant alterner mal et bien
Car il a pour compagnes la Haine et la Bonté
Et la Guerre et la Peste et la Souffrance source de
[pleurs.
Le découvrir, c'est découvrir tout l'univers
Et un jour, mon enfant, je te désignerai de par le
[monde
Les traces de sa puissante main de dieu.
Lui, je ne peux le voir, une nuée me le dérobe
Mais aux autres mortels dix nuées le dérobent à
[leurs yeux.
Nul ne peut entrevoir le Gouverneur du monde,
Sinon quelque rejeton de la race glorieuse des
[Chaldéens,
Instruit du parcours des astres, des chemins
[circulaires
Que la Lune accomplit tout autour de la Terre
Il est l'Aurige maîtrisant tous les souffles de l'air
Et les courants de l'eau et attisant le feu des
[flammes incandescentes.
Il siège sur un trône d'or dans les hauteurs du ciel
Mais ses pieds effleurent la Terre.
Sa main droite s'étend jusqu'aux confins de
[l'océan,
Les montagnes tressaillent quand il est en colère.
Sa nature est toute céleste mais terrestre aussi son
[domaine
Car il est maître du début, du milieu et de toute
[fin,
Comme le disent les Anciens et aussi le fils du
[Limon
A qui le dieu dicta sa loi secrète. Il ne m'est pas
[permis

D’en dire plus. A cette seule idée, mon corps tout [entier
Frissonne car de là-haut, Il ordonne et Il règle tout.
Retiens ta langue, mon enfant, imprègne-toi de ces [pensées,
Garde-les à jamais dans le secret du cœur.

Les quelques prières orphiques qui nous sont parvenues — et qui n’ont évidemment rien à voir avec les hymnes cités plus haut —, gravées sur des lamelles d’or, ont été trouvées dans différentes tombes en Grèce, Sicile et Italie du Sud. La prière qui suit, datée du VIIe siècle av. J.-C., provient de la tombe d’une femme : en mots simples, directs, émouvants, elle retrace l’itinéraire de l’âme dans le pays des morts et le sort qui l’attend. Je tiens cette prière pour l’un des plus beaux et des plus lumineux messages que nous aient laissés les orphiques. Et comme l’ultime parole d’Orphée depuis le pays des morts.

A l’entrée de la demeure des morts
Tu trouveras sur la gauche une source.
Près d’elle se dresse un blanc cyprès.
Cette source, ne t’en approche pas.
Tu en verras une autre sortant du lac de Mémoire,
Eau fraîche qui jaillit. Des gardiens la protègent.
Dis-leur : je suis fille de la Terre et du Ciel étoilé,
De Lui je viens, sachez-le bien. La soif me consume
Et je meurs. Donnez-moi vite l’eau fraîche
Qui jaillit du lac de Mémoire !
Et ils te permettront de boire à la source divine
Et désormais héros, sans fin tu régneras.

p

Pali

Pali signifie simplement « de nouveau » ou « à nouveau », mais il fut choisi pour baptiser la revue que créa le poète Nanos Valaoritis, en référence au retour en Grèce d'un certain esprit surréaliste. Le sommaire des six numéros parus de 1963 à 1966 indique clairement la teneur : surréalisme, avant-gardisme, libertarisme. Parmi les Grecs, Nanos Valaoritis*, Andréas Embirikos*, Tassos Dénégris, Georges Macris, Dimitri Poulikakos,

Costas Taktsis*. Mais il y avait aussi des poètes et auteurs étrangers traduits et présentés pour la première fois, comme Allen Ginsberg, Samuel Beckett ou Octavio Paz. Bref, du très grand monde dont la présence dans cette modeste revue, très artisanale de facture, fut un véritable pavé dans la mare littéraire athénienne. Il faut dire que ces années, plus qu'étouffantes sur le plan politique et culturel, appelaient un grand souffle d'air libérateur !

Le coup d'Etat des colonels d'avril 1967 mit fin évidemment à l'entreprise, et en y réfléchissant aujourd'hui, je veux dire en réfléchissant à ce qu'elle pouvait avoir d'à la fois novateur et ingénu, je me dis qu'elle était bien à l'image du Byzantion*, où elle fut élaborée et que son nom aurait pu signifier aussi « Renouveau ».

Pallicare

Dans l'article ou l'entrée sur la traduction*, je dis que tout est traduisible, même la langue des anges. Peut-être faudra-t-il faire une exception pour le pallicare, cet ange terrestre et combattant. C'est un terme qui fut surtout utilisé, à partir de la guerre d'Indépendance, pour désigner un partisan à la fois valeureux, vigoureux et aussi généreux. Le pallicare conjoint en lui l'aura et la force physique avec le courage du cœur et la noblesse morale. C'est un homme qui se bat, certes, un soldat courageux, endurant, mais avant tout un homme d'honneur. Il ne frappera jamais un adversaire à terre et la clémence en lui est à l'égal

de son courage. Edgar Quinet*, qui en rencontra plusieurs lors de sa traversée de la Morée, en 1829, donne de l'un d'eux une belle et juste description. Bref, ce valeureux, ce courageux, ce généreux a tout d'un preux. C'est là le mot qui conviendrait le mieux s'il n'était devenu pour nous quelque peu suranné. Mais qu'importe ! Disons, pour en tenter ou en défier la traduction, qu'un pallicare est un preux sans armure. Ou dont la seule armure est le courage.

Pan

Quand on s'appelle Monsieur Tout, qui est le nom de Pan en grec, c'est la moindre des choses que d'être partie prenante dans ce dictionnaire ! Bien sûr, son apparence la plus connue est celle d'un chèvre-pied aux mœurs égrillardes, toujours à l'affût des bergères. Mais cette image courante — qui ne fut pas sans inspirer par la suite celle du diable chrétien — ne correspond guère à celle que s'en faisaient poètes et mythologues. De l'hymne orphique* à Pan, cité plus bas, émane la figure d'un maître de la nature, veillant au bon déroulement des saisons et même du cycle des jours et des nuits. Il est par excellence le Bondissant, mais aussi le Bienfaiteur prodigue dont les veilles et les soins assurent la prospérité et la continuité des mortels. Et s'il lui arrive de poursuivre nymphes et bergères pour les trousser dans les buissons, on peut voir là une métaphore du printemps caprin où ludicité se confond avec lubricité !

> J'invoque Pan l'impétueux, le pastoral, l'universel,
> Qui est ciel, qui est mer, terre souveraine, feu
> [immortel.
> Car ciel, mer, terre et feu sont les membres de Pan.
> Viens, toi le Bondissant, tournoyant compagnons
> [des Heures,
> Chèvre-pied, enthousiaste bacchant, toi le
> [Champêtre,
> Qui fais délirer la nature par tes folâtres airs,
> Maître des illusions, instigateur des terreurs,
> Qui aimes près des sources à surprendre bergers et
> [bouviers,

Te mêler aux danses des nymphes, toi d'Echo le [complice,
Chasseur qui vois tout, procréateur de toutes [choses,
Tes noms sont innombrables, ô universel géniteur,
Prodigue fécondateur, ombrageux fervent des [cavernes,
Zeus porteur des cornes qui soutiens la surface [infinie
De la terre, retiens les flots turbulents de la mer
Et l'Océan qui enveloppe la terre de ses eaux
Et le ciel, étincelle vivante qui pourvoit à notre [nourriture,
Toi dont l'œil si perçant parcourt les sommets.
Ces multiples bienfaits, c'est toi qui les ordonnes,
Qui provoques et prévois la marche de la nature
Et nourris la race des hommes en ce monde infini.
O bienheureux bacchant, toi l'enivré divin, viens
Jusqu'à nous avec tes libations, accorde une fin [heureuse
A notre vie et chasse aux confins de la terre la [démente
Panique.

Panaghia

Celle que tout le monde en Grèce appelle la Panaghia, autrement dit la Très Sainte, pour désigner la Vierge, a su réunir en elle les fonctions autrefois dévolues à la déesse Athéna pour la virginité et à la déesse Déméter pour la prospérité. Cette succession s'est opérée sans heurt ni fracas, comme le montre une fresque du monastère de Vatopédi, au mont Athos, où l'on voit la Vierge, désormais Reine du monde, chasser au fond du ciel la déesse Athéna qui s'éloigne, contrite certes mais obéissante ! Précisons également que sur cette fresque la Vierge est appelée *Platytéra tôn ouranôn*, la plus Vaste des cieux, épithète qui était précisément avant elle celle... d'Athéna. Comme on voit, il n'y eut pas rupture mais transition et même transmission entre les deux Vierges célestes !

Cette ferveur et cette dévotion populaires envers la Vierge expliquent les nombreux épithètes qui caractérisent la multiplicité de ses attributs. En tant que mère de l'Enfant Jésus, elle est la *Galaktotrophousa*, l'Allaiteuse, et la *Glykophilousa*, la Vierge au doux baiser. En tant que Reine du monde, elle est la plus Vaste ou la plus Haute dans le ciel, mais aussi l'*Odighitria*, celle qui guide, l'*Eléousa*, la Vierge de pitié, la *Gorgoepikoos*, la Secourable, l'*Epakouousa*, Celle qui exauce les prières, la *Paramythia tôn thlivoménôn*, la Consolatrice des affligés, la *Prostasia tôn christianôn*, la Protectrice des chrétiens. On la nomme aussi « Sommet de toute conception », « Joie suprême », « Source de vie », « Rose inflétrissable », « Source des onctions ». Sans compter toutes les épithètes qui lui furent accolées à la suite de tel ou tel miracle — et ils sont légion — comme celle de *Portaïtissa*, gardienne des portes, icône vénérée au mont Athos, censée être venue en flottant sur la mer jusqu'au monastère d'Iviron. Ou la *Koukouzélissa*, du nom d'un moine chantre qui s'appelait Koukouzélis, auquel, depuis son icône, la Vierge avait redonné la note et le ton de son hymne.

Dans la dévotion et l'imagination populaires, la Panaghia est surtout celle qui console et intercède pour apaiser ou guérir les maux du quotidien. Elle est une présence constante et familière que chacun peut deviner à ses côtés, comme jadis aux côtés d'Ulysse la présence et l'attention bienveillantes de la déesse Athéna. Ses fonctions de Reine du monde au manteau constellé d'étoiles ne l'éloignent pas pour autant de nos soucis et de nos prières. Mais cela, après tout, n'est pas le propre de la Grèce. En visitant récemment dans le Val de Loire une chapelle renommée contenant une Vierge noire, n'ai-je pas découvert, écrite sur le cahier des doléances au pied de la statue, cette prière d'une jeune paysanne esseulée : « *Sainte Vierge, je t'en supplie, trouve-moi du travail et un mari !* » Marieuse et Employeuse, ces deux fonctions manquaient jusqu'à présent à l'hymnographie byzantine.

Paphos

Paphos est le nom d'un ancien sanctuaire d'Aphrodite* situé sur la côte sud de l'île de Chypre, à quelques kilomètres à l'est de la ville moderne du même nom. C'est un lieu intéressant à visiter, moins pour les ruines, réduites en fait à peu de chose, que pour le site lui-même et le panorama que l'on a sur la mer. Le sanctuaire domine en effet un rivage mythique, appelé aujourd'hui Pétros tou Romiou — Pierre du Grec — qui marquerait l'endroit précis où la déesse de l'Amour, Aphrodite, aurait surgi des flots. Là, en effet, seraient tombés le sperme et le sang du dieu du ciel, Ouranos, émasculé par son fils Cronos. Je ne m'étendrai pas ici sur les raisons pour lesquelles le fils s'en prit si violemment aux testicules de son père, car cela risquerait de nous entraîner très loin de Paphos !

Qu'Aphrodite soit née du sperme du Ciel ou de tout autre matière céleste importe peu. L'essentiel pour les Chypriotes, est qu'elle soit née chez eux, en cet endroit qui, à vrai dire, ressemble à beaucoup d'autres, au point qu'on peut se demander pourquoi ici et pas ailleurs. Mais, comme je l'ai signalé déjà à propos de la princesse Europe* et du fameux Platane* de Gortyne, le besoin de situer précisément le lieu des mythes fondateurs est une constante des peuples anciens. En tout cas, et grâce à cette légende, ce lieu a pu être classé au patrimoine mondial et protégé ainsi de toute construction. On imagine, en effet, ce qu'auraient pu en faire des promoteurs immobiliers ! On imagine les Aphrodite's Beach et Aphrodite's Palace se succédant de plage en plage et, le soir, les néons des clubs discos clignotant « Au sang d'Ouranos », n'osant tout de même imaginer une enseigne du genre « Au sperme du ciel » ! Merci, ô Aphrodite, d'avoir protégé ton berceau des convoitises des marchands du Temple. Car ton sanctuaire, dont les ruines dominent toujours le site, était un temple de l'Amour, non de l'Avidité ! Ne l'oublions pas. Et n'hésitez pas, si vous passez par là, à déposer une rose sur le rivage, face à la mer. Oui, une simple rose. La fleur préférée d'Aphrodite.

Pasiphaé

Cette reine de Crète, épouse du roi Minos, a un des plus beaux noms du monde, encore qu'il soit quelque peu difficile à porter, puisqu'il signifie « Toute brillante » ou « Très lumineuse ». Beaucoup de mythologues et d'archéologues ont vu en elle, à juste titre, une ancienne divinité lunaire, et comme l'on sait que la lune est cornue au moins deux fois par mois, on comprend mieux son attirance... pour les taureaux. Mais n'anticipons pas. Car voici la très troublante et véridique histoire d'une reine amoureuse.

Le roi Minos avait deux frères, qui prétendirent un jour qu'il devait leur céder le trône. Pour confirmer solennellement sa royauté, Minos demanda donc au dieu Poséidon, avec qui il était dans les meilleurs termes, de lui envoyer un signe tangible de reconnaissance, et le dieu dépêcha pour cela, sur le rivage près de Cnossos, un magnifique taureau blanc. Minos était ainsi confirmé dans son titre et tout s'en serait allé pour le mieux si Pasiphaé n'était soudainement tombée amoureuse folle de ce taureau. C'était là une vengeance d'Aphrodite que la reine avait offensée, mais n'entrons pas dans ces détails. Ce qu'il faut bien comprendre, c'est qu'il ne s'agissait nullement d'une vive admiration ou d'un amour platonique, mais d'un vrai désir physique d'être saillie par l'animal ! Ce problème, il faut bien le dire, n'était guère facile à résoudre et serait d'ailleurs resté sans solution possible si, par chance ou par malchance, Dédale* ne s'était trouvé là. Minos l'avait en effet invité en Crète pour assurer différents travaux d'urbanisme et d'embellissement de son palais. Pasiphaé lui confia ses affres et Dédale, jamais à cours d'idée, trouva bien entendu une solution très astucieuse.

Laquelle ? Eh bien, tout simplement une vache artificielle qui servirait de leurre. Et le taureau, de fait, s'y laissa prendre. C'est ce que nous confirme, sinon un témoin direct, du moins un auteur antique du nom d'Apollodore. Ecoutons-le :

> Dédale fabriqua donc une vache en bois, montée sur roues, en creusa l'intérieur, adapta sur son dos la peau d'une vache écorchée. Il la plaça dans la prairie où le taureau avait coutume de paître. Pasiphaé prit place à l'intérieur et le taureau s'unit à elle comme à une vache véritable.

Ainsi Dédale s'avère une fois de plus un maître en l'art du subterfuge. Grâce à ce leurre, la reine fut saillie, engrossée et donna par la suite, naissance au Minotaure*. Je me suis toujours promis d'écrire un jour un monologue sur les pensées qui durent agiter la reine tandis qu'écartelée, jambes offertes dans le ventre du leurre, elle attendait l'assaut de l'amant désiré. Là encore, on ne saurait dire que ce genre de problème soit commun à beaucoup de femmes, y compris les vachères ! Mais les mythes opèrent, je l'ai dit, dans un champ qui n'a rien à voir avec la vraisemblance et surtout la psychologie. A prendre ce mythe à la lettre, nous risquons de tourner en rond et de nager en plein mystère, un mystère presque aussi grand que celui de l'Immaculée Conception !

Sauf qu'ici le problème est inverse. Mais si nous nous souvenons que le taureau en question était un don et substitut du dieu Poséidon et que, par ailleurs, Pasiphaé était le nom d'une ancienne divinité lunaire, nous retrouvons là, dégradés, mais néanmoins présents, tous les éléments d'une ancienne hiérogamie — mariage sacré — entre un grand prêtre solaire portant un masque de taureau et une grande prêtresse lunaire portant un masque de vache. La scène originelle perd alors toute obscénité, voire toute perversité, pour redevenir au contraire l'étreinte sacrée des deux plus beaux astres du ciel.

Patrikios Titos (né en 1928)

Lui aussi a connu la prison, les camps et l'exil hors de Grèce. Lui aussi, comme Frangias* et comme Alexandrou*, fut déporté à Makronissos, puis à Aï Strati, en raison de ses engagements aux côtés des forces de gauche. Il restera dans les camps trois ans, de 1951 à 1954, puis en résidence surveillée à Athènes avant de pouvoir s'installer en France en 1961.

Mais de ces années de tourmentes et même de tortures, Patrikios a su se libérer. « On ne fait pas un fonds de commerce de ses souffrances et de ses prisons » aurait pu être sa devise. Non qu'il soit resté silencieux sur ces années-là — les textes cités plus loin en témoignent — mais il n'a pas voulu, en abdiquant la possibilité de devenir un écrivain et un poète heureux, donner une nouvelle victoire à tous ses anciens tortionnaires. Quand je l'ai connu, il relatait précisément cette terrible expérience dans deux recueils de poésie, *Apprentissage* et *Arrêt facultatif*. J'emploie le mot « relater », mais en fait son écriture transforme, transmue l'immédiate expérience de la désolation pour en faire une mémoire solidaire et non plus solitaire. Avec *Altération*, paru en 1989, il se dégage entièrement de ce sillage et livre de magnifiques poèmes en prose qu'on pourrait appeler des *proèmes* — selon le beau titre d'un recueil de Francis Ponge — tant ils mêlent intimement la prose et la musique de la langue. Je n'ai traduit de lui que quelques textes en témoignage de ses années de larmes, lors de la parution de ses derniers recueils. En voici quatre :

PLUIES

La pluie tombe serrée
inondant les visages
décolorant les vieilles inscriptions
rendant humides les bâtiments de l'île.
La pluie tombe sur les cols
glisse jusqu'aux poches trempe les mains
mouille une lettre oubliée
change la voix efface le sens.
Il pleut sur les capotes des gendarmes
sur les entrepôts de conserve
sur les sacs de farine
il pleut sur le cimetière sur les champs
les morts s'inquiètent quelque chose leur manque
les récoltes ne se soucient plus de pousser
il pleut sur les bâches des barques
sur le bateau empli de passagers
il pleut sur le projecteur du navire.
Long est le chemin du désir à la décision
long, celui du retour jusqu'au nouveau départ.

ARRIERE-PENSEE

Ce que j'ai pu vivre on me l'a donné
ce qu'on m'a donné je l'ai gaspillé
ou bien les donateurs me l'ont repris.
A présent il ne reste plus qu'à me vêtir de neige
avec l'arrière-pensée d'un mammouth prévoyant
qui après des milliers d'années
voudrait qu'on le retrouve intact.

(*Arrêt facultatif*)

LES MONTAGNES

D'abord il y eut la mer.
Je suis né au milieu des îles
île moi-même juste émergée
le temps d'entrevoir la lumière
elle aussi pétrifiée et de retourner à l'abîme.
Les montagnes sont venues plus tard.
Elles, je les ai choisies.
Pour partager ensemble le fardeau
qui pèse sur ce pays depuis des siècles.

(*Arrêt facultatif*)

LA PIERRE

Toujours la même prétention :
ciseler ta vie pour qu'elle devienne autre
comme si tu voulais extraire ton modèle
du profond de la pierre
croyant ainsi la libérer.

(*Arrêt facultatif*

Paximadi

Si, pour tenter de définir avec justesse et précision ce que peut bien être un paximadi, je dis que ce n'est ni une biscotte ni une tranche de pain grillé, me serai-je fait comprendre ? Je n'en suis pas très sûr. Reprenons donc la question autrement. En matière d'alimentation artisanale, chaque pays a ses traditions, pour ne pas dire ses manies et ses produits très spécifiques. Produits dont le nom, souvent régional, défie toute traduction. Les paximadia — au pluriel — n'échappent évidemment pas à cette règle. Qu'est-ce donc qu'un paximadi ? Du pain grillé, mais grillé artisanalement et non industriellement, provenant de morceaux de pain non vendus, qu'on met à recuire dans le four encore chaud, après la fournée de la nuit. Il est presque toujours parfumé à l'anis, quelquefois au cumin. En Crète, où l'on fait encore en certains villages du pain à la farine d'orge, les paximadia ont un goût très particulier. A l'origine, ils — ou elles — étaient conçus pour les temps de disette et pouvaient se conserver très longtemps. Durs et denses, ils exigeaient d'être trempés dans de l'eau — ou du vin — pour être consommés. La bouche garde alors un goût d'humus raffiné, de pain d'épice parfumé, de terreau âpre et délicat. Je crois que si les paximadia avaient existé dans la Crète antique, on les aurait sûrement mis dans les tombes pour servir de nourriture aux défunts pendant l'éternité !

Pégase

Des chevaux ailés, il en existe en beaucoup de pays et beaucoup de légendes, notamment en Orient. Pour ma part, j'ai toujours trouvé passionnant — mais curieux — que l'imagination des peuples antiques et médiévaux ait tenu à faire voler à tout prix des animaux dont la nature ne se prêtait guère à l'envol ! Il est vrai, rétorquera-t-on, que la nature elle-même s'est ingéniée à faire voler les animaux les plus hétéroclites, comme certains serpents, certains mammifères et même certains poissons, tel le célèbre exocet*. Pourquoi, alors, dans les mythes, une telle obstination ? Parce que les ailes, on le sait bien, sont avant tout symbole de légèreté, d'apesanteur et donc d'aptitudes célestes. Dans son dialogue *Phèdre*, Platon a magnifiquement parlé des ailes dans le passage sur l'attelage de l'âme : « *L'aile a reçu de la nature le pouvoir d'entraîner vers le haut ce qui pèse, en l'élevant vers la demeure des dieux.* » Pégase, le cheval ailé, né, dit-on, du cou tranché de Méduse, l'une des trois Gorgones, quand Persée la décapita, Pégase appartient donc à la catégorie des créatures appelées à fréquenter le ciel. Et c'est bien ce qu'il fit en se rendant sur l'Olympe aussitôt apparu pour s'y mettre à la disposition des dieux.

En raison de sa double nature, Pégase fut associé à maintes légendes initiatiques, notamment à celles de Persée et de Bellérophon. C'est grâce à lui que ces deux héros purent délivrer des princesses offertes en pâture à des monstres marins. Grâce à lui aussi que Bellérophon put tuer la Chimère*. Très vite, les Grecs associèrent son nom à celui de *pighi*, signifiant source, ce qui explique qu'on voit souvent des sources jaillir sous les sabots de l'animal, notamment l'une des plus célèbres, la source Hippocrène, à Corinthe.

Un cheval qui vole et fait jaillir des sources sous ses pas — et qui de plus est complice de l'homme dans ses combats contre les monstres — ne saurait être qu'un animal séduisant et même poétique ! On remarquera d'ailleurs que les légendes grecques ne font jamais voler des moutons ou des chèvres — si ce n'est le bélier qui sauva de la mort Hellé et son frère Phrixos — et encore moins des vaches ou des porcs ! C'est qu'il y a toujours eu dans le cheval une noblesse, une finesse, une élégance, une robustesse aussi et une intelligence qui en firent chez presque tous les peuples un animal d'élection. Pégase est ainsi l'image et le symbole du jaillissement poétique, de l'élévation des désirs et des rêves, oui, l'image inattendue d'une voie possible de libération, d'un chemin tracé vers le ciel. La preuve : Pégase ne détenait-il pas aussi le secret de la foudre ?

Pétropoulos Ilias (né en 1928)

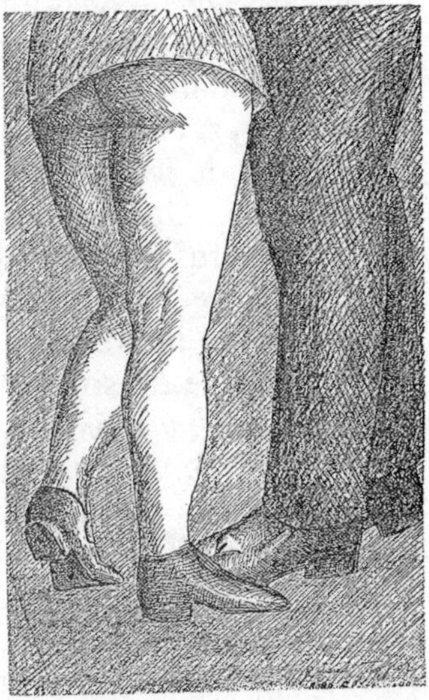

Toute sa vie, Ilias Pétropoulos s'est passionné pour la face cachée et souvent clandestine de la Grèce : rébétika*, haschisch, homosexualité, érotisme et pornographie, athéisme, anarchie, gens du milieu, marginaux en tous genres. Il s'est aussi passionné pour toutes les productions de ce qu'on peut nommer l'art naïf et populaire, mais comme tout cela est dit bien plus substantiellement dans le texte qui suit, je préciserai seulement qu'il fut écrit en préface du premier livre paru en France de cet auteur, intitulé *Corps*.

Ilias Pétropoulos est l'enfant terrible — et sera sûrement demain le vieillard terrible — de la littérature contemporaine en Grèce. Chacun de ses livres est marqué du sceau de la singularité, du refus des conventions, de la passion exploratrice de ce qu'on nomme stupidement les bas-fonds et d'une attirance évidente pour des sujets et des domaines que tous les autres avant lui ont négligés ou méconnus.

Ce choix délibéré, qui concerne aussi sa vie et ses engagements libertaires, a entraîné évidemment un certain nombre de conséquences. Disons, pour simplifier, que Pétropoulos n'est pas, en Grèce, en odeur de sainteté et que pour cette raison, et beaucoup d'autres, il a préféré vivre à Berlin et en France. Plusieurs de ses livres, notamment son *Manuel du bon voleur* et son *Lexique des homosexuels*, ont été victimes de la censure et lui-même a été emprisonné sous le prétexte de pornographie pendant la dictature des colonels.

Pourtant, si beaucoup de ses œuvres firent scandale en Grèce, lors de leur parution, je ne le tiens pas pour un provocateur. Un provocateur, c'est quelqu'un qui a besoin du refus et de l'hostilité des autres pour se sentir vivre ou écrire, ce qui n'est pas le cas de Pétropoulos. Il s'est toujours intéressé à l'envers du décor social, aux zones d'ombre de son pays, il a passé sa vie à explorer les différents *no man's land* de la Grèce. Oui, écrivain du *no man's land*, c'est plutôt ainsi que je le définirais, ethnologue des marginalités, linguiste des langues souterraines et refoulées, collecteur des folklores négligés, oubliés, peintre des banlieues et périphéries culturelles. Bref, un homme, enquêteur, chercheur, fouineur et écrivain, perpétuellement attiré par les cultures enfouies ou clandestines comme celle des *rébétika*, ces chants populaires longtemps confinés au ghetto des drogués et du sous-prolétariat et qui, du début du siècle aux lendemains de la Seconde Guerre mondiale, ont été, avec le *karaghioze* ou théâtre d'ombres, ce que la Grèce a suscité de plus original, de plus inimitable.

Pendant des années, Pétropoulos a donc recueilli, rassemblé des pans entiers de la culture grecque atypique, celle que vous ne trouverez dans aucun livre, celle que ne nous montrera aucun guide, celle que les Grecs eux-mêmes ont longtemps ignorée, refusée, refoulée, que ce soit le monde et la culture des drogués, des fumeurs de hasch, des prisonniers, des homosexuels et des insoumis en tous genres. A quoi il faut ajouter un goût quasi obsessionnel pour les inventaires, inventaires d'objets naïfs ou populaires, de détails anodins d'apparence, mais que Pétropoulos révèle sous des jours et des lumières inattendus. C'est à lui qu'on doit ces albums et collectes de textes et d'images sur les kiosques, les balcons, les fenêtres, les cages à oiseaux de Grèce et ces études sur le café turc, les tombes, les bordels et le théâtre d'ombres, véritable travail de fourmi folkloriste, mais là encore au service d'un folklore négligé par les Grecs et ignoré des étrangers. Au fond, Pétropoulos regarde son pays comme le ferait un Martien tour à tour amusé, étonné ou scandalisé, tout à tour inquisiteur et ironique, et il décrit, photographie les doublures inconnues — au sens vestimentaire du mot —, occultes et inavouables quelquefois de la vie grecque.

En somme et pour résumer, je dirai que Pétropoulos est devenu le plus éminent spéléologue des couches souterraines, nocturnes — quelquefois même quasi vierges — de la vie et du langage grecs. De tous ces mots, il fait son miel.

Phaistos

Matin de juillet 1997.

Devant moi jusqu'à l'infini, l'alignement des vignes et des oliviers. Vent faible venu de la mer proche. Je suis entouré d'une procession de souffles frais, comme les battements d'ailes d'un Eros* invisible et je sens le temps s'éloigner, s'effacer pour ne plus laisser que la radieuse intensité de cet instant. Autour de moi, sur l'acropole, des chambres ouvertes au ciel, des couloirs éventrés, des entrepôts, des souterrains exhumés au soleil et derrière les gradins d'un versant, le plus vieux théâtre du monde. Dès ces temps reculés — expression absurde d'ailleurs, car ces temps, loin d'être reculés, étaient des temps d'inventions et d'innovations —, dès ces temps avancés, donc,

— nous sommes en 1800-1700 av. J.-C. — on avait ressenti la nécessité du théâtre, d'un lieu d'où l'on pouvait voir — c'est le sens même de ce mot : ce qu'on voit et ce qui est vu — l'image de sa propre vie, de sa propre cité, de sa propre histoire et même, quelquefois, de ses propres dieux. En fait, il devait plutôt s'agir de rituels collectifs liés à l'évocation des forces vives de la Terre, de la Grande Déesse qui en était l'image et le symbole. Peut-être aussi y célébrait-on, comme à Cnossos, des jeux taurins où jeunes garçons et jeunes filles s'en donnaient à cœur joie sur le dos des taureaux.

Ici, les dieux sont à deux pas de vos désirs et de vos peurs. On dirait qu'ils n'attendent qu'un cri, qu'un souffle pour apparaître entre les caroubiers et se mêler aux vertiges de midi. N'est-ce pas pour cela que les hommes les ont créés, pour qu'ils s'ajoutent aux éléments du monde, nous aident à les améliorer ? Pour faire que de la boue et du limon naisse une amphore, de la stéatite une déesse, que sardoines et calcédoines deviennent au cou des femmes un chemin de lumière et que la moindre pierre perde sa pesanteur pour se muer en arche ou en colonne ?

Je me souviens de ma première visite ici, en 1950, de la soirée passée sur le théâtre à déclamer des vers de *Phèdre*, devant deux étudiantes grecques envoyées par le ciel. Quand j'eus fini et que je vins m'asseoir près de celle qui avait pour nom Artémise, je sentis la douce pression de sa main sur la mienne.

Faire halte ici. A nouveau. Non pour remailler le tissu délavé du temps mais pour inscrire cette heure dans l'inventaire des miracles. Et toujours devant moi l'alignement des vignes, des oliviers jusqu'à l'horizon, jusqu'à la mer qu'on ne voit pas mais qui bat au cœur de tous les paysages crétois. Cette fois, c'est la déesse aux serpents, la Potnia Thérôn qui se dresse devant moi. Elle brandit entre ses mains les deux reptiles. Et ses seins, des seins dodus, tendus pour quel allaitement interdit aux humains, saillent de son corsage. Mais le rêve s'efface. Demeure la pression de la main d'Artémise. Demeurent le regard et les seins de la Potnia Thérôn. Demeure sur le théâtre l'empreinte des pieds nus qui foulèrent son aire. Demeure la magie de Phaistos. Demeure l'alignement des vignes et oliviers jusqu'à la mer.

Platane de Gortyne

Voir « Europe ».

Pleistos (Vallée de)

Un véritable océan d'oliviers centenaires coulant en strates mouvantes jusqu'à la mer, ancien domaine sacré d'Apollon devenu une des plus belles oliveraies d'Europe, c'est ainsi qu'apparaît la grande vallée de Pleistos quand on la voit des hauteurs de Delphes. S'y promener, flâner sous ses ombrages est un enchantement. Je l'ai visitée, parcourue, traversée plusieurs fois lors de mes différents séjours à Delphes, avec toujours le sentiment de pénétrer dans un sanctuaire naturel, miraculeusement préservé. Car je trouve miraculeux qu'un tel lieu ait pu survivre à tant de guerres et d'incendies qui à maintes reprises ravagèrent la région. Qu'il ait pu également échapper à la furie des Turcs qui, lorsqu'ils durent abandonner la Grèce à la fin de la guerre d'Indépendance, se retirèrent en détruisant et en sciant les oliviers.

Sur Delphes et sur cette vallée, j'ai publié jadis un texte, dans un livre pour bibliophiles aujourd'hui introuvable, qui s'appelait *La Grèce des dieux et des hommes*. Mais ici, le temps ne fait rien à l'affaire, surtout quand il s'agit d'oliviers centenaires, et j'aurais pu écrire ce texte hier ou aujourd'hui. Ni les arbres ni les cigales ni le murmure des torrents dévalant les ravines n'ont dû changer depuis les siècles où cette vallée était le jardin d'Apollon.

Repaire des oiseaux et paradis des oliviers, la vallée de Pleistos est sans doute un des rares lieux de Grèce qui se soit perpétué jusqu'à nos jours sans changements majeurs. Un respect craintif continue d'entourer ces arbres tutélaires : un ami athénien, ingénieur agronome, me racontait un jour son expérience décevante mais révélatrice à propos de cette vallée de Pleistos. Tous les efforts déployés par les autorités pour améliorer le rendement des arbres — ce qui eût exigé d'en abattre quelques-uns sans aucun danger pour le caractère et la beauté du site — se heurtèrent au refus absolu, presque superstitieux de la population. Cela explique sans doute que la vallée de Pleistos soit restée, aujourd'hui encore, un lieu particulièrement préservé. J'eus l'occasion de la visiter en accompagnant dans sa tournée le garde champêtre de Delphes. Le garde champêtre, plus encore que le gendarme, est, en Grèce « l'œil » du pouvoir. Il connaît tout, s'immisce partout et n'est pas, comme le gendarme, un fonctionnaire qu'on peut déplacer à tout moment. Enraciné dans un village ou une région, lui seul peut vous en faire partager les secrets, vous mêler à ces histoires « locales », à ces rivalités de famille, d'apparence anodines, mais qui furent finalement, en Grèce, l'humus de toutes les mythologies.

A tout visiteur disposant de quelques jours à Delphes, je conseille de prendre, sur la route principale, un peu en amont du musée, le sentier muletier qui descend vers ce qu'on appelle le « gouffre de la Pappadia ». Là vivait autrefois un monstre, du nom de Lamia ou Sybaris, gardien de la source, caché dans l'antre que l'on peut voir encore. Le gouffre a peu d'importance en lui-même, seul compte le chemin qui y mène. On y voit les plus anciens et les plus beaux oliviers de la terre — troncs torturés, noueux, repliés, lovés, parfois éclatés en trois ou quatre bras, burinés, troués, crevassés, si malmenés et marqués par le temps qu'on se demande parfois par où circule la sève. Certains ont trois cents ans, plus peut-être. Mais en réalité, ils n'ont pas d'âge et l'on comprend, rien qu'à les voir, qu'il soit impossible à une main humaine d'y porter atteinte. Leur forme rude les fait ressembler à des *xoana**, ces anciennes idoles en bois qui furent, en Grèce, les statues primitives des dieux. Dieux dressés vers le ciel ou déjà absorbés en partie par la terre — surgissent-ils du sol ou s'enfoncent-ils lentement en lui ? On ne sait, tant ils font corps avec la terre ! —, forêt vivante où se déchirent soudain les mailles du temps dans l'entrelacs de la lumière et du ciel émietté entre l'argent des feuilles. Forêt où l'on s'arrête pour écouter, pour regarder, pour sentir, palper, attendre. Attendre quoi ? Les voix qui parlent ici sont si lointaines qu'on ne les entend plus. Les monstres ont été vaincus, les temples se sont écroulés, les dieux sont morts, mais les arbres, eux, perpétuent la chaîne bruissante du passé.

Cette forêt n'en finit pas. On peut s'y promener tout le jour sans quitter le couvert des arbres, couvert transparent, tamisant la lumière comme une gaze, non comme un toit. Refuge d'oiseaux, d'insectes, paradis de plantes et de fleurs. De nombreuses sources surgissent de partout. Des torrents dévalent du Parnasse, même pendant l'été et, sur le cours de ces torrents, on a édifié des moulins. Des familles viennent s'y installer pendant toute la saison chaude — en réalité presque six mois par an —, dans des maisons branlantes qu'on jurerait abandonnées ; on y moud les grains de la moisson : blé, avoine et seigle. On y fait le pain sous la cendre, faute de four. Le soir, au retour d'une longue promenade qui nous mena de chapelles en sources et de sources en moulins, nous nous arrêtâmes dans une de ces maisons : sol en terre battue, âtre où brûlent quelques bûches pour la cendre qui cuira le pain, icônes dans l'angle du mur, devant lesquelles grésille l'huile rance des veilleuses. Leur flamme éclaire des silhouettes de saints noircis par la fumée, de saints amoindris, effacés, épuisés peut-être par quelque lutte interminable contre les démons et déjà engloutis dans la nuit des icônes. Leurs yeux sévères veilleront sur notre dîner : une galette de pain, des olives et des noix. Rien d'autre. On puise de l'eau dans le torrent tout proche. Les oiseaux se sont tus. La nuit vient de tomber, une nuit dense, accrue par le fouillis des arbres. Et l'on contemple, en caressant le chien qui vient familièrement se blottir près de vous, cette vie humaine mesurée, limitée, presque harassée, face à la force inépuisable, inaltérable, des grands oliviers immobiles sous la lune.

Prévélakis Pandélis (1909-1989)

Ecrivain et historien d'art né en Crète, à Réthymo, et mort à Athènes. Prévélakis enseigna très longtemps l'histoire de l'art à l'Ecole supérieure des beaux-arts d'Athènes, mais il est surtout connu comme essayiste et romancier, notamment pour ses nombreux livres sur la Crète. Je l'ai rencontré pour la première fois en 1957, après la parution en France de son gros roman *Le Crétois* dont je venais de faire la traduction. Par la suite, je traduisis deux autres ouvrages, *La Chronique d'une cité* et *Le Soleil de la mort*, ce dernier étant le premier volume d'une trilogie intitulée *Les Chemins de la création.*

Prévélakis fut avant tout un auteur classique par son écriture comme par l'image — quelque peu romantique et nietzschéenne — qu'il se faisait de l'écrivain. Mais, à travers ce classicisme de la forme — sensible, je pense, dans les extraits du *Crétois* cités plus haut — transparaît une vision très personnelle — je dirai même novatrice à bien des égards — du rôle de l'écrivain dans la cité. L'aura romantique dont il le pare signifie le devoir — et aussi l'aptitude — de l'écrivain à être le témoin lucide et privilégié de son temps. De plus, Prévélakis fut pendant quarante ans, l'ami fidèle et inconditionnel de Nikos Kazantzakis*, autre écrivain crétois. On peut le constater en lisant, si l'on en a le courage, les quatre cents lettres publiées à Athènes, en 1965, et dont certaines, venues de Kazantzakis, narrent et précisent entre eux un véritable compagnonnage religieux, politique et spirituel.

Deux courants, deux convictions, deux sources sous-tendent en permanence toute son œuvre : d'abord les racines crétoises qui ont nourri ses livres comme ceux que j'ai déjà cités, ainsi que *Pandermi Criti*, *Crète infortunée*, sur l'occupation ottomane en Crète. En toutes ces œuvres, on perçoit l'influence d'une tradition populaire ancestrale conjuguant la lutte constante, fondatrice pour la liberté, avec tous les symboles qui en émanent et qui firent de la Crète et de ses combats le lieu d'une épopée mythique : la bravoure — pallikaria —, la fidélité à soi-même et à ses ancêtres, la noblesse du cœur et de l'âme — lévendia —, mais aussi chez Prévélakis une évidente attirance pour la pensée occidentale, surtout pour ceux que Nikos Kazantzakis appellera ses « gardes du corps » — Dostoïevski, Nietzsche, Tolstoï — et pour Prévélakis, Romain Rolland et Jules Romains.

J'eus avec lui une correspondance de plusieurs années dont j'ai reproduit une partie dans les annexes de *L'Eté grec* et dont je voudrais ici présenter un autre fragment, plus important et plus révélateur, que Prévélakis m'adressa dans les dernières années de sa vie et qu'il écrivit directement en français. Cet essai ou cette réflexion sur les rapports entre guerre et paix était intitulé *Pax et bonum*. On peut y lire d'une façon très claire le *credo* moral de l'auteur :

Sur les frontons et les métopes des temples grecs antiques, on voit presque toujours représenté un combat. Combat contre les bêtes sauvages — lion, hydre, serpent —, combat contre les monstres — Centaures, Gorgones ou Minotaure —, combat contre l'Asiate — Perses et Amazones. Après la victoire contre ces ennemis — la nature encore indomptée, la peur originelle, l'envahisseur étranger —, on voit apparaître sur les temples un nouveau sujet que l'on dirait inespéré : un roi faisant dépendre sa succession d'une compétition pacifique — le roi Œnomaos et le jeune héros Pélops s'apprêtant à rivaliser dans une course de chars sur le fronton est du temple de Zeus à Olympie. On assiste ici à la naissance des Jeux olympiques, institution toute nouvelle où la valeur seule, et non point la violence, permet d'accéder à la victoire.

Au même siècle, sur la frise du Parthénon d'Athènes,

apparaît un autre sujet, également nouveau et non moins suggestif : la procession des Panathénées, fête pacifique par excellence pendant laquelle le peuple d'Athènes portait à Athéna le voile que de jeunes Athéniennes avaient tissé dans le silence. Tous les gens qui participent à cette procession — vieillards, adultes, jeunes filles et éphèbes — traversent une cité idéale — pareille à celle décrite par Thucydide dans l'*Epitaphios de Périclès* — pour aller rencontrer l'assemblée des dieux qui siège sur le côté est de la frise. A mesure qu'ils s'en approchent, leur visage s'éclaire d'une lueur surnaturelle : les premiers arrivants se couvrent la tête du pan de leur manteau pour ne pas être aveuglés. On dirait que ces gens ont accédé à la paix divine.

Ce même mouvement de la guerre à la paix est attesté par la littérature antique. Eschyle, sur son épitaphe, se considère plutôt guerrier que poète, un guerrier dont la vaillance fit peur « *aux Mèdes à la longue chevelure* ». Sophocle lui-même, en son jeune âge, avait dansé tout nu et chanté le péan devant le trophée de la bataille navale de Salamine. Mais, vieillard, il écrit *Œdipe à Colone*, livre de sagesse suprême et d'acceptation. Le lendemain des longues guerres contre Sparte, l'aspiration du peuple athénien à la paix éclate chez Aristophane.

[...] L'île de Crète, carrefour de navigation et de commerce entre trois continents, fut conquise à la fin du XVIIe siècle par les Turcs qui succédèrent après une très longue lutte à l'occupant vénitien. La domination turque, qui dura jusqu'à 1898, avait provoqué dans l'île un tel état de misère et de détresse que seules les horreurs de l'enfer imaginées par Dante auraient pu l'égaler. J'ai tenté moi-même, dans mon roman *Le Crétois*, la peinture infernale qui suit :

« Le Turc n'avait pas laissé aux chrétiens la moindre parcelle de terre, pas même ce que couvre l'ombre d'un roseau. Le raïa n'avait pas le droit d'avoir de champs à lui, ni de troupeaux, il devait par contre partager le produit de son labeur avec l'agha, jusqu'aux œufs que ses poules pondaient dans sa cour. Le vrai maître, le seul maître, c'était l'agha et

lui, le raïa, le perpétuel esclave. Il ne pouvait ni monter à cheval, ni porter des armes. Il devait demander une autorisation pour se marier et avoir des enfants. Quand il passait devant une mosquée ou une caserne, il devait ôter ses chaussures et s'incliner jusqu'à terre. Il n'était maître ni de son honneur, ni de sa tête, et sa religion était la risée des Infidèles.

« Dans un pareil enfer, le désespoir emportait parfois le raïa dans ses tourbillons et des villages entiers perdaient entièrement la raison. Ils fixaient un délai à Jésus-Christ pour opérer son miracle et les délivrer de l'esclavage, faute de quoi ils le renieraient et se convertiraient à l'islam. Le délai expiré, ils fermaient leurs églises, les entouraient d'un fil trempé dans la cire, et les femmes encensaient une dernière fois les saintes icônes dans leur maison puis les enfouissaient sous la terre, comme si elles enterraient leur foi elle-même. Après quoi, le village tout entier, pope en tête, courait vers les mosquées s'agenouiller devant le Coran. Ces folies se produisirent surtout dans les villages de la région de Sélino, une cinquantaine d'années seulement avant le soulèvement de 1821. »

Au sortir de cet enfer, après une lutte qui dura près de deux siècles, j'ai entendu un vieux Crétois dire : « Ce fut un temps où notre seule patrie était la langue maternelle. » Parole terrible, dont un Occidental qui depuis des siècles jouit de la liberté nationale ne saura jamais apprécier la portée. Seule, la sympathie à l'égard des souffrances endurées par la race juive, dans un temps tout proche de nous, aurait pu rendre la conscience d'un Occidental capable d'embrasser la Passion crétoise.

[...] Qu'il me soit pardonné d'avoir parlé de cette soif de la paix éprouvée par les races guerrières, qui est ma propre soif. Mon pacifisme n'est pas le résultat d'une conversion, encore moins le produit d'une prédication, c'est un aboutissement. Il préfigure peut-être un état d'âme qui sera bientôt commun à tous les peuples, quand ils auront vaincu, chacun dans son propre pays, les bêtes sauvages, les monstres, les envahisseurs. La paix universelle que j'entrevois n'arrivera qu'au lendemain des grandes luttes. Toute chose étant symbole, d'après Goethe, ces grandes luttes et la paix qui leur succède auraient pu signifier le cheminement douloureux de l'homme vers la sagesse, vers le perfectionnement de la conscience individuelle.

Protagoras (ve siècle av. J.-C.)

C'est le nom d'un sophiste célèbre à Athènes et aussi le titre du dialogue que Platon lui consacra. Dans ce dialogue, Protagoras apparaît comme un rhétoricien plus soucieux d'éloquence et de belles paroles que de raisonnement rigoureux ou de définitions précises. Mais n'entrons pas ici dans le vif d'un sujet qui nous entraînerait sur le terrain mouvant de la sophistique. Je sais gré, pour ma part, à Protagoras, qui enseignait à ses élèves, disciples ou auditeurs l'art de convaincre l'adversaire par son esprit et ses paroles — « *Convaincre, c'est vaincre sans épée* » était sa formule favorite — oui, je lui sais gré d'avoir dit à l'un de ses élèves qui l'interrogeait à propos des dieux :

« En ce qui concerne les dieux, je ne suis pas en mesure de te répondre car je ne sais s'ils existent ou n'existent pas, et, s'ils existent, quel peut bien être leur aspect. Trop de bonnes raisons s'opposent à ce savoir : le fait qu'ils soient invisibles et la brièveté de toute vie humaine. »

Merci, Protagoras ! Je pense le plus sérieusement du monde qu'on devrait inscrire cette réponse au fronton ou à l'entrée de tous les instituts de théologie.

***Protagoras* (Le)**

Dans le dialogue qui porte ce nom, Socrate dénie à Protagoras — qui initie comme on le sait à la sophistique — la possibilité justement d'enseigner et de transmettre l'art de gouverner les hommes. Et Protagoras lui répond par un mythe très intéressant mettant en cause Prométhée et son frère Epiméthée. Ce mythe, le voici :

Il fut un temps où les dieux seuls étaient et où la race des humains n'existait pas encore. Quand le temps marqué par le destin fut venu pour eux d'exister, les dieux les formèrent dans le sein de la terre avec du limon, du feu et d'autres éléments mêlés aux deux premiers. Et quand ils furent sur le point de donner le jour à ces créatures, ils chargèrent Prométhée et Epiméthée du soin de les orner et de les pourvoir des facultés appropriées. Epiméthée conjura alors son frère de lui laisser faire cette distribution.

« Laisse-moi faire tout cela et quand j'aurai fini, tu viendras examiner si cela te convient. » Prométhée y consentit et Epiméthée se mit donc à l'ouvrage. S'occupant d'abord des animaux, il donna aux uns la force sans la vitesse, à d'autres l'agilité sans la force, à d'autres enfin, les plus démunis, quelque moyen ingénieux de se défendre. Ceux qui étaient de petite taille reçurent des ailes ou un habitat souterrain et ceux qui étaient de grande taille se trouvèrent protégés par leur grandeur même. Il suivit les mêmes principes dans tout le reste de sa distribution, compensant chaque manque par un ajout correspondant, de façon que chaque espèce ait les moyens de sa survivance.

Après quoi, il procura à chacun les moyens d'endurer les rigueurs de la température en revêtant les uns d'un poil épais, les autres d'une peau renforcée qui leur tenait lieu de couverture naturelle. Puis il mit de la corne aux pieds des uns, des cals ou des peaux très épaisses aux pieds des autres. Il leur fournit aussi toutes sortes d'aliments : herbes, fruits et racines. Il pensa même à ce que certains animaux servent de nourriture à d'autres, mais s'arrangea pour que les espèces carnivores se reproduisent peu et que les espèces herbivores qui leur servaient de proies aient au contraire une grande fécondité pour que l'espèce puisse se maintenir. Mais comme Epiméthée était par nature étourdi, il s'aperçut, une fois sa répartition terminée avec les animaux, qu'il n'avait rien gardé pour l'homme ! Voilà pourquoi celui-ci fut le seul à venir au monde totalement démuni, à naître nu, sans rien pour le protéger.

Ce mythe est là pour rendre compte d'une évidence : comparé aux autres espèces animales, l'homme vient au monde sans aucune protection naturelle. Il n'est à sa naissance qu'un « *singe nu* », selon l'expression d'un anthropologue américain.

Précisons toutefois, pour que ce mythe soit plus clair, que Prométhée signifie le Prévoyant, alors qu'Epiméthée signifie l'Imprévoyant, littéralement celui qui réfléchit après, c'est-à-dire trop tard. Comment faire pour rattraper l'impardonnable oubli d'Epiméthée ? Eh bien, en procurant à l'homme nu une arme qui, à elle seule, remplacera toutes celles qui lui manquent. Cette arme, c'est le feu. Plus exactement, le feu domestique. Nanti du feu, l'homme pourra désormais cuire ses aliments — ce qui ne rend plus nécessaire d'avoir des griffes et des crocs —, se chauffer, s'éclairer, forger des armes, faire des poteries. Ainsi, grâce au feu, il pourra surmonter ses manques originels et se trouvera plus à même de se rapprocher du domaine des dieux. C'est ce que Zeus ne pardonnera pas à Prométhée : d'avoir dérobé le feu divin et de l'avoir transmis aux hommes. Mais cela, c'est une autre histoire qui nous éloigne d'Athènes et de Protagoras, pour nous emmener... au Caucase.

Protée

Tous les dictionnaires de mythologie grecque vous le diront : Protée était ce qu'on nomme un Vieillard de la mer, une ancienne divinité marine, préposée en quelque sorte à la surveillance des rivages et notamment à la garde des phoques de Poséidon. Je me suis d'ailleurs souvent demandé, quand j'étais lycéen — et même longtemps après, et même aujourd'hui encore — ce que Poséidon pouvait bien faire de tous ces phoques, les Grecs anciens ignorant l'usage de l'huile de phoque et plus encore l'emploi des peaux pour empêcher les skis de glisser sur la neige ! Quoi qu'il en soit, Protée gardait les phoques de Poséidon près de l'île de Pharos, à l'embouchure du Nil et, comme toutes les créatures primordiales, disposait du pouvoir de métamorphose. Il pouvait se changer non seulement en animal, mais en éléments : eau, air ou feu. Ce qu'il fit, comme le raconte Homère au chant IV de l'*Odyssée*, quand le roi de Sparte Ménélas, échoué sur ce rivage, voulut s'emparer de Protée pour qu'il lui révèle les passes à franchir. Alors le Vieux

> devint d'abord un lion à l'épaisse crinière,
> Puis un dragon, une panthère, un porc volumineux,
> Il se fit eau courante et arbre de verdure.

On pourrait évidemment s'en tenir là, se dire : eh bien, oui, il pouvait se métamorphoser, mais après tout il n'était pas le seul, en ce temps-là ! Pourtant, cet étrange pouvoir mérite réflexion. Il est le propre des créatures primordiales, qui contiennent en germe toutes les possibilités à venir. Elles ont une apparence et une forme précises mais instables, susceptibles de figurer les autres formes ou voies possibles du devenir. Au fond, c'est justement cela qui m'apparaît intéressant en ces métamorphoses, ce jeu, ce théâtre d'apparences et de figures successives prises quand ces créatures sont dérangées ou menacées, jeu et théâtre qui font indiscutablement penser au cycle de l'évolution, au sens darwinien de ce terme. Il n'empêche que les différentes métamorphoses de Protée — et d'autres divinités primordiales comme Nérée ou Thétis, sa fille — reproduisent les différents états évolutifs des créatures marines jusqu'aux reptiles et aux mammifères ! Oui, c'est un cycle qui peut paraître très arbitraire, mais qui vient des fonds les plus riches et les plus perspicaces de l'imaginaire grec. Une sorte de prémonition, pourrions-nous dire, de ce qui sera un jour une évidence, à savoir ce que nous devons tous, en tant qu'*homini sapientes*, à la mer, notre matrice originelle.

Pour preuve, je citerai un hymne orphique — IIIe siècle ap. J.-C. — consacré à Protée où l'on peut voir clairement que je n'ai pas rêvé en écrivant les lignes précédentes. Cette prémonition du cycle évolutif de la nature, on la devine en cet hymne lucide et fervent. Celui qui dans l'*Odyssée* n'était, si je puis dire, qu'un simple gardien de phoques devient ici un véritable Sage, maître de la matière et plus encore maître du Temps.

A PROTEE

J'invoque Protée, maître des portes de la mer,
Dieu primordial qui mit au jour les fondements de
[la nature,
Souverain des métamorphoses de la sainte matière,
Sage, honoré, instruit de toutes les choses du
[présent
Mais aussi de ce qui fut et de ce qui sera.
Car étant tout et sachant tout, en tout il peut se
[transformer
Comme n'importe quel dieu siégeant aux cimes
[enneigées de l'Olympe
Ou volant sur la mer, la terre et dans les airs.
C'est à lui seul que la nature première a tout remis.
Aussi, père, révèle aux mystes tes saintes prophéties
Et, pour leurs actes purs, donne-leur une vieillesse
[heureuse.

q

Quinet Edgar (1803-1875)

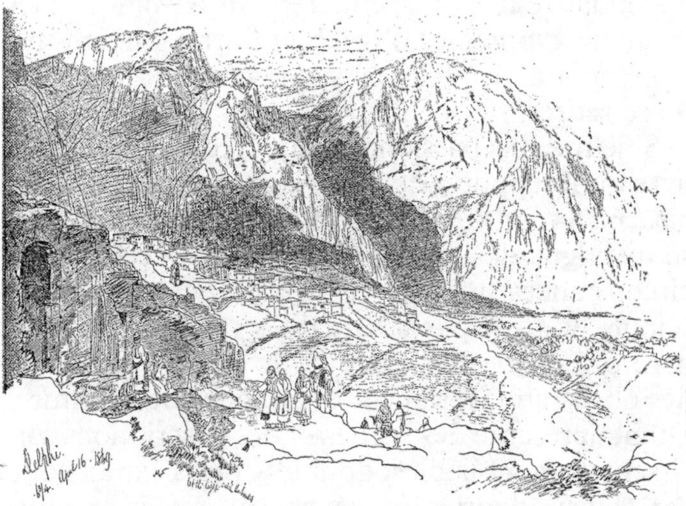

Quand, en février 1829, le jeune Edgar Quinet débarque en Grèce dans la baie de Navarin pour une mission que l'on nommerait aujourd'hui humanitaire, il n'a pas la moindre idée de tout ce qu'il va rencontrer. Frais émoulu de l'Université, selon la formule consacrée, il ne rêve que de Grèce antique, de temples en marbre blanc, voire de Grecs en péplum. La mission dont il fait partie a pour tâche d'assurer l'inventaire des richesses artistiques du pays, mais aussi et surtout d'évaluer les besoins de la population en nourriture, vêtements et médicaments. C'est pourquoi elle comprend essentiellement des médecins, des pharmaciens, des hydrologues, des savants de diverses disciplines et un historiographe qui est Edgar Quinet. Et là, à peine débarqué, il découvre avec stupéfaction un pays exsangue, une population décimée, des paysages dévastés. Nous sommes, je le rappelle, en 1829. La guerre d'Indépendance n'est pas entièrement terminée et les troupes égyptiennes d'Ibrahim Pacha, qui ont mis le Péloponnèse à feu et à sang, viennent tout juste de se retirer.

Si je me suis passionné pour Edgar Quinet et le livre qu'il rapporta de ce voyage, intitulé *La Grèce moderne et ses rapports avec l'Antiquité*, c'est qu'il se distingue des autres récits sur la Grèce par les circonstances uniques et bien particulières de ce séjour, et aussi par les qualités remarquables du livre qui en résulta : acuité du regard, précision des observations, rigueur et élégance de l'écriture. Quinet présente des scènes et des descriptions saisissantes, inoubliables, dont les courts extraits que j'ai choisis donneront, je pense, une idée suffisante. De plus, l'intérêt véritable et profond que Quinet voue à ce pays — et qui n'a rien à voir avec une curiosité d'esthète — lui fera sentir et comprendre que les Grecs dépenaillés qu'il rencontre sont malgré tout les authentiques continuateurs des Grecs antiques.

Les extraits qui suivent ne décrivent donc pas une Grèce idyllique. Mais à aucun moment je n'ai volontairement noirci, par leur choix, le tableau de ce que fut réellement la Grèce de ces années-là. J'ai même évité de citer certains passages des plus macabres. Et l'on quitte à regret la lecture de ce livre, en se demandant vraiment par quel miracle la Grèce put survivre à de telles destructions !

L'ARRIVEE A NAVARIN ET LA PREMIERE RENCONTRE DE L'AUTEUR AVEC LES GRECS SURVIVANTS

Le lendemain, vers dix heures, nous touchâmes terre à côté de la baraque d'un hôpital, au milieu d'un cercle de malades qui tremblaient là au soleil blafard du mois de mars. Dans un labyrinthe de murs renversés par les boulets et par le feu, je ne distinguai rien d'abord qu'un vieillard turc croupissant dans une mare, l'odeur cadavéreuse des ruines, et le son d'une musique toujours plus sépulcrale, à mesure qu'elle traversait ces décombres. Blottis sous les maisons écroulées des cadis, des agas et des derviches, ces mêmes hommes qui avaient apporté là, il y avait quelques mois, l'ardeur et l'éclat de la France, ne sortaient plus qu'à regret de leurs casemates souterraines, où ils se mouraient du mal du pays. Quant aux habitants, il n'en paraissait pas un seul dans l'intérieur des murs. Mais au sortir de la porte du Sud, environ trois cents hommes, à demi nus, efflanqués, haletants, de longs cheveux bouclés sur les épaules, à la ceinture des pistolets et des poignards, charriaient des terres vers un glacis. Les plus vieux, appuyés sur leurs bâtons recourbés, semblaient, ainsi que les travailleurs, ne s'intéresser en rien à l'œuvre qu'ils devaient surveiller.

Là où la chaîne finissait, des femmes entassaient en cercle des pierres et des monceaux de boue, qu'elles recouvraient ensuite de lambeaux de manteaux et de draps, pour s'abriter, elles et leurs enfants, sous cette toiture. Il y en avait quelques-unes auxquelles on avait prêté des tentes, mais le plus grand nombre étaient debout autour de grandes chaudières, sous des cavernes creusées à mi-côte dans la montagne.

Ces feux à l'entrée des grottes, disséminés dans les ravins à diverses hauteurs, et qui se réfléchissaient sur quelques bouquets flétris de glaïeuls et d'euphorbes, ces figures blanches qui s'agitaient alentour, mêlaient à cette première vue de la Grèce l'idée d'une migration de sauvages. Si l'on en approchait, on s'apercevait que toute cette population, dont une partie était des esclaves nouvellement délivrés, était encore sous un joug de terreur, qui la rendait presque incrédule au bien qu'on voulait lui faire ; le nom et l'image d'Ibrahim, se grossissant incessamment de tous les maux publics et privés, causaient partout une frayeur prodigieuse.

La Grece liberee :
un ossuaire en plein air

Un soir, monté à cru sur l'un de ces chevaux affamés que les Egyptiens ont abandonnés sur le rivage, et qu'on traîne chaque jour à la voirie, je pris la chaussée vénitienne de Modon, à travers les couches de cendre et les troncs brûlés des oliviers dont la vallée était autrefois ombragée. Quelques cavernes s'ouvrent tristement sur le chemin. A la place des villages, des kiosques et des tours qui pendaient à mi-côte, on ne voit plus que de longues murailles calcinées et les huttes des troupes du pacha en forme de barques d'agile, amarrées au pied des montagnes. Une fois, je me dirigeai vers les restes d'une église byzantine, où je croyais voir des marbres écroulés ; il se trouva que le porche et le circuit étaient jonchés de blancs squelettes. En arrivant à la porte de la ville moderne, j'allai chercher à environ dix minutes au sud l'emplacement de l'ancienne Méthone, qu'il est facile de reconnaître sur un petit promontoire. On distinguait, il est vrai, quelques murailles en briques, et des terres arrondies en stade ; mais tout cela embarrassé par des fours des Arabes et par les manteaux des pestiférés qui pourrissaient au loin sur l'herbe. Je descendis vers la mer pour y chercher le port ; là encore je ne vis sous une nuée de corbeaux que des ossements d'hommes et de chevaux, des débris d'armes et de vêtements que la vague, qui était alors très forte, rejetait avec les pierres et entassait en poussière jusque vers les piliers de l'aqueduc.

Un desert animal

Rien n'est plus triste que le silence de ces villages, où l'approche des hommes n'est annoncée par aucun bruit d'animaux domestiques ; toutes les huttes closes et personne au dehors, seulement quelque chien de Laconie, qui, sans aboyer, s'élance vers vous à l'improviste, et ne lâche prise qu'en emportant un lambeau de vos habits. Cette dépopulation d'animaux encore plus que d'hommes, outre qu'elle est le principal obstacle à l'agriculture, augmente beaucoup l'impression de détresse de la Morée, même dans les lieux où les végétaux n'ont pas été incendiés. C'est un événement dans la journée d'un voyageur que la rencontre d'un bœuf ; encore la race en est-elle tout à fait dégénérée. Les ânes et les cochons, les derniers surtout, sont entièrement détruits. Quelques troupeaux de chèvres, quelques petits chevaux efflanqués, dont on ne se sert pas pour le labourage, voilà tout ce qui reste. Il est inutile de dire qu'il ne se trouverait pas dans la Grèce entière un chariot à deux roues. Quant aux oiseaux, des bandes de corbeaux s'abattent dans la Messénie, près des campements d'Ibrahim et des squelettes étendus sur les grèves. Dans les golfes de Calamata, de Corinthe, d'Epidaure, c'est à peine si vous découvrez un goéland. Posé sur la lame, il ressemble à un flocon d'écume, jusqu'à ce qu'il secoue ses grandes ailes blanches.

Les forêts d'oliviers sont aussi presque entièrement

muettes, abandonnées aux crabes, aux scorpions, à des couleuvres de cinq à six pieds. Je ne sais ce qu'est devenu le rossignol. Je ne l'ai jamais entendu, quoique j'aie vu en Grèce la fin de l'hiver et le commencement du printemps. Il n'y a qu'une voix qui n'a cessé de retentir à chacune de mes stations : c'est celle du chat-huant. Ce cri traînant, que je trouve chaque soir à la couchée, presque toujours mêlé à celui du chacal, souvent sur ma tête, et si près de moi qu'il me tient à demi éveillé, me poursuit jusque dans le sommeil de l'angoisse et des misères de la journée.

Portrait d'un pallicare

Si l'on voulait faire le portrait idéal du palichare [1], d'un homme qui effleure à peine le sol, qui a encore plus de grâce que de force, qui conjure sur les sommets les balles des delhis, qui va arracher à un pacha, au milieu de son armée, un agneau, une outre de vin, pour qui le bruit du fusil, l'éclat du sabre, sont une fête d'amour, une boisson plus fraîche que le vin de Candie, il faudrait peindre Nikitas, sans lui ôter un seul trait, non pas même l'amulette suspendue à son cou. Il est grand, svelte, prêt à s'élancer. Il a les pieds rapides des hommes de l'Antiquité. Quand je le vis, la fièvre avait pâli sa noble et belle figure. Il est impossible de porter la tête avec plus de fierté et de candeur. Une flamme pure, comme celle de l'épée, jaillit de ses yeux bleus. Son âme farouche, qui essaye de sourire, est sur ses lèvres que voilent des moustaches, couleur des bruyères des montagnes ; et cette sévérité relève le fond de douceur, de franchise et l'enthousiasme naturel qui illumine le haut de son visage. Vêtu de blanc, sans broderies, avec le léger ruban de mousseline des Souliotes, il n'y avait que son beau sabre, pendu à sa poitrine, qui pût le faire reconnaître dans le groupe où il se tenait caché.

1. Orthographe de l'époque.

r

Rébétiko

Le rébétiko — au pluriel les rébétika — est une des créations musicales les plus originales et les plus spécifiques de la Grèce contemporaine, puisque les plus anciens rébétika remontent en fait aux lendemains de la Première Guerre mondiale. On l'a défini quelquefois comme étant « le blues des Grecs », mais cela ne fait que déplacer la question et surtout méconnaître la nature propre, essentiellement urbaine, de cette musique et de ses thèmes. Le mot lui-même vient de *rébétès* et là encore, comme pour le pallicare, je ferai amende honorable en ce qui concerne sa traduction. On peut tour à tour le définir comme un marginal, un déclassé, un asocial mais pas véritablement un truand ou un hors-la-loi. Le rébétès est — ou plutôt était, car il tend à disparaître comme d'ailleurs le pallicare — un mauvais garçon, avec toutes les connotations positives que cela implique égale-

ment. On peut choisir d'être un rébétès, mais on peut aussi le devenir, en se sentant exclu. Cette plongée au cœur des bas-fonds n'aurait d'autre intérêt que folklorique si justement la culture musicale qu'ils ont suscitée ne s'était peu à peu imposée à la société grecque. Chant, plainte et cri des esseulés, des laissés pour compte, des déshérités, mais aussi très souvent des rebelles volontaires ou des insoumis, le rébétiko restera longtemps ignoré — et surtout refusé par la société bien-pensante — jusqu'à la Seconde Guerre mondiale. Il demeurera confiné dans son milieu propre, au cœur de tavernes spécifiques appelées *tekké* ou *dounia*, où l'on s'adonnait au haschisch. De toute façon, le milieu des rébétès fut toujours très difficile à pénétrer et, plus encore, à étudier. Il a fallu le courage, l'acharnement, l'abnégation d'Ilias Pétropoulos* pour venir à bout de ce continent musical et aussi poétique, en publiant un ouvrage lui-même monumental où il recueillit, présenta, étudia, de 1905 à nos jours, plus de quinze cents rébétika !

Dans un livre intitulé *La Grèce de l'ombre*, j'ai raconté mes premières rencontres avec cet univers si singulier et surtout avec certains de ses interprètes et compositeurs, Tsitsanis notamment, qui fut le plus doué et le plus grand d'entre eux. Tout cela se passa dans les années 50. Je parcourais alors la Grèce en stop et comme je circulais surtout en camion, le conducteur m'emmenait souvent, lors des étapes, dans les tavernes « à bouzoukia », nom de l'instrument le plus souvent utilisé, le bouzouki. A l'époque, en ces lieux enfumés où circulaient des pipes à eau qu'on nomme narguilés, on écoutait des disques éraillés, des soixante-dix-huit tours usés jusqu'au dernier sillon, car les orchestres étaient encore rares. Monde exclusivement masculin où les seules femmes présentes étaient quelquefois des chanteuses.

Ainsi, pendant au moins un demi-siècle, les rébétika constituèrent un monde parallèle, presque clandestin, qui n'émergea de son isolement qu'après la guerre, précisément dans les années 50. Epoque où l'un des grands compositeurs — mais qui n'était pas du tout, lui, un rébétès —, Manos Hadzidakis, le revendiqua comme « *une des sources les plus vivantes et les plus précieuses de la culture musicale de la Grèce moderne* ». Au point même de lui trouver des ancêtres dans la musique byzantine ! C'est dans ces années-là que le rébétiko commença à s'imposer, y compris dans les milieux qui l'avaient longtemps dénigré. J'ai bien connu cette période et j'ai été le témoin passionné de cette évolution. Quand je disais alors, au tout début, à quelques amis athéniens que j'aimais le rébétiko, j'avais droit à des sourires de commisération ou de condescendance. L'un d'eux, peintre alors très connu, devenu par la suite un véritable thuriféraire des rébétika, m'avait même dit que « les ours eux-mêmes ne voudraient pas danser sur cette musique ». Mais je savais, moi, pour avoir passé dans les tavernes du Pirée, de Moschato ou de Néa Smyrni, des heures et même des nuits inoubliables, que quelque chose naissait, qu'un nouveau monde s'inventait. Comme je l'écris dans *La Grèce de l'ombre*, « j'avais alors le sentiment de pénétrer pour quelques heures sur une terre, un domaine, un pays clandestins qu'il fallait rechercher en des banlieues perdues, connues des seuls initiés. En un mot, une Grèce qui n'avait plus rien à voir avec celle de la bourgeoisie, des touristes et des hellénistes ! Une Grèce que déjà, parce que ses rites, ses fêtes et ses fastes n'avaient lieu que la nuit, j'avais nommée ou surnommée la Grèce de l'ombre ».

★

Une pléiade de noms célèbres : Bambakaris, Papaïoannou, Tsitsanis, Délias, Mathessis, Robertakis, Kaplanis, Mitsakis, Hadzichristos,

Kaldaras, Toundas, Payoumtzis et j'en oublie, bien sûr, des milliers de chansons écrites et composées par des artistes entièrement autodidactes, voilà ce qu'évoque pour moi le mot rébétiko. Et aussi l'atmosphère bien particulière, du moins dans les années 50 à 60, avant que cette musique ne devienne justement la coqueluche du Tout-Athènes, des tavernes avec le vin résiné coulant à flots et quelquefois le narguilé aux « herbes rares ».

De ces chants, je donnerai ici quelques exemples tout en sachant que les rébétika, eux aussi, défient souvent la traduction. C'est qu'ils sont écrits dans une langue à eux, utilisant des termes bien précis dès qu'il s'agit de haschisch ou de drogue. Mais quand ils parlent — ce qui arrive aussi — de prison, d'amour, de solitude, d'exil, de jalousie, de trahison, d'émigration, alors ils deviennent universels.

LA MORT DANS LA RUE

Depuis que je me suis mis
A renifler la prise
Le monde m'a rejeté
Et je ne sais que faire.

En tout lieu, tout moment
J'essaie de lâcher prise
Mais mon âme n'entend
Que l'appel de la prise.

Au tout début ce fut le blair,
Après le blair, la seringue
Et mon corps peu à peu tout entier
S'est mis à fondre, à me quitter.

Il ne me reste plus rien à faire
Ni plus rien à vivre en ce monde

Puisque la prise a fait de moi
Un fantôme arpentant les rues.

Anestos Délias, 1934

Chanteur et compositeur. Délias fut aussi un des interprètes les plus doués de sa génération. Cette chanson est d'ailleurs prophétique : il mourut très tôt, à l'âge de vingt-neuf ans, dans une rue du Pirée.

LE TESTAMENT DU FUMEUR

Quand je serai mort,
Mettez-moi tout seul dans un coin
Avec mon bouzouki
Ma seule consolation.

Je ne veux ni ami
Ni compagnon ni cierge
Ni que ma bien-aimée
Vienne pleurer sur moi.

Mais plantez-moi deux chanvres
Pour qu'ils fassent de l'ombre
Et qu'ils me rafraîchissent
Quand le vent soufflera.

Mais plantez-moi deux chanvres
Pour qu'ils donnent du chanvre
Et que la mastoura
Comble mes vieux amis.

Robertakis, 1935

Le mot chanvre se prononce en grec *kanavouri*, mais s'écrit *kanabouri*. Il dérive du grec ancien *cannabis* déjà employé par Hérodote et par Sophocle au ve siècle av. J.-C. ! Quel extraordinaire parcours pour un tel mot que de passer de Sophocle à Robertakis, vingt siècles plus tard ; c'est toujours le miracle grec !

Sur le mont Pendeli

Sur les pentes du Pendéli
Parmi les pins, je vais, je viens,
A la recherche de Charos
De Charos que je ne connais pas.

Et voici qu'un beau jour, à l'aube,
Un beau jour, je le rencontre
Sur les pentes du Pendéli
Et je lui parle et le supplie

Oh, Charos, laisse-moi, lui dis-je,
Laisse-moi vivre encore un peu.
J'ai une femme, des enfants,
Comment les laisser, dis-le-moi ?

Mais Lui me regarde et sourit
Alors je me prépare à fuir
Mais Lui, d'une voix forte, dit :
Je te prends et ne te lâche plus.

Papaïoannou pour la musique,
Stratos pour le chant, 1940

Le mont Pendéli, situé en Attique, à l'est d'Athènes, abritait avant guerre un certain nombre de sanatoria. On comprend que Charos, la Mort, y rôdait très souvent.

La taverne

Quand tu viens boire à la taverne
Tu t'assieds et tu ne dis mot.
Et souvent du fond de ton cœur
S'échappe un douloureux soupir.

J'aimerais te parler,
Pouvoir te questionner,
Connaître la raison
De ton profond chagrin.

Sans doute as-tu aimé
Et puis, tu fus trompé !
Allons, viens, rejoins-nous
Que nous buvions ensemble !

Tsitsanis, 1949

LETTRE A DIEU

J'enverrai à Dieu une lettre
Toute pleine de mots amers
Pour lui dire qu'il n'oublie pas
Quelque jour de penser à moi.

Le monde m'a trahi
Et Dieu m'a oublié.

Je lui dirai très nettement
Sans tricher et très clairement
Que lorsqu'il distribue l'argent
Il le fasse moins injustement.

Le monde m'a trahi
Et Dieu m'a oublié.

J'enverrai à Dieu une lettre
Pour qu'il me donne son pardon
Et qu'il fasse que mon avenir
Ne se passe plus à gémir.

Bakalis, 1950

NUIT SANS LUNE

La nuit n'a pas de lune
La nuit est toute noire
Pourtant dans sa cellule,
Il ne dort pas, le pallicare.

Que guette-t-il ainsi
Du soir jusqu'au matin
A travers la lucarne
Eclairant sa prison ?

Une porte s'ouvre et se ferme,
Se ferme et se verrouille.
Qu'a-t-il fait, ce garçon,
Pour aller en prison ?

Une porte s'ouvre et se ferme
Avec un long soupir
Mais saurai-je jamais
Le secret de son cœur ?

Kaldaras, 1947

Je me souviens de ce rébétiko comme si c'était hier. Je l'ai entendu pour la première fois à l'automne 1950, dans une taverne de la banlieue de Larissa. Et depuis, sa musique lancinante et forte ne m'a jamais quitté. Notons qu'en 1947, la Grèce était encore en guerre civile et que les paroles de ce chant font peut-être allusion à un prisonnier politique.

RENCONTRE AVEC LA MORT

Cinq ou six grands fumeurs de hasch
Ont rencontré Charos
Pour lui demander ce que font
Dans l'Hadès leurs vieux complices.

Charos, dis, par ton noir domaine
Sois chic et dis-nous :
En bas, ont-ils encore des sous
Et du raki pour se soûler ?

Dis-nous : ont-ils des baglamas,
Des bouzoukia pour s'amuser
Et trouvent-ils en bas de quoi
Faire la fête toute la nuit ?

Dis-nous : ont-ils aussi des filles
Avec qui passer du bon temps
Et du bon tabac à fumer,

Du noir, du fort, du bien tassé ?

Dis-nous, Charos, allons, dis-nous
Ce que deviennent les copains :
Peuvent-ils se soûler tout leur saoul
Ou restent-ils toujours à jeun ?

Et ceux qui par chagrin d'amour
Sont descendus jusque chez Toi,
Dis-nous, sont-ils enfin guéris
Ou sont-ils pareils à la nuit ?

Tiens, prends donc ces deux poignées,
Une de blond, une de brun
Et donne-les à nos copains
Pour qu'ils les fument à satiété.

Anonyme

Le thème de la rencontre avec la Mort — Charos — est un thème très fréquent dans les rébétika. D'après Pétropoulos, ce chant se chantait à table et ne devint qu'ensuite un zébékiko*, une danse sur rythme de rébétiko. Les termes « blond » et « brun » désignent deux variétés de haschisch.

LA MERE

Mère, quand tu m'as mise au monde
Pourquoi m'avoir caché
Que la vie est faite d'épreuves
— petite et douce mère —
Faite d'épreuves et de misères ?

Mieux eût valu pour moi ne jamais naître
Car j'aurais évité épreuves et souffrances.

Mère, quand tu m'as mise au monde
Si dur était ton cœur
Que tu as fait de moi

— petite et douce mère —
La plus infortunée de tes enfants !

Mieux eût valu pour moi ne jamais naître
Car j'aurais évité épreuves et souffrances.

Mère, parents et amis
M'ont réduite à merci
Et mes deux lèvres amères
— petite et douce mère —
Jamais n'ont pu sourire.

Bambakaris, 1965

L'auteur ignore sûrement qu'il reprend là un des plus vieux thèmes, pour ne pas dire un des plus vieux refrains, de la tradition grecque. « *Mieux eût valu ne jamais naître* » est une maxime qu'on trouve déjà chez tous les poètes grecs antiques et surtout chez les dramaturges. C'est presque un lieu commun, si commun qu'il va jusqu'à unir Sophocle et Bambakaris !

Rhamnonte

On emploie souvent l'expression « hauts lieux ». Les hauts lieux ne sont pas nécessairement des montagnes sacrées ou des sanctuaires des cimes. Un sanctuaire antique étant avant tout la demeure terrestre d'une divinité, il devient un haut lieu dès l'instant où celle-ci l'habite, puisque sa présence signifie une descente du ciel jusqu'à nous. C'est bien le cas du site de Rhamnonte en Attique, où se trouvent les ruines du sanctuaire de Némésis, divinité de la Vengeance. Le temple,

édifié sur un terre-plein dominant la mer, côtoyait une forteresse qui gardait ces côtes inhospitalières, et le lieu tout entier donne l'impression d'être au bout du monde. J'ai toujours trouvé singulier qu'on ait pensé à instituer un culte de la Vengeance et à lui ériger une statue ; encore que celle de ce temple, à en juger par les reconstitutions des archéologues, n'ait rien eu de particulièrement inquiétant ou impressionnant. Dans l'esprit des Grecs, il ne s'agissait pas du tout d'une allégorie, d'une de ces œuvres prétentieuses et fadasses baptisées la Patrie, l'Espérance ou la Tempérance. Les divinités incarnaient toujours pour les Grecs des forces et des fonctions physiques, et Némésis était une de ces forces agissant sur l'équilibre et l'harmonie du monde. Chez nous, la Justice est une femme aveugle tenant en main une balance. A Rhamnonte, la Justice — qui est un des aspects de la Vengeance — était représentée sans voile, tenant dans la main gauche un rameau de pommier et une coupe dans la main droite. Elle se dressait sur un socle ouvragé retraçant ses origines familiales, si je puis dire, car même la Justice a droit à des ascendants, des ancêtres.

Au cours de ma dernière visite à Rhamnonte, en 1963, des pêcheurs jetèrent l'ancre au crépuscule dans une petite crique voisine. Ils m'invitèrent à venir partager leur repas, puis, tandis qu'ils regagnaient la mer, je remontai vers le temple pour dormir sur son esplanade. J'étendis mon sac sur le marbre et me couchai...

mais je ne pus dormir : des bruits hantaient la nuit, grillons, ronron du caïque tournant au large, échos lointains des pêcheurs qui s'interpellaient. Je pensai à cette étrange divinité, cette Némésis si vivante et si abstraite à la fois, à laquelle les Grecs exprimèrent leur besoin de donner à l'univers un ordre, une loi, une harmonie réglant l'équilibre des choses, des êtres et des désirs. Némésis était cette force qui maintient les planètes sur leurs orbites respectives et les êtres vivants au sein de leur règne naturel, veillant sur chaque pensée, chaque entreprise, chaque ambition humaine, parant à tout moment, parce qu'elle ne dort jamais, les perturbations que l'homme apporte infailliblement dans tout domaine où il s'introduit. Au fond, cette divinité ne devait rien avoir de terrifiant. Elle ne s'en prenait qu'à ceux qui prétendaient dépasser les limites de la raison et elle veillait ici, dans cette forteresse qui ne protégeait pas seulement les Grecs des envahisseurs étrangers mais aussi de leurs propres folies. Herbes, mer à peine agitée par le vent, silence et solitude de Rhamnonte ; depuis la mort de Némésis, de la grande statue à la tête couronnée de Victoires, qui opposera désormais un frein aux délires collectifs des hommes ? Némésis était moins une Vengeance qu'une Sagesse faite femme et déesse, moins une statue figée qu'un être vivant au cœur de chacun, comme la voix secrète de sa propre conscience.

De cette nuit passée à regarder le ciel attique et à penser à Némésis, est né par la suite un poème. Souvent, j'ai repensé à ce temple, à cette statue de la Justice, ce minuscule finistère qui m'a bien plus marqué que d'autres sites plus illustres.

Justice comme les pierres. Belle et froide.
Justice comme les pierres. Belle et nue.
Justice venue de très loin. D'outre-humain.
Couteau sur la pensée. Contre le cœur.
Justice.

Un horizon. Plus qu'un horizon :
Le vent, limite des pensées.
Venu d'où, maintenant qu'il souffle de partout
Et perd le souvenir de sa naissance ?
Tourbillon. Calme du maelström en son milieu.
Perle blanche des turbulences.
Nacre des vents. Justice.
Justice comme l'écume. Blanche et nue.
Justice comme la nacre. Blanche et nue.
Justice peu à peu venue, déposée en l'homme
Par les âges et la sagesse dans les âges
Et la violence dans les âges.
Justice près de la mer. Justice comme un rivage
Où s'affrontent les lois de l'eau, de l'air et de la
[terre.
Justice comme une frange sur les fontanelles du
[sang.

Ritsos Yannis (1909-1990)

Aussi généreuse et multiple soit-elle, l'œuvre poétique de Ritsos pourrait se refléter tout entière dans le poème *Grécité* — en grec *Romiossini* —, poème de la Grèce héroïque, insoumise, celle des anciens kleftes, comme des maquisards d'aujourd'hui, et aussi poème de la Grèce légendaire, cosmique, dont le chant, le cri et le message la portent bien au-delà de ses frontières comme des limites de la Grèce historique et géographique.

Ce dictionnaire se veut un lexique d'amour, un florilège de rencontres heureuses et surtout durables. Pas de divorce avec aucune des égéries ni aucun des poètes admirés. Ritsos en fait partie. Je l'ai connu tardivement en Grèce, en 1976, bien après avoir rencontré son œuvre. Et cette œuvre, ce fut d'abord *Grécité*, que je traduisis en 1969, alors que le poète était encore déporté dans l'île de Yaros. Traduction que j'adaptai plus tard pour le théâtre et montai au Petit Odéon, à Paris, en 1974. Car ce poème contient des voix multiples que je tenais à rendre non seulement audibles mais visibles : une voix d'homme combattant, présent sur tous les fronts où se jouait l'avenir de la Grèce, une autre, toujours masculine, mais plus discrète, plus secrète, la voix des exilés arrachés à leur terre natale ou privés de leur liberté. Enfin, une voix de femme, mère, veuve, épouse et fiancée, la voix de celles qui restent et qui attendent, qui vivent l'autre versant de la souffrance. *Grécité* restera pour moi, parce que j'ai aimé ce poème, que je l'ai traduit, adapté et monté au théâtre, l'œuvre de Ritsos qui m'aura très longtemps habité. Car ce n'est pas tout à fait la même chose, ce n'est même pas du tout la même chose de lire un poème dans un recueil ou même de le traduire, et de le suivre, de le vivre en l'écoutant de la coulisse de la bouche de celles et ceux qu'on a choisis pour l'incarner.

Ai-je besoin de préciser que je ne citerai ici de Ritsos que de très courts extraits, et uniquement des poèmes que j'ai traduits moi-même ? Je commencerai par deux passages de *Grécité* qui n'ont pas de titre, mais que je nommerai *Aveu* et *Andante*.

AVEU

Dans ce pays, le ciel ne diminue jamais un seul
[instant la flamme de nos yeux
Dans ce pays, le soleil nous aide à soulever le
[poids
De pierre que nous avons toujours sur nos épaules
Et les tuiles se brisent net sous le coup de genou
[de midi
Les hommes glissent devant leur ombre
Comme les dauphins devant les caïques de
[Skiathos
Et leur ombre devient un aigle qui tient ses ailes
[dans les feux du couchant
Et se perche ensuite sur leur tête en songeant aux
[étoiles
Quand ils se couchent sur la terrasse aux raisins
[secs et noirs.

Dans ce pays, chaque porte possède un nom taillé
[dans le bois depuis trois mille ans
Chaque pierre possède un saint dessiné avec des
[yeux farouches et des cheveux hirsutes

Chaque homme possède une sirène rouge tatouée
[sur son bras gauche
Chaque fille possède sous sa jupe une brassée de
[lumière saumâtre
Et le cœur de nos enfants est marqué de petites
[croix
Comme les traces laissées par les mouettes, au
[crépuscule, sur le sable.

ANDANTE

Heure auguste comme un samedi soir de mai dans
[une taverne de marin
Nuit grande comme la tôle au mur de l'étameur
Chant précieux comme une miche de pain sur la
[table du pêcheur d'éponges.
Et voici la lune crétoise dévalant les galets
Avec vingt rangées de clous sur les bottes,
Et voici ceux qui montent et descendent les
[marches de Nauplie
Et qui ont pour tabac les feuilles épaisses de la
[nuit,
Pour moustaches des buissons de thym saupoudrés
[d'astres
Et en place de dents, les souches dans les rochers
[et le sel de l'Egée.
Ils sont entrés dans les chaînes et le feu,
Ils ont parlé avec les pierres.
Ils ont offert un raki à la Mort
Dans le crâne de leur ancêtre,
Sur les Aires de marbre, ils ont rencontré Digénis,
Ils ont dressé la table pour dîner
Et ils ont partagé leur désespoir en deux
Comme on partage, sur ses genoux, la miche
[d'orge.

Son pays, Ritsos l'aimait passionnément, je dirai presque religieusement. D'un amour qui allait bien au-delà d'un attachement patriotique.

Καρλόβασι Σάμου, 16.IX.72.

Αγαπημένε φίλε Jacques,

Εδώ και αρκετές μέρες έλαβα το γράμμα σας και τα δύο ωραιότατα αντίτυπα της « Grécité ». Καταλαβαίνω τη δυσκολία σας με την αλληλογραφία – από προσωπική πείρα – κι έτσι δεν παρεξηγώ τη σιωπή σας. Τα φιλικά σας αισθήματα τα γνωρίζω καλά απ' τις μεταφράσεις σας κι απ' τα άρθρα σας τα γεμάτα αγάπη και κατανόηση. Δε θα μπορούσα να ζητήσω καλύτερη συνάντηση, αμεσότερη επαφή. Μόνο να σας ευχαριστήσω και να σας βεβαιώσω πως με την ίδια προθυμία αποκρίνομαι στη φιλία σας.

Θα 'χετε μάθει ίσως πόσο μου άρεσαν οι μεταφράσεις σας, αλλά εκείνες που κυριολεκτικά μ' ενθουσίασαν για την ακρίβειά τους στο πνεύμα, στην αίσθηση, στον τόνο, στο ρυθμό, είταν αυτές των δώδεκα ποιημάτων « Après l'épreuve ». Εδώ πια δεν πρόκειται για μια μετάφραση αλλά για μια ταύτιση. Ίσως θα 'πρεπε να μεταφράσετε ολόκληρη αυτή τη σειρά « Διάδρομος και σκάλα », αφού τόσο πολύ σας ταιριάζει.

Τώρα το Σεπτέμβρη, η Σάμος είναι πιο καλοκαιρινή απ' το καλοκαίρι. Κάτι απίστευτα γαλήνια βράδια

C'est toute l'essence et la substance de la Grèce qu'il aimait, une Grèce sensible et sensuelle où passé et présent sont les deux rives bordant un fleuve unique d'histoire et de légende. Il n'a cessé de le chanter, ce pays, en de courts écrits tout au long de sa vie, dont les deux poèmes qui suivent. Le premier, *Notre pays*, provient d'un recueil intitulé *Le Mur dans le miroir*, le second, *Racines*, du recueil *Monemvasia* — du nom d'une ancienne ville franque située dans le sud du Péloponnèse où Ritsos est né.

Notre pays

Nous avons gravi la colline pour voir notre pays :
Champs arides, épuisés, pierres, oliviers, vignes
Etirées jusqu'à la mer. Près de la charrue,
Un feu achève de brûler. Les habits du grand-père
Sont devenus épouvantail pour les corneilles
Et nous passons nos jours à mesurer le pain dans
[la profusion du soleil.
Comment nos mains meurtries ont-elles pu édifier
Nos maisons, notre vie ? Sur les portes, on voit
La suie déposée chaque année par les cierges de
[Pâques
Les croix noires que les morts ont tracées en
[revenant
De la Résurrection. Nous l'aimons beaucoup, ce
[pays.
Avec patience, avec fierté. Et chaque nuit, très
[doucement,
Les statues quittent le puits à sec
Et montent dans les arbres. Nous l'aimons
[beaucoup ce pays.

Racines

Ici, nous avons pris racines.
Par le balcon, tu vis la mer pour la première fois
Entre deux aubes — l'une rose et l'autre noire.
Tu avais dans ta poche un peigne et un mouchoir.
Dans ton dos, la crête du rocher tendait la toise
[torride de l'altitude
Et aux portes du lazaret, tout sentait le thym et la
[rouille.
Quand tu rentras dans la maison, les pièces étaient
[sombres, désertées.
La vaisselle avait changé de place.
La plus jeune servante conspirait avec les pierres
Et les mots balbutiaient à l'aube de leur sens.
Depuis, nous avons appris que les racines voyagent
[sous les pierres.

Et cette même fenêtre, nous l'avons vue à
[Cnossos, à Mystra, à Mycènes et à Thèbes.
La feuille du figuier, nous l'avons vue sur les
[mêmes corps
Quand les belles adolescentes au front droit
Gravissaient l'escalier de marbre et déroulaient le
[voile
Processionnel décoré de chevaux, de dieux et de
[corbeilles.
L'une d'elles perdit sa sandale. Elle ne s'arrêta pas
[pour la remettre
Ne lâcha pas son voile, continua son chemin
[jusqu'au temple
En boitant imperceptiblement.
Démarche qui a franchi, immuable, la profondeur
[du temps.

J'ai bien conscience ici de ne faire qu'effleurer cette œuvre, voire ce continent poétique qu'est la poésie de Ritsos. Il se trouve que, de tous les poètes contemporains de Grèce, il a été — et ce depuis longtemps — le plus traduit en France et donc le plus connu ou le moins ignoré. Je ne citerai donc, pour terminer ce bref hommage, que deux autres poèmes, écrits quand il était en résidence surveillée dans sa maison de l'île de Samos, en 1970, et que j'ajoutai alors à une réédition de *Grécité* :

UNE GOUTTE

Il n'a plus de temps, plus de désir ;
Il ne peut regarder. Dans le puits
Il descend et remonte le vieux seau plein de trous ;
Il en tire une eau noire ; il la rejette
Dans l'eau noire La corde s'use.
Et soudain cette peur : que la corde ne casse
Et que même l'eau noire ne s'épuise. Une goutte

Est tombée sur sa chaussure ; elle brille au soleil ;
Une goutte qu'il voit, qui grandit, grandit,
Occupe le jardin, le monde — une goutte
Sur une vaste feuille de néflier,
Qui aveugle et réfléchit le monde.

La jeune fille

Pour résister elle n'avait rien d'autre — jeune fille
[de dix-huit ans —
Que ses deux mains menues, très menues, sa robe
[noire,
Le souvenir d'un bout de pain très soigneusement
[partagé
Et le chuchotement secret, la nuit, de ce que nous
[nommions « patrie ».

Quand on la jeta dans les ténèbres, elle n'avait
[plus de voix.
Les autres cellules ne l'entendirent pas. Seul
[l'oiseau de Perséphone
Lui apporta dans un mouchoir quelques grains de
[grenade ; et les écoliers
La dessinèrent sur leurs cahiers, à la lueur d'une
[lampe,
Petite Vierge sur la chaise d'un café populaire
Avec une foule d'oiseaux et de poissons sur les
[épaules et les genoux.

Samos, 21 avril 1970

S

Santorin

Une dizaine de voyages, depuis le premier d'entre eux en 1950, ne m'ont jamais découragé de revenir périodiquement à Santorin. Contrairement à ce que j'entends souvent dire, les îles volcaniques sont loin de se ressembler. Vivre sur un volcan vous met sans doute en face d'un risque et d'un danger communs à tous, mais n'implique pas d'y répondre de façon identique. Santorin et sa sœur cadette Anaphi n'ont pas d'autres parentes en Méditerranée, en Grèce ni ailleurs, car les îles Lipari, anciennes demeures d'Eole, le dieu des vents, ne m'ont jamais paru comparables.

Ce qui surprend toujours, en tout cas sur ces îles en principe peu accueillantes, c'est l'insistance et même l'obstination des hommes à vouloir y vivre à tout prix. Prix qui comprend moins les risques d'éruption ou d'engloutissement que les difficultés liées — surtout dans les temps anciens— à l'alimentation en eau, l'approvisionnement et l'isolement. Mais ce sont probablement ces risques et ce défi qui donnèrent jadis à Santorin — avant que le tourisme ne transforme cette île en un Saint-Tropez égéen — cette beauté et cette austérité uniques parmi les îles cycladiques. Ici, tout est démesure et contraste : les masses sombres des falaises et la blancheur immaculée des maisons bordant la caldéra — « *comme pincée de sel sur le pain noir du sol* », dit un poète grec — les jeux des ombres et des lumières entre la mer et le ciel, l'échelonnement des villages, cette confrontation constante des extrêmes — bien décrite par les voyageurs d'antan — entre effroi et éblouissement.

Pour bien ressentir et vivre tout cela — à quoi beaucoup d'habitants actuels sont restés sensibles — percevoir ce qu'il y a d'à la fois grandiose et fragile en ce monde suspendu sur les flots, la singularité de l'insularité de Santorin, il est bon d'y demeurer quelque temps, de s'y promener sur mer et sur la terre — ou plutôt sur les cendres ou pouzzolanes refroidies — entre les délices de l'aube et les délires du crépuscule. Au visiteur qui n'a pas le loisir de s'y attarder, je conseillerai d'aller au moins jusqu'au promontoire d'Akrotiri, dans le sud de l'île où, depuis 1967 et grâce à leur découvreur Spiros Marinatos, on peut voir les vestiges d'une ville minoenne de seize siècles environ av. J.-C. Bien sûr, les toits de tôle ondulée qui recouvrent le site n'ont rien de minoen et l'on a quelquefois l'impression, en raison même de leur présence, de visiter un chantier de construction plutôt qu'une ville exhumée. Mais là, à Akrotiri et dans ses environs immédiats, où le sol relativement plat et fertile permit de très bonne heure l'installation humaine, en ce sud où s'atténuent, s'effacent même les reliefs dantesques des autres parties de l'île, on peut deviner mieux qu'ailleurs, mieux qu'à Cnossos ou Phaistos en Crète, ce qu'impliquait, avant l'explosion du volcan, de vivre en ce paradis : un rivage regardant vers le sud et abrité des vents du nord, une terre où poussaient à foison orge, vignes et arbres fruitiers, une mer regorgeant de poissons, des prairies regorgeant de fleurs.

Pour voir les fresques qu'on y découvrit — des fresques remarquablement conservées — il faut aller en revanche jusqu'à Athènes, où une salle spéciale leur a été affectée au Musée national archéologique. Et c'est alors toute la vie d'une cité minoenne, vie familiale et intime, vie rituelle ou collective, qui transparaît à travers les scènes représentées : pêche, cueillette des fleurs, ébats des singes et des chats, départ et défilé d'une expédition maritime, combat de boxe entre adolescents, offrandes et dévotions. Parmi tous ces trésors, ma préférence — plus que ma préférence, ma dévotion — va à la fresque appelée *Les Cueilleuses de safran*, représentant deux jeunes femmes penchées sur des rochers pour y cueillir des fleurs. Celle de droite est la plus saisissante, la plus légère aussi avec son profil si pur, ses lèvres fines et peintes, l'arcade profilée de son sourcil, l'élégance de la natte bouclée dans son dos. A sa vue, une fois de plus, je me suis dit : pourquoi n'ai-je pas vécu à cette époque, à ses côtés, cueillant avec elle et ses compagnes des bouquets de safran, pour les offrir à la déesse, à la Potnia Thérôn, la Maîtresse des Fauves, dont le sanctuaire sans doute se situait près de là ? Pourquoi a-t-on oublié ces leçons d'amour et de respect de la nature dont témoignent chaque attitude et chaque geste ? Ce n'est pas une émotion simplement artistique que l'on ressent, mais quelque chose de plus profond, de plus épuré : ici, le peintre n'a pas cherché des effets de lignes ni de palette, mais de toute évidence il a voulu saisir — et il y a admirablement réussi — un moment intemporel de joie et de bonheur.

Beaucoup de poètes grecs ont décrit Santorin et surtout beaucoup de peintres grecs l'ont représentée. Mais alors que la peinture fige fatalement le lieu dans le temps, la poésie, elle, peut voyager le long des siècles. Santorin évoque irrésistiblement l'idée d'engloutissement et ce n'est évidemment pas un hasard si, dès le lendemain des découvertes d'Akrotiri, certains historiens, archéologues ou géologues ont pu y voir un vestige possible de l'Atlantide*. Cette hypothèse n'est plus recevable aujourd'hui, mais pour un poète contemporain comme Séféris*, par exemple, le thème de l'engloutissement demeure toujours fondamental. C'est en 1935 qu'il écrivit un poème intitulé *Santorin*, paru dans un court recueil lui-même intitulé *Gymnopédie**. C'est un poème amer et pessimiste. Rouille et cendre — les éléments et les couleurs de Santorin — deviennent les symboles d'une survivance fantomatique, d'une scorie du feu créateur, d'une pétrification du temps jadis vivant. La vie s'est édifiée ici sur des laves et des cendres. Mais partout, jusqu'au cœur des flots, sur les îlots appelés Roches Brûlées, couve le feu destructeur. Et partout, pour le poète qui pressent déjà la guerre à venir, couve dans le cœur de l'homme le feu des caldéras de la violence.

> Penche-toi, si tu le peux, sur la mer obscure,
> [oubliant
> Le son d'une flûte sur des pieds nus
> Qui parcoururent ton sommeil dans l'autre vie,
> [l'engloutie.
>
> Sur ton dernier coquillage, écris, si tu le peux,
> Le jour, le nom, le lieu
> Et jette-le dans la mer, qu'il y disparaisse.
>
> Nous nous sommes retrouvés nus sur la pierre
> [ponce
> Regardant les îles nées des flots,
> Regardant les îles rouges s'abîmer
> Dans leur sommeil, dans notre sommeil.
> Nous nous sommes retrouvés nus, ici,

Avec entre les mains une balance
Dont le fléau penchait vers l'injustice.

Talon de la vigueur, vouloir sans faille, amour
[lucide,
Desseins qui mûrissent au soleil de midi,
Voie du destin au bruit de la jeune paume frappant
[l'épaule ;
En ce pays qui s'est brisé, qui ne résiste plus,
En ce pays qui jadis fut le nôtre,
Rouille et cendre, les îles s'engloutissent.

Autels détruits
Amis oubliés
Feuilles de palmier dans la boue.

Laisse, si tu le peux, tes mains voyager
En cet angle du temps avec le bateau
Qui toucha l'horizon.
Quand le dé frappa l'aire,
Quand la lance frappa la cuirasse,
Quand l'œil reconnut l'étranger,
Et se tarit l'amour
En des âmes percées ;
Quand tu regardes à l'entour et que tu trouves
Partout les pieds fauchés
Partout les mains inertes
Partout les yeux obscurcis ;
Quand il ne reste plus rien à choisir, pas même
La mort que tu désirais tienne,
En écoutant quelque grand cri,
Le cri même du loup,
Ton dû ;
Laisse tes mains voyager, si tu le peux,
Détache-toi du temps trompeur,
Et sombre
Comme sombre celui qui porte les grandes pierres.

Sappho

Poétesse, mais aussi prophétesse, tant elle a préfiguré, en son île de Lesbos et surtout en son temps lointain — trente et un siècles nous en séparent ! — la force et le pouvoir de toute vraie poésie sur l'oubli et le Temps. Sappho, première de toutes les poétesses à s'être adonnée tout entière au chant et aux poèmes, tout entière aussi à l'amour.

> J'ai servi la Beauté.
> Que peut-il y avoir de plus grand ?

nous dit-elle.

En ces temps antiques où les hommes — à l'exception de quelques rares poètes et penseurs égarés entre ciel et terre — n'avaient qu'un désir et qu'un but : exhiber leurs armures et leur musculature, autrement dit faire la guerre et pratiquer le sport, Sappho, elle, chanta l'amour.

Pendant longtemps, sur le mur de ma chambre d'étudiant, à côté de la devise d'Einstein, citée à propos d'Antigone*, il y eut ce poème de Sappho, bréviaire de tout fidèle d'amour :

> Pour certains, la plus belle des choses, c'est une troupe de cavaliers ; pour d'autres, un défilé de fantassins ; pour d'autres enfin, une escadre en mer. Mais pour moi, c'est de voir quelqu'un se mettre à aimer quelqu'un.

Ne jamais oublier Sappho. Ne jamais oublier qu'elle fut la première des femmes à inscrire dans le temps l'éphémère tremblement, le fragile émoi de l'amour. A pressentir en lui, dès qu'il est dit, l'orient de tous les mots.

Et comme elle eut raison d'écrire : « Oui, plus tard, quelqu'un se souviendra de nous. »

Ne jamais oublier Sappho.

Séféris Georges (1900-1971)

Je me suis souvent demandé si, lorsqu'on traduit de la poésie, il ne serait pas préférable d'avoir affaire à des auteurs anciens dont seule compte et importe l'œuvre plutôt que tel ou tel aspect de leur façon de vivre. Traduire des poètes vivants, que l'on peut être amené à rencontrer et fréquenter, implique une relation toute différente avec l'œuvre dont l'auteur n'est jamais absent. D'autant qu'avec les poètes que j'ai traduits — principalement Séféris, Ritsos et Elytis — les relations ne se limitèrent pas aux rencontres imposées par le travail commun, mais allèrent quelquefois au-delà. Si bien que je ne peux m'empêcher, quand je les relis, de joindre et de mêler leur voix et leur image à celles de leurs poèmes.

© *Jannis Psychopedis*

Ce préambule amène à l'éternel problème du miroir : un auteur doit-il nécessairement ressembler à son œuvre, l'œuvre doit-elle nécessairement être le reflet de son créateur ? Dieu aurait, nous dit-on, fait l'homme à son image. Le poète — en rappelant que ce mot signifie en grec « créateur » — est-il tenu d'en faire autant, de créer l'œuvre à son image ? Comme on le voit, fréquenter des poètes vivants pose de tout autres questions que de fréquenter Homère ou Shakespeare ! Mais venons-en à Séféris, celui des trois poètes cités plus haut que j'ai le mieux connu. Oui, venons-en à Séféris et surtout à quelques moments et événements de sa vie qui ne furent pas sans répercussion sur son œuvre.

Séféris n'est pas né en Grèce, mais en Asie Mineure, près de Smyrne — nom grec d'Izmir —, sur une terre devenue turque mais où les Grecs étaient installés depuis l'Antiquité. En 1922, à la suite de la guerre entre Grecs et Turcs, la ville brûla et tous les Grecs de la région durent abandonner leur foyer et se réfugier en Grèce. Ainsi prenaient fin, dans les flammes, l'horreur et le déchirement, trente siècles de présence grecque en Asie. De même que la prise de Constantinople devint la Chute dans l'histoire et la mémoire grecques, les événements de 1922 devinrent la Catastrophe et c'est toujours sous ce nom qu'on les évoque encore en Grèce. Quand ils survinrent, Séféris était à Paris où il terminait sa licence en droit. Il ne put donc jamais revoir sa maison ni sa terre natales, si ce n'est des années plus tard, en 1950, quand il fut nommé ambassadeur à Ankara. Cette séparation, ce déchirement, cet abandon forcé des lieux de son enfance créèrent en lui un sentiment d'exil permanent, d'une vie devenue une perpétuelle errance, comme celle d'Ulysse, mais un Ulysse qui aurait perdu jusqu'à tout espoir de retour à Ithaque.

Dans les recueils parus peu après ces événements, les premiers recueils donc, à partir des années 30 et notamment dans celui qui s'intitule *Mythologie*, on peut trouver trace de ce déchirement, de ce manque, de ce qu'il nomme si justement « *le gouffre de l'appel des compagnons de l'autre rive* », impliquant une errance sans fin sur des mers dont on sait qu'elles ne mèneront plus jamais à la patrie perdue. Ainsi ce poème — écrit entre 1933 et 1934 — un des plus révélateurs du recueil :

Mais que cherchent-elles, nos âmes, à voyager ainsi
Sur des ponts de bateaux délabrés,
Entassées parmi des femmes blêmes et des enfants
[qui pleurent,
Que ne peuvent distraire ni les poissons volants
Ni les étoiles que les mâts désignent de leur pointe ;
Usées par les disques des phonographes,
Liées sans le vouloir à d'inopérants pèlerinages,
Murmurant en langues étrangères des miettes de
[pensées ?

Mais que cherchent-elles, nos âmes, à voyager ainsi
De port en port
Sur des coques pourries ?

Déplaçant des pierres éclatées, respirant
La fraîcheur des pins plus péniblement chaque
[jour,
Nageant tantôt dans les eaux d'une mer
Et tantôt dans celles d'une autre mer,
Sans contact,
Sans hommes,
Dans un pays qui n'est plus le nôtre
Ni le vôtre non plus.
Nous le savions qu'elles étaient belles, les îles
Quelque part près du lieu où nous allons à
[l'aveuglette,
Un peu plus bas, un peu plus haut,
A une distance infime.

A une distance infime. C'est quand la distance est infime, qui vous sépare de l'être cher, en l'occurrence ici la terre natale devenue mère lointaine à jamais intouchable, que la séparation, l'éloignement paraissent les plus forts. On retrouvera en bien d'autres poèmes le sentiment de cette distance à la fois infime et irrémédiable, concrétisée par la proximité des deux rives, celle de la Grèce et celle de la Turquie.

Dans l'œuvre de Séféris, la mer est, comme pour tout Grec marin, à la fois élément et eau initiatrice qui séparent tout autant qu'ils unissent. Pour le dire à sa façon, qui est unique, le poète imaginera un double de lui-même — celui qu'il eût pu être s'il avait mené une vie différente —, il imagine un Argonaute errant du nom de Stratis le Marin, qu'on retrouvera tout au long des rives de l'Egée, des passes du Bosphore, de la mer Morte ou même en des mers plus lointaines.

> Nous ne savons pas que tous nous sommes des
> [marins sans emploi.
> Nous ne savons pas combien le port est amer
> Quand tous les bateaux sont partis,

écrit-il dans un poème de cette époque au titre significatif, *A la manière de G. S.*, dont le premier vers, plus significatif encore, est :

> Où que me porte mon voyage, la Grèce me fait mal.

Oui, la Grèce elle-même est devenue blessure et son histoire une incision sanglante au cœur de la mémoire. Quant à sa géographie, elle est celle d'une carte aux frontières toujours changeantes parce que toujours incertaines. Cette mélancolie lucide, ce désenchantement dont il faut préciser qu'il ne conduit jamais pour autant au désespoir, sont contrebalancés au moins par une certitude, à savoir que la patrie intime du poète qui est sa propre langue, le grec, a, elle, une pérennité évidente de plus de trente siècles, une vitalité qui la rend, non seulement fondatrice, mais toujours novatrice. Séféris éprouve au plus haut degré ce sentiment d'appartenance à une langue presque unique en regard des autres langues européennes, unique par son histoire, sa mémoire, sa continuité, sa longévité. Il a d'ailleurs exprimé clairement ce sentiment lors de son discours de réception devant l'Académie du prix Nobel, à Stockholm en novembre 1963. Que dit très exactement le poète à propos de la Grèce ?

J'appartiens à un petit pays. C'est un promontoire rocheux dans la Méditerranée, qui n'a pour lui que l'effort de son peuple, la mer et la lumière du soleil. C'est un petit pays mais sa tradition est immense. Ce qui la caractérise, c'est qu'elle s'est transmise à nous sans interruption. La langue grecque n'a jamais cessé d'être parlée. Elle a subi les altérations que subit toute chose vivante. Mais elle n'est marquée d'aucune faille. Ce qui caractérise encore cette tradition, c'est l'amour de l'humain ; la justice est sa règle. Dans l'organisation si précise de la tragédie classique, l'homme qui dépasse la mesure doit être puni par les Erinnyes. Bien plus, la même règle vaut pour les lois naturelles. « *Le soleil ne peut pas dépasser la mesure*, dit Héraclite, *sinon les Erinnyes, servantes de la justice, sauront le ramener à l'ordre.* »

Pérennité d'une langue, donc, mais aussi pérennité de la poésie qui donne à la langue, non seulement ses lettres de noblesse, mais son véritable, essentiel horizon. Pérennité de « *cette voix humaine que nous appelons poésie* », dit le poète qui ajoute dans le même discours :

Cette voix qui court à tout moment le danger de s'éteindre faute d'amour et qui sans cesse renaît. Menacée, elle sait toujours où trouver un refuge ; reniée, elle a toujours l'instinct de reprendre racine dans des régions inattendues. Pour elle, il n'existe pas de grandes et de petites parties du monde. Son domaine est dans le cœur de tous les hommes de la terre. Elle a le charme de fuir l'industrie de l'habitude. Je dois ma reconnaissance à l'Académie suédoise d'avoir senti ces faits, d'avoir senti que les langues dites d'usage restreint ne doivent pas devenir des barrières derrière lesquelles le battement du cœur humain peut être étouffé.

Et de conclure par ce credo :

Dans ce monde qui va se rétrécissant, chacun de nous a besoin de tous les autres. Nous devons chercher l'homme partout où il se trouve.

Tout n'est-il pas dit en ces quelques mots ? Ce n'est pas seulement la langue grecque et son étonnante pérennité que salue ici le poète, mais la poésie elle-même, celle qui sourd encore et toujours des mille voix du monde, des mille rumeurs des hommes. Celle qui justement est là pour compenser, sinon contrecarrer leur démesure. Chez Séféris, comme d'ailleurs chez son compatriote Elytis, la poésie est aussi cela : ce gnomon qui, à l'heure de midi, sépare à une distance infime l'ombre de la lumière.

Ni de près ni de loin, ni succinctement ni substantiellement, il ne saurait être question de proposer ici un choix significatif des poèmes de Séféris. J'ai trop fréquenté sa langue, j'ai trop côtoyé ses chemins pour faire, à supposer que cela fût possible, un choix objectif. Les quelques exemples qui suivent ne sont donc pas un florilège, mais une sorte de biopsie poétique, un prélèvement d'images sur le corps ou le corpus des poèmes.

Une constante osmose entre passé, présent, le legs homérique et — qui sait ? — le souvenir toujours latent de la Catastrophe habitent de nombreux poèmes d'un des premiers recueils, *Mythologie*, paru en 1935. Parmi eux, je choisirai le poème intitulé *Astyanax* qui reprend, tiré de l'*Iliade*, le moment où Andromaque, veuve d'Hector, remet son fils Astyanax entre les mains d'un messager, pour qu'il échappe ainsi à la mort que les Grecs lui réservent. Magnifique recréation d'un élan et d'un sentiment maternels rendant comme présents sous nos yeux les murs dévastés de Troie :

Puisque tu pars, prends avec toi l'enfant
Qui vit le jour sous ce platane, ce jour
Où résonnaient les trompettes, étincelaient les [armes,
Où les chevaux épuisés se penchaient sur la vasque
Effleurant de leurs naseaux humides
La verte surface de l'eau.

Les oliviers avec les rides de nos pères
Les rochers avec la sagesse de nos pères
Le sang de notre frère vif sur cette terre
Etaient une joie robuste, une règle fertile
Pour les âmes qui connurent le sens de leur prière.

Puisque tu pars, puisque se lève le jour
De l'échéance, puisque nul ne sait
Qui il tuera, comment il doit finir,
Prends avec toi l'enfant qui vit le jour
Sous les feuilles de ce platane

Et apprends-lui à épeler les arbres.

En 1937, paraît *Cahier d'études* qui contient des poèmes écrits au cours des dix années précédentes et c'est dans ce recueil qu'apparaît pour la première fois la figure de Stratis le Marin. Il s'agit, sous le titre *Stratis le Marin décrit un homme*, d'une suite comprenant : *Enfant*, *Adolescent*, *Jeune homme* et *Homme*. Voici *Jeune homme* :

Je voyageai un an avec le capitaine Odysséa
J'étais heureux.
Aux beaux jours, je me trouvai une place à la proue près de la Sirène ;
Je chantai ses lèvres rouges en regardant les poissons volants.
Par mauvais temps je me fourrai dans un coin de la cale avec le chien du bord pour me tenir chaud.
A la fin de l'année, je vis des minarets, un matin.
Et le patron me dit :
« Voici Sainte-Sophie. Je t'emmènerai ce soir chez les filles. »
Ainsi ai-je connu les femmes qui ne portent que des bas,
Les femmes que l'on choisit, mais oui, celles-là.
C'était un lieu étrange
Une cour avec deux noyers, une treille, un puits,
Et le mur, autour, garni des verres cassés.
Une rigole chantait : « Au fil de ma vie ».
Alors pour la première fois, je vis un cœur
Transpercé de la flèche bien connue
Dessiné au charbon sur le mur.
Je vis les feuilles de la treille jaunies,
Tombées à terre,
Collées au pavé, à la boue sordide,
Je fis un mouvement pour rentrer au bateau.
Mais le maître de bord m'empoigna au collet, me jeta dans le puits :

L'eau tiède et tant de vie, tout autour, sur ma peau
[...]
Puis la fille me dit, en jouant distraitement avec son sein droit :
« Je suis de Rhodes, on m'a fiancée à treize ans pour cent sous. »
La rigole chantait : « Au fil de ma vie ».
Je me souvins de la cruche cassée dans l'après-midi fraîche et je pensai :
« Elle mourra un jour elle aussi, comment mourra-t-elle ? »
Je lui dis seulement :
« Attention, n'abîme pas ton sein, il t'aide à vivre... »
Le soir, sur le bateau, je ne pus m'approcher de la Sirène. J'avais honte.

De 1935 à 1944, suivront deux recueils intitulés *Journal de bord I* et *Journal de bord II*. Dans le premier, figure un très peau poème que le lecteur trouvera à l'article Asiné*. Du second recueil, écrit pendant la guerre, alors que l'auteur, diplomate, séjourna un temps au Transvaal, avant de rejoindre Le Caire en 1942, émane un texte qui a toujours eu ma préférence, intitulé *Un vieillard sur le bord du fleuve*, poème qui, par son murmure continu comme celui du Nil — auquel il se réfère — et son chant assourdi, m'apparaît comme l'émouvant et exigeant message du poète, une fois de plus en exil de sa terre fondatrice.

Il faut pourtant considérer comment nous avançons ;
Sentir ne suffit pas, ni penser, ni bouger,
Ni exposer son corps aux vieilles meurtrières
Quand l'huile bouillante et le plomb fondu
Creusent les murs de leurs coulées.
Il faut pourtant considérer vers quoi nous avançons,
Non pas comme le veulent notre douleur, nos enfants affamés

Ni le gouffre de l'appel des compagnons de l'autre rive [...]
Ni comme le chuchote la veilleuse couleur d'encre d'un hôpital de fortune,
Ou le flamboiement pharmaceutique contre l'oreiller d'un garçon opéré à midi ;
Mais d'une autre façon, peut-être veux-je dire comme
Ce long fleuve qui sort des grands lacs enfermés au cœur de l'Afrique
Qui fut un dieu jadis, puis devint route et donateur et arbitre et delta,
Qui n'est jamais identique, comme nous l'ont appris les anciens sages,
Et pourtant il reste toujours le même corps, le même lit,
Le même signe,
La même orientation.
Je ne demande rien d'autre que de parler simplement, que cette grâce me soit accordée.
Notre chant, nous l'avons surchargé de tant de musiques
Qu'il s'est englouti peu à peu
Et nous avons tellement enjolivé notre art
Que son visage s'est noyé dans les dorures.
Et il est temps de dire les quelques paroles
Que nous avons à dire : demain notre âme hisse la voile.
Si la souffrance est humaine, nous ne somme pas hommes pour souffrir seulement ;
Et c'est pourquoi, ces derniers jours, je pense tellement au grand fleuve,
A cette signification qui avance parmi les plantes et les herbes,
Les animaux qui paissent et qui se désaltèrent, les hommes qui sèment et qui moissonnent
Parmi les grands tombeaux et les petites maisons des morts,
Ce courant qui suit sa route et n'est pas tellement différent du sang des hommes,

Ni des yeux des hommes lorsqu'ils regardent au loin
sans éprouver de crainte dans le fond de leur cœur,
Sans cette angoisse journalière pour les petites choses ni même pour les grandes,
Quand ils regardent au loin comme le marcheur
Dont la coutume est de se guider sur les étoiles
Et non comme nous, l'autre jour, qui regardions, derrière la grille,
Le jardin clos de la maison arabe endormie,
Le frais petit jardin changer de forme, grandir et s'amenuiser,
Changeant nous aussi, tandis que nous regardions
La forme de notre désir et celle de notre cœur
En plein midi, nous, pâte patiente d'un univers
Qui nous repousse et nous façonne,
Prisonniers des filets chatoyants d'une vie qui fut juste et devint cendre
Et s'engloutit dans les sables,
Ne laissant plus derrière elle
Que l'indéfinissable, le vertigineux balancement d'un très haut palmier.

Le Caire, 20 juin 1942

Dernier extrait : la première partie d'un ensemble intitulé *La Grive*. C'était le nom d'un petit bateau coulé pendant la guerre dans le détroit de l'île de Poros, pas très loin d'Athènes, une île où Séféris se rendait fréquemment. Il fut écrit en 1946 et publié l'année suivante, et si je l'ai choisi, c'est que le poète y revient une fois de plus — mais ce, vingt-cinq ans plus tard — sur l'événement marquant de sa vie, la perte du foyer natal. L'ensemble comprend quatre parties : *La Maison près de la mer*, *Le Voluptueux Elpénor*, *Le Naufrage de « La Grive »* et *La Lumière*.

LA MAISON PRES DE LA MER

Les maisons que j'avais, on me les a prises. Il se
[trouva
Que les années furent néfastes : guerres, ravages,
[exil.
Parfois le chasseur atteint les oiseaux de passage,
Parfois il ne les atteint pas. La chasse
Fut bonne en ce temps-là, beaucoup furent
[touchés par les plombs.
Les autres errent sans répit ou deviennent fous
[dans les abris.

Ne me parle pas du rossignol, ni de l'alouette,
Ni du petit hoche-queue
Traçant des chiffres dans la lumière avec sa queue.
Je ne sais pas grand-chose des maisons :
Je sais qu'elles ont leur caractère, voilà tout.
Neuves au début, comme les petits enfants
Qui jouent dans les jardins avec les franges du
[soleil,
Elles brodent des persiennes de couleur et des
[portes
Etincelantes sur le jour.
Quand l'architecte a fini, elles s'altèrent,
Elles se rident, ou sourient, ou encore s'irritent
De ceux qui sont restés, de ceux qui sont partis
Et de ceux qui reviendraient s'ils le pouvaient,
Ou qui ont disparu, maintenant que le monde
Est devenu immense hôtellerie.

Je ne sais pas grand-chose des maisons ;
Je me rappelle leur joie et leur tristesse
Parfois quand je m'arrête ;
aussi
Parfois près de la mer, dans des chambres nues,
Sur un lit en fer, sans rien qui m'appartienne,
En regardant l'araignée du soir, je me dis
Que quelqu'un s'apprête à venir, qu'on le pare
D'habits blancs et noirs, de bijoux de toutes les
[couleurs,

Et qu'autour de lui à voix basse
Parlent des femmes de grande dignité,
Cheveux gris et sombres dentelles —
Qu'il s'apprête à venir me dire adieu,
Ou qu'une femme à la prunelle prompte, à la taille
[de guêpe,
Revenant des ports du Midi,
Smyrne, Rhodes, Syracuse, Alexandrie,
Revenant de cités closes comme de chaudes
[persiennes
Aux parfums de fruits dorés et d'aromates,
Monte l'escalier sans remarquer
Ceux qui sont endormis sous les marches.

Tu sais, les maisons s'irritent facilement
Quand on les dépouille.

En avril 1967, eut lieu en Grèce un coup d'Etat au cours duquel une junte de colonels analphabètes et dévoyés prit le pouvoir. La Grèce retombait — car elle avait déjà connu plusieurs dictatures — entre les mains de tyrans. De par sa profession, Séféris se trouva souvent confronté à des problèmes ou des conflits entre le fonctionnaire diplomate et le poète errant et humaniste. Il en était d'autant plus conscient et d'autant plus marqué qu'il dut, à certains moments — mais jamais bien sûr pendant le temps des colonels — servir des régimes ultra-conservateurs bien éloignés de ses propres idées. Il rendra d'ailleurs compte très clairement de ces contradictions dans son Journal personnel au point d'écrire :

Ma vie a suivi deux routes parallèles, une route de contrainte, de patience et de compromis et une autre où s'avançait ce qu'il y a de plus profond en moi, mon être libre, irréductible.

Il pourra enfin réconcilier en lui le diplomate, le poète et l'homme, lorsqu'il prononcera devant la presse étrangère, le 28 mars 1969, en pleine dictature des colonels, le discours que toute la Grèce attendait, dénonçant clairement l'anomalie de ce régime et « *l'oppression qui a couvert le pays et le précipice qu'il voit s'ouvrir devant lui* ».

Citons également, car ce texte révèle clairement, lui aussi, les vrais sentiments du poète, des extraits de la lettre qu'il écrivit en décembre 1967 aux responsables de l'université de Harvard, qui l'avaient invité à venir enseigner et séjourner chez eux.

> ... Vous savez peut-être que depuis le printemps dernier la censure fonctionne dans mon pays et je crois qu'aucune œuvre littéraire ne peut prospérer sans liberté d'expression. Je ne parle pas seulement de ma propre liberté mais aussi de celle de tous ceux qui combattent mes opinions. C'est pour cette raison que j'ai retiré des mains de mon éditeur deux livres qui allaient paraître et que j'ai l'intention de ne rien publier dans mon pays aussi longtemps que durera cette situation.
>
> Bien sûr, votre célèbre université, dont vous m'invitez à partager la vie, jouit de façon privilégiée de la liberté de parole. Mais hélas, j'ai le sentiment que s'il n'y a pas de liberté d'expression dans un seul pays, cette liberté n'existe nulle part ailleurs. La condition de l'émigrant ne m'attire pas. Je veux demeurer au milieu de mon peuple et partager toutes ses vicissitudes.

C'est donc au milieu de son peuple que Séféris demeurera et qu'il mourra le 20 septembre 1971.

Et le poète, que pensait-il de la poésie, de sa poésie certes, mais aussi de celle des autres ? Dans un texte de 1936, consacré au poète T. S. Eliot, il écrit ces lignes que je cite ici en entier car je les trouve non seulement remarquables, mais prophétiques quant au regard qu'elles portent sur ce qu'on nommait déjà l'hermétisme de la poésie moderne :

Avant de reprocher aux poètes les figures incompréhensibles qu'ils nous proposent, il serait juste de leur reconnaître le droit élémentaire d'être jugés, comme les autres artistes, conformément aux règles de leur art et en fonction des difficultés que leur matériau présente pour eux. C'est un droit qui leur appartient. Souvent nous entendons des gens de culture raffinée avouer qu'ils ne comprennent pas certains morceaux de musique qui sont très simples pour qui entretient ne fût-ce qu'un rapport lointain avec la musique. Et si nous leur disons qu'ils ne les comprennent pas parce qu'ils ne comprennent pas la musique, ils ne cessent pas de nous saluer. En revanche, si l'on dit au même homme qu'il ne trouve pas de sens à un poème — quel est le sens d'une œuvre picturale ? — parce qu'il ne comprend pas la poésie, il y voit une attaque personnelle : comme si on l'avait traité d'analphabète ! Et curieusement, au point où en sont les choses, on peut dire que l'analphabétisme favorise plus qu'il n'empêche la compréhension de la poésie. Car le premier malentendu vient du fait que les poèmes sont écrits avec des lettres, comme les guides touristiques et les réclames pharmaceutiques. Et il vaut mieux avoir la chance d'atteindre un auditeur qui n'a pas pris l'habitude d'endormir son cerveau — comme la plus grande masse des demi-cultivés — avec l'inépuisable matière imprimée qu'absorbe chaque jour l'homme civilisé. Cet homme, la plupart du temps, demande à l'art de lui *dire* quelque chose ou de *ressembler* à quelque chose, tandis que l'œuvre d'art *est* quelque chose avec quoi nous entrons ou nous n'entrons pas en relation.

Je ne veux pas dire que la poésie ne doit pas offrir un sens logique. La seule chose que je soutiens, c'est que l'existence d'un tel sens est souvent sans rapport avec la valeur poétique, que c'est un mauvais signe, ou un piètre système, de commencer à aborder la poésie par son sens logique, et enfin et surtout, que la poésie relève de la littérature orale.

Bien qu'aujourd'hui nous ayons pris l'habitude de lire seulement avec les yeux, il faut envisager la poésie d'abord comme une littérature orale si nous voulons la comprendre. Car telle est sa source et telle est sa famille : le discours oral qui, dans son expression la plus primitive, rencontre ce « *battement sauvage d'un tam-tam dans la jungle* » dont parle Eliot.

Si nous cherchons dans cette direction pour trouver la différence entre la poésie et la prose, je ne crois pas que c'est peine perdue. Un exemple : la poésie utilise le silence, elle est faite de parole et de silence, elle est en quelque sorte une ciselure du silence. La prose est un art silencieux, elle se déroule dans le silence : si elle comporte des pauses, elle ne peut comporter de silences.

Habituellement, la prose qui invite à la récitation, la prose poétique, est de mauvaise qualité ; la poésie qui ne demande pas à être dite est de mauvaise qualité. Et pourtant combien de ceux qui lisent des poèmes sentent la nécessité de les entendre pour les comprendre ? Et combien peu savent les entendre !

En tant que rythme lié à la parole, la poésie s'adresse à l'homme tout entier, à ses sens, à ses sentiments et à sa raison qui façonne les sentiments. Elle requiert l'homme dans sa totalité, celui qui se donne d'une manière immédiate, sans se demander s'il comprend. Nous ne comprenons pas quand nous craignons de ne pas comprendre. Cette crainte est le plus grand obstacle au lien poétique. Quand elle est absente, la compréhension vient toute seule, et progressivement, comme toujours. Le mot selon lequel « la poésie est une attitude face à la vie » veut dire, j'imagine, beaucoup d'autres choses encore, mais il a également cette signification : une *attitude*, comme nous disons d'une statue qu'elle a une attitude.

Le poète donne à l'homme une *constitution* pour

affronter la vie et, en dernière analyse, c'est ainsi que je sens Eschyle, quand disparaît, à la fin de l'*Orestie*, le cortège des Euménides :

Zeus l'universel voyant
Avec la Moire est descendu
Hululez maintenant, hululez à nos chants.

Mais le monde qui est le nôtre est loin de la Cité antique ou des sociétés organisées qui allaient écouter le théâtre de Shakespeare ou de Racine. C'est un monde dissous, malade, anesthésié, où les sens se volatilisent et perdent leur réalité dans le chaos des impressions, où l'homme qui tentera d'ordonner ses sensations ne trouve nulle part ailleurs qu'en lui-même un terrain assez ferme pour lui permettre de marcher. C'est un sentiment caractéristique des écrivains d'aujourd'hui que celui de la non-réalité de l'individu. Les réactions à un tel sentiment, on peut les observer chez des tempéraments aussi divers que T. S. Eliot, André Malraux, ou D. H. Lawrence. Encore plus caractéristique est la tendance au monologue — le monologue intérieur. Et entre parler tout seul et parler une autre langue, la distance n'est pas longue.

Je ne voudrais pas laisser supposer que pour moi la poésie est devenue une affaire individuelle. Je n'ai qu'une remarque à formuler : au lieu de dire que la poésie en est arrivée à refuser la communication, il est beaucoup plus juste de philosopher sur un monde où la communication est devenue si difficile qu'elle suggère un art si difficile.

J'ai toujours eu — et je crois l'avoir dit ou écrit maintes fois — beaucoup de réticences à parler sur un plan personnel des poètes que j'ai pu rencontrer, y compris ceux que je n'ai pas traduits ! C'est la raison pour laquelle je n'ai publié que tardivement, en 1988, un texte intitulé *A une distance infime,* où j'évoque certaines de mes rencontres avec Séféris et aussi l'influence que son œuvre eut un temps sur mes propres poèmes. Il faut dire — car cela n'est pas toujours dit par les traducteurs — que, plus encore que celle de Ritsos ou d'Elytis, la poésie de Séféris n'a cessé d'habiter ma vie. Certains de ses poèmes — indépendamment des lectures et récitals qu'il m'arrivait d'en assurer ici et là — devinrent alors une sorte de respiration personnelle, intime et continue, une « poésie du cœur » pourrait-on dire au sens d'une poésie vécue, respirée, viscérale comme l'était — et comme l'est encore — chez les moines du mont Athos, par exemple, la prière dite Prière du cœur. C'est pour cela qu'à côté de ce compagnonnage poétique de tant d'années, les souvenirs personnels ont finalement peu d'importance. Au fond, le seul mot qui pourrait définir ce que fut, à cette époque déjà lointaine, mon rapport avec Séféris serait celui de « poète lige » comme il y eut au Moyen Age des hommes liges. Précisons toutefois — mais est-il vraiment nécessaire de le faire ? — qu'être poète lige n'implique évidemment nul rapport de vassalité ni de vénération, mais simplement de vérité.

1958 Une maison à Athènes, rue Agra, près du Stade Une pièce blanche, lumineuse avec au centre un grand plateau couvert de coquillages. A côté, Georges Séféris. Notre première rencontre fut très cérémonieuse. J'étais intimidé et lui-même, bien que très courtois, demeura tout le temps réservé. Cette réserve se réitéra à chacune de nos rencontres ultérieures alors que dans ses lettres il se montrait différent et plutôt chaleureux. Moi-même, je ne fis rien alors pour briser cette distance, ni pour atténuer cette réserve.

C'était, il faut le préciser, la première fois que je rencontrais un poète en chair et en os, si je puis dire, car en France je n'avais jamais cherché à rencontrer *de visu* les poètes que j'admirais. Quitte à choisir, je préférais demeurer un lecteur plutôt que de devenir un voyeur.

En Grèce, les choses se passent tout autrement. Poètes et écrivains sont bien plus accessibles qu'en France. De plus, aspirant à devenir le traducteur de ses poèmes, il était inévitable que tôt ou tard je rencontre Georges Séféris. C'est lui, d'ailleurs, qui me pria de venir chez lui, lors d'un de ses passages en Grèce. Il était alors ambassadeur à Beyrouth et ne séjournait pas fréquemment à Athènes. Nous nous revîmes assez souvent par la suite, une dizaine de fois jusqu'en 1963, année de son prix Nobel, sans que jamais se modifient sa courtoisie... et sa réserve. J'ai toujours eu l'impression au cours de ces rencontres d'avoir affaire à un auteur intéressé par mes projets concernant ses poèmes, mais en même temps non pas réticent mais distant, comme si parfois il s'agissait d'un autre que lui-même. Je me suis souvent posé la question : eut-il vraiment confiance en mon travail et l'a-t-il apprécié ou resta-t-il indécis en son jugement ? Aujourd'hui encore, je suis incapable de répondre clairement à cette question. Bien entendu, il approuva le résultat final — auquel il avait d'ailleurs collaboré, par une longue et substantielle correspondance entre nous deux — et s'impatientait même de voir le livre tant tarder à paraître. Sur ce point — son accord quant à la traduction — il n'y eut jamais d'ambiguïté. C'est au-delà de ce seuil que la question se pose : qu'en pensa-t-il vraiment ? Malgré son efficace collaboration et les encouragements constants qu'il me donna, on ne me sortira pas de l'idée qu'il aurait souhaité être traduit non par un jeune écrivain enthousiaste, mais par un « vrai » poète. Je ne définirai pas ici ce que j'entends — ou plutôt ce que Séféris devait entendre — par un « vrai » poète. Je savais, moi que j'étais un « vrai » poète, mais je n'avais aucun moyen de l'en avertir et de l'en convaincre. Je n'avais à l'époque rien publié qui pût l'attester.

Nulle tristesse ni nul remords en ce constat : autant mes rapports avec la poésie de Séféris furent intenses — et le sont toujours —, autant mes rapports avec le poète restèrent empreints de cette courtoisie distante, cette réserve discrète que j'ai décrites. Nous nous sommes côtoyés sans véritablement nous rencontrer. Pouvait-il en être autrement ? Cette distance — qui fit pour moi de Séféris un être humain présent mais jamais proche — m'apparaît fertile aujourd'hui. L'homme n'est jamais venu occulter ou hanter le poète, obscurcir ou plus simplement modifier l'être qui apparaissait derrière les images et les mots. C'est le poète — et le poète seul — que j'ai traduit. C'est pourquoi sa mort ne l'a pas éloigné de moi. Il est toujours, depuis trente ans, à la même distance de mes désirs et de ma mémoire. Comme ces anges byzantins — tels qu'on les voit sur les icônes — qui tiennent leur distance quand ils visitent les humains. Séféris fut toujours proche de mon cœur et distant de ma vie. Pas très loin, juste

> un peu plus bas, un peu plus haut
> à une distance infime.

Je terminerai en citant le début d'un article qui

joua un certain rôle quand il parut, au lendemain du prix Nobel que Séféris obtint en octobre 1963 et qui lui fut décerné en novembre. Après l'annonce du prix, le poète alla s'installer dans l'île de Poros, pour fuir l'assaut prévisible des journalistes. J'avais bien sûr pris contact entre-temps avec lui et il m'avait précisé qu'il n'accorderait d'entretien qu'aux journalistes français qui viendraient de ma part. Séféris, à l'époque, était totalement inconnu et beaucoup de journalistes prirent évidemment quelques renseignements auprès de moi. Le premier qui me rendit visite travaillait alors au *Figaro littéraire*. Comme il me parut non seulement très sympathique, mais tout à fait intéressé par les livres et la poésie, il put rencontrer Séféris dans son île et publia à son retour un article très vivant et surtout très bien documenté. Je n'en cite ici que le tout début :

Athènes... octobre

Français, Françaises, qui avez hoché la tête en apprenant que le prix Nobel avait été décerné à un certain Georges Séféris, qui avez murmuré contre le choix d'un inconnu — Séféris, qui c'est celui-là ? —, qui n'avez rien ressenti d'autre que de l'étonnement, peut-être de l'irritation envers ce poète grec oublié de nos traducteurs, hormis de Jacques Lacarrière, Français, Françaises, qui avez même tenu Séféris pour quantité poétique négligeable puisque nous l'avions jusqu'à présent négligé — nos espions littéraires ont la réputation d'avoir bon nez bon œil —, qui avez fulminé contre ce Nobel qui ne faisait pas boum ! même pas pschitt ! Vous eûtes tort.

D'autres vous conseilleront sur ce qu'il faut penser de Séféris, le poète ; mais laissez-moi vous dire que Séféris, l'homme, c'est un grand bonhomme, un Grec calme, modeste et sensible, patient comme le marbre, qui ne parle jamais sans avoir réfléchi et ne réfléchit pas uniquement pour parler, et qui se venge de notre indifférence à son égard par une connaissance érudite, exacte, émerveillée de la France et de ses auteurs. Sa culture et sa curiosité sont si vastes que probablement, Français, Séféris, n'eût pas méconnu Séféris, premier Nobel grec, que j'allai, ce week-end, visiter à Athènes...

J'ai omis, très volontairement — le nom de ce premier interlocuteur de Séféris, mais je peux le citer maintenant en conclusion : il s'appelait... Bernard Pivot.

Sikélianos Anghélos (1884-1951)

S'il fallait traduire à tout prix le sens des noms propres, celui de ce poète serait Ange Sicilien ! Mort en 1951, à l'âge de soixante-sept ans, Anghélos Sikélianos porta la poésie grecque à son plus haut niveau d'incandescence. Ceux qui croient à la métempsycose ou métensomatose, autrement dit aux transmigrations de l'âme humaine à travers des corps successifs, pourraient voir en lui la figure réincarnée de certains poètes d'autrefois, je pense notamment à Pindare pour le verbe, à Héraclite pour la pensée. La voix de Sikélianos s'élève au milieu des autres voix poétiques de son temps comme une mélodie isolée, un solo immédiatement reconnaissable au milieu du concert bruissant des cigales. Voix également tempétueuse et quelquefois même emphatique mais aussi prophétique. Sikélianos éleva le poète au rang de créateur, un créateur qui n'est plus inspiré par les Muses, mais « missionné » par le destin et par son époque. Avec vocation à l'universel, mot par lequel Sikélianos n'entendait pas un vague sentiment d'appartenance cosmique mais au contraire l'approfondissement de sa propre mémoire et de sa propre tradition, une sorte d'enracinement dans la patrie du Verbe. Parole haute donc, hermétique parfois, mais toujours parcourue d'une sève furieuse, de visions prophétiques, qui le portèrent à retrouver en chaque facette du paysage, chaque détail de la vie paysanne, un symbole vivant et signifiant. La lumière, le sol, le ciel, les montagnes, les fleuves de la Grèce furent pour lui autant de phases et de phrases d'illuminations. Rhapsode des temps nouveaux, il lui arrivait de déclamer ses poèmes sur les places des villages et devant ses amis.

Nombre de ses poèmes — en raison des fièvres et des élans qui les parcourent — tiennent beaucoup plus de l'oratorio que de la métrique traditionnelle. Il croyait à l'âme du monde et à la double mission salvatrice de la Grèce et de la poésie. Aussi s'inspira-t-il souvent dans son œuvre des poètes de la Grèce antique et de la Grèce médiévale. Par exemple dans *La Voix sacrée*, *Les Poèmes akritiques*, *Le Serment sur le Styx*, *La Mort de Digénis* et *Le Banquet funèbre*.

Je ne l'ai mentionné que brièvement dans *L'Eté grec*, dans le chapitre intitulé « Les voies de la légende », mais je dois ajouter ici que de tous les écrivains et poètes grecs d'aujourd'hui préoccupés par le problème du passé ancestral et du sens qu'il peut encore avoir dans le monde moderne, Sikélianos fut celui qui le vécut avec le plus d'évidence et d'intensité. Pour lui, le passé demeure essentiel à condition d'irriguer et non d'occulter le présent.

Le choix restreint que je propose ici — dans des traductions personnelles et inédites — couvre l'ensemble de sa vie, depuis les premiers poèmes de 1915 jusqu'à l'œuvre ultime intitulée *La Marche de l'Esprit*, écrite peu de temps avant sa mort.

Conscience de ma terre, le premier d'entre eux, n'est pas seulement un hymne lyrique à la Grèce, c'est un *credo* faisant de la Terre, prise ici au sens le plus physique et matériel du mot, cette *chtonia* du grec ancien, qui a donné en grec — et plus tard en français — *autochtone*, c'est-à-dire né du sol, né de la Terre elle-même. Celle-ci est ressentie comme une matrice vivante, nourrice des êtres qu'elle engendre. Credo d'appartenance, d'allégeance aussi à la Terre génitrice qui élève l'homme dans tous les sens de ce mot, depuis la nuit des racines jusqu'à la lumière et au soleil des frondaisons. Une Terre qui, comme le dit lui-même le poète, « *l'a libéré du lourd limon de l'animal* ». Qui peut trouver plus beau et plus loyal aveu d'appartenance à un sol qui n'est plus patrie mais matrie ?

Conscience de ma terre

Ma terre, je viens vers toi, pieds nus
Infatigable, plein de silence
Oui, je marche sur toi en silence
car
Comme le grillon qui tait son chant
Dès qu'il entend des pas sur l'herbe du couchant
ou
La cigale qui tait son cri
Dès qu'un nuage couvre le ciel

Tes voix divines, elles aussi se taisent
Dès qu'elles entendent le pas novice, sacrilège
De ceux qui ne savent pas les écouter.

Terre de Leucade, sol premier,
Glaise infinie qui façonna mon corps
Et mon esprit qui jamais ne s'endort

Terre d'Egine
Légère comme feuillage d'amandier
Boue qui sut rafraîchir mon cœur
Comme celle des cruches de l'été
Dont la glaise s'embue.

Terre d'Argos, ocre embrasé
Ardant sous le soleil comme un acier rougi
Dans le feu des coquelicots

Terre et sol de mon pays
Terre et sol de ma terre
Inséparables comme les eaux
Ou comme le sommeil qui d'arbre en arbre
Emiette son repos et, sous les oliviers,
Mêle les ombres des troupeaux

Terre de mon pays qui m'a libéré
Du lourd limon de l'animal,
Je viens vers toi, pieds nus,
Infatigable, plein de silence

Tel un homme qui arpente le soir le rivage
De la mer sans entendre son bruit,
Plongé dans ses pensées
Et qui soudain, dès que paraît la lune,
Sent la rumeur des eaux monter en lui
Avec la brillance des flots,
Ainsi je marche sur ton sol
Ecoutant sa lumière et son ordre secret !

Terre d'Attique
Des nuits entières, la tête redressée
Et les mains soutenant le menton
Les yeux tournés vers la face des fleuves
Et là-haut vers les aires des aigles,
Des nuits entières je me suis couché sur ton sol
L'âme en éveil, le cœur pressé contre tes pierres
Pour écouter leur battement
Monter en moi comme un chant de grillon
Dans la nuit lumineuse.
Je regardais et je veillais
Et j'échangeais mon âme contre la vôtre,
Montagnes du sol de mon Attique.

Et alors, Temple de ma terre,
J'ai connu au profond de moi
Tandis que je marchais vers le soleil de tes
[frontons,
Le deuil heureux de celui qui mène la bête vers
[l'autel
Et c'est ainsi, tête baissée, drapé dans un ample
[manteau
Que je vous ai suivis, cortèges des Panathénées,
De mon âme inclinée et de mes jambes de silence !

Alors, enfin, je t'ai trouvée marchant devant la vie
Nudité de mon âme, nudité de ma terre,
Vêtue des fleurs des solstices,
Alors, je vous ai retrouvées, statues de mon désir,
Toi Dionysos et toi, Platon
En cette Fin de vous qui est pour moi
[Commencement.

Parole, verbe d'Athènes
Sillons et siècles de la terre
Tressant comme couronnes nues
Les fleurs de mon combat.

1917

Autre aveu d'appartenance et de reconnaissance à l'égard des symboles et des figures de la Grèce antique, ce poème sur Dionysos, poème très ancien lui aussi mais dont chaque mot, chaque son, chaque image est comme une prière intense et profane aux miracles secrets de la mer et à l'émouvante beauté de ce dieu...

JE VOYAGE AVEC DIONYSOS

Et d'abord
Dans la nuit aveugle
Laissant peser mon corps sur des mains invisibles,
J'ai marché, terre, sur tes sillons gravides.

Ton sol était tendu
Comme une peau de bœuf sur un tambour
Et sous mes talons je la sentais frémir
Au grand rythme du monde.

Comme un aveugle de naissance
Qui, au moindre bruit près de lui,
Lève machinalement ses yeux morts vers le ciel
— comme si toujours les sons venaient d'en-
[haut —
Et, dès qu'il porte une flûte à sa bouche,
Marque le rythme de ses talons et fait chanter
Toutes les voix du monde par sa voix,
L'âme éblouie d'invisible lumière,
Ainsi, dans la nuit aveugle,
Je marche et je martèle des talons
Terre, tes gravides sillons.

Mais quand pour nous, les compagnons du dieu,

Vint l'heure du départ
— Cette heure où sur la rive
Le sable crisse sous les pas comme une voix
[vivante,
Où les voiles éclosent comme des lis
Sur les plaines du large —
Nous avons poussé notre navire vers la mer
Et soudain j'oubliai la terre
Et je sentis poindre en mon cœur
Une lumière nouvelle, comme l'étoile de l'aube.

Une pluie fine éraillait les sillons de la mer,
Une rumeur légère, un murmure d'écume
Sourdait de sur les flots,
Le murmure de l'eau sous les dents de nos rames.

Les îles blanches au loin mêlaient leurs
[promontoires
Comme des palombes enlacées, et parfois,
Tandis que nous longions des rivages parfumés de
[thym,
De géantes tortues nous regardaient passer
Immobiles comme des rochers d'ombre.

Et moi, en ce vertige ultime du voyage,
J'aspirais de mes rames tout le sein de la mer
Et je tissais ma route sur la trame des eaux
Et mon âme escortait le vaisseau
Comme, sur son sillage, une mouette obstinée.

Alors, mes compagnons,
Dans le calme des choses,
Prièrent ainsi les dieux :
« Oui, maintenant que nous avons
Les yeux brûlés par les veilles et le sel,
Nos âmes immobiles pourront réverbérer
L'horizon dans le sillage du silence.
Comme un poisson quittant l'obscurité des fonds
Pour venir respirer sur la surface étale
L'heure où se répand le corail de l'aube
Et qui glisse et replonge et raye l'océan

Comme silex d'argent sous le feu du soleil,
Ainsi nous-mêmes, à présent,
Pénétrons l'espace étale de nos dieux
Et tout notre corps en éveil
Sent, jusqu'en chaque doigt,
Un fort désir monter en nous
Au grand rythme du monde. »

Alors, soudain, je T'ai aperçu,
Toi, l'enfant-dieu, le Maître secret de la vie !
Car
Sans que la proue fasse d'écume,
Sans que la poupe laisse sillage,
Sans le moindre vent alentour,
Le bateau glissait sur les eaux...

Qui nous menait, nu, à la proue,
Etendu contre l'horizon,
Qui nous menait, sinon le dieu ?

Et l'air tremblait autour de lui
Comme autour d'un rocher brûlant
A midi, la fournaise des vents
Ou comme autour d'un autel blanc
Le feu des prières et des danses !

Et moi, sentant sourdre en mon cœur
Le chant invisible du dieu,
Je m'écriai : Libérateur !
Tu m'as réveillé de l'oubli,
Tu m'as fait boire l'ivresse des tempêtes,
Et tu m'entraînes aux extrêmes du monde
Et je suis devenu, par ton ordre secret,
Comme l'oiseau de mer posé entre deux vagues
Et qui monte et descend dans le cœur de l'écume
Au grand rythme du monde !

1919

La période de 1940 à 1950 inspire à Sikélianos une suite de poèmes habités par la même force lyrique, mais cette fois au service de thèmes plus immédiats, à savoir la guerre et le drame de l'occupation allemande. Le principal recueil de cette époque s'intitule *Poèmes akritiques*. La mention des akrites* et de leurs exploits légendaires marque bien pour le poète — et pour ses lecteurs — le recours, en cette période sombre, aux figures lumineuses de la Grèce héroïque. Poésie de combat, donc, mais non poésie militante, autrement dit poésie partisane. En ces poèmes, Sikélianos approfondit le message qu'on pourrait dire éternel de la Grèce — il n'avait pas peur de ce mot — à travers également les figures de Solon le législateur et celle de Jésus. De Solon jusqu'au combattant d'aujourd'hui, Sikélianos convoque les grandes figures de la sagesse mais aussi celles de la résistance à la nuit de l'homme et du monde.

Paru en Grèce en 1942, le recueil fut traduit en français en 1944 par Octave Merlier, alors directeur de l'Institut français d'Athènes, qui eut l'excellente idée d'en envoyer, dès sa parution, un exemplaire à Paul Eluard. Et celui-ci, impressionné et même bouleversé par ces poèmes, écrivit à Sikélianos une très belle lettre dont voici un extrait :

> En pleine occupation en France, dans la nuit extrême contre laquelle nous combattions, il nous a suffi de lire vos Poèmes akritiques pour nous rendre compte qu'un très grand Poète avait su, pour reprendre un de vos vers « donner sa voix à la nuit » — à notre nuit.
>
> Une voix antique parlait pour nous tous [...] bouleversante continuité de l'hellénisme à travers trois millénaires. Chansons populaires, poésie des hymnes orthodoxes et de l'épopée byzantine, poésie du christianisme primitif et de la Septante, poésie d'un Pindare,

d'un Eschyle, d'un Homère mais aussi ce sentiment religieux qui nous fait sentir l'actualité des Dieux de l'Olympe et des religions à mystères, autant que les mythes d'Adonis et du Christ, voilà ce que seule la Grèce pouvait donner, voilà ce que vous nous apportez, mon cher Sikélianos, en vous montrant plus qu'un Poète, un Homme dans toute la force du terme, maître du temps, de la clarté et de tous les mystères, maître de sa forme et de son contenu, maître de sa place dans le monde, homme d'une civilisation absolue.

Homme d'une civilisation absolue. On ne saurait trouver plus belle et plus juste formule pour définir en Sikélianos le poète et l'homme. Oui, Sikélianos fut ce poète absolu de la Grèce dont il a, plus encore que d'autres, saisi la prodigieuse et secrète continuité depuis Homère jusqu'à nos jours. L'on pourra, je crois, en juger par ces deux poèmes, extraits des *Poèmes akritiques*, que j'ai traduits en 1972 à l'occasion d'un hommage rendu à Anghélos Sikélianos au Festival d'Avignon.

Le serment sur le Styx

J'aurais pu être
Comme ces aigles migrateurs
Qui en une saison
Parcourent les Indes et l'Egypte et la Grèce.

Mes pas, un jour, auraient pu être
Comme ceux des marins
Qui après un long temps au large
Sentent encore sur le sol l'émoi de ses abîmes.

Ou j'aurais pu soudain
Devançant le corbeau des Ténèbres
Haletant sur les pas pour s'emparer de moi,
Me ramasser et m'élancer
Au-delà des cercles étroits de l'univers

Pour chercher dans la nuit
Mon dur destin de créateur
— Et pourquoi si longtemps ai-je remis ce grand
[élan ? —

Eh bien, je vous le dis
A Vous qui m'ouvrez le chemin
En couvrant de vos danses les aires de l'abîme,
A Vous, combattants qui défiâtes la mort,
Je dis que près de Vous
Les ténèbres d'En bas sont comme l'ombre
D'un arbre immense sous lequel
Côte à côte allongés
Nous avons parlé de la Grèce
Jusqu'à l'heure où vos yeux se fermèrent à ce
[monde
Ce monde qui croulait sous la lumière
Que vos âmes ont fait poindre.

Et je parle avec Vous,
Mes frères morts, mes frères
Des montagnes, des plaines et des mers,
Je parle de la vie nouvelle qui va poindre
A la lumière de votre sacrifice.

Oui, j'aurais pu être
Comme ces aigles migrateurs
Qui en une saison
Parcourent les Indes et l'Egypte et la Grèce.

Mes pas, un jour, auraient pu être
Comme ceux des marins
Qui après un long temps au large
Sentent encore sur le sol l'émoi de ses abîmes.

Ou j'aurais pu soudain
Devançant le corbeau des Ténèbres
Haletant sur mes pas pour s'emparer de moi,
Rassembler toutes les forces vives
Et m'élancer au-delà des cercles étroits de l'univers
Pour chercher dans la nuit
Mon dur destin de créateur.

Mais aujourd'hui, je Vous le dis,
Je veux rester à Vos côtés,
Ne plus Vous perdre un seul instant
Car j'ai fait de mon cœur une aire
Pour que Vous y dansiez.
Et, paupières fermées, je Vous vois
Entrer un à un dans le cercle secret de la mort
Et, les yeux clos,
Je Vous regarde sans pouvoir me lasser,
Mes frères qui défiâtes la mort !

Plus jamais je ne resterai loin de Vous
Même si un jour mon destin
— Mon dur destin de créateur —
Devait s'écrire au loin sur le haut des étoiles.
Et ici je Vous laisse mon cœur,
Aire secrète de vos danses,
Grand feu qui embrase les morts,
Jardin et cimetière, mon cœur
Pour qu'à force de danses
Un jour, Vous en brisiez les chaînes,
Dans l'élan de Vos joies,
L'ivresse de Vos chants,
Danse éternelle de la Grèce !

1942

BANQUET FUNEBRE

Nous mangions en silence notre pauvre repas
L'esprit préoccupé par une même pensée...
Mais quand on déboucha devant nous le vin noir,
Un vin qui fleurait bon le sang de Dionysos,
Mon ami se tourna vers moi, me tendit
Un verre plein jusqu'au bord et me dit,
M'appelant par mon nom : « Anghélos,
Si tu veux, donne à la nuit ta voix. »

Et je lui dis : « A cette nuit
Tu veux que je donne ma voix,
Cette nuit qui emplit nos âmes

Comme ce verre débordant
Jusqu'à cette frontière ultime,
La frontière de notre silence ?
Ecoute : de même que sur un grain de blé
Fond la meute ailée des fourmis,
Je sens sur ce repas fondre des âmes mortes,
Les âmes de tous ceux que la nuit
Et nous-mêmes avons gravés dans nos mémoires.
Et je sens d'autres âmes, des âmes innombrables,
Emplir cette nuit qui nous baigne
Car aujourd'hui les morts
Sont plus nombreux que tous les vivants de la terre.
Ne les sens-tu pas attirés
Par le silence et la passion de notre cœur,
Ne les sens-tu pas vibrer autour de nous
Comme des papillons vers la lumière des lampes ?
Laissez-les venir jusqu'ici,
Laissez-les prendre part au banquet de Pluton,
A ce repas dressé tout exprès devant eux.
Et quand au verre, ami, que tu viens de me tendre
Ce verre qui déborde de vin,
Ce verre au fond duquel j'aperçois
Mon visage noyé au cœur de l'autre monde,
Ce vin qui sent si bon le sang de Dionysos,
Communions avec lui, comme autrefois
Les initiés dans la coupe du dieu de Bonté,
Communions en silence jusqu'à l'heure
— Qui bientôt va venir —
Où les forces du dieu vont crier tout au fond de
[nous,
Où son appel — plus fort que le bruit d'un
[séisme —
Réveillera l'armée des vivants et des morts. »

Ainsi parlai-je et tous
Burent le vin comme je le demandais.
Puis, seuls, nous partîmes sans bruit,
Tandis que les bougies s'éteignaient une à une,
Vers les fenêtres ouvertes où la nuit
— Abîme enténébré d'étoiles —

Nous retint en silence dans son grand battement.
Et dans l'obscurité où chacun se taisait
Monta du fond de nous vers l'abîme des astres
Une même prière, une même pensée :
« Exauce-nous, ô Dionysos,
Et raffermis nos cœurs du vin de ta douleur
Et garde-les, forts et intacts, pour l'heure
— Qui bientôt va venir —
Où ton appel — plus fort que le bruit d'un
[séisme —
Réveillera l'armée des vivants et des morts. »

1942

A la période tragique de la guerre et de l'occupation allemande — près d'un million de morts de faim en Grèce en 1943 et 1944 — succéda jusqu'en 1949 une guerre civile plus atroce encore par les conséquences durables qu'elle eut dans le pays jusqu'à une époque très récente. Dans le poème qui suit, ce n'est pas seulement la parole d'une femme, une vieille paysanne pleurant ce combat fratricide, que nous entendons mais, au-delà d'elle, la parole de tous ceux qui en Grèce ont eux aussi en leur temps pleuré sur les mêmes drames. Parmi toutes ces paroles, on perçoit notamment celle d'Euripide qui, dans sa tragédie *Les Phéniciennes*, campe une Jocaste lucide mais accablée par le malheur de ses enfants, ses deux fils Etéocle et Polynice, morts en s'entr'égorgeant. La douleur en Grèce vient du plus loin et du plus profond de l'histoire. A Etéocle et Polynice, les frères ennemis, succéderont d'autres victimes des guerres fratricides. On comprend qu'en ces années cruciales de l'après-guerre, le poète ait voulu, à travers la voix de cette femme qui équivaut ici à celle d'un chœur antique, traduire toutes les voix antérieures qui pleurèrent sur les déchirures de l'Histoire. C'est la première fois que dans une œuvre ou un poème de Sikélianos les mots prennent le goût amer de la fatalité ou de l'irrémédiable, comme si la route de lumière suivie depuis toujours par le poète soudain s'obscurcissait.

Message

Elle était assise au pied du platane
Dont l'ombre avait couvert mille générations.
Elle était assise, un fichu noir
Autour de ses cheveux sans âge,
Image de l'éternelle Mère,
Image de cette terre que l'on nomme la Grèce.
Elle était assise,
Plus vieille que le Temps,
Esprit des siècles et des lieux,
Pensive, immobile et tournant son fuseau
Entre ses mains noueuses,
Image de cette terre que l'on nomme la Grèce...

Et comme je passais devant elle
Sans même qu'elle me remarque,
Je m'approchai de son oreille
Pour lui dire : bonjour !
M'agenouiller, moi l'errant, le passant,
Devant cet immobile esprit des siècles et des lieux,
Comme un fils, comme un rameau né de son cœur,
M'agenouiller et recevoir son salut.

Mais elle ne me répondit pas. Elle ne me dit pas :
« Bonne route ! » comme je l'espérais
D'une voix qui sortait du profond de la terre,
Larmes muettes sur ses paupières closes,
Le visage raviné de rides, elle dit en ouvrant les
[yeux :
« Comment... comment ont-ils pu faire cela ?
Des frères tuer leurs frères ?

Mes enfants égorger mes enfants ? »

C'est tout ce que put proférer
Sa voix rude de paysanne
Et de sa main noueuse
Elle essuya ses larmes
Et de sa main noueuse
Elle se mit à tourner son fuseau...
Et depuis lors, heure après heure,
Intensément, au fond de moi,
Comme un orage, comme un message,
Sourd cette voix qui dit :
« Comment... comment ont-ils pu faire cela ?
Des frères tuer leurs frères ?
Mes enfants égorger mes enfants ? »

Depuis lors, je n'ai plus de paix.

Je vous dis ce simple message
Né aux lèvres de l'éternelle Mère
Que l'on nomme la Grèce...
Je vous écris ce simple message
Né du ventre de l'éternelle Mère
Que l'on nomme la Grèce...
Je vous crie ce simple message
Né des abîmes de sa douleur.
« Assez de ce sang qui torture la Mère !
Assez de ce sang qui ensanglante notre Mère ! »

1944

Et voici l'ultime poème écrit par Sikélianos très peu de temps avant sa mort, qu'on peut tenir pour un testament spirituel. La lumière a repris le dessus, éclairant les martyrs de la Grèce d'un éclat d'aurore après les longues heures du crépuscule, martyrs tour à tour réels et mythiques qui vont d'Héraclès brûlé sur son bûcher, de Prométhée cloué sur son rocher et de Jésus — n'oublions jamais que pour tous les Grecs leur langue est celle de l'Evangile — à tous les martyrs de l'occupation ottomane et, plus récemment, de l'occupation allemande et de la guerre civile. Le refrain essentiel de ce texte — qui est d'ailleurs plus un oratorio qu'un poème et qui fut mis admirablement en musique par Mikis Théodorakis —, « *Aidez-nous à lever le soleil au-dessus de la Grèce ! Aidez-nous à lever le soleil au-dessus du monde !* » — montre bien l'espoir du poète de voir enfin la Grèce retrouver un destin d'aurore. Et ce n'est certainement pas un hasard si les ultimes paroles de ce poème se réfèrent à celui que Sikélianos tenait pour son maître, son mentor, son modèle absolu : Héraclite.

LA MARCHE DE L'ESPRIT

Quand dans l'âtre je jetai le dernier tison
— Le tison de ma vie enclose dans le Temps —
Dans l'âtre de ta nouvelle liberté, Grèce,
Mon âme soudain s'embrasa
Comme si l'espace était d'airain
Ou comme si j'avais autour de moi
La cellule sacrée d'Héraclite
Où des années durant
Il forgea ses réflexions dans l'éternel
Pour les suspendre comme des armes
Dans le temple d'Ephèse...

De géantes pensées, des nuées ardentes,
Des îles enflammées s'allumèrent
En moi et d'un coup ma vie entière devint bûcher
Dans l'âtre de ta nouvelle liberté, Grèce !

Alors, je n'ai pas dit :
« Voici la lumière de ma mort »
Mais j'ai crié :
« Voici le bûcher de l'Histoire
Et que mon corps y brûle comme un flambeau

Et avec ce flambeau
Marchant droit jusqu'à l'heure ultime
J'éclairerai tous les confins de l'univers
Pour ouvrir un chemin à ton âme,
A ton corps et à ton esprit, Grèce ! »

Ainsi parlai-je et j'ai marché
Le cœur en feu vers ton Caucase
Et chacun de mes pas
Etait comme le premier,
Etait comme le dernier,
Car mes pieds nus foulaient ton sang,
Car mes pieds nus heurtaient tes morts
Et tout mon corps et mon esprit
Se reflétaient dans l'eau étale de ton martyre,
Là, Grèce, en ce grand miroir écarlate,
Miroir sans fond de ton abîme
Où sombraient ta soif, ta liberté,
Je me suis vu pétri de la boue rouge de ton sol,
Nouvel Adam de la nouvelle création.

Et j'ai dit :
« Je sais, oui, je sais que tes dieux,
Tes dieux morts sont devenus assise,
Sont devenus ferment
Car nous les avons enterrés au profond de ton sol
Pour que les étrangers ne les découvrent
Et cette assise s'est cimentée
De tous les ennemis morts qui s'y sont confondus.
Je sais aussi que pour les libations et les prières
Du nouveau temple que nous avons rêvé pour toi,
[Grèce,
Jours et nuits nos frères se sont entr'égorgés
Comme agneaux pour le jour de Pâques !

Destin, ton destin au plus ardent de moi !
Et d'amour, de grand amour
Mon âme s'est revêtue,
S'est plongée entière dans ta boue,
Dans ton sang, pour façonner
Le nouveau cœur qu'il faut à ton combat.

Ce cœur que déjà j'ai enclos dans mon corps
Pour crier aujourd'hui vers tous les compagnons :
« En avant ! Aidez-nous à lever le soleil au-dessus
[de la Grèce !
En avant ! Aidez-nous à lever le soleil au-dessus du
[monde !
Voyez, sa grande roue est prise dans la boue.
Voyez, son axe immense est plongé dans le sang.
En avant, compagnons, le soleil ne peut remonter
[seul.
De vos genoux, de votre corps, tirez-le de la boue.
De votre corps, de vos genoux, retirez-le du sang.
En avant, frère, tout son feu nous dévore
En avant, compagnon, son feu nous enveloppe !

En avant, créateurs ! Soutenez votre élan
A coups de tête et de pied pour que le soleil ne
[s'enfonce !
Aidez-moi, frères, à ne pas sombrer avec lui !
En avant, compagnons, aidez-nous à lever haut
[notre soleil
Pour qu'il devienne Esprit !

Voici venir le Verbe neuf qui va tout embraser,
Forger le nouveau corps de notre esprit.
Notre terre ruisselle de la graisse des morts.
Ne la laissons pas se tarir après ce flot de sang
Plus riche et plus profond que l'averse d'automne.

En avant, compagnons, le soleil ne peut remonter
[seul.
Poussez-le des genoux, de votre corps pour l'ôter
[de la boue,
Poussez-le de votre corps, de vos genoux pour le
[tirer du sang !

Ainsi
Quand dans l'âtre je jetai le dernier tison
— Le tison de ma vie enclose dans le Temps —
Dans l'âtre de ta nouvelle liberté, Grèce,
Mon cri a retenti soudain

Comme si l'espace était d'airain
Ou comme si j'avais autour de moi
La cellule sacrée d'Héraclite
Où des années durant
Il forgea ses réflexions dans l'éternel
Pour les suspendre comme des armes
Dans le temple d'Ephèse...

Comme aujourd'hui, moi-même
Compagnons, moi-même
Je crie vers vous !

1944

Sirènes

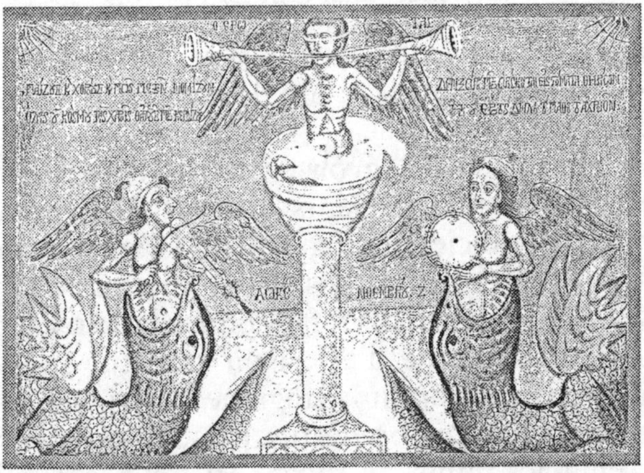

Ces créatures, mi-femmes mi-oiseaux, comptent parmi les plus vieilles figures de la mer. Postées sur les rochers, elles attiraient par leur chant les équipages passant à leur portée, pour n'en faire ensuite qu'une bouchée. De telles démones n'ont pu être imaginées que par un peuple de marins ! Nul montagnard jamais n'inventa de sirènes. Elles étaient trois, avec des noms appropriés à leur fonction : Parthénopé la Vierge, Leucosia la toute Blanche et Ligia la Claire Voix. A elles trois, elles devaient constituer, c'est certain, un trio marin et musical de premier ordre ! Mais que chantaient-elles exactement ? Ulysse fut le seul à les avoir entendues jusqu'au bout — il avait pris soin, pour pouvoir les écouter, de se faire attacher au mât de son navire. Malheureusement, il garda son secret pour lui et l'*Odyssée* n'en cite que le début, disons même l'ouverture, pour rester dans le domaine musical :

Approche, Ulysse, approche, honneur de l'Achaïe !
Arrête ton vaisseau, viens écouter nos voix
Aucun navire jamais n'a doublé notre cap
Sans goûter de nos lèvres le miel de nos chants
Et sans partir comblé et plus riche en savoir.

Et plus riche en savoir ! Voilà quels étaient le sens et l'essence de leurs chants ! Les Sirènes, comme les anciennes figures de la mer, étaient instruites de toutes choses, celles du passé comme celles de l'avenir, mais il faut croire qu'il n'est pas bon pour l'homme d'en savoir trop sur sa naissance — Œdipe en fit la tragique expérience — ni trop non plus sur son destin, puisque cette curiosité était ici punie de mort. Au fond, s'il fallait trouver aujourd'hui une sœur à ces Sirènes, ce serait Maria Callas chantant, sur un rocher battu par les vagues, un passage de *Totem et Tabou* de Freud. Quel dommage qu'elle n'ait pas essayé ! Avec quel délice j'aurais alors succombé aussi au charme de sa voix et transgressé tous les tabous !

Spetsai

J'ai souvent pensé à cette île quand j'habitais Hydra, l'île longtemps rivale, elle aussi patrie de marins et d'écumeurs de mers célèbres. Hydra est une île rocheuse tout en hauteur, où le village s'agrippe littéralement aux pentes et où l'on passe son temps à monter et descendre des ruelles étroites et raides. Septsai est, à l'inverse, une île étale, avec des chemins dégagés et des jardins fleuris tout au long de la mer. La beauté d'Hydra est faite de sa rudesse et de son âpreté, de ce défi qu'elle fut longtemps face à la mer et à la montagne. Septsai est faite au contraire de douceur et de nonchalance. Depuis vingt ans, elle est devenue mon île favorite, avec Egine. Là vivent beaucoup de mes amis grecs, certains connus il y a maintenant cinquante ans ! C'est aussi l'île favorite des armateurs et c'est pourquoi, comme Hydra d'ailleurs, elle est particulièrement choyée et protégée. Les voitures y sont interdites et les résidences somptueuses y abondent. Mais ce n'est ni le luxe ni la nonchalance qui font pour moi le charme de Spetsai, ni même les amygdalota*. C'est l'atmosphère étonnamment sereine et presque hors du temps de cette île.

De tous les souvenirs recueillis là — certains très récents puisque j'y séjourne régulièrement lorsque je vais en Grèce —, j'en choisirai un seul. Quand l'île vivait entièrement du travail de ses marins sur place et sur les mers — disons jusqu'à la dernière guerre mondiale, car maintenant elle vit en grande partie du tourisme —, les habitants avaient coutume de décorer les cours et les places avec des galets de couleur ramassés au bord de la mer. Un jour, me trouvant là, et pour répondre à une enquête concernant le centre du monde — oui, c'était le thème de cette enquête —, j'écrivis un court texte, le seul concernant cette île, que j'ai retrouvé récemment. Et je crois qu'il définit bien les sentiments exprimés au début sur le charme et aussi la sérénité de Spetsai.

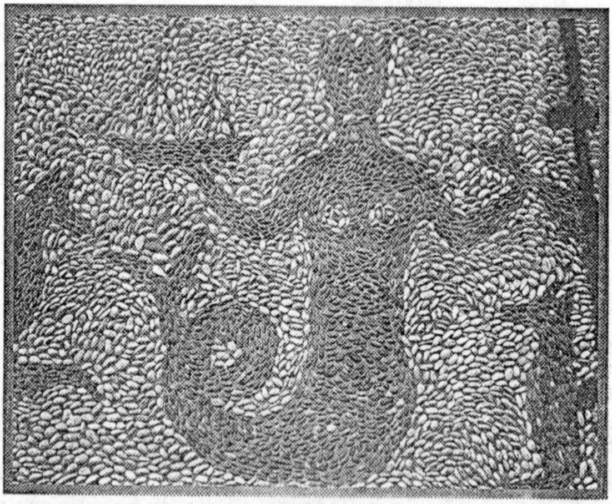

Je suis dans une île grecque qui eut jadis son heure de gloire et dont les habitants, aujourd'hui oubliés, se remémorent la grande histoire en dessinant un peu partout, sur les places, les parvis des églises et les cours des maisons, à l'aide de galets noirs et blancs ramassés sur la plage, ces héros d'autrefois : combattants de la guerre d'Indépendance, marins, capitans, corsaires, et les figures mythologiques de toujours : gorgones et sirènes.

Ici, sous le soleil encore brûlant de septembre, on marche littéralement sur l'histoire et sur les légendes. D'ailleurs, en traversant la place où se trouve l'église de Saint-Nicolas, le patron des pêcheurs, j'évite soigneusement de fouler la belle sirène aux seins nus qui darde sur tous ceux qui passent ses grands yeux sombres et brillants.

Au fond, je n'ai rien d'autre à donner, aujourd'hui, que cette image d'une sirène vêtue de galets noirs et blancs et qui perpétue dans la pierre de cette île le sourire d'un monde enchanteur et perdu.

Le centre du monde est passé jadis par ce lieu.

Il est repassé ce matin pour quelques instants seulement.

Mais je ne sens aucune tristesse de le savoir ailleurs, en ce moment précis.

Le centre du monde est partout où le mythe rencontre l'histoire et où l'histoire s'allie à la légende.

Le centre du monde est partout où les yeux et la main de l'homme transforment l'histoire et la pierre en sourire.

Syngrapheus

Il eût été difficile, pour ne pas dire indécent, de négliger ou écarter le mot *syngrapheus*, puisqu'il signifie en grec « écrivain ». Mais il le signifie autrement qu'en français, où le mot désigne seulement l'acte d'écrire. *Syngrapheus* veut dire « écrire avec ». Avec quoi ou avec qui ? va-t-on immanquablement demander. Avant tout, je pense, avec le lecteur potentiel, mais aussi, avec l'entourage de celui qui écrit. Le mot dit implicitement qu'écrire n'est pas une activité solitaire, elle implique la communauté au sein de laquelle elle s'élabore. Le mot français nous dit : écrire, c'est tracer des lettres. Le mot grec nous dit : écrire, c'est tracer des lettres pour les autres et au milieu des autres.

Conclusion ou moralité : un écrivain grec n'écrit jamais seul.

t

Taktsis Costas (1927-1988)

Un jour, rentrant très tard chez moi, à Paris, je trouvai devant ma porte un livre grec avec, écrit en lettres majuscules « A LIRE TOUTE AFFAIRE CESSANTE ». Je pris l'ouvrage et commençai à feuilleter les premières pages. Quand je le posai, l'ayant lu jusqu'à la dernière ligne, je m'aperçus que le jour était levé depuis longtemps et que je ne me m'étais même pas déshabillé ! Pour un choc, ce fut un choc ! Je le tenais enfin, ce livre attendu, espéré depuis des années, ce livre d'un Grec sur la Grèce qui ne soit ni un roman à thèses, ni un guide folklorique, qui soit une œuvre véritable, originale, universelle ! Cette œuvre, oui, je la tenais entre mes mains, c'était un roman ayant pour titre *To trito stephani*, « La troisième couronne » — de mariage —, d'un inconnu du nom de Costas Taktsis.

Il s'agissait d'un roman relatant l'histoire de

deux femmes, de milieux fort différents, mais dont la vie, les relations, les rencontres, les obsessions, les amours, les haines, les dialogues et les monologues décrivaient, avec un sentiment de vérité ahurissant, l'existence de deux familles grecques, à Athènes et à Salonique, avant, pendant et juste après la guerre. Et ce, avec une écriture si maîtrisée et en même temps si coulante qu'on ne pouvait quitter le livre. Oui, un chef-d'œuvre. C'est un mot que je n'emploie pas à la légère, cela va de soi. Mais tout le monde, en Grèce comme à l'étranger, fut d'accord que *Le Troisième Anneau* — c'est le titre que finalement je choisis en français — était le roman le plus abouti de la littérature grecque d'aujourd'hui. Car, et je le répète, il ne s'agissait pas d'un énième récit folklorique ou à prétention littéraire, mais d'une œuvre qui, bien qu'écrite en grec et parlant de la Grèce, avait un ton, une allure, un climat immédiatement reconnaissables : ceux d'un livre authentique et d'un véritable écrivain.

Quand, par la suite, je rencontrai l'auteur en Grèce pour la première fois — entre- temps, j'avais commencé la traduction du livre et obtenu l'accord des éditions Gallimard —, je ne fus pas étonné d'apprendre que ses écrivains préférés n'appartenaient pas — ou très peu — à la tradition grecque, mais se nommaient Faulkner, Proust et Joyce. Bien sûr, aucune influence n'est décelable dans le livre, mais leur nom indique bien dans quelle direction l'auteur avait œuvré et de quelles lignées il se réclamait.

Je ne détaillerai pas ici les péripéties et les affres — oui, je dis bien les affres — qui accompagnèrent pendant près de trois ans la traduction du livre. Il faut savoir que *Le Troisième Anneau* raconte l'histoire de deux femmes, Nina, la narratrice principale et Ekavi, son inséparable, inénarrable amie, d'une façon qui n'a que peu à voir avec un récit ou une chronologie conventionnels. L'écriture s'apparente souvent à une série de plans impressionnistes qui rendent les personnages et leur décor tout à fait saisissants mais qui ne se prêtent pas toujours facilement à la traduction. J'insiste néanmoins — pour rappeler ce que je dis dans cet ouvrage sur la traduction* — sur le fait que tout peut se traduire, y compris *To trito stephani* ! Ces différents niveaux et la façon dont les établit le narrateur donnent parfois au plus banal ou quotidien des drames des allures de cataclysme, de comédie ou tragédie antiques. Enfin, dernier aspect, mais premier obstacle : la langue. Comme le livre se passe dans les milieux les plus divers et parfois les plus inattendus, milieu bourgeois, petit-bourgeois, armée, tribunaux, prisons, casinos, bas-fonds en tous genres, drogués, truands, tous habitants de la *piatsa*, le milieu grec, la langue suit tous ces parcours et va de l'argot spécifique des homosexuels à la langue châtiée et puriste d'une certaine intelligentsia.

Tout cela, on l'imagine, ne facilitait pas les problèmes de traduction, d'autant que bien de ces milieux ne m'étaient guère familiers, pas plus en France qu'en Grèce, et leur argot pas davantage. Chaque fois que je consultais l'auteur, pour arriver à trouver des équivalences, il me répondait d'Australie ou des Etats-Unis où il se trouvait, selon les aléas de sa vie et de son travail, par des encouragements bien particuliers : « Si vous ne connaissez pas le mot en français, demandez-le à une putain ! » Ou selon les cas, « Demandez à un flic, à un juge pour enfants, à un pédé, à un croupier, à un forain, à un drogué ! » Traduire ce livre — si j'avais suivi ces conseils — m'aurait conduit pendant des jours et des jours à explorer tous les milieux — pour ne pas dire tous les bas-fonds — de la capitale ! Jamais jusqu'à ce jour une traduction n'avait impliqué un tel parcours au sens propre du mot. Au point que je me demandais parfois, dans mes errances « professionnelles », si un bon traducteur ne devait pas en fin de compte couler avec son auteur et sa traduction, comme — mais est-ce toujours vrai ? — on dit qu'un bon commandant doit sombrer avec son navire ! Il m'arriva même de me demander jusqu'où peut ou doit aller un traducteur consciencieux lorsqu'il traduit, par exemple, un livre sur la mafia. Doit-il se faire pour un temps *mafioso* ? Voilà encore un thème dont on ne parle guère dans les savants colloques sur la traduction !

Enfin, le livre parut et il eut, à l'époque, en 1967, un succès des plus honorables. *Les Lettres françaises* avaient titré leur article : « *Qu'arrive-t-il à un Grec lorsqu'il écrit son premier roman à vingt mille kilomètres de l'Acropole ?* » Le livre, en effet, fut écrit par Taktsis alors qu'il travaillait en Australie, livre qui est aussi, il faut le dire, une pleine et grande histoire d'amour avec deux villes, Salonique et Athènes. Je me souviens, qu'en lui envoyant une copie de l'article, j'avais ajouté : « Tu vois, tu es le Joyce de la Grèce ! Lui aussi a écrit son chef-d'œuvre, *Ulysse*, loin de Dublin ! »

En signe d'adieu à l'auteur — que par la suite j'ai souvent rencontré et qui était devenu un véritable ami —, à Costas — mort assassiné à Athènes dans des conditions qui ne furent jamais éclaircies —, j'ajouterai simplement la fin de la préface écrite pour la réédition en poche du *Troisième Anneau*. Traduire ce livre ne fut jamais pour moi un devoir, encore moins un pensum. Ce fut un hommage et, en dépit ou peut-être en raison de toutes les difficultés rencontrées, une façon de dire à Taktsis combien alors sa Grèce à lui était aussi la mienne.

Chacun l'aura compris, ce livre se situe dans une Grèce délibérément mise à nu — je dirais presque mise à mal par un auteur réglant avec Elle tous ses comptes — une Grèce d'aujourd'hui mais qui porte en Elle, par le fait, toutes les Grèces antérieures. A commencer par la Grèce antique, mais oui, bien qu'elle soit en apparence totalement absente de ce livre. Pourtant ici et là, de subtiles allusions et de discrets rappels nous disent que l'auteur sait bien de quoi il parle. Le nom même d'Ekavi, l'héroïne principale de l'œuvre, par exemple, est celui de l'antique Hécube. Ekavi, mère passionnée, mère affligée, est bien une moderne Hécube. Quant à son père, précisément archéologue, il distribue à ses enfants des prénoms antiques comme on distribue des dragées : Ekavi grandit au milieu de frères, de sœurs, de tantes, de cousins qui se nomment Achille, Lycurgue, Thémistocle, Miltiade, Aphrodite et Ismène. Mais trêve d'allusions, ce n'est pas avec des prénoms qu'on ressuscite la Grèce antique. Ce qui émerge ici des pages et des images, c'est moins la Grèce ancienne ou non, que le Temps lui-même, car l'auteur de toute évidence a voulu écrire — en même temps que l'histoire de cette famille incandescente — sa *Recherche du temps perdu*, son « A l'ombre des jeunes gens en fleurs ». Voilà pourquoi Taktsis, à mon avis, est bien plus près des écrivains occidentaux, surtout anglo-saxons, de Joyce et de Malcolm Lowry par exemple, que des écrivains grecs, anciens ou modernes. Il y a dans cette œuvre une dérive, une perdition, une quête désespérée qui évoque bien plus *Au-dessous du volcan* que les roman grecs folkloriques. Car c'est cela son but ultime : nous dévoiler tous les substrats d'un temps, tous les méandres d'une Mémoire qui appartiennent aux profondeurs de l'Occident autant qu'à celles de la Grèce.

Traduction

Traduire. Que voici un mot redoutable et une activité plus redoutable encore ! Depuis que Linguistique et Sémantique ont jeté leur dévolu sur le monde de la traduction, j'ai appris que traduire était un acte proche de l'inconscience ou de la mégalomanie. Je me contenterai donc pour l'instant de quelques réflexions nées de mon expérience et de mon plaisir de traducteur à partir du grec ancien, médiéval et moderne.

Traduire Eschyle, Hésiode, Sophocle ou les hymnes orphiques* est une chose, traduire les hymnes byzantins, une autre, traduire les chants kleftiques, une autre chose encore, et bien sûr traduire les poètes d'aujourd'hui et les paroliers des chansons populaires. Ecrire cela revient presque à émettre une pure lapalissade. Et pourtant ce n'est qu'en faisant ce grand écart entre Homère et Séféris*, ou entre Orphée* et Tsisanis que j'ai pu percevoir l'étonnante continuité et le murmure vivant de la langue grecque. La traduction ne fut jamais pour moi une tâche mais toujours un plaisir, et je me suis souvent senti dans ce domaine comme en service commandé. Commandé par qui ? Non par les éditeurs mais par les auteurs, les poètes eux-mêmes, qu'ils soient vivants ou morts. Oui, traduire n'a jamais été pour moi une opération structuro-linguistique où la plume remplacerait le bistouri et la page blanche le linge des tables opératoires, mais un compagnonnage, un cheminement parallèle sur les rives abruptes ou lisses du langage, un accompagnement, une interprétation au sens musical de ce mot, où devant la partition originale chacun proposera son déchiffrement et son jeu personnels. Ainsi, grâce à Hérodote, j'ai passé des jours entiers à musarder le long du Nil ou au cœur des sanctuaires de l'Egypte antique. Avec l'hymne acathiste, je n'ai cessé de voyager dans l'espace des icônes miraculeuses de la Vierge. En traduisant Sikélianos*, j'ai pu pénétrer dans l'adyton* interdit du sanctuaire d'Apollon ou m'asseoir sur le rebord de la source de Castalie pour écouter les voix de la terre. Avec Séféris*, à ses côtés ou dans son ombre, j'ai surpris sur l'acropole d'Asiné* le fantôme de son roi. En traduisant les chants rébétika, j'ai revécu les nuits passées dans les tavernes, la fumée du haschisch et l'ivresse de la danse. Traduire, c'est voyager au cœur des mots et dans les métaphores, et ce fut pour moi transplanter sur l'humus d'un autre langage les mots nés sur le sol et dans les villes de Grèce.

Comme ce dictionnaire comporte un grand nombre de traductions allant d'Orphée* ou de

Sophocle aux poètes grecs de ces dernières années, traductions inédites pour la plupart d'entre elles, je résumerai ici mon credo personnel en un bref et enjoué manifeste, en précisant qu'il ne s'agit ici que de la traduction exclusivement littéraire.

Donc, et contrairement à l'idée répandue qu'une traduction parfaite relève de l'impossible, je dis et affirme que :

• Tout peut se traduire, même le langage des anges — voir pour cela la Bible et le Coran.

• Une traduction n'est ni un clone de l'original ni son reflet, encore moins son imitation. Elle est une anastylose linguistique consistant à démonter les pièces du monument original pour les remonter à l'identique, mais dans un autre matériau.

• Traduire n'est pas passer d'une langue dans une autre langue, mais de la langue propre à l'auteur traduit dans la langue propre au traducteur. Ce n'est pas du tout la même chose de traduire le grec d'Homère et celui d'Archiloque, le grec de Séféris* de celui des rébétika*.

• De ce qui vient d'être dit, il émane donc pour moi une évidence, à savoir que pour tout texte littéraire et notamment pour les poèmes, il existe une infinité de traductions possibles.

• Traduire n'est pas trahir mais transplanter. Le résultat dépend du terreau d'accueil. Tout traducteur est un transplanteur, donc un herboriste ou un jardinier du langage.

Trézène

Sans le souvenir scolaire du fameux récit de Théramène dans la *Phèdre* de Racine, je n'aurais sans doute jamais eu l'idée ou l'envie de me rendre à Trézène. D'autant, comme on le constate très vite une fois sur place, que ce site est avant tout un nom, l'écho d'une vieille et triste histoire d'amour. Visiter Trézène, c'est surtout voyager dans sa propre mémoire et sur une colline dominant un bras de mer endormi, une plaine où somnolent des moutons et où l'on voit briller le marbre de quelques fûts couchés sur l'herbe.

Le site se trouve presque en face de l'île de Poros dont le sépare un simple chenal. J'y suis allé à deux reprises, une première fois en 1966, quand j'arpentais le Péloponnèse sur les traces de Pausanias, et plus tard, dans les années 80, en un temps où je faisais de fréquents séjours à Poros. J'ai pris des notes à chaque visite et je me suis amusé par la suite à les comparer pour y vérifier ma mémoire.

Voici, daté de 1966, un extrait de ma première mémoire :

Je visitai Trézène à l'aube. La petite plaine qui sépare l'ancien mont Phorbantion — aujourd'hui Adérès — de la mer et où se trouvent les ruines était encore recouverte d'ombre. Le soleil éclairait vers l'ouest la crête des monts d'Ano Phanari — la Femme endormie, comme disent les gens du pays. Silence et calme du matin. Un berger appelle ses bêtes sur les versants des Adérès. Des lauriers-roses animent le paysage de leurs couleurs et du bruissement des abeilles qu'ils attirent. La mer un peu plus loin, d'un calme impressionnant, est cachée par de grands rideaux de roseaux. Toute cette rive est marécageuse et l'eau y est sombre et bourbeuse au point de décourager le plus enhardi des nageurs. Des ruines de la terrasse, je regarde cette surface étale : cache-t-elle toujours quelque monstre marin, comme au temps d'Hippolyte ?

C'est ici, près de l'église ocre et rouge, bâtie sur l'emplacement présumé du temple d'Aphrodite, que Phèdre venait regarder Hippolyte. La cime des peupliers bordant la route littorale est maintenant touchée par le soleil. Dans un instant, ses rayons vont effleurer les herbes. Passions mortes qui ne vivent plus qu'à travers quelques strophes. Sentiers perdus dans l'herbe, s'entrecroisant comme les labyrinthes du destin, torturant l'âme de la femme amoureuse. « *Ton secret*, dit la nourrice à Phèdre, *j'ai cherché autrefois à le suivre à la piste. J'avais tort. J'y renonce.* » Euripide, lui, n'y a pas renoncé. Mais ce que l'on rencontre quand on veut explorer les ténèbres de l'âme s'accommode mal de la lumière du jour. Un monde inconscient, révélé pour la première fois par la voix des poètes, avec ses monstres plus terribles que ceux qui surgissent des eaux, ses vérités dont le sens profond n'apparaît que bien plus tard, mais qui seront dites ici, au grand jour, pour la première fois dans l'histoire des hommes :

> « *Souvent au hasard d'une longue nuit*
> *Je me suis demandé ce qui corrompt la vie des hommes. Et ce n'est point, je crois, par naturelle infirmité d'esprit qu'ils font le mal car un sens droit est en partage à la plupart. Il faut voir autrement les choses. Nous distinguons parfaitement où est le bien, mais sans nous efforcer à l'accomplir, les uns par paresse les autres pour avoir élu autre chose qui est leur plaisir. Et les plaisirs sont si nombreux ! Les longs entretiens, l'inaction, dangereuses jouissances, et l'honneur aussi. L'honneur a deux visages. L'un est louable, l'autre perd les maisons. Si sa*

limite entre eux était bien nette, ils ne seraient pas deux à porter même nom »

nous dit Phèdre dans l'*Hippolyte* d'Euripide.

Paroles lucides mais terribles, qu'on pouvait prononcer bien ailleurs qu'à Trézène. Les lieux ici sont les témoins muets des désirs et des peurs inavoués, mais il suffit que ces choses soient dites à la face du soleil pour que les herbes, les pierres, la terre elle-même deviennent complices des horreurs, perdant leur innocence millénaire. Peut-être n'est-ce pas un hasard si la tradition situait à Trézène, dans l'enceinte du sanctuaire d'Artémis, l'une des sorties des Enfers. Ce paysage de peupliers, de lauriers-roses, de roseaux et de mer étale, ce paysage d'un calme exceptionnel cachait la bouche d'ombre d'où jaillirent un beau jour les monstres et les fantômes qui hantent l'inconscient des hommes et que Phèdre, comme Œdipe, eut le courage de regarder et de nommer.

Je retournai à Trézène dans les années 80 et j'écrivis alors un nouveau texte, paru dans une édition à tirage limité aujourd'hui introuvable. J'y reviens sur les inévitables interrogations que posent la nudité, la vacuité du site. Impossible d'échapper ici aux sollicitations, je dirais même aux exigences, de la mémoire ; impossible, à propos de la passion dévorante, incestueuse de Phèdre, de ne pas se demander : qui décide de nos passions ? Qui, comme l'écrit le poète Séféris* « *juge, condamne, tue ou absout dans notre dos* » ?

Voici un extrait de ma seconde mémoire :

Il fait à peine jour encore. Je monte le long de la colline, je m'assieds dans l'herbe, je regarde : à droite, au loin, les maisons blanches de Poros semblent posées au ras de l'eau comme les superstructures d'un navire englouti. Devant moi, jusqu'à la route, les ruines du sanctuaire d'Hippolyte, affleurant sous les herbes folles, puis les vestiges d'une église byzantine construite sur le site d'un ancien temple et, plus loin, quelques pierres éparses : le tombeau de Phèdre, dit-on, ou celui d'Hippolyte. Un peu plus bas encore, un berger fait traverser la route à ses moutons ; ils se répandent dans les ruines tandis que l'homme s'assied au pied de l'église écroulée, ferme les yeux et semble somnoler. Ce berger, je ne l'invente pas : il est bien là et les moutons aussi sont là et les pierres écroulées parmi les herbes folles. Dans ce silence, dans cette lumière naissante s'accrochant à chaque aspérité du paysage, surgit un monde que je croyais mort : que tout se fige, ne fût-ce qu'un seul instant, que ces moutons cessent, une seule seconde, de bouger et l'herbe de frémir et la mer de se rider sous la brise, et plus rien ne pourra me persuader que cette scène appartient au présent, que je n'ai pas, à mon insu, pénétré dans l'éternité d'une gravure ancienne ou dans quelque paysage de l'autre côté des miroirs...

Sur la gauche, un peu plus haut, se trouve une petite ferme. Elle recouvre, dit-on, l'emplacement du temple d'Aphrodite-la-Protectrice d'où Phèdre admirait les exercices d'Hippolyte. Je m'approche et je regarde à nouveau le paysage, la route qui se perd dans les roseaux bordant la mer. Y avait-il ces roseaux sur ce rivage quand Hippolyte quitta les « portes de Trézène », chassé par son père Thésée ? Il est des lieux, en Grèce, qui s'accordent admirablement aux légendes qui s'y rapportent : l'âpreté impitoyable de Mycènes et les crimes des Atrides, le relief torturé de Delphes et le combat d'Apollon et du serpent Python. Ici, dans ce paysage doux et calme, rien n'évoque le drame sanglant de Phèdre, l'inceste, la souillure, les délires du corps et de l'âme, la folie, le suicide, la honte de désirs inavouables, tout cet univers de forces inconscientes émergeant brusquement à la lumière, une lumière elle-même horrifiée, livide, insoutenable...

Le soleil est déjà haut : autour des pierres à peine dégagées de leur gangue de terre, les herbes ont recouvert la trace des anciennes souillures. Ce paysage sans mystère a-t-il vraiment connu les hurlements de Phèdre ? Cette mer étale a-t-elle donc vu surgir un monstre des abysses ? Peut-être est-ce en ce lieu, en ce site anonyme, oublié, absorbé par la terre et la mer, que sont nés les plus profonds délires de l'âme grecque ? Quelle vérité difficile se cache derrière l'innocence de cette mer, l'amical relief de ces montagnes ? A la place qu'occupait Hippolyte, je ne vois qu'un berger adossé à l'église : il vient de s'éveiller, il se lève, appelle son chien, rassemble le troupeau et se dirige plus haut, vers les versants. Quelle est la vérité de Trézène ? Celle d'une reine hurlant à la mort à la face du soleil, d'un homme déchiqueté le long d'un rivage, d'âmes et de corps broyés par les monstres que nous abritons en nous-mêmes ? Ou celle d'un berger somnolent au soleil et poussant, après deux mille ans, le même cri aigu pour rassembler ses bêtes dans la lumière de l'aube ?

Au fond, il n'est jamais inutile de se rendre à Trézène, de confronter les foules bruyantes et impulsives de sa mémoire avec la solitude et le silence de ce lieu. Cette solitude, ce silence deviennent des écrans vierges où tout peut soudain surgir. Y compris la question, déjà posée mais affinée, de ce qu'en principe nous avons réappris sur les mystères du cœur, à savoir qui décide en fin de compte de nos passions · nous-mêmes, un dieu, un pur Hasard ou l'Inconscient ?

Tsirkas Stratis (1911-1980)

Né au Caire, il vécut par la suite à Alexandrie avant de quitter définitivement l'Egypte pour la Grèce en 1963. Ces précisions ne sont pas là pour constituer un fichier biographique, mais pour baliser une vie et un itinéraire en fonction des trois villes qui furent aussi les sources d'inspiration et le décor de son œuvre. Les deux premières, surtout, sont au cœur de sa trilogie *Cités à la dérive*, un des romans majeurs de l'après-guerre en Grèce. Stratis Tsirkas fut par excellence un écrivain de la diaspora, qui, beaucoup plus que d'autres, s'impliqua dans la *patrikia* grecque d'Egypte. A ce titre, les deux derniers tomes des *Cités*, *Ariane* et *La Chauve-souris*, portent très fortement l'empreinte de son pays natal. *Cités à la dérive* est à la fois une chronique romanesque de la résistance grecque au Proche-Orient pendant la dernière guerre, une fresque historique sur la diaspora, une saga politique sur les conflits qui opposèrent alors les différents mouvements de résistance, mais aussi et surtout une œuvre d'une écriture dense, contrastée, d'un ton et d'un style tout à fait novateurs. Bien sûr, son œuvre ne se limite pas à cette trilogie et il publia plusieurs recueils de nouvelles, comme *L'Homme du Nil* et *Printemps perdu*, dont j'ai rendu compte en leur temps. Mais si je devais choisir parmi elles, ce sont les *Cités* que j'élirais d'emblée.

A l'appui de ce jugement qui, à mes yeux, n'a rien de péremptoire, je reproduis ici le compte rendu paru en 1972 dans *L'Autre Grèce*, revue d'opposition à la junte militaire, éditée par les étudiants grecs de Paris et à laquelle j'ai très souvent collaboré.

A.Λ. 80.

STRATIS TSIRKAS,
« CITES A LA DERIVE »

La littérature grecque vivante a été honorée le 7 février, à Paris, par l'attribution à Stratis Tsirkas du Prix du meilleur livre étranger pour ce grand roman qui fut interdit en Grèce de 1967 à 1970.

Dans les années qui suivirent la fin de la guerre civile, la Résistance avait suscité en Grèce un certain nombre de récits de grande valeur comme ceux de Dimitriou, de Dimitri Hadzis, de Thanassis Valtinos, de Nikos Casdaglis et de quelques autres. Mais ces ouvrages concernaient uniquement la Résistance intérieure contre l'occupant. *Cités à la dérive* est le premier roman à traiter — entre autres — de la Résistance extérieure et des combattants grecs qui, de 1942 à 1944, menèrent la lutte au Proche-Orient. Je dis « entre autres » car ce n'est là qu'un des aspects de ce livre étonnant, qui propose en fait, par le biais d'une écriture souvent éblouissante, l'anatomie d'un univers jamais décrit jusqu'à ce jour : celui de la diaspora grecque du Proche-Orient. En ces villes excentriques et fascinantes, ces cités de l'autre Grèce que sont Jérusalem, Le Caire, Alexandrie, vit aussi une foule composite de réfugiés, d'exilés, d'espions, de contre-espions, de militaires avec et sans uniforme, les uns agissant ou croyant agir sur l'histoire, les autres l'ignorant ou la subissant dans la peur, la résignation ou l'indifférence. Comme si ces cités, ces lieux à la dérive étaient plus forts, plus magnétiques que les individus, que les communautés et même que l'histoire. Comme s'ils imposaient peu à peu aux plus froids et aux plus lucides des esprits ce vertige d'une vie autonome, faite de sang, de sensualité et de mort. Vertige que l'on ressent d'un bout à l'autre de ce livre et qui rend d'autant plus tragiques ou dérisoires les efforts des plus conscients pour en briser l'envoûtement. Les Anglais eux-mêmes, qui tirent les ficelles du jeu et nagent toujours dans ces eaux troubles avec l'aisance d'un requin, succombent parfois aux pièges de ces labyrinthes vivants. Et pourtant, ce qui s'échafaude ici, se fait ou se défait tout au long de ces pages, n'est ni un jeu ni une comédie de marionnettes, mais l'histoire future et réelle de la Grèce. Ce qui se prépare en ces lieux où foisonnent intrigues, passions, drames et plans stratégiques, une fois la victoire en vue après la défaite de Rommel, c'est la mainmise de Churchill sur le continent et sur le peuple grecs. Pour les Anglais, il s'agit d'étouffer dans l'œuf la révolution montante des forces grecques des montagnes et de celles du Proche-Orient et d'installer au pouvoir, après la libération du sol grec, un gouvernement qui leur soit favorable. Ils y réussiront parfaitement et cet assassinat historique, agencé et perpétué de main de maître, en dépit des tentatives de révolte des Brigades et des efforts des plus lucides, on le voit naître ici même, en Egypte, dans les pages de ce livre qui en dévoile les mécanismes et les agents.

Sans doute est-ce ce climat particulier — aux sens

propre et figuré — des lieux où se déroule l'action, cette présence constante d'une histoire en marche qui donnent d'abord à cet ouvrage le ton d'une épopée impitoyable et d'une lente tragédie. Mais au-delà ou plutôt en deçà de l'histoire, apparaissent d'autres thèmes, d'autres plans, surgissent d'autres univers qui font de *Cités à la dérive* une mosaïque d'instants, d'êtres et d'événements dont le dessin et le dessein finals n'apparaîtront que peu à peu. Chronique au jour le jour parfois, puis épopée en ces pages remarquables de la marche forcée des Brigades dans le désert, l'ouvrage se fait aussi poème, réflexion, journal ou confession de quelques êtres qui proposent, par le biais de leurs obsessions, de leur détachement, de leur besoin de vivre et de comprendre, un regard différent, humain, partial souvent, sur les êtres et les événements. Et ceux que l'auteur a choisis — pour ces parenthèses tour à tour lyriques, érotiques, accusatrices ou sentimentales — sont en définitive les seuls qui ne jouent pas : Anna, la logeuse rêvant à voix haute de sa vie manquée, Manos Simonidis, militant généreux, courageux, qui paiera de sa vie sa confiance naïve en l'amitié des hommes, Paraschos, Grec raffiné d'Alexandrie, et Nancy, l'aristocrate anglaise, mêlés tous deux, malgré eux au début, au courant d'une histoire qui changera leur vie. Et surtout, entre toutes ces figures, celle d'Ariane, la mère, la femme, la protectrice, flamme vivante par qui se nouent et se dénouent tous les fils des intrigues amoureuses et politiques. D'autres silhouettes, plus furtives mais aussi attachantes — celles du petit peuple grec et des habitants arabes des quartiers pauvres d'Alexandrie et du Caire — apparaîtront ici et là. Et tous, souvent sans le savoir, seront en définitive, qu'ils agissent ou n'agissent pas, les pions dont se servent les autres, Anglais et agents à leur solde, pour écrire leur histoire et l'imposer à tous.

On a comparé souvent Tsirkas à Lawrence Durrell — peut-être en raison de la similitude des lieux où se déroule le récit avec ceux du *Quatuor d'Alexandrie* —, à Faulkner — sans doute en raison des recherches ou des découvertes d'écriture que comporte ce livre, des facettes multiples et parallèles reflétant le réel. En réalité, Tsirkas ne ressemble à personne, de même que son livre ne ressemble à aucun autre livre grec. Roman, fresque, chronique, poème d'amour pour les hommes, voyage au cœur des labyrinthes de la sensualité, thrène des cités moribondes, il est tout cela et plus que tout cela : une œuvre originale, intense, nourricière, imprégnée de toute la culture et de toute l'expérience de l'auteur. N'est-il pas lui-même à l'image de ces villes où il vécut et qui ont laissé en lui leur empreinte : Grec de l'autre Grèce et Grec du continent, méditerranéen et citoyen du monde, un monde plus que jamais à la dérive ?

V

Valaoritis Nanos (né en 1921)

Il y a bien des façons d'être grec aujourd'hui et même d'être poète grec. Dans la vie nomade, planétaire, qui le porte à vivre depuis des années entre la Grèce, la France et les Etats-Unis, Nanos Valaoritis a parcouru maints chemins de la création, restitués dans une œuvre forte et foisonnante, déconcertante quelquefois, provocante très souvent, mais qui depuis cinquante ans qu'elle se manifeste constitue l'une des voix et l'une des voies les plus originales de la Grèce d'aujourd'hui. C'est que très tôt, dès 1954, année où il s'installe en France — précisons qu'il est né en 1921 —, Nanos Valaoritis a baigné au cœur du mouvement surréaliste, mais un surréalisme qui au contact du monde et des cultures mutantes de l'après-guerre se serait enfin libéré des maladies infantiles de l'avant-guerre pour atteindre ici un seuil de non-retour et devenir, dans son œuvre, ce miel acide, cette flamme fuligineuse, cette source sulfureuse, bref un mélange poétique détonant où se côtoieraient dans la complicité des métaphores les ombres d'Orphée, de Blake, de Charles Fourier, d'André Breton, et de quelques autres, bien sûr, invités aux rencontres et aux noces de la Grèce dionysiaque et de l'Europe futuriste.

Textes insolites donc, et souvent insolents, oui, poésie suscitée par un élan lyrique exacerbé mais toujours maîtrisé . une alchimie où l'étincelle des mots et le feu des images — condition essentielle à l'éclair du poème — donnent naissance à des éclats le plus souvent très brefs où affleure à tout moment l'envers burlesque ou merveilleux du monde quotidien. Burlesque ou merveilleux. Burlesque et merveilleux. Depuis *Le Châtiment des mages*, premier recueil de poèmes paru en 1947, jusqu'à *En fin de compte* (1984), burlesque et merveilleux se mêlent pour devenir autant de signes flamboyants, de gardiens enchanteurs et de séduisants sémaphores, qui nous tentent comme le chant des Sirènes — dont on oublie toujours qu'elles ne chantaient nullement pour faire des vocalises mais pour dire le secret du monde !

Pourtant, si cette œuvre qui compte aussi d'importants textes en prose intègre en elle une culture phénoménale, et surtout une culture essentiellement trans-européenne, si elle est éminemment moderne dans sa forme, sa substance, ses obsessions et ses refus, il n'en demeure pas moins en elle le questionnement propre à tout Grec, surréaliste ou non, depuis Socrate jusqu'à Valaoritis et qui se résume à : « Qui suis-je ? Qui sommes-nous ? » Les Grecs d'aujourd'hui peuvent-ils encore se dire Hellènes, par exemple ? On

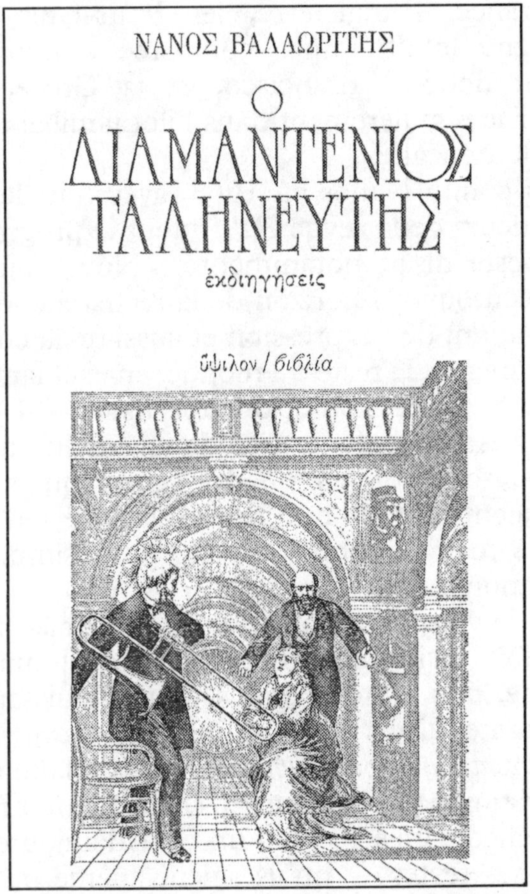

verra cette question — à la fois judicieuse et pernicieuse — revenir à plusieurs reprises dans les textes ici proposés. Beaucoup de Grecs vivent hors de Grèce, constituant de par le monde une diaspora universelle et permanente qui butine ici et là toutes les cultures, toutes les langues et toutes les villes mais qui revient toujours, chaque fois que c'est possible, à la ruche, à la terre matricielle. Nanos Valaoritis a ainsi partagé sa vie entre la France, l'Angleterre, les Etats-Unis, où il enseigne la littérature comparée à l'université d'Etat de San Francisco, et la Grèce, où il retourne régulièrement dans l'îlot familial près de l'île de Leucade.

J'ai connu Nanos en 1963, avec tous les amis fondateurs de la revue *Pali**, dont le programme-manifeste disait notamment : « Nous voulons à nouveau ouvrir l'horizon de la recherche, de l'investigation, de l'expression et aussi de la communication avec le reste du monde, en excluant toute forme de répression et d'autocensure. » Il y avait alors à Athènes un groupe de joyeux lurons poétiques, tous tri- ou quadrilingues, qui se rencontraient toute la nuit sur la place de Colonaki, en ce café célèbre appelé tout simplement Byzantion*.

On le voit, l'entreprise de Nanos Valaoritis est à la fois lucide et ludique. Jeux de lumière en somme, une lumière tour à tour éblouissante ou décapante. Dans le texte intitulé *Aucun mot ne s'apparente au mot Hellène*, il répond clairement à la question posée un peu plus haut : le mot *Hellène* a-t-il encore un sens pour un Grec d'aujourd'hui ? Mais ses textes — qu'ils soient poème ou prose — répondent à bien d'autres questions. Je n'en propose ici qu'une très brève et minimale anthologie, où l'on découvrira maintes autres interrogations tout aussi essentielles. Par exemple : pourquoi Nanos s'appelle-t-il « nain » (*La Méthode Braille)* ; quels sont les signes précis, révélateurs de la vieillesse (*Histoire à propos de rien*) ? Ou bien encore : pourquoi le brigand Procruste allongeait-il les malheureux qu'il capturait sur un lit-modèle, auquel ils devaient à tout prix s'adapter (*Pro-*

custe) ? Quel rapport métaphysique y a-t-il entre Don Quichotte et les moulins à vent (*Petite contribution à la série des moulins à vent*) ? La pulsion sexuelle est-elle plus forte que la grippe (*Composition anglaise*) ? Le silence est-il préférable au langage ? Faut-il croire au court-circuit du Saint-Esprit (*Credo*) ? Que puis-je attendre et exiger de l'écriture après ma mort (*Mon après-vie garantie*) ? Et même : une guitare suffira-t-elle pour éveiller la frénésie des métaux vils (*Le Bossu de Notre-Dame*) ? En quoi l'aventure poétique dépend-elle des îles Tuamotu (*Où réside l'esprit de votre poésie ?*) ? Enfin, comment réécrire spontanément l'*Iliade* et l'*Odyssée* (*Un nouveau mouvement poétique*) ?

L'aventure poétique de Nanos Valaoritis n'a pas dépendu que des îles Tuamotu. Elle s'inscrit dans une entreprise feutrée mais ferme de salutaire décervelage. Défaire les idées toutes faites, dévergonder les métaphores et encanailler les images, voilà son programme ou du moins son parcours. Une apothéose de la recréation permanente. Mais qui dit recréation ne dit-il pas aussi récréation ? Dans ces textes, les mots jouent entre eux pour former des couples amoureusement hybrides, tout un univers autonome où nos conventions, nos convictions apparaissent diffractées par l'humour, le regard délicieusement incisif du poète. Les mots, enfin, n'ont plus ici le sens commun. Ils se livrent à des noces ferventes et somptueuses pour mettre à vif dans cette œuvre une sagesse tout émancipée, savamment et tendrement sauvage.

Des différents extraits mentionnés plus haut, je donnerai quatre exemples qui montreront le ton joyeusement persifleur et sciemment provocant de ces textes. La poésie grecque a trop longtemps manqué de trouble-fêtes ou de trouble-poètes, ce que je m'amusais à appeler, en mes années surréalistes, des *troubladours*, pour ne pas saluer comme il convient l'existence d'un homme et d'un *troubladour* comme Valaoritis ! A en juger par ses derniers poèmes, son œuvre demeure toujours aussi ludique et sa technique procède toujours par effraction lexicale ou même sémantique !

Elle est une saine et païenne mise à mal des tabous de la société bourgeoise et bien-pensante qui sévit toujours en Grèce quoi qu'on pense ! Et l'iconostase personnelle du poète — tous les poètes grecs en ont une — ne porte pas les icônes de la Nativité ou de l'Annonciation ni les figures des saints orthodoxes, mais celles de Sade, de Fourier, de Rimbaud, de Lautréamont et de bien d'autres encore, tous apôtres de la vie transfuge, tous chefs des milices et des malices de l'Inconscient !

AUCUN MOT NE S'APPARENTE
AU MOT HELLENE

Le mot Hellène ne m'effraie pas — je ne passe pas
[mes nuits
Sans dormir à me demander qui j'étais et qui je
[serai
Demain ou dans mille ans pour les hommes de
[l'avenir
Qui voudraient se souvenir de mon visage, effacé
De leur mémoire par manque de photos ou de
[portraits de moi.
L'attraction du courant d'un pylône de haute
[tension
Agit peu à peu sur nous pour cesser ensuite.

Ce destin tragique de toute chose limite la vie
De tous ceux qui respirent, contemplent le soleil,
Se nourrissent, rêvent. Pourtant, je ne crois pas me
[tromper
Quand je dis que le mot *hellène* n'a que peu de
[rapports avec le mot *futur*.

ETAT DE CONTRE-SIEGE

Ainsi donc nous sommes assiégés
Et nous le sommes par qui
Par toi et par moi, par machin-chose
Nous sommes sans cesse assiégés
Par les frontières, les douanes, les contrôles de
[passeports, Interpol, la police militaire, les tanks,
le bagout, la bêtise,
Par les médailles, les uniformes, les discours
[officiels,
Les promesses, les impostures, la fourberie,
La fausse indignation des dirigeants, l'hypocrisie,
La télé, la radio, les savons, les détergents,
Les pubs, le tourisme, les voyages organisés, les
croisières,
Les réchauds, les frigos, les campings, les boy-
[scouts,
Les articles sur l'Education, par la foule, la
[poussière, les recueils de poèmes,
Le manque d'eau, les engrais, les nerfs, les
[troubles digestifs, la calvitie,
Les armateurs, le football, les autobus, la
[ponctualité, les lésions
De la colonne vertébrale, la bureaucratie, les
[délais, les attestations,
Les critiques, l'Eglise, les tortures, les
[opportunistes,
La suspicion, les persécutions, la peur,
[l'impudence, les concours
De beauté, le manque d'argent, le manque de
[libertés, nous sommes assiégés par les malotrus,
Les bouches molles, par nos idées noires, par
[nous-mêmes,

Et par toute autre chose qui vous viendrait à
[l'esprit, nous sommes sans cesse assiégés.

CREDO

Je crois en l'union chimique du Père Tout-
[Puissant
Je crois au court-circuit du Saint-Esprit
Je crois au Fils Unique engendré par le sperme
Je crois en la maturité physique de la Toujours
[Vierge Marie
Je crois en l'Eglise disjonctrice de lumière
Et dans les douze Apôtres de l'amour
Je crois en un Arbre Crucifié
Et en une essence première qui est π
Je crois en un producteur inconnu
Qui enfante la curiosité
Je crois en un esprit malin et en un esprit ınnocent
Je crois en une femme belle
Qui me rendra heureux
Je crois à la toute-puissance de l'imagination
Qui voit le paradis en plein enfer
Je crois en ce que je vois entends devine
En ce que j'aime
Je crois en un homme enfin délivré
Du poids de ses pensées et de ses peurs
Saint Libertaire dans le Siècle et l'Eternité.

CECROPIE

En proie à une perplexité extrême,
En proie à un extrême désarroi,
Profondément irrésolue, elle ne savait
Si elle devait ou non épouser
Le premier homme qui se trouverait
Passer sur le chemin de l'Acropole.
Alors on la prit, on la couronna,
On mit le panier dans un coffre
Que l'on cloua de tous les côtés
Et quand longtemps après on le rouvrit

On trouva tout au fond un serpent et un enfant
Qui devint le premier roi d'Athènes.

Vassilikos Vassilis (né en 1934)

Je le connais, le fréquente, l'apprécie, l'estime depuis si longtemps que je me demande si, en réalité, nous ne nous sommes pas déjà connus avant notre naissance ! Oui, plus j'y réfléchis, plus je suis sûr que nous avons vécu côte à côte, à Byzance très probablement. D'ailleurs, Vassilikos ne signifie-t-il pas « royal » et n'est-ce pas un nom qui dérive de Basileus, qui voulait dire « empereur » à Byzance ? L'évidence est là : Vassilikos fut sans doute empereur et moi, le Silentiaire du palais, chargé de faire taire les courtisans dès que l'empereur devait parler. Ceci pour notre parenté.

Son œuvre très vaste — près de quatre-vingt-dix ouvrages à ce jour — couvre des domaines multiples dont certains sont d'ailleurs aux franges de la littérature : romans, récits, nouvelles, mémoires, chroniques, reportages. Mais Vassilikos, justement, aime mélanger les genres, abolir les cloisons étanches entre écriture littéraire et écriture journalistique. Prenons deux œuvres bien spécifiques, écrites à l'époque où je le connus — dans notre vie actuelle — en 1965 : *Les Photographies* et *Hors les murs*. *Les Photographies* est un recueil de textes impressionnistes, en apparence étrangers les uns aux autres, mais reliés en profondeur par une suite de photographies prises en des lieux et des temps différents. *Hors les murs*, à l'opposé de tout impressionnisme, est une série de reportages effectués en des lieux et milieux où les écrivains de l'époque ne s'aventuraient guère, à savoir ceux des chiffonniers, des éboueurs, des immigrés d'Asie Mineure, bref ce qu'on pourrait appeler la « zone » d'Athènes.

Vassilikos fut toujours un témoin plus qu'attentif à l'histoire de son pays, mais aussi à celle du monde. Il est l'auteur de *Z*, ce récit romancé de l'assassinat du député de gauche Grigorios Lambrakis à Salonique — dont on tira plus tard un film célèbre. Surpris à Rome — où il vécut un temps — par le coup d'Etat d'avril 1967, il s'installa alors en Allemagne, puis en France, à Paris. C'est là qu'il écrivit sur sa condition d'exilé, d'immigré involontaire, une série de nouvelles et de reportages dont les plus remarquables sont *Lunik II* et *La Belle du Bosphore.*

J'arrête ici la biographie et la bibliographie de Vassilikos, car ce qui nous lie n'est pas uniquement de l'ordre de l'écriture, mais de la vie : nous avons très souvent partagé le meilleur et le pire de ce que la Grèce donna à l'un et proposa à l'autre. D'ailleurs, un écrivain doit-il nécessairement se confondre avec ce qu'il écrit ? Chez Vassilikos, la vie et l'écriture sont si intimement liées que je souhaite bien du plaisir à son futur biographe ! Pour moi, je le répète, il est d'abord un témoin qui regarde, observe, interroge, construit, reconstruit, imagine, invente et réinvente le monde qui l'entoure. L'imagination la plus débridée en apparence prend toujours appui dans son œuvre sur une rencontre avec la Réalité qui chez lui est l'aînée d'Imagination, sa sœur cadette.

En 1975, Vassilikos publiait en Grèce une trilogie intitulée *Glafkos Thrassakis,* histoire, chronique, journal et récit de voyage d'un personnage imaginaire, écrivain grec errant mais présentant maintes ressemblances avec l'auteur. Il parut en France en 1978 sous le titre *Un poète est mort* et j'écrivis alors une préface intitulée *L'Europe des Lotophages* dont je propose ici quelques passages.

A un journaliste qui l'interrogeait sur la crise politique, un ministre grec répondait tout récemment : « Vous savez, la Grèce est en crise depuis trois mille ans. Alors, précisez-moi d'abord celle dont vous voulez parler ! »

Boutade mais aussi leçon d'histoire. La Grèce fut toujours un pays critique, je veux dire un pays en état de crise permanente, en perpétuelle agitation, cogitation, excitation. Depuis trois mille ans, elle a connu nombre de religions — la dernière en date étant l'orthodoxie —, une dizaine — au bas mot — d'occupants étrangers et pratiquement tous les régimes politiques pensables, indispensables et dispensables, de la tyrannie antique à la monarchie d'après l'Indépendance, de la démocratie au despotisme sans lumières, en allant de Pisistrate à Périclès et des Paléologues à Pattakos — sans oublier Pangalos et Papandréou. Bref, elle fut — elle est encore — un véritable laboratoire politique, une véritable chaîne de réactions et de révolutions dont les Grecs furent les microbes et les atomes — mots grecs ne l'oublions pas — et dont l'Occident avec sa délectation habituelle — et notamment par l'entremise de ses voyeurs spécialisés : les hellénistes — observe froidement les essais enthousiastes ou désastreux. Exactement comme ceux d'un pays témoin. Conclusion : depuis la Renaissance, la Grèce est avant tout, ni plus ni moins, le cobaye involontaire et exemplaire de l'Occident.[...]

Donc, ce livre, de quoi nous parle-t-il au juste ? Ou plutôt de qui ? D'un certain Glafkos Thrassakis, pseudonyme imaginé d'un personnage imaginaire — Lazaros Lazaridis — lui-même pseudo-pseudonyme d'un écrivain réel du nom de Vassilis Vassilikos. En cette œuvre, nous touchons cette zone sensible de la langue grecque où patronyme et substantif, nom propre et nom commun s'équivalent ou se superposent. Cœur qui commença de battre, il y a trente siècles, quand un certain Odysséus — Ulysse — décrivit son *Odyssée*, son *Ulyssée*, faudrait-il dire. Depuis bientôt trente ans, Vassilikos n'écrit rien moins, à travers une trentaine d'œuvres dont les titres ne diffèrent que pour mieux nous tromper, que sa *Vassilikée*, son incessant et difficile retour dans son Ithaque à lui, qui est l'île de Thassos. On peut dire que Glafkos Thrassakis, Lazaros Lazaridis et Vassilis Vassilikos sont le père, le fils et l'esprit-sein d'une trinité faite chair et langage, et dont les trois personnages peuvent, au gré des œuvres, faire route de concert comme en ce livre ou cheminer séparément. Lazaros Lazaridis est déjà le personnage central des *Photographies*, parues en Grèce en 1964, analyse spectrale d'une ville — Salonique — d'une époque — l'après-guerre — et d'un thème — la résurrection dans la ville des morts. Glafkos Thrassakis apparaît, lui, dans la nouvelle intitulée *Diptyque*, parue dans *Lunik II* — édition grecque, 1969 — en tant que personnage d'un tableau titré *Le Retour de Glafkos Thrassakis en sa terre natale, anno 1965 après Jésus-Christ*, puis reparaît dans le recueil de nouvelles *La Belle du Bosphore*, en 1973, sous le thème « Recherches sur la vie et l'œuvre de Glafkos Thrassakis », pour occuper tout le présent ouvrage. Ainsi, tel Géryon, ce géant mythique à trois têtes, au corps triple jusqu'aux hanches, qui gardait ses troupeaux de bœufs dans l'île d'Erythie, Vassilikos, Lazaridis et Thrassakis promènent leurs trois corps, leurs trois pensées, leurs trois langages tout au long des rivages de la Méditerranée. Peu importe, en vérité, celui qui parle. C'est toujours l'un des trois, c'est-à-dire les deux autres. Il est vrai qu'à cette trinité masculine, il manquait une femme qui soit elle-même triple : mère, sœur et épouse. Cette trinité féminine, on l'a deviné, c'est la Grèce. C'est avec elle que depuis trente ans, les trois Vassilikos font triplement l'amour. [...]

Etre un Grec errant aujourd'hui ne signifie plus rencontrer uniquement des Lotophages, des Lestrygons ou des Cyclopes. Non que ces créatures mythiques aient vraiment disparu. Elles ont pris simplement d'autres formes, insidieuses et donc d'autant plus efficaces. Les Lotophages, ce peuple du Sud chez qui poussait le lotus, fleur dont l'absorption faisait oublier la Grèce, ce sont bien aujourd'hui les peuples d'Occident des sociétés de consommation, où l'ancien paysan d'Epire devenu ouvrier chez Philips ou Grundig, où l'ancien ouvrier de Salonique devenu mineur en Belgique, où l'ancien enfant des Cyclades devenu marchand de marrons succombent tôt ou tard aux délices soporifiques des supermarchés. Là résident les nouveaux Lotophages et c'est là que l'on rencontre les nouveaux compagnons d'Ulysse et ceux de Glafkos Thrassakis déjà oublieux du retour. C'est là qu'ils risquent le plus de succomber, de rencontrer de nouvelles tentations à quelque CARREFOUR ou quelque MAMMOUTH, consommant en leurs nouveaux voyages les fleurs du pays des Luxurophages ! Oui, c'est là désormais que s'écrivent les nouvelles Odyssées et c'est ce monde-là, notre monde, qui hante tout entier ce livre. C'est ainsi, sans nul doute, que naissent les nouveaux mythes, ceux que Vassilikos collectionne inlassablement depuis tant d'années. Dans *Les Photographies*, il remarque tout incidemment que le mot « Héraklès » ne désigne plus, pour la plupart des Grecs, qu'une marque de cimenterie. De même « Minos » dit avant tout une marque de vin crétois et « Antigone » — où les néomythes vont-ils se nicher, c'est le cas de le dire ! — des sous-vêtements féminins. Ces nouveaux mythes, on les retrouve tout au long de cette œuvre et ils sont justement le signe le plus évident, le plus indiscutable que les errances modernes ont inversé leur signification. [...]

Aujourd'hui, si Ulysse revenait à Ithaque — ou Glafkos Thrassakis-Vassilikos à Thassos — il retrouverait Pénélope gérante de quelque xénôna, de quelque hôtel pour touristes. Vassilikos est au cœur de ce double voyage entre les mythes anciens qu'il retrouve aux antipodes de la Grèce et les mythes néogrecs qu'aucun étranger n'a encore aperçus ni perçus. Vassilikos comme Glafkos Thrassakis, comme tous les Grecs dont il a décrit et partagé la diaspora* est le président de fait des résidents temporaires du monde. Il vit, il décrit l'Europe, telle qu'aucun des Européens n'est susceptible de la voir. Et il nous renvoie son image ambiguë car elle est là, indiscutablement, cette véritable Europe, non celle que nous préparent les « Sages » de Strasbourg — nouveaux Solons ou Dracons de notre avenir — mais dans ce mirage vide et scintillant, empli de toutes les luxuriances des nouveaux Lotophages et dont il est lui, Lazaridis, lui, Thrassakis et lui, Vassilikos, le nouveau découvreur et le seul, peut-être, à n'y pas succomber.

Verne Jules (1828-1905)

A deux reprises, Jules Verne s'est intéressé à la Grèce moderne et notamment aux combats de la guerre d'Indépendance. Dans *Vingt mille lieues sous les mers*, le capitaine Nemo — dont la chambre dans le *Nautilus* comporte entre autres portraits d'insurgés celui de Botzaris — vient en aide aux combattants crétois en guerre contre les Turcs en leur livrant de l'or récupéré dans des galions engloutis. Mais c'est dans *L'Archipel en feu*, publié en 1884, que sont décrits en détail les combats et le soulèvement des Grecs contre l'oppresseur ottoman. A travers les aventures d'une corvette anglaise chargée d'arraisonner ou de mettre hors d'état de nuire les pirates de tous bords qui sévissaient alors en mer Egée, Jules Verne décrit très minutieusement les îles grecques, leurs côtes, leurs mouillages, leurs ports, les unes déjà libérées et les autres, notamment dans le Dodécanèse, encore occupées par les Turcs. Bien sûr quelques personnages hauts en couleur, comme le pirate Starkos ou la combattante Andronika et d'autres plus romantiques comme la belle Hadjine Elizundo ou le lieutenant de vaisseau Henri d'Albaret agrémentent cette œuvre héroïque se déroulant sur fond de guerre.

Peu de romans — si l'on excepte le fantasque et superficiel *Roi des montagnes* d'Edmond About — ont pris au siècle dernier la Grèce moderne pour décor. *L'Archipel en feu* est de loin un des plus réussis et si l'information proprement historique est parfois contestable, le climat du livre est juste, très attachant et sans emphase. Si j'avais, en tant que lecteur, à annoter ce livre, je dirais : à lire sans hésitation.

Visionnaire

J'ai hésité, je l'avoue, sur la lettre à choisir pour ce mot : le « V » ou le « A », première lettre du mot grec qu'il traduit ? Car visionnaire en grec se dit *alafroïskiotos*. Je sais, cela n'est pas facile à prononcer et même à écrire mais quelle merveille que ce mot ! Il est de la même famille poético-phonétique qu'*adyton** et *acheiropoïitos**. Il est musical, aérien, et il veut dire littéralement « qui a une ombre légère ». C'est ainsi qu'on désigne en grec ceux qui ont le don d'avenir, non pas les voyantes, les devins et les charlatans du même acabit, mais les poètes dont l'œuvre a su inventer ou préfigurer l'avenir. J'ai découvert ce mot pour la première fois en lisant un poème d'Anghélos Sikélianos* et il m'avait frappé par la beauté et la limpidité de son image : avoir une ombre légère, translucide ou même transparente. Quel bel hommage ainsi rendu aux poètes qui ont marqué leur temps ! N'est-ce pas là, déjà, inconsciemment sans doute, une manière de dire aussi que de tels poètes, par l'intensité de leurs mots et l'éclat de leur intuition, préfigurent la légèreté et la lumière des anges ?

Voyages et voyageurs

De Pierre Belon du Mans — qui visita la Grèce au XVIe siècle — aux grands écrivains romantiques — Chateaubriand, Lamartine, Gautier et combien d'autres — le nombre de voyageurs qui effectuèrent alors le pèlerinage de la Grèce atteint certainement la centaine. Un excellent ouvrage leur a d'ailleurs été consacré — qu'on trouvera en bibliographie — et cela me dispense de tout commentaire superflu. Je citerai seulement une partie de la préface écrite pour *La Grèce retrouvée*, album de textes et de peintures sur les voyageurs du siècle dernier — j'entends par là le XIXe siècle — où je m'interroge sur la vogue et les raisons de ces voyages en Grèce. Je ne me contente d'ailleurs pas de m'interroger, je propose aussi des réponses. Les voici :

Les écrivains, artistes, diplomates, savants et architectes qui commençaient à découvrir et parcourir la Grèce au début du siècle dernier, tous gens férus de grec ancien, n'y rencontraient guère ce qu'ils espéraient y trouver : les sites demeuraient invisibles puisque encore non fouillés, et que voir, qu'admirer au juste dans un pays où n'existent encore ni Delphes, ni Mycènes, ni Epidaure, ni Délos, ni Olympie, sans parler de la Crète dont nul ne soupçonne encore les trésors archéologiques ? Et puis les gens, les autochtones rencontrés chaque jour — qui tous ne sont pas grecs bien sûr, mais aussi albanais, turcs ou arméniens — ces femmes disparaissant sous des amas de voiles multicolores, ces hommes vêtus de fustanelles et d'immenses pantalons bouffants, chaussés de tsarouques et coiffés de fez rouges à pompon, qu'ont-ils à voir avec les Grecs antiques ? Tout en eux, leur apparence, leur habillement — certains disent : leur accoutrement —, leur attitude, leur mode de vie, bousculait entièrement l'idée qu'un Occidental cultivé pouvait se faire alors d'un descendant d'Homère ou de Périclès. Sans parler des aléas de la vie quotidienne, de l'inévitable inconfort du voyage dans un pays rendu exsangue par la guerre. Oui, tout, vraiment tout, altérait — en tout cas modifiait considérablement — l'image que les Occidentaux pouvaient se faire de la Grèce. Ils découvraient une terre orientalisée là où ils croyaient retrouver les racines de l'Occident, une langue abâtardie là où ils rêvaient d'ouïr les syllabes d'Homère. Quel désastre ! Ou tout au moins quelle déception ! Cette Grèce qu'ils traversaient, ce n'était pas leur Grèce. A croire qu'un autre peuple, une autre histoire, une autre civilisation avaient usurpé le sol, les paysages et le ciel de la véritable Hellade ! Mais alors, si la Grèce n'était pas en Grèce, où était-elle donc ?

LES DEUX MIRAGES

Eh bien, précisément, je me demande si cette Grèce antique tant recherchée, tant magnifiée, tant désirée, cette Grèce si proche de nos concepts par ses écrits et par son art — mais ne sont-ce pas plutôt nos concepts qui sont proches des siens puisqu'ils en dérivent ? —, cette Grèce en même temps si lointaine, dès qu'on cherche à la cerner exactement, cette Grèce fuyante, changeante, tremblante comme les ombres humaines hantant les rives de l'Hadès — la Grèce antique, asphodèle de l'Histoire —, je me demande si cette Grèce-là qui provoqua tant de voyages, de périples, d'enthousiasmes et de déceptions, de prières sur l'Acropole ou d'invocations sur le Styx, n'a pas existé uniquement dans nos rêves et sur les toiles de nos peintres. Si elle n'a pas été, alors, en ce siècle-là, au moment où les grecs s'insurgent contre les Turcs, amorcent les années les plus cruciales de leur histoire et s'affirment justement Grecs, chrétiens et roumis — c'est-à-dire non orientaux — face à l'islam et la Turquie, si elle n'a pas été en nous et pour nous, cette Grèce, le lieu, l'espace et l'habitat d'un immense mirage. Ce mirage, essayons de l'analyser. Entreprise téméraire, voire impossible. Un peu comme si un médecin légiste voulait faire l'autopsie de la Chimère. Essayons pourtant, aussi brièvement que possible, de cerner comment s'est formé, dans les dernières décennies du XVIIIe siècle, le mythe romantique de la Grèce.

D'abord, les ruines. En Occident, dès le XVIIIe siècle, la mode est aux ruines. En peinture, avant tout. Au point que la Ruine — la ruine antique essentiellement et, plus précisément, romaine — devient une réalité autonome, une entité dépouillée peu à peu de son histoire réelle. En disant avant tout que quelque chose fut, elle acquiert une dimension mélancolique puisqu'elle témoigne en même temps de l'éphémère et du durable. Le romantisme, c'est un crépuscule qui n'en finit jamais de se contempler crépuscule, c'est un vertige toujours recommencé. Entre un temple intact, qui n'intéresse que les architectes, et un temple effondré, disparu, qui n'intéresse que les archéologues, la Ruine occupe un domaine bien à elle, elle instaure un désir, un besoin spécifiques : celui de l'art. Elle est un constat d'éphémère transmué en message durable.

Et surtout elle implique, cette Ruine, l'idée que le Temps ou plutôt ses effets, ses ravages, ajoutent quelque chose aux objets qu'il atteint, bonifient leur survivance, embellissent leur mutilation en la dramatisant. L'art de ce siècle, par ce goût qu'il eut pour les ruines, dit *qu'un objet mutilé est plus beau qu'un objet intact.* Et c'est exactement à cette époque, à la fin du XVIIIe siècle, que débute une petite révolution dans le goût et dans le regard : découvrir en ce qui est ancien, antique, mutilé, écroulé, quelque chose de vénérable, une source d'émotions et de valeurs nouvelles. Et c'est alors qu'on voit naître et se développer la mode des voyages en Grèce et en Italie, des méditations solennelles sur les ruines d'Athènes et de Rome avec, comme conséquence, l'apparition des... antiquaires !

Le premier mirage engendré par la Grèce est donc celui des ruines. Et l'on comprend la déception des voyageurs, ceux du moins qui visitent le pays dans la première moitié du XIXe siècle, quand ils se trouvent devant des paysages vides, des tumuli intacts, des sites non fouillés. L'Acropole elle-même, le seul site resté en tout temps accessible, est encore encombrée d'un fatras de maisons turques, de bazars et d'entrepôts dont les toits de tuiles rouges cachent presque entièrement le Parthénon ! C'est un véritable village qui occupe la colline sacrée, avec ses marchands, ses cours plantées d'oliviers, ses allées de cyprès, ses puits et ses chapelles. On y voit même des moutons et des chèvres paître une herbe plutôt rare et des bergers faire la causette avec des soldats turcs, comme le montre une peinture du voyageur anglais Dodwell, exécutée en 1805. Quant au Parthénon, tout l'intérieur est occupé par une immense mosquée, qui ne sera supprimée qu'en 1842. A titre indicatif, signalons que la première mission archéologique officielle, l'Ecole française d'Athènes, fut fondée en 1847. Avant cette date il n'existait en Grèce qu'une archéologie sauvage, autrement dit le pillage sans scrupules de toutes les antiquités. Mais nous reviendrons là-dessus.

A l'image romantique de la Grèce — terre de ruines et de femmes éplorées — si fausse et en même temps si incitatrice au voyage philosophique et à la solidarité avec le peuple grec — n'oublions pas qu'à cette époque Lord Byron meurt à Missolonghi aux côtés des Grecs assiégés —, à cette image à la fois mélancolique et militante succède peu à peu une autre, tout opposée : celle de la Grèce folklorique, de la Grèce pittoresque.

J'ai esquissé plus haut une brève tentative de célébration et d'analyse de la Ruine. Essayons maintenant avec le Pittoresque. Je crois que dans les deux cas, il s'agit d'un problème d'accommodation. Avec les ruines romantiques, le voyageur saisit la Grèce dans toute l'étendue de son champ culturel — j'emploie volontairement des termes ayant un double sens optique et esthétique —, il agit comme un photographe qui se servirait d'un grand angle, avec toutes les déformations visuelles que cela implique. Il voit la Grèce bien au-delà de son présent, comme une sorte de tableau général où se fondraient les siècles, où le Temple ne serait que le piège du Temps. Mais en découvrant par la suite la réalité grecque immédiate, en découvrant son exotisme ou son pittoresque, il tombe dans l'excès contraire. Il regarde la Grèce par le petit bout de sa lorgnette, loupe ou téléobjectif peu importe. Il semble remarquer pour la première fois les costumes, les visages — et donc l'existence même des Grecs —, les mille détails de la vie plus intime, les mille facettes des objets populaires ou des trésors des églises, bref, il revient sur la terre et découvre le présent grec. Les habitants du pays des Ruines n'étaient que des silhouettes pensives, inconsistantes, des passagers du Temps égarés sur la toile des peintres. A présent, les Grecs eux-mêmes figurent dans les toiles, leurs mariages et leurs enterrements, leurs rites, leurs croyances et leur vie plus intime. Mais comme cette vie quotidienne se déroulait dans un pays qui sortait de quatre siècles d'occupation turque, elle portait fatalement l'empreinte de cette présence étrangère. Aussi est-ce, avant tout, cet orientalisme apparent de la Grèce, l'impression exotique des tout premiers contacts qui retiennent l'attention des voyageurs. Et l'on voit naître alors tout un ensemble d'œuvres, de nature réaliste et soucieuse de fidélité mais qui donnent elles aussi, par l'excès de leur minutie, l'image d'une Grèce déformée, d'une Grèce entièrement saisie sous l'angle de l'accidentel ou du pittoresque. Un temple dans un paysage, cela n'est jamais pittoresque, pas plus d'ailleurs qu'une église ou qu'un pont. Ces monuments y ont leur place préparée et s'inscrivent naturellement dans son contexte. Le pittoresque, c'est au contraire ce qui apparaît d'emblée excessif, outré ou déplacé, comme une caricature imposée aux êtres, aux objets ou aux éléments, un théâtre arbitrairement plaqué sur la vie quotidienne, une illusion de vérité, un mensonge de fidélité, un piment inutile, une forme bâtarde et dévoyée de l'exotisme. Le pittoresque, c'est un peu l'enfant adultérin du Vraisemblable et de l'Etrange. Mais, tout comme la vision romantique de la Grèce fut à l'origine de tant de vocations de philhellènes, la vision folklorique de la Grèce qui lui succède dans la deuxième moitié du XIXe siècle eut elle aussi des conséquences heureuses, à savoir qu'elle permit à l'Europe de découvrir les Grecs contemporains, de s'apercevoir — alors qu'elle en avait longtemps douté — que les Grecs existaient toujours. A travers toutes les gravures, dessins, aquarelles et peintures qui se succèdent alors —

et pour être précis, disons dans les deux décennies qui suivirent la fin de la guerre d'Indépendance, de 1830 à 1850 —, on assiste tout simplement à la naissance progressive d'une nation, à l'émergence de la Grèce nouvelle.

Cette émergence n'est pas toujours immédiatement sensible puisque nous l'avons vu et dit, cette Grèce indépendante, nouvellement surgie et pourtant authentiquement grecque est encore masquée sous des oripeaux turcs, albanais et bientôt bavarois. C'est certainement un des traits les plus singuliers de ce nouvel Etat que de naître et grandir sous des masques divers, empruntés à ses différents occupants ou « protecteurs ». Mais enfin le constat est là d'une rencontre féconde entre cette terre naissante ou renaissante et ceux qui la visitent depuis bientôt un demi-siècle : leurs œuvres, les peintures notamment, retracent toutes les étapes de cette renaissance. Partis chercher en Grèce les fantômes de Périclès ou de Léonidas, les images idéalisées d'une terre à jamais disparue, ces voyageurs découvraient peu à peu une autre terre et un autre pays, un pays bien réel, haut en couleur, en épopées et en folklore. Ils croyaient assister à une résurrection. Ils assistaient en réalité à une naissance. Et c'est cela qui rend souvent, à leur insu, leurs œuvres si précieuses : d'être, indépendamment de leur apport ou de leur valeur esthétique, un témoignage sur un moment essentiel de l'histoire. Elles furent — ils furent eux-mêmes, peintres et écrivains — les témoins éblouis d'une Aube.

La Grèce existe donc à nouveau et les Grandes Puissances — ce terme de Grandes définissant parfaitement leur nature d'Ogresses — se penchent aussitôt sur le berceau grec pour voir quelle part exacte du gâteau elles vont pouvoir s'approprier. Et pour être bien sûres que les Grecs, peuple obstiné et téméraire, ne vont pas en faire à leur tête, elles leur octroient pour roi un prince bavarois de dix-huit ans, Othon. Après la vêture ottomane, les habits de cour bavarois. Etrange époque que celle de la première Grèce ! Pourtant, pendant toute cette période, le pays bouge, se cherche et change, se constitue sa première mémoire, ses premières archives en instituant, précisément, des missions et des écoles de fouilles, des concessions accordées aux nations étrangères. Ce sera, au milieu du siècle, la naissance concomitante de l'Ecole française d'archéologie et des Ecoles anglaise et allemande. Désormais, aucun étranger ne pourra plus fouiller le sol ou s'approprier documents, manuscrits, œuvres d'art sans autorisation. Et de cela, il était vraiment temps...

Il était vraiment temps car auparavant, avant que l'Etat grec n'existe et ne s'impose, avant que ne soit enfin institué un Service des Antiquités, tout ce qui constituait le trésor archéologique de la Grèce appartenait à qui voulait le prendre. Pour un Makriyannis, prêt à mourir de faim afin de conserver une œuvre antique, pour un Makriyannis qui a d'emblée en lui la notion de patrimoine culturel — et ce, dès 1830 — combien de paysans, de bergers, de Grecs misérable et souvent affamés étaient prêts à céder pour une bouchée de pain — souvent au sens propre du terme — telle statue, fragment ou vase retrouvé en labourant ? Pendant plus d'un demi-siècle, pratiquement de la fin du XVIIIe siècle jusqu'au milieu du XIXe, des milliers de pièces, intactes ou mutilées, ont quitté la Grèce ouvertement. Et on peut dire que pratiquement tous les étrangers se rendant en Grèce ont d'une façon ou d'une autre volé et pillé ce pays. Tous. Même Chateaubriand qui s'en prend pourtant très justement aux déprédations et aux pillages de Lord Elgin. Lord Elgin, c'était cet « archéologue » anglais qui descella purement et simplement une des caryatides de l'Erechtéïon sur l'Acropole, sans même se soucier de la remplacer par une copie, et qui détroussa une partie du fronton ouest du Parthénon. Chateaubriand, qui visite l'Acropole après lui, écrit dans son *Itinéraire de Paris à Jérusalem* : « *Lord Elgin a perdu le mérite de ses louables entreprises en ravageant le Parthénon. Il a voulu faire enlever les bas-reliefs de la frise : pour y parvenir, des ouvriers turcs ont d'abord brisé l'architrave et jeté en bas des chapiteaux. Ensuite, au lieu de faire sortir les métopes par leurs coulisses, les Barbares ont trouvé plus court de rompre la corniche.* » Noble indignation. Mais ce même Chateaubriand, que fait-il à son tour, en un temps — précisons-le — où la Grèce était toujours sous domination turque ? Laissons-le nous l'apprendre lui-même : « *En descendant de la citadelle, je pris un morceau de marbre du Parthénon. J'avais aussi recueilli un fragment de la pierre du tombeau d'Agamemnon et depuis j'ai toujours dérobé quelque chose aux monuments sur lesquels j'ai passé. Ce ne sont pas d'aussi beaux souvenirs de mes voyages que ceux qu'ont emportés M. de Choiseul et Lord Elgin, mais ils me suffisent.* »

Voilà. La liste serait trop longue de tous les pilleurs d'épaves — tous comtes, marquis ou princes, notons-le — qui ont dévasté la Grèce. Il est vrai que ces épaves-là valaient déjà en Occident leur pesant d'or au sens propre du terme. Détrousseurs de « cadavres esthétiques » — c'est ainsi qu'après eux il faudrait nommer les statues antiques —, ils ont dépouillé la Grèce de milliers d'œuvres d'art. Bien entendu, ils ne furent pas les premiers et les Romains les avaient largement précédés. Néron, à lui seul, ne fit-il pas transporter dans sa villa romaine plus de cinq cents statues enlevées à Delphes ?

De tous ces voyages, il demeure néanmoins comme une nostalgie. Romantique ou cynique, amant fébrile de la lumière ou trafiquant d'art, le voyageur de cette époque eut la chance inouïe de connaître la Grèce à l'aube de sa nouvelle histoire, d'être témoin conscient d'un recommencement. Les Renaissances, cela n'existe que bien après, dans les livres d'art et d'histoire. Rares sont ceux qui les perçoivent sur le moment. Ce ne fut pas le cas pour la Grèce qui menait, elle, un combat précis pour renaître. Aussi ce livre nous offre-t-il le climat, les couleurs, les gestes surannés d'un conte puisqu'il montre à merveille, bruissantes et frémissantes, les images d'une Grèce intacte. Intacte de quoi ou de qui ? De ce que, plus tard, l'Occident en fera. Intacte encore de nos convoitises, de nos banques et de nos pédalos. Intacte de notre désir vorateur.

X

Xénakis Yannis (1922-2001)

J'apprends sa mort au moment même où j'achève ce livre. Nous ne nous connaissions pas intimement, mais nous nous sommes rencontrés à plusieurs reprises à propos de la Grèce. Il avait dû fuir son pays dès la fin de la guerre civile car, militant de gauche, il y était promis à la torture et à la déportation.

Son apport dans la musique contemporaine et surtout ses recherches en matière d'écriture musicale sont connus. Je voudrais simplement m'arrêter ici sur un des aspects de son œuvre. Xénakis appréciait particulièrement la voix humaine, mais dans un registre tout à fait opposé à celui de l'opéra. Il composa donc quelques œuvres pour voix a capella, notamment, en 1968, une partition pour chœur d'hommes et de femmes, qu'il intitula *Nuits*. Les voix étaient au nombre de douze et Xénakis dédia cette œuvre aux prisonniers politiques du monde entier et plus précisément aux prisonniers grecs, espagnols et portugais. Depuis la première écoute de ces *Nuits*, ces voix n'ont cessé de résonner en moi comme si les ombres, toutes les ombres qui sur terre enferment, isolent l'être humain, avaient trouvé ici leur exacte mesure.

J'ai écrit plus tard un texte sur ces voix, publié dans un ouvrage intitulé *Ce bel et nouvel aujourd'hui*. Je le reprends ici, seule et modeste façon de lui dire par-delà le Styx, toute mon admiration.

Au début, appels de louves, réponses de loups dans les espaces, les antres de la nuit. Jappements brefs ou longs devant les étoiles absentes, jappements sauvages de la servitude. Puis l'antre devient grotte, bouche d'ombre d'où ruissellent les plaintes, d'où jaillissent des cris d'hommes. Antiphonaire des femmes qui supplient, les unes voilées, les autres nues sur la rive sans écho du Styx.

Cris plus longs maintenant, plus maintenus, plus modulés. Psaumes réinventés. Nuit réinventée par les cris. Troupes, groupes d'humains, de voix, d'appels, murmures en cohortes, cortège de mugissements. Hordes et cordes vocales tissant une cantate primitive, paroxysme des litanies, clameurs immolées sur le vide.

Et soudain, piaillements de musaraignes affolées, de bêtes terrorisées par l'éclipse des astres. Voix peu à peu détonnées, déphasées à mesure que le soleil se voile. S'obscurcit. S'occulte. Que le soleil s'éclipse. Geôles aux murs noirs comme des orgues de basalte. Geôles où semblent voler, crier des chauve-souris désemparées. Ultrasons de l'ultime détresse.

Puis, accalmie, atténuation des plaintes. L'ombre orchestre les derniers souffles. Expirations devant le mutisme de l'aube.

« *Nuits* : chant de l'homme oublié, occulté.

« *Nuits* : cantate de tous les êtres éclipsés. »

Xoana

SAMOS. HÉRA.

Dans le glossaire établi jadis pour mon livre *Promenades dans la Grèce antique*, j'ai défini ce mot étrange et musical : statues très primitives des divinités. Les xoana étaient le plus souvent en bois et pouvaient même, à l'origine, n'être que de simples troncs équarris qu'on recouvrait de tissus et d'ornements rituels.

On pense inévitablement aux idoles gauloises et surtout aux ex-voto en bois trouvés aux sources de la Seine. Beaucoup de xoana devaient être des troncs d'arbre frappés par la foudre — et donc élus par Zeus — ou creusés, ravinés, érodés par les eaux avec l'apparence d'une forme humaine. Les Grecs restèrent toujours — même aux temps classiques et bien après — fidèles à ces figures sommaires et naïves des dieux qui, de par leur origine miraculeuse, passaient pour contenir des énergies et détenir des pouvoirs particuliers. Très souvent, on les revêtait de tissus, de plaques de métal, voire d'or et de pierres précieuses. On ne peut s'empêcher de penser alors à ces icônes, miraculeuses elles aussi, du Christ et de la Vierge que, des siècles plus tard, dans le même pays, on habillera de plaques d'argent serties de pierreries, ne laissant apparaître que la tête et les mains. Or, que dit Pausanias lorsqu'il visite à Titané, en Argolide, le sanctuaire du dieu Asclépios ? « *A l'intérieur de ce sanctuaire, se trouve un xoanon du dieu en bois de poirier, entièrement revêtu d'une tunique de laine ne laissant apparaître que la tête et les mains.* »

Peu de livres sur l'art grec mentionnent ces désarmantes mais émouvantes figures divines qui jouèrent un rôle essentiel dans la ferveur des foules. Elles furent pourtant, en ces temps très lointains, ce qu'on pourrait nommer les Arts premiers des Grecs.

Y

Yannopoulos Périclès (1869-1910)

Etrange destin que celui de Périclès Yannopoulos, auteur d'un livre longtemps oublié, aujourd'hui retrouvé et réédité, intitulé *La Ligne grecque et la couleur grecque*. Né en 1869 à Patras, il abandonne très vite ses études de médecine pour se consacrer avec une passion romantique et exacerbée à ce qu'il appellera la « prédisposition naturelle de la Grèce au génie ». Ce génie grec, il cherchera à le saisir à la fois dans le paysage, l'histoire, la conscience et l'art, des origines jusqu'à nos jours. Et c'est ainsi qu'il publiera une série de manifestes, sous les titres de *L'Esprit nouveau*, *Pour une renaissance grecque*, *La Peinture contemporaine* et, le plus important, *La Ligne grecque*, d'où sont tirés les deux extrait cités, livre qui parut pour la première fois à Athènes en 1904.

Par la sensibilité très vive de sa plume et de son regard, par ce verbe à la fois lyrique et concret, par l'unicité de sa vision qui englobe en un courant signifiant et ininterrompu les créations de l'art grec de l'Antiquité à nos jours, il me fait penser à cet autre historien de génie, autodidacte comme lui, Elie Faure.

Yannopoulos fut, un demi-siècle avant, l'Elie Faure de la Grèce et sa mort elle-même a contribué à conforter cette auréole romantique et légendaire : il se suicida en effet en 1910 en se jetant à cheval dans les eaux du golfe de Skaramanga, dans la baie d'Eleusis !

Limpidité du paysage grec

Choisissez dans Athènes un espace ouvert, le Zappeion, Parissia, où vous voulez. Ou montez sur une colline : l'Ardittos, le Lycabette, Philopappos, l'Acropole, à votre choix. A moins que vous ne préfériez la chapelle d'Aghios Dimitrios, juste sous l'Acropole. C'est le meilleur endroit. Car d'ici le regard du promeneur est sur la même ligne que celle des collines et peut parcourir librement l'horizon.

Allez donc en un tel endroit, soit le matin, par un temps sec et sans nuages, soit à midi, soit, mieux encore, trois heures avant le coucher du soleil, quand tout devient épuré et plus simple pour les yeux profanes. Restez-y le temps qu'il faudra, jusqu'à la nuit. Il est si merveilleux, si voluptueux de s'asseoir ainsi sur le sol maternel, de caresser les herbes, d'effleurer les pierres avec lesquelles très vite on ne fait plus qu'un. Vous vous êtes assis au début sans penser à rien, sans intention particulière, pour laisser votre âme jouir librement, spontanément, de la vue des collines, des montagnes, des caps, des eaux, de leurs couleurs et voici que soudain quelque chose d'imprévu, de totalement inattendu se montre à vous.

Que voyez-vous soudain ?

UN MONDE, UN UNIVERS ENTIER

ET CHAQUE DETAIL DISTINCT DE CE MONDE LUMINEUX.

Vos doigts ont effleuré, caressé, touché le sol. Un sol aride, léger, comme creux, mosaïque de pierres colorées, un sol comme fragmenté de lumineuses parcelles. Alors, vous avez regardé avec plus d'attention, vous avez soudain remarqué cette végétation affleurant juste la surface, microscopique, délicate, bigarrée, écartelée entre sécheresse et verdure. Vous avez remarqué d'abord le plus visible : les roches et les pierres à vos pieds, et les herbes. Chaque pierre, chaque ronce, chaque herbe, ainsi enclose au cœur de la beauté, épanouie dans la lumière limpide, vous offre sa silhouette précise, comme un individu, un être humain, une personne. Chaque herbe, de sa racine à son extrême pointe, est toute beauté pour l'œil. Chaque pierre, chaque fleur, chaque plante, chaque buisson, se découpe de façon si nette et si pure, affirme son existence, sa personnalité avec tant d'insistance que chacune de ces plantes, herbes ou pierres apparaît comme un être en soi. Vous avez remarqué les asphodèles, juste à vos pieds. Chacune d'elles vous dévisage comme un être vivant. Vous pouvez distinguer sans bouger les moindres rayures des pétales, la diaspora de ses graines sphériques. Et votre regard s'est porté sur les floraisons qui parent devant vous le versant des collines, jettent partout leurs feux roses et brillants, tout défaillants de volupté. Où que porte votre regard, vous distinguez chaque fleur une à une, vous ressentez avec acuité la distance qui les sépare et la lumière et l'air. Vous avez remarqué chaque pierre, chaque gonflement, chaque incurvation de la terre, chaque masse bleutée des rochers étincelants sous le soleil. Vous avez pu en distinguer les plus minces détails, les veines, les courants, les nuances. Sur chaque colline, vous lisez une à une fissures et striures, et ses arabesques lointaines, qui semblent, vues d'ici, le jeu damasquiné de la matière. Une chèvre s'ébat sur un sommet, là-bas, ou près de vous, sur la colline de Philopappos. Partout, pour chaque chose, chaque colline, chaque horizon, chaque ligne, chaque crête, vous ressentez avec intensité son existence SINGULIERE. Vous avez remarqué aussi l'oliveraie, toison touffue sous vos regards et là où elle s'éclaircit, où les arbres s'espacent, vous les distinguez un à un. Sur le Pentélique, se détache nettement le Palais de la Duchesse de Plaisance. Sur la crête de l'Hymette, vous remarquez deux ou trois arbres rabougris et courbés par les vents. Sur la Lycabette ou le sommet d'Osios Loukas, vous pouvez distinguer chaque homme, chaque bête qui s'y promène...

A tous, enfants, hommes, vieillards, femmes, j'ai demandé : vois-tu cette pierre, cette branche, les cornes de cette chèvre sur la lointaine colline ? Tous, ils m'ont répondu : JE LES VOIS.

Maintenant, tournez-vous vers l'Acropole illuminée par le soleil couchant. Vous remarquez une colline abrupte avec ses pins, ses oliviers, ses sentiers ténus et immortels. Vous remarquez la courbe fuyante des rochers mauves au-dessus du théâtre d'Hérode Atticus. Tout cela brille et étincelle comme des mots de feu. Vous remarquerez aussi les Propylées, l'imposant Parthénon, fleur admirable, harmonique du lieu. Ces monuments n'apparaissent pas aujourd'hui à vos yeux tels qu'ils apparaissaient aux Grecs anciens car le temps les a rongés, les pluies les ont délavés, les siècles ont renforcé leurs rides. Imaginez que vous êtes aux Propylées. Imaginez que vous avez devant vous un bâtiment fait aujourd'hui. Tous les détails architecturaux et sculpturaux, les rythmes, les phrases, les mots, les points, les virgules, les tons, les accents, les esprits de ce Verbe de marbre, tout se distingue clairement, comme les lignes d'un journal que vous auriez en main. C'est — à jamais grecque, entièrement, totalement grecque —

LA LIMPIDITE

★

Quand l'impudique Gitane — je veux dire l'actuelle Grécité — jettera ses vieux oripeaux pour revêtir le couleurs de sa Terre, alors s'irisera enfin la GRECE.

Il n'y a en Grèce qu'une seule LIGNE, qu'une seule

VOIE, tout comme dans notre art antique où tous les monuments ont une évidente parenté sans qu'aucun soit identique à l'autre. Où toutes les statues sont comme sœurs jumelles et pourtant chaque fois différentes. Comme en notre art byzantin. Comme en nos chansons populaires qui ne sont qu'un seul chant immensément diversifié. Comme NOTRE TERRE qui est une dans la totalité. Comme LE GREC qui est un dans le tout et unique en chacun de ses pas. Comme toute notre nature qui est une en chacune de ses racines singulières : unicité de ses caractères essentiels, infinie diversité de ses traits secondaires.

Il n'y a qu'une seule ligue COURBE. Partout, dans le paysage grec, une COURBE infiniment pure, infiniment douce, humide et fugitive comme l'immense et sereine respiration des océans, comme les orbes des grandes houles. La ligne droite, rectiligne, est une ligne habitée de forces contraintes, de résistances subjuguées, une ligne qui sépare, qui refuse, qui oppose. La ligne courbe de nos collines, mollement incurvée comme nuque de femme, lourde de sensualité, grosse de sympathie, est au contraire désir de caresse, propension au baiser, ligne-femme qui appelle l'offrande, le don des paumes et des doigts, l'appel d'un désir ou d'une lente douceur. C'est cela qu'on admire tant dans les courbes et les arches de nos antiques monuments : cet appel à la sensualité des pierres et du regard, ce besoin qu'a la main de toucher et de caresser le marbre et le sein des pierres.

Donc, une ligne courbe, infiniment simple, infiniment douce, infiniment voluptueuse, harmonique, musicale, bienveillante, ponctuée d'un mélancolique délire, comme celui des vagues qui se succèdent sur la rive, identiques et toujours différentes.

C'est cette ligne dont nous voyons la trajectoire dans toutes les statues antiques, les Vierges byzantines et les saints, dans les chants populaires, dans le corps des pallicares et des jeunes prêtres d'aujourd'hui, dans la silhouette d'une jeune paysanne, ligne tendre aux gestes gracieux et dont le visage porte aussi ce beau et ce mélancolique délire, étrange rencontre charnelle d'ordre secret et de désordre, de fête légère et d'ardente gravité.

Une seule ligne courbe, enveloppante et MUSICALE. En dehors des autres aspects, l'impression la plus frappante, la plus nette est celle de sa musicalité. C'est cette impression qu'on ressent à la vue des corps parés et ornés pour la danse, pour les syrtos et pour les rondes, des corps ondulant en cadence et rythmant les désirs et les chagrins de l'idylle génésique. A les voir, on croirait entendre, jaillies des lignes courbes de la terre, l'alliance et la fraternité des peines et des joies, comme la plainte lointaine d'Aphrodite sur Adonis blessé, plainte qui est le cri ultime et le plus émouvant des poèmes qui aient jamais jailli du SOL GREC.

Z

Zébékiko

Danser, ce n'est pas seulement apprendre son corps et son souffle, c'est aussi quelquefois s'incorporer, au sens propre du terme, à un pays, une géographie, une fête ou une méditation Je parle ici bien sûr de la danse profane et de celle que l'on nomme du vilain mot de « folklorique ». L'ennuyeux, avec les danses folkloriques, c'est que pour les danser, il faut être nombreux, se vêtir de costumes aux couleurs criardes, pousser des « Ah ! » et des « Oh ! » en mesure et surtout conserver sur les lèvres en permanence un sourire de béatitude réelle ou simulée. Or il se trouve que j'ai rencontré dans ma vie la seule danse qui échappe à ces contingences, puisque pour la danser il suffit d'être seul, dans ses habits de chaque jour, et de se débarrasser de tout folklore. Cette danse est grecque et elle se nomme : *zébékiko*.

Je sais, le mot est bizarre et il a des consonances orientales. Mais derrière ces quatre syllabes se cache sans doute une des plus vieilles traditions chorégraphiques d'Asie Mineure. Le *zébékiko* est une danse d'hommes, exclusivement — même si de nos jours les touristes des deux sexes se mettent à la singer — une danse d'hommes marginaux, solitaires et surtout libertaires. C'est une danse de pure inspiration qui ne comporte que des pas et des figures sommaires, une danse où seule compte l'intériorité du danseur. On la danse au son du bouzouki et des chants dit *rébétika** dans des tavernes enfumées.

Le bouzouki est cet instrument à six cordes de la famille du saz que le film *Zorba le Grec* a rendu célèbre et qui est originaire d'Asie Mineure, et les *rébétika* sont les chants populaires qui l'accompagnent généralement. Aujourd'hui, la guitare électrique remplace un peu trop souvent le bouzouki, mais cette danse dépend moins des cordes que des corps. Et pour moi, la meilleure façon d'en parler, c'est encore de me souvenir.

Je suis près du Pirée, dans les années 60, dans le quartier des arsenaux et des chantiers maritimes, à Pérama, juste en face de l'île de Salamine. Je suis assis dans une taverne tout à fait populaire avec des amis grecs. Certains travaillent ici aux chantiers, d'autres sont venus d'Athènes, histoire de s'encanailler. Sur la table, des hors-d'œuvre en pagaille, olives, tomates, poulpes, fèves, feuilles de vigne et surtout de l'ouzo — alcool d'anis — et du vin résiné. Ce dernier, pour bien danser, est aussi nécessaire que les jambes.

Autrefois, je veux dire, jusqu'à la Seconde Guerre mondiale, il suffisait d'un simple geste ou clin d'œil au patron pour qu'il vienne vers vous avec un narguilé, une pipe à eau bourrée de haschisch. Aujourd'hui, on y met du tabac. Mais cette danse, en fait, vient de là. Du haschich. Elle n'était dansée que lorsque la *mastoura*, cette ivresse propre à la drogue, s'emparait du fumeur. Alors, il se levait, gagnait le centre de la pièce et commençait à danser tout seul, la tête penchée vers le sol, les bras à l'horizontale ou dressés vers le haut : un lent tournoiement presque immobile, avec des déhanchements comme une dérive vers des contrées et des pensées inaccessibles, et de temps à autre, des figures consistant à s'agenouiller brusquement, à sauter ou à s'immobiliser, à la limite du déséquilibre, comme un vol figé d'oiseau ivre.

Ces années-là, pendant des nuits entières, en ces lieux à l'écart de tous les touristes, perdus en des banlieues tristes et laides, j'ai regardé ces danseurs singuliers, fasciné par ces gestes, ces attitudes si simples et en même temps si souvent tragiques. C'est bien la misère, le désespoir, la solitude qu'ils dansaient. Jusqu'à l'heure où moi-même, une nuit, je me suis levé, la tête lourde de vin et je me suis mis à danser. Je savais que tous les clients me regardaient, intrigués, car jamais un étranger ne s'était aventuré à risquer cette danse. Et d'un coup, sans m'occuper de quiconque, pas même de mes amis qui m'encourageaient bruyamment, j'ai tourné, louvoyé longtemps entre terre et ciel, au rythme d'une chanson dont je me souviens qu'elle disait inlassablement : « *Je t'en prie, je t'en prie, laisse-moi, je ne veux plus vivre...* »

C'était une vraie sirène d'aujourd'hui, car les sirènes modernes, en Grèce, n'ont plus grand-chose à voir avec les oiseaux ou les poissons, non, elles portent des robes pailletées d'or, de lourds bijoux qui s'entrechoquent au moindre mouvement du corps et elles chantent, le micro dans la bouche, d'une voix rauque à faire frémir, des chansons à rendre fous tous les marins de Méditerranée. Etrange, le sentiment éprouvé alors : le monde n'existait plus autour de moi, je fermais les yeux, je me sentais au cœur d'un tourbillon léger, inexpugnable, j'avais en un instant changé de vie, de corps et de mémoire : brève métamorphose. Mais inoubliable.

Cette danse, au fond, n'a rien de compliqué. Elle dépend entièrement d'un certain style du corps, d'un mouvement particulier des jambes et des bras et surtout de ce tournoiement lourd, insistant, de ce point du sol que l'on fixe, contourne, exorcise comme s'il devait en sortir tout ce qui vous tourmente.

Non, rien de compliqué en soi. Elle a la simplicité déroutante de tout ce qui est inimitable par essence. C'est pourquoi elle ne s'enseigne pas, ne se reproduit pas. Il faut regarder, écouter longtemps, mais à condition de trouver les lieux, la musique, le fumeur et danseur adéquats, ce qui devient rare aujourd'hui. Il faut accompagner d'abord ce qui l'entoure, car elle est l'aboutissement d'une façon d'être, de vivre, de boire. D'une façon de guérir, par ce tournoiement salutaire, le vertige de la vie difficile.

Ma vie à moi ne fut jamais à ce point difficile et pourtant, ces années-là, le temps d'une danse, j'ai partagé une autre vie. Je ne me suis pas mis à danser le *zébékiko*, c'est le *zébékiko* qui s'est mis à danser en moi et qui longtemps habita mon corps. Et même si aujourd'hui il ne l'habite plus, du moins dans la pratique de la danse, il a laissé en moi, toujours sensibles et irradiées en ma mémoire, ces minutes où je suis vraiment devenu un vieil enfant d'Asie Mineure.

Zeus

Le roi des dieux olympiens, le souverain de l'univers, mais aussi l'amant d'Europe*, de Léda, de Danaé, de Sémélé — j'arrête ici l'énumération car il faudrait, pour les amours de Zeus, entreprendre un autre dictionnaire amoureux — mérite bien une ultime entrée dans ce livre.

En réfléchissant sur tous ses noms, ses attributs, ses multiples fonctions et ses visages contradictoires — qui vont de l'insatiable amant des nymphes au Maître du firmament — je me demande si le monothéisme fut vraiment un progrès en matière religieuse ou, à l'inverse, si le polythéisme, tel que le pratiquaient les Grecs, n'avait pas du bon ! Mais oui ! C'est l'état présent — je ne dis pas final — de mes réflexions en matière de théologie. Je n'écris pas cela pour plaisanter ou provoquer. On voit bien d'ailleurs que le polythéisme n'est pas totalement mort et que le ciel chrétien est toujours peuplé d'une multitude de créatures intermédiaires entre Dieu et l'homme — des démons ou génies aurait dit Diotime, la prêtresse du *Banquet* de Platon — et que, dans l'orthodoxie par exemple, les saints ont exactement remplacé les esprits ou génies des temps païens.

Pourquoi ? Parce que le rôle dévolu partout aux saints correspond tout à fait à ce qu'on nommerait aujourd'hui des services de proximité. Ils doivent veiller sur les moindres détails de notre vie quotidienne, surtout dans les campagnes. Les hommes ont beaucoup plus besoin d'un Dieu ou d'un dieu qui veille chaque jour et chaque nuit sur eux, sur les saisons, la fécondité, l'harmonie, que d'une divinité omnipotente qui ne s'occuperait que des pulsars, des quasars et des lointaines galaxies. Ainsi vécu au jour le jour, le monde présente alors une infinité de visages différents et déconcertants masquant l'unité possible de l'univers ou de la création. Les Grecs — en tout cas certains Grecs — avaient parfaitement conscience de ce masque et Zeus, par la multiplicité de ses fonctions célestes et terrestres, répond bien à cette exigence d'un principe ordonnateur et d'une figure souveraine, gérant à la fois nos désirs et nos besoins terrestres et la marche des astres lointains.

Pour donner une idée — très partielle — de ces attributs, je citerai les épithètes que les tragiques grecs, Eschyle, Sophocle et Euripide, lui ont consacrées dans leurs pièces. Il s'agit là, bien sûr, d'épithètes officielles, utilisées aussi par tous les célébrants au cours des rites sacrificiels, non de pures inventions de poètes. Zeus était souvent invoqué pour des besoins très immédiats, et même inattendus. Pausanias ne signale-t-il pas, lors de sa visite du sanctuaire du dieu à Olympie, l'existence d'une statue de Zeus Tue-mouches, dont le rôle était d'écarter les mouches des viandes réservées aux sacrifices ? Voilà une fonction assez éloignée de la régence ou la gérance des étoiles et des galaxies !

Zeus-Roi, ô
Maître de l'Ether infini
Maître du ciel changeant
Assembleur de la Foudre
Régisseur du Tonnerre
Grondeur céleste
Coryphée des Nuages
Jeteur d'Eclairs
Ami des Vents
Faiseur de Pluies
Détourneur de nos maux
Annonceur de présages
Protecteur des enclos
Toi qui sauves
Toi qui écoutes les suppliants
Toi qui apaises les souffrances
Peseur de notre monde
Perfection de notre univers
O Zeus-Roi.

On remarquera dans cette énumération l'importance du ciel et des phénomènes météorologiques. C'est que Zeus, en tant que souverain céleste, succède à Ouranos, ancienne divinité céleste indo-européenne — et cousin du Varuna indien —, lequel disparut au profit de Zeus. Cet éloignement du premier dieu fit que l'épithète ouranien n'a plus désigné que le ciel proprement céleste, c'est-à-dire celui de l'empyrée avec ses astres, ses étoiles et ses planètes, brillant bien loin des hommes et de leurs soucis quotidiens. L'épithète s'applique au ciel des astronomes et astrophysiciens, le ciel des galaxies et du grand vide interstellaire. Mais les humains, eux, n'ont que faire de ce ciel. Ils ont besoin d'un dieu dont la face est tournée vers la terre, un dieu auquel ils peuvent s'adresser pour appeler ou éloigner la pluie, écarter les orages, ramener le soleil, fertiliser les champs.

Au-delà de cet aspect immédiat, voire de ces fonctions écologiques, Zeus fut aussi perçu comme le Créateur — et pas seulement le gérant — de ce monde. Premier pas vers le monothéisme, pressenti par Pythagore et les Orphiques, comme en témoigne le texte intitulé *Initiation* à l'article Orphiques*. C'est bien de Zeus qu'il s'agit dans ce texte, mais d'un Zeus qui n'a vraiment plus rien à voir avec le ravisseur d'Europe ou le séducteur de Léda. Il n'a plus que faire de se déguiser en taureau, en cygne ou en pluie d'or pour séduire les belles mortelles, car il est devenu tout simplement ce que les théosophes appelleront l'Ame du monde.

Et c'est par l'Ame du monde qu'il me paraît approprié de mettre un point final à mes amours avec les mots, images, sons et chants qui depuis mon adolescence disent pour moi la Grèce.

Bibliographie de l'auteur sur la Grèce

ŒUVRES PERSONNELLES

Mont Athos, montagne sainte. Textes, légendes et photographies de Jacques Lacarrière (Seghers, 1954. Epuisé).
Sophocle. Essai de dramaturgie antique (L'Arche, 1960. Nouvelle édition 1978).
L'Eté grec (collection Terre Humaine, Plon, 1976. Nouvelle édition revue et augmentée 1984. Presse Pocket, 1989)
L'Envol d'Icare, suivi du *Traité des chutes* (Seghers, 1993).
Visages athonites. Texte et photographies de Jacques Lacarrière (Le Temps qu'il fait, 1995).
Dans la lumière antique. Anthologie des plus beaux textes égyptiens, mésopotamiens, iraniens, grecs et latins par Sylvia Lipa. Présentations de Jacques Lacarrière (Philippe Lebaud, 1999).

TRADUCTION DU GREC ANCIEN

En cheminant avec Hérodote. Traduction des quatre premières *Enquêtes* d'Hérodote d'Halicarnasse, suivie de : *Les Plus Anciens Voyages du monde* (Laffont, 1981 ; Hachette Littératures/Pluriel, 1998). Ce livre est paru dans une première édition au Club des Libraires de France, en 1957, sous le titre *Découverte du monde antique.*
Promenades dans la Grèce antique. Traduction des textes relatifs à l'Attique, l'Argolide, l'Arcadie, la Béotie et la Phocide, de la *Description de la Grèce* de Pausanias (Hachette, 1978 ; nouvelle édition, 1991).
Esope. Fables. Traduction des trois cent huit fables ésopiques, suivie d'un essai sur le symbolisme des fables (Club des Libraires de France, 1965. Epuisé).

Sophocle. Tragédies. Traduction des œuvres intégrales de Sophocle, présentée et commentée (Philippe Lebaud, 1982).

Œdipe. Traduction présentée et commentée d'*Œdipe-Roi*, *Œdipe à Colone* et *Antigone* de Sophocle (Editions du Félin, 1994).

Orphée. Hymnes et discours sacrés. Traduction des quatre-vingt-sept hymnes orphiques, suivie des principaux textes initiatiques (Imprimerie nationale, édition bilingue, 1995).

Paroles de la Grèce antique. Textes grecs anciens recueillis par Jacques Lacarrière (Albin Michel, 1994. Nouvelle édition 2000).

La Légende d'Alexandre le Grand. Traduction du texte médiéval de la légende d'Alexandre, présentée et commentée (Philippe Lebaud, 2000). Ce livre existe chez le même éditeur dans une version illustrée de miniatures du XVe siècle, sous le titre *Le Conquérant de l'Absolu* (1993).

Au pays d'Hérodote. Egypte. Edition du texte d'Hérodote consacré à l'Egypte, très abondamment illustré (Ramsay, 1995 et 1997).

TRADUCTIONS DU GREC MODERNE

Le Crétois, de Pandélis Prévélakis (Première édition, Club Bibliophile de France, avec une préface de Jacques de Lacretelle, 1957. Deuxième édition, Gallimard, 1962. Réimpression, 1980).

La Chronique d'une cité, de Pandélis Prévélakis (Gallimard, 1960. Réimpression 1980).

La Cité ivre, de Sotiris Patatzis (Castermann, 1963).

Poèmes, de Georges Séféris. Traduits par Jacques Lacarrière et Egérie Mavraki, avec une préface d'Yves Bonnefoy (Mercure de France, 1963).

Séféris (suite). (Nouvelle édition, 1986 ; Editions de poche Poésie/Gallimard, 1980. Nouvelle édition, 1994).

Au-delà de l'humain. Roman de Nikos Athanassiadis (Albin Michel, 1965).

Le Soleil de la mort, de Pandélis Prévélakis (Gallimard, 1965. Nouvelle édition Autrement, 1997).

Les Photographies, de Vassili Vassilikos (Gallimard, 1969. Nouvelle édition Folio, 1985).

L'Epidémie, d'Andréas Frangias, avec une présentation intitulée *Les Prisons du soleil* (Gallimard, 1978).

Grécité, de Yannis Ritsos (Fata Morgana, 1968. Réimpression 1971 et 1976. Epuisé).

Les Clepsydres de l'inconnu, d'Odysséa Elytis (Fata Morgana, 1980).

La Grèce de l'ombre. Anthologie des rébétika. Présentation de Jacques Lacarrière et traduction de Jacques Lacarrière et Michel Volkovitch. Dessins de Corinne Syros (Chritian Pirot, 1999).

Amorgos, de Nikos Gatsos, présenté et traduit par Jacques Lacarrière (Desmos, 2001).

QUELQUES TRADUCTIONS ET ESSAIS PARUS EN REVUES

Ecrivains grecs d'aujourd'hui. Numéro spécial des *Lettres nouvelles*, mars 1969. Choix de textes de Nanos Valaoritis et Jacques Lacarrière.

Aujourd'hui la Grèce. Numéro spécial des *Temps modernes*, 1969. Présentation d'un choix de traductions intitulé *Poètes déportés*.

Poésie 85, de Pierre Seghers. Traduction et présentation de poèmes d'Odysséa Elytis, Andréas Embirikos et Titos Patrikios.

Poésie 88, de Pierre Seghers. Numéro spécial consacré au poète Georges Séféris.

DISCOGRAPHIE

Trilogie de Sophocle *Œdipe-Roi*, *Œdipe à Colone*, *Antigone*. D'après une dramaturgie radiophonique de Georges Peyrou, quatre CD enregistrés à France Culture, diffusés le 23 février, les 2 et 9 mars 1997 ; durée totale : 4 heures 30. Compacts Radio France, 1997.

Jocaste. Opéra en trois actes de Charles Chayne, sur un livret de Jacques Lacarrière, avec le chœur du théâtre des Arts et l'orchestre symphonique de Rouen, sous la direction de Frédéric Chaslin ; durée totale · 2 heures. Production 1995. Disques Chamade.

Références bibliographiques

ACATHISTE (hymne). La traduction intégrale de cet hymne a paru dans la revue *Caravane* nº 4 (1994, Editions Phébus)

ALEXANDRE LE GRAND. Les textes relatifs aux voyages fabuleux d'Alexandre le Grand ont paru dans une première édition intitulée *Le Conquérant de l'absolu*, illustrée de miniatures médiévales, aux éditions du Félin (1993). Une nouvelle édition sans miniatures a paru aux éditions Philippe Lebaud (2000).

ALEXANDRIE. L'extrait consacré à la fondation d'Alexandrie est tiré de Plutarque, *Les Vies des hommes illustres*, dans la traduction de Jacques Amyot (Bibliothèque La Pléiade/ Gallimard). L'extrait d'Edouard al-Kharrât, relatif à la ville, a été traduit par Catherine Fabri et publié dans la revue *Autrement*, consacrée à *Alexandrie 1860-1960* (1992).

ALEXANDROU Aris. Les poèmes traduits et présentés ont paru dans la revue *Jungle* (1985 — épuisée)

AMORGOS. Le poème de Nikos Gatsos portant ce titre a paru, en traduction française, aux éditions Desmos en mars 2001.

ANTIGONE. L'enregistrement de la partition du Cuarteto Cedrón, d'après l'*Antigone* de Bertolt Brecht, a été édité sous le titre *Les Milongas d'Antigone* en CD par Goto 2 (Gotan, 1994).

ARCADIE. Les extraits concernant le lac Stymphale sont tirés de *Promenades dans la Grèce antique* (traduction de la *Périégèse* de Pausanias, Hachette, 1990).

ARGONAUTES (LES). Le poème de Georges Séféris est extrait de *Poèmes* (Mercure de France, 1986. Poésie/Gallimard, 1994).

ASINE. L'extrait consacré à l'acropole est tiré de *Promenades dans la Grèce antique* (*op. cit.*) et le poème de Georges Séféris de *Poèmes* (*op. cit.*)

AURIGE (L'). Mon poème intitulé *L'Aurige* a paru aux éditions Fata Morgana (1977. Epuisé)

AXION ESTI. L'extrait de *Genèse* cité ici a paru dans la revue *Détours d'écriture* nº 10 (1989 Epuisé) Par ailleurs, le texte intégral d'*Axion Esti*, dans une traduction de Xavier Bordes et Robert Longueville, a paru aux éditions Gallimard (1987) et dans Poésie/Gallimard (1996).

BRASILLACH Robert. *L'Anthologie de la poésie grecque* de Robert Brasillach a paru, sans ma préface, aux éditions Stock (1991).

CAPPADOCE. Mon roman *La Poussière du monde*, consacré à la vie du poète derviche Yunus Emré, qui se passe entièrement en Cappadoce, a paru aux éditions Nil (1997) et à Points/-Seuil (1998).

CASSANDRE. L'intégralité du texte sur Cassandre a paru dans le programme intitulé *Cassandre*, édité par le Théâtre musical du Châtelet (1994), à l'occasion du spectacle présenté d'après l'œuvre de Christa Wolf.

CAVAFY Constantin. Les poèmes cités ici ont paru avec plusieurs autres dans un ensemble consacré au poète, intitulé *Cavafy, l'Hellénique*, dans la revue *Caravane n° 2* (éditions Phébus, 1990).

CECROPS. J'ai publié un autre texte intitulé *L'Inconscient de Cécrops*, dans le numéro spécial des *Cahiers pour un temps* (Centre Georges Pompidou, 1991), consacré aux surréalistes grecs.

CHASSEURS (LES). L'article sur ce film de Théo Angélopoulos a paru dans *Les Nouvelles littéraires* (1977) et a été repris par la revue *Desmos* n° 2 (janvier 2000).

CHEIMONAS Georges. J'ai présenté le premier texte paru en France de Georges Cheimonas, intitulé *Amour, Monstre, Savoir* et traduit par Marilia Averoff, dans le numéro de la revue *Les Lettres Nouvelles* consacré aux *Ecrivains grecs d'aujourd'hui* (mars-avril 1969).

CHRISTODOULOU Dimitri. Les poèmes de Christodoulou cités ici ont paru aux Editions de Beaune (1970).

CIGALES. L'extrait du poème de Georges Séféris intitulé *La Grive* a paru dans *Poèmes* (*op. cit.*).

DAUPHINS. Le roman de Nikos Athanassiadis, *Une jeune fille nue*, a paru aux Editions Albin Michel (1966), dans une traduction de Christine Notton et une présentation de Jacques Lacarrière. Une édition de poche du même ouvrage a paru en 1990.

DIOGENE DE SINOPE. Les anecdotes et discours concernant Diogène sont tirées de *Vie, doctrines et sentences des philosophes illustres*, de Diogène Laerce (Editions Garnier/Flammarion).

DURRELL Lawrence. La *Lettre à Lawrence Durrell* a été publiée dans la revue *Confluence XV* (Université Paris X-Nanterre, 1998). Pour l'extrait concernant le Styx, voir *Esprit des lieux*

ELYTIS Odysséas. Indépendamment du début de *Genèse*, publié dans *Détours d'écriture*, j'ai également publié une traduction du poème *Ad Libitum* — extrait du recueil *Le Petit Marin* — dans *Poésie 85* n° 9 (Seghers/Maison de la poésie)

EMBIRIKOS Andréas. Dans la même revue *Poésie 85*, j'ai publié la traduction de plusieurs poèmes d'Andréas Embirikos, dont ceux cités dans cet ouvrage.

ESPRIT DES LIEUX (L') de Lawrence Durrell a paru aux éditions Gallimard (1976). C'est dans ce livre que se trouve notamment le texte *En descendant le Styx*, dont un extrait a été cité dans l'article Durrell, traduit par Frédéric-Jacques Temple.

FRANGOPOULO Akrivie. Cette nouvelle du comte Arthur de Gobineau, publiée dans *Souvenirs de voyage* (1872), figure dans une édition de Jean-Jacques Pauvert (1962) intitulée *Gobineau*.

HERODOTE. Les deux extraits figurant dans l'article sont évidemment tirés de ma traduction publiée sous le titre *En cheminant avec Hérodote*, dont la plus récente édition est celle d'Hachette Littérature (Poche/Pluriel, 1998).

HIPPOCRATE. Le texte français du *Serment* d'Hippocrate provient de la revue *Connaissance hellénique* n° 23 (avril 1985).

ICARE. L'ensemble de poèmes intitulé *L'Enfance d'Icare* est paru en 1995 aux Editions Syrmos, avec des lithographies de Fassianos.

JOCASTE. Le texte du livret que j'ai écrit sur Jocaste à l'intention du compositeur Charles Chayne, ainsi que celui de la présentation, ont paru aux éditions de L'Avant-Scène-Opéra, hors-série n° 6 (1995).

KAZANTZAKIS Nikos. *L'Odyssée* de Nikos Kazantzakis a paru aux éditions Richelieu/Plon (1971), dans une traduction de Jacqueline Moatti-Fine.

KLEFTIQUES (chants). Pour tous ceux qui s'intéressent aux chants kleftiques, akritiques et, d'une façon générale, aux chants populaires de la Grèce, je signale et conseille *L'Anthologie des chansons populaires grecques* — traduction de Jean-Luc Leclanche —, parue aux Editions Gallimard (1967).

MAKRIYANNIS C'est dans le numéro spécial des *Lettres Nouvelles*, consacré aux écrivains grecs d'aujourd'hui et paru en mars-avril 1969, que j'ai publié pour la première fois en France un texte de Georges Séféris consacré au général Makriyannis, dans une traduction de Costas Mavraki, sous le titre *Un Grec : Makriyannis*. Pour tous ceux qui s'intéresseraient à cette figure exceptionnelle du temps de l'Indépendance, je conseille de lire l'essai et la traduction intégrale de ses *Mémoires*, par Denis Kohler, publiés aux éditions Albin Michel (1986), sous le titre *Le Général Makriyannis*

ORACLE DES MORTS. Ce texte a paru dans la revue *Nouvelles Clés*, été 1994.

ORPHEE. Toutes les traductions des *Hymnes*, comme des fragments des discours sacrés, sont tirées de l'ouvrage *Orphée, Hymnes et Discours sacrés*, publié par l'Imprimerie Nationale et signalé dans la bibliographie personnelle.

PATRIKIOS Titos. J'ai publié d'autres traductions de Patrikios dans la revue *Poésie 85*, signalée plus haut, en même temps que des poèmes d'Elytis et d'Embirikos.

PETROPOULOS Ilias. Le texte de présentation de cet article est extrait de *Corps*, poèmes traduits par F. Faure et publiés aux éditions Le Griot (1991).

QUINET Edgar. Tous les extraits cités dans cet article sont tirés de *La Grèce moderne et ses rapports avec l'Antiquité*, publié en 1830 et repris aux Editions des Belles Lettres en 1984, avec une très substantielle et passionnante introduction de Willy Aeschimann et Jean Tucoo-Chala.

REBETIKO. Toutes les traductions citées dans cet article proviennent de l'essai publié aux Editions Christian Pirot (1999), intitulé *La Grèce de l'ombre* (voir bibliographie personnelle).

RHAMNONTE. La description de l'acropole de Rhamnonte est extraite des *Promenades dans la Grèce antique*. Le poème qui la suit a été publié dans *Poésie 88* (Seghers).

RITSOS Yannis. J'ai consacré de nombreux articles à Yannis Ritsos au cours de la dictature en Grèce, dans *Le Monde*, *L'Autre Grèce*, *Le Matin*, et monté en France deux spectacles au Petit Odéon, à partir d'œuvres de Ritsos : *Grécité*, en 1974, *Perséphone*, en 1986. *Perséphone* a été présenté, en grec, à l'Omirion de l'île de Chios (Grèce), en 1988.

SANTORIN. Le poème cité est extrait des *Poèmes* de Georges Séféris.

SEFERIS Georges. Tous les extraits de cet article proviennent du recueil *Poèmes*, paru au Mercure de France (1963) et réédité par la suite (voir bibliographie personnelle). Le texte *A une distance infime*, dont un extrait est cité ici, a paru dans la revue *Poésie 88* consacrée à Georges Séféris. L'article sur la poésie moderne provient des *Essais*, dans une traduction de Michel Grodent.

SIKELIANOS Anghélos. Tous les poèmes cités ici sont inédits. L'édition des *Poèmes akritiques* — adaptés par Octave Merlier — parue à Athènes, en 1960, aux éditions de l'Institut Français, est malheureusement introuvable. La lettre de Paul Eluard à Sikélianos est tirée de la présentation de cette édition. Si l'on souhaite découvrir d'autres poèmes de Sikélianos, il faut lire *Une voix orphique*, choix de poèmes traduits et présentés par Renée Jacquin aux Editions de La Différence (1990).

TAKTSIS Costas. *Le Troisième Anneau* a paru chez Gallimard en 1967 et en édition de poche Folio en 1987. On peut trouver aussi chez le même éditeur un recueil de nouvelles intitulé *La Petite Monnaie*, traduit par Michel Volkovitch et paru en 1972.

TREZENE. Le premier extrait sur Trézène provient des *Promenades dans la Grèce antique*, le second, de *La Grèce des dieux et des hommes* (épuisé depuis plusieurs années).

TSIRKAS Stratis. Les œuvres traduites de Tsirkas ont toutes paru aux Editions du Seuil. On peut se procurer *Cités à la dérive* (1971, puis en édition de poche Points/Roman), ainsi que *L'homme du Nil* (1973 et Points/Roman, 1983) et *Printemps perdu* (1976) traduits par Catherine Lerouvre.

VALAORITIS Nanos. La présentation et les poèmes proposés ici ont paru dans la revue *Caravane* n° 5 (1996).

VASSILIKOS Vassili. J'ai consacré beaucoup d'articles dans la presse à l'œuvre de Vassilikos. L'extrait publié ici est emprunté à la préface écrite en 1978 pour *Un poète est mort* — traduit par Gisèle Jeanperrein. On peut trouver *Les Photographies*, ma première traduction de Vassilikos dans l'édition Gallimard (1969), puis en Folio (1985), ainsi que *Hors les murs* (Maspéro, 1970).

VOYAGES ET VOYAGEURS. Les extraits proposés proviennent de l'introduction écrite en 1984 pour un album de textes et de peintures sur les voyageurs occidentaux en Grèce au siècle dernier, album intitulé *La Grèce retrouvée*, paru aux éditions Seghers (1984).

Table des illustrations

ILLUSTRATION DE COUVERTURE. *Détail d'une peinture de Théophilos représentant Bacchus/Dionysos* Bien qu'il appartienne à une génération postérieure, le peintre naïf Théophilos occupe dans l'histoire de l'art en Grèce une place identique à celle du Douanier Rousseau en France. Mais son œuvre concerne essentiellement la Grèce et son histoire depuis l'Antiquité : paysages de son île natale Mytilène, scènes de la vie populaire grecque, Guerre de Troie, exploits d'Alexandre le Grand, combats et capétans de la Guerre d'Indépendance. Théophilos est la mémoire naïve mais vivante de toute la tradition grecque. Une grande partie de son œuvre se trouve au musée de Mytilène. Surtout, ne manquez pas d'y aller si vous visitez cette île.

ALEXANDRE LE GRAND. Marionnette du théâtre d'ombres. On remarquera que la tenue vestimentaire d'Alexandre est des plus fantaisistes : cimier attique, cuirasse romaine, fustanelle rouméliote et jambières byzantines ! Mais c'est justement cela le théâtre d'ombres : toute l'histoire militaire de la Grèce en un seul costume !

AMORGOS. Une rue de la Chora (capitale) de l'île. (D'après *La Chora d'Amorgos* d'E. Colodny 1992.)

ANTIGONE. Dessin de Bella Raftopoulou d'après un vase grec pour les fêtes de Delphes (1925-1927).

ATHOS (mont). Gravure sur bois de Rallis Kopsidis pour *Adyton* (Athènes 1960).

AURIGE. Photo solarisée de l'Aurige du musée de Delphes. (*Greece in poetry*, de Simoni Zafiropoulos. Athènes 1993.)

AXION ESTI. Dessin de Yannis Moralis pour l'édition originale du poème. (Athènes 1959.)

BRASILLACH Robert. *Le Combat d'Achille et d'Hector devant les murs de Troie*. Peinture de Théophilos de 1930. (Musée de Mytilène.)

BYZANCE. Bois gravé représentant Constantinople en 1577. (Bibliothèque Gennadion. Athènes.)

CAFE. *Le café Orea Hellas* (La Belle Grèce), le plus célèbre café

d'Athènes du siècle dernier. Aquarelle de Ludwig Köllberger. (Musée national historique. Athènes.)

CAVAFY Constantin. *Portrait du poète.* Gravure sur cuivre de Yannis Képhalinos pour l'édition des *Poésies complètes* du poète. (Ikaros, 1963.)

COMBOLOGUE. Dessin de Corinne Syros, extrait de *La Grèce de l'ombre.* (1999. Voir bibliographie personnelle.)

CONSTANTINOPLE (chute de). *Combat de l'empereur Constantin Paléologue contre Mehemet II.* Peinture de Théophilos. (Musée de Mytilène.)

CRETOIS LE. Illustration d'Ozcolac pour la première édition du *Crétois* au Club Bibliophile de France (1957).

CYPRES. Détail d'une aquarelle d'Edward Lear de 1848. (Ashmolean Museum Oxford.)

DIGENIS AKRITAS. Bois de Spiros Vassiliou pour la première édition des *Poèmes akritiques* d'Anghélos Sikélianos en 1943.

DIONYSOS. Peinture de Théophilos (dont un détail figure en couverture) représentant *Bacchus/Dionysos.* (Musée de Mytilène.)

EL YTIS. Odysséas, gravure de Yannis Moralis pour l'édition grecque de *Six et un remords pour le ciel* (1960).

EMBIRIKOS Andréas. Couverture de l'édition grecque du roman *Argo ou Vol d'aérostat.* (Ypsilon/1980.)

EROS. Marionnette du théâtre d'ombres grec. Comme pour Alexandre le Grand, j'ai choisi de représenter l'Amour sous l'aspect naïf que lui prête la tradition populaire.

HERODOTE. *Le Serpent divin Chnoumis.* Les Grecs avaient surnommé ce serpent bien particulier *Agathos Daimon* ou *Le Bon Génie.* Les alchimistes alexandrins, eux, l'avaient surnommé Le Miroir du monde. (Extrait de Champollion, *Le Panthéon égyptien.*)

HIPPODAMOS DE MILET. Plan de la ville de Milet, reconstruite par Hippodamos. (D'après A. Van Garkan et R. Martin.)

ICARE. Lithographie d'Alécos Fassianos illustrant l'édition grecque de mes poèmes sur Icare.

JOCASTE. Extrait de la partition écrite par le compositeur Charles Chayne pour l'opéra *Jocaste.* (L'Avant-Scène Opéra, 1995.)

KAZANTZAKIS Nikos. Dessin de N. Hatzikyriakos-Ghikas pour la première édition grecque de l'*Odyssée.* (Athènes 1939.)

KLEFTE. Peinture de Théophilos de 1932. (Musée de Mytilène.)

MAKRIYANNIS. *Portrait du général Makriyannis.* (Musée ethnographique et historique d'Athènes.) Plus loin : une page manuscrite des *Mémoires.*

MINOTAURE. *Le Combat de Thésée contre le Minotaure.* On remarquera que le Minotaure tient une pierre en main pour se défendre. (Assiette antique. Musée du Louvre.)

NEREIDES. Tapisserie copte du VIe siècle après J.-C. représentant Amphitrite (épouse du dieu des Mers Poséidon) entourée par un ballet de Néréides. Cette œuvre provient des fouilles d'Antinoe en Egypte en 1905. (Musée du Louvre. Antiquités chrétiennes.)

ORPHEE. *Orphée charmant les animaux avec sa lyre.* On remarquera qu'une licorne figure parmi les animaux. (Enluminure du *Bestiaire d'Amour* de R. de Fournival. 1499.)

PALI. Couverture du premier numéro de la revue parue en 1963.

PALLICARE. Figures du théâtre d'ombres représentant à gauche un pallicare, à droite le capétan Colocotronis dont il est question dans les chants kleftiques.

PEGASE. *Pégase frappant le sol pour en faire jaillir la source Hippocrène.* Manuscrit napolitain du XIVe siècle (British Museum.)

PETROPOULOS Ilias. Illustration de Topor pour la couverture du recueil *Corps* paru en France en 1976 aux éditions du Griot.

PROTAGORAS (Le). Devant l'homme entièrement nu créé par Epiméthée Prométhée réfléchit à ce qu'il doit faire. (Sarcophage romain du Musée archéologique de Naples.)

QUINET Edgar. *Paysage de Messénie* illustrant la première édition de *La Grèce moderne et ses rapports avec l'Antiquité.* (1830.)

REBETIKO. Dessins de Corinne Syros extraits de *La Grèce de l'ombre*, ainsi que ceux illustrant plus loin l'article Zébékiko.

RHAMNONTE. Reconstitution du naos du temple de Némésis avec la statue de la déesse, telle que la décrit Pausanias. (D'après *Rhamnonte*, de Vassilios Petrakos. Publication du ministère de la Culture, Athènes, 1991.)

RITSOS Yannis. Lettre que le poète m'adressa en 1972 de l'île de Samos où il était en résidence surveillée, pour me remercier d'avoir traduit et édité *Grécité* en France.

SANTORIN. *La Cueilleuse de safran.* Fresque des fouilles d'Akrotiri. Détail. (Musée national archéologique d'Athènes.)

SAPPHO. *Sappho jouant de la lyre à Lesbos.* Peinture de Théophilos. Détail. (Musée de Mytilène.)

SEFERIS. Portrait du poète. Dessin de Yannis Psychopédis.

SIKELIANOS Anghélos. Gravure sur bois de Spiros Vassiliou pour l'illustration des *Poèmes akritiques.* (Institut français d'Athènes, 1944.)

SIRENES. *Eros entre deux Sirènes.* Peinture sur bois de Défterévontos Siphnou de 1825. (Musée byzantin. Athènes.)

SPETSAI. *Sirène tenant un navire.* Mosaïque de galets sur l'esplanade de l'église de Saint-Nicolas. (Collection de l'auteur.)

TAKTSIS Costas. Dessin d'Alécos Fassianos (on en trouvera un autre à l'article *Icare*) pour la couverture du dernier livre de Taktsis *La terrible Tribune*, autobiographie parue après sa mort en 1989.

TSIRKAS Stratis. Dessin d'A. Levidis pour l'édition grecque des *Cités à la dérive.* (Athènes, 1960.)

VALAORITIS Nanos. Couverture d'un des ouvrages de l'auteur au titre typiquement surréaliste de *L'Apaiseur endiamanté.*

VASSILIKOS Vassili. Couverture du recueil intitulé *Portraits* illustré par Alécos Fassianos. (Athènes, 1976.)

VOYAGES ET VOYAGEURS. *Pâtre grec jouant de la flûte.* (Gravure de l'ouvrage de A.L. Castellan *Lettres de Morée*, 1908.) *Place à Santorin.* (Encre de l'auteur, 1957.)

XOANA. *Statuette en bois de la déesse Héra.* Ce xoanon est le seul qui soit parvenu intact jusqu'à nous. (Musée de Samos.)

Index des personnes et personnages

Index des lieux

Index des œuvres et divers

Table

- Q -

- R -

- S -

- T -

- V -

- X -

- Y -

- Z -

Cet ouvrage a été composé par
Nord Compo (Villeneuve-d'Ascq)
et imprimé sur presse Cameron
par **Bussière Camedan Imprimeries**
à Saint-Amand-Montrond (Cher)
pour le compte des Éditions Plon.

N° d'édition : 13351. N° d'impression : 013266/1.
Dépôt légal : avril 2001.
Imprimé en France